Global Marketing

글로벌 마케팅

박재기 김장훈 신미숙

도서출판 청람

■ 책을 펴내면서 ■

세계경영환경은 글로벌화(Globalization)와 디지털화(Digitalization)의 두 축이 상호 상승작용을 통해 훨씬 복잡하고 다양해져 기업으로 하여금 유연한 전략을 구사하도록 요구하고 있다. 마케팅 측면에서도 글로벌기업 각자 멀티플레이어(Multiplayer)로서의 역할을 충실히 수행하고, 마케팅역량과 고객혁신에 기반하는 창조적 기업생태계를 구축하지 않으면 안 되는 상황으로 변화되고 있다. 즉 지구 전체가 하나의 동질적 시장(Global village)이 되어 감에 따라 물리적·심리적 거리감은 점차 줄어들고, 기업의 세계화는 자연스런 현상으로 받아들여지고 있다.

이제 국내 시장만을 대상으로 제품을 만들고 마케팅을 하는 기업은 치열한 경쟁의 파도에 휩쓸려 기업성장의 필연적 한계에 봉착할 수밖에 없다. 그렇다면 글로벌환경의 동태적 변화 속에서 기업은 어떤 전략으로 대응해야 할 것인가?

첫째, 기업이 성공하는 데 필요한 기본 중의 기본(Back to the Basics)은 전체 조직 구성원이 고객지향적 사고를 갖추고 이를 실천할 수 있는 총체적 마케팅 능력을 배양하는 것이다.

둘째, 구성원 모두는 고객의 요구에 미리 대응하고 경쟁판도를 유리하게 조성할 수 있도록 이성(Intelligence), 지성(Knowledge), 감성(Emotion), 역량(Ability)을 축적하고 이를 조합하는 데 매진해야 한다. 무엇보다 창의적 기업문화를 구현하는 과정에서 개별 구성원의 글로벌화된 사고와 인식의 지평을 확장할 수 있도록 기업의 체계적 지원이 절실히 요청되는 바이다.

글로벌 마케팅은 범세계적 시장에서 사업상의 기회와 위협을 발굴하는 것에서 출발한다. 글로벌 마케팅전략 계획을 수립하고 통제 인센티브에 따라 조직구성원이 실행함으로써 글로벌경쟁력을 창출하여 생존능력을 강화하는 일련의 과정이다. 이러한 관점에서 볼 때 글로벌 마케팅을 실행할 수 있는 인적 역량이 그 어느 때보다 절실한 시점이라 사료된다. 본서의 목적 역시 각종 이론과 사례를 접목함으로써 글로벌 마인드를 갖춘 마케팅 인재의 배출에 초점을 맞추는 동시에 한국계 다국적기업의 글로벌마케팅

역량 강화에 역점을 두고 집필작업에 매진하였다.

본서를 출간하는 데 있어 여러 동료 교수들의 애정 어린 관심과 따뜻한 격려 그리고 저자가 몸담고 있는 대학에 감사말씀을 드립니다. 또한 교정을 도와준 충남대학교의 여러 학생들에게 고마움을 표합니다. 끝으로 기획부터 출판까지 물심양면으로 도와주신 도서출판 청람의 이수영 사장님, 이영란 실장님, 송성환 차장님께 감사를 전합니다.

2015년 1월
사시사철 푸르른 소나무를 바라보면서
저자 일동

■ 차 례 ■

제2부 글로벌 마케팅 환경분석

제3장 글로벌 정치경제 환경분석

제4장 글로벌 사회문화 환경분석

| 제5장 | 글로벌 경쟁 환경분석

제3부 글로벌 마케팅전략

| 제6장 | 글로벌시장 진출과 마케팅전략

| 제9장 | 글로벌 목표시장과 포지셔닝

제4부 글로벌 마케팅믹스전략

| 제10장 | 글로벌 제품결정

| 제11장 | 글로벌 가격결정

| 제12장 | 글로벌 유통전략

| 제13장 | 글로벌 촉진전략

제5부 글로벌 마케팅의 이슈

| 제14장 | 글로벌 마케팅의 특수영역

Part 1

글로벌 마케팅의 도입

Global Marketing

제1장 글로벌 마케팅의 이해

제2장 글로벌 마케팅의 기초: 무역/투자이론

1 Chapter 글로벌 마케팅의 이해

학습목표

- 글로벌 마케팅의 필요성에 대하여 학습한다.
- 글로벌 마케팅의 개념과 정의에 대해서 논의한다.
- 글로벌 마케팅의 촉진요인과 제약요인에 대하여 논의한다.

도입사례 ◎ CGV의 동남아 진출전략

2014년 1월 15일 베트남 호찌민 떤푸지역에 새로 개장한 대형 쇼핑몰 '에이온 셀라돈' 외벽에 낯익은 브랜드 간판이 걸렸다. 한국의 멀티플렉스 극장 CJ CGV의 로고다. 이 쇼핑몰 안에 개장한 'CGV 셀라돈 떤푸'는 CGV 이름이 붙은 베트남의 첫 극장이다.

■ 베트남서 CGV 브랜드 도입

CJ CGV는 2011년 7월 베트남 멀티플렉스 1위 사업자인 '메가스타'를 인수했다. 인수 직후인 2011년 하반기(3・4분기) 매출은 179억 원, 당기순손실 11억 원을 기록했다. 하지만 이듬해 1분기에는 매출 138억 원, 당기순이익 16억 원을 거뒀다. 지난해에는 2011년 대비 매출은 157%, 영업이익은 159%, 관람객수는 135% 증가했다. 메가스타는 CJ CGV에 인수된 후 매년 관람객이 평균 75만 명씩 늘어나며 베트남 내 독보적 1위 극장 사업자로 자리 잡았다.

CJ CGV는 지금까지 현지화전략에 따라 '메가스타' 브랜드를 유지해왔다. 하지만 이번 CGV 셀라돈 떤푸 개장을 기점으로 본격적인 브랜드 전환에 나섰다. 베트남에서 박스오피스 기준 50% 이상의 점유율을 차지한 CJ CGV가 베트남 내 브랜드 경쟁력을 한층 강화하고, 차후 중국과 동남아시아를 잇는 중요한 교두보로서 입지를 다지기 위해서다. 기존 11개 메가스타 극장의 간판도 모두 CGV로 교체했다. 15일 CGV 셀라돈 떤푸 야외 특설무대에서 베트남 정부 관계자와 영화인, 기자 등 400여 명을 초대해 'CGV 브랜드 전환 선포식'도 열었다.

브랜드 전환을 계기로 한국형 복합문화공간 '컬처플렉스' 문화도 도입하기로 했다. 컬처플렉스란 공간적 개념인 멀티플렉스에 그치지 않고 다양한 문화 콘텐츠를 제공해 고객이 기대하지 못했던 새로운 즐거움을 전달하는 복합문화공간이란 설명이다. CJ CGV는 오감체험 상영관 4DX와 프리미엄 연인석 스위트박스 등 베트남 최초로 특별관과 특별석을 선보였다. 동시에 선진화된 국내 운영 노하우를 접목시켜 프리미엄 멤버십제도를 시행했고 캐러멜 팝콘과 체다치즈 팝콘 등 새로운 매점 메뉴를 추가했다. 베트남 스태프들의 서비스교육을 강화하고 의상도 국내와 동일한 유니폼을 입도록 했다.

CJ CGV는 이달 안에 베트남 5대 도시로 손꼽히는 껀터에 6개관 782석 규모의 극장을 열 예정이다. 현재 CGV 셀라돈 떤푸를 포함 총 12개 극장 89개 스크린을 보유하고 있다. 연내 17개 극장 117개 스크린까지 확대한다는 계획이다.

베트남 내 CGV 극장 현황

극장	도시	관수	좌석수	개관시기
CGV 빈컴 하노이	하노이	10	1,324	2006년 4월
CGV TD플라자 하이펑	하이펑	8	1,367	2007년 6월
CGV 꾸업마트 빈호아	빈호아	7	954	2007년 8월
CGV 흥븅프라자 호찌민	호찌민	9	1,483	2007년 8월
CGV 팍슨파라곤 호찌민	호찌민	8	864	2007년 10월
CGV VT플라자 다낭	다낭	6	869	2008년 7월
CGV CT플라자 호찌민	호찌민	7	876	2008년 12월
CGV 크레센트 호찌민	호찌민	8	1,264	2011년 12월
CGV 미펙타워 하노이	하노이	7	1,153	2012년 1월
CGV 판도라 호찌민	호찌민	8	1,175	2012년 12월
CGV 마린플라자 하롱	하롱	3	1,106	2013년 11월
CGV 셀라돈 떤푸	호찌민	8	1,068	2014년 1월
CGV 꾸업마트 껀터	껀터	6	782	2014년 1월

■ 한국-베트남 공동작품도

CJ CGV는 브랜드 전환과 함께 베트남 내 한국영화 상영 편수도 본격적으로 늘려나갈 방침이다. 영화 한류 플랫폼으로서의 역할을 한층 강화한다는 것이다.

베트남의 영화관람 매출은 800억 원대로 한국의 10%도 안 되는 수준이다. 하지만 빠른 경제성장과 비례해 하노이와 호찌민을 중심으로 영화관을 찾는 인구가 늘고 있다. 전체 인구의 52%가 25세 미만으로 영화 시장의 가파른 성장도 기대되는 상황이다.

CJ CGV가 베트남에 진출하기 전에는 연간 1편 정도의 한국영화가 상영됐다. 진출 이후 2012년 5편, 2013년 9편을 상영해 각각 22만 명과 27만 명의 관람객을 동원했다. 특히 〈늑대소년(2012년)〉과 〈더 웹툰: 예고살인〉은 8만 7,000명, 8만 8,000명가량을 동원해 베트남 내 한국영화 대표 흥행작으로 등극했다.

양국 간 문화교류를 위해 2012년부터 '호찌민 한국-베트남 영화제'와 청소년을 대상으로 영화 창작 교육을 제공하는 '베트남 토토의 작업실' 등도 진행했다. 지난해에는 김지훈 감독과 배우 한가인 씨가 제2회 베트남 토토의 작업실에 참여하기도 했다. 올해는 CJ E&M 영화부문이 최초의 한국-베트남 공동기획 작품인 〈호이가 결정할게(De Hoi Tinh)〉를 선보일 계획이다.

임형곤 CJ CGV 글로벌사업팀장은 "CJ CGV는 브랜드 전환을 통해 베트남 사업에 더 적극적으로 나서고자 한다"며 "베트남 내에서는 차별화된 문화 체험을 선사하는 독보적 1위의 컬처플렉스로서 입지를 확고히 하는 동시에 CJ CGV의 동남아 진출을 위한 거점으로서 발판을 마련하겠다"고 말했다.

■ 해외진출 성과, 中에 27개 극장 … 미국도 진출

CJ CGV는 베트남을 비롯해 중국, 미국 등으로 진출해 성과를 거두고 있다. 쇼핑・파티・갤러리 등 다양한 문화를 즐길 수 있는 복합문화공간 '컬처플렉스'로 기존 사업자와 차별화하는 전략을 쓰고 있다.

중국에선 2006년 CGV 상하이 따닝을 시작으로 중국 내 주요 거점지역에 극장을 꾸준히 늘려왔다. 지난해에는 16개 극장을 모두 개관했다. 현재 베이징, 상하이, 우한, 텐진, 푸순, 선양 등 16개 도시에 총 27개 극장, 210개 스크린을 보유하고 있다. 지난해 11월 중국 박스오피스 기준 14위(점유율 2.1%)에 오르며 중국 내 메이저 20개 멀티플렉스 브랜드와의 경쟁에서 선전하고 있다.

중국에선 최대 극장체인 완다와 국영 영화사 차이나필름그룹(CFG) 등 멀티플렉스 사업자 220여 개가 치열한 경쟁을 벌이고 있다. CJ CGV는 올해 총 46개 극장, 354개 스크린으로 확대해 지난해보다 2배 이상 늘어난 1,700억 원의 매출을 달성할 계획이다.

멀티플렉스의 본고장이라고 할 수 있는 미국에도 진출했다. 2010년 6월 문을 연 CGV LA는 CJ CGV 미국 1호점으로 할리우드에 인접한 LA 한인타운에 자리 잡고 있다. CGV LA는 고급화전략으로 다른 극장들과 차별화를 꾀하고 있다. 고급 의자를 갖추고 국내의 '커플석'에 해당하는 프리미엄 시트를 적용했다. 미국에선 보편화되지 않은 지정좌석제를 도입해 관객들의 만족도를 높였다.

멤버십제도와 소셜네트워크서비스(SNS)마케팅 등 지역 특성을 고려한 맞춤형 마케팅으로 한국 극장서비스의 우수성을 알리고 있다는 설명이다. 미국영화에는 한글 자막을, 한국영화에는 영어 자막을 입혀 한국동포 1세대는 물론 영어권인 1.5세대 이상 재미동포, 현지인 등 다양한 관객들이 극장을 찾을 수 있도록 했다.

자료: 한국경제신문, 2014년 1월 17일

1.1 글로벌 마케팅의 필요성과 정의

1. 핵심성공요인으로서의 글로벌 마케팅

그림 1-1 ▎ 기업의 글로벌화와 마케팅

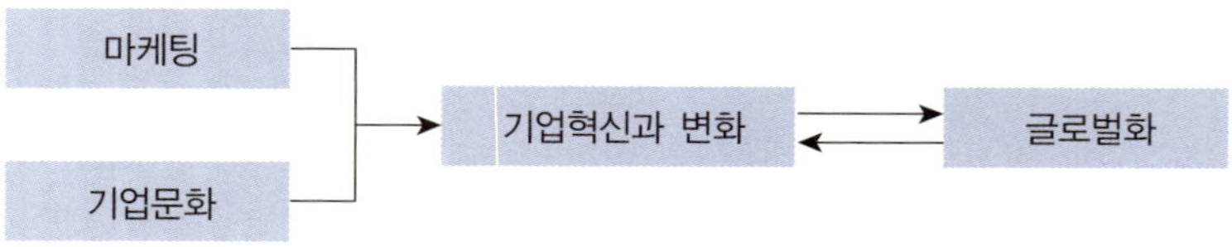

"스위스제 자명종 소리에 잠을 깬 김 부장은 유튜브에서 CNN 뉴스를 보며 콜롬비아산 커피와 아메리칸 스타일의 간단한 아침 식사를 마친 후, 독일 오펠사의 엔지니어링과 미쓰비시 자금으로 한국에서 생산된 자동차를 타고 출근하였다. 차 속에서 요란하게 울리는 스마트폰으로 어제 아프리카 잠비아에서 기술도입차 방문한 거래처와 화상통화를 했다. 사무실 컴퓨터에는 벌써 유럽과 미주시장에서 온 e-mail과 ERP(전사자원 관리시스템)의 경영분석자료가 쌓여 있었다."

이국적이고 새로운 제품을 소유하고자 하는 고객의 욕구는 무한히 국제교역을 증대시켜 왔다. 국제교역 증가는 국내거래 증가를 훨씬 상회하였고 세계전역의 시장은 개방화되어 대외거래를 하지 않는 나라는 거의 찾아볼 수 없게 되었다. 국내시장은 상대적으로 협소하고 새로운 시장진입이 점차 어려워지고 있는 반면 글로벌시장은 더욱 넓어지고 규모도 더욱 커지고 있다. 더욱이 세계무역질서의 재편으로 WTO(World Trade Organization: wto.org)가 결성됨에 따라 국제교역은 더 활발해지고 경쟁력 제고에 초점을 맞춘 경영이 요구되고 있다. 인터넷을 비롯한 정보통신의 발달로 지구 전체가 하나의 시장(global market)이 되어 감에 따라 물리적·심리적 거리감은 점차 좁아지고, 기업의 세계화는 자연스러운 과정이 되고 있다. 이제 국내시장만을 바라보며 제품을 만들고 마케팅을 하는 기업은 치열한 경쟁에 휘말려 필연적으로 성장의 한계에 부딪칠 수밖에 없다.

그림 1-2 ▎ 포춘이 선정한 10대 기업(2014년 3월 기준)[1]

순위	회사명	매출($b)	이익($mm)
1	 Wal-Mart Stores	469.2	16,999
2	 Exxon Mobil	449.9	44,880
3	 Chevron	233.9	26,179
4	 Phillips 66	169.6	4,124
5	 Berkshire Hathaway	162.5	14,824
6	 Apple	156.5	41,733
7	 General Motors	152.3	6,188
8	 General Electric	146.9	13,641
9	 Valero Energy	138.3	2,083
10	 Ford Motor	134.3	5,665

포춘(Fortune: fortune.com)의 500대 기업 매출액 중 국제거래를 제외하면 절반 이상, 심지어 80%의 기업들이 『포춘』의 리스트에서 사라지게 될 것이다. 이는 기업의 세계화와 글로벌 마케팅의 중요성을 잘 말해 주고 있다.[2] 월마트(Wal-mart)의 EDLP(Everyday Low Price), 엑슨(Exxon)과 모빌(Mobil)의 합병, GM의 한국시장 진출, GE의 6시그마 등은 글로벌 마케팅을 실천에 옮기는 실행과정이다. 이러한 기업들의 노력과 더불어 고객들은 보다 넓은 선택폭과 저렴하고 양질의 제품을 요구하는 글로벌 고객이 되었다.

1) http://money.cnn.com/magazines/fortune/fortune500/

2) Michael Fjetland, "Marching Towards the International Economy of the Emerging '90s, and Beyond," Michael Fjetland's Column(pangaea.net/igm/articles.htm).

이러한 범세계적 시장에서 기업이 성공할 수 있는 기본적인 요인(key success factors)에는 기업 전체 구성원의 고객지향적 사고와 이를 실천할 수 있는 마케팅능력의 배양, 구성원 모두가 경쟁과 고객에 적극적이고 일체감 있게 대응하는 이성과 지성의 발현인 기업문화의 창달과 정착, 그리고 구성원의 인식의 글로벌화가 있다. 이를 위한 부단한 자기혁신과 변신이 뭉쳐져 전사적인 능력으로 나타나야만 범세계적 대변혁기에 생존, 나아가 성장·발전할 수 있다.

사례 캠벨수프(Campbell Soup Co.)의 글로벌 마케팅 실패사례

미국의 캠벨수프(Campbell Soup Company)는 미국 시장점유율 80%를 점유하는 대표적인 기업이다. 그러나 해외 벤처투자 실적에서는 인상적이지 못했다.

캠벨은 해외진출 초기에 영국에서 뼈아픈 경험을 해야 했다. 캠벨은 1960년대 미국식 마케팅기법을 그대로 구사하면서 영국시장에서 전통적으로 유명한 흰색과 적색의 라벨이 붙어 있는 작은 캔을 선보였다. 결과적으로 캠벨은 이 사업에서 3억 달러 적자라는 쓴맛을 보았다.

영국의 소비자들은 캠벨의 전통적인 작은 캔 옆에 놓여 있는 커다란 영국산 캔을 보고, 사실 캠벨의 수프는 응축되어 있어 물 한 컵 정도를 섞어 사용한다는 것을 생각하면 오히려 더 저렴한 편이었음에도 캠벨의 제품이 더 비싸다고 생각한 것이었다.

영국에서의 실패를 딛고, 1978년에 캠벨은 한 브라질회사와 조인트 벤처형태로 브라질시장에 진출했다. 캠벨은 600만 달러를 투자했다. 당시 캠벨의 수프는 주로 야채와 소고기를 혼합하여 만든 제품으로 소비자들에게 익숙한 흰색과 적색의 라벨이 붙은 초대형 캔에 넣어 판매했다. 초기 판매는 만족할 만했으나, 결국 3년 동안 200만 달러의 적자를 기록하면서 문을 닫고 말았다.

뒤늦게 한 브라질 주부와의 인터뷰에서 캠벨은 그 원인을 알 수 있었다. 브라질 주부들은 자신이 만들지 않은 수프를 가족들에게 제공하는 것은 가정주부로서 자신의 역할을 충실히 해내지 못하는 것이라고 생각했던 것이다. 그들은 크노르(Knorr)와 매기(Maggi) 제품과 같이 탈수된 수프(dehydrated soup)를 구입하여 그들 고유의 양념과 기호품들을 첨가하여 요리하였다. 결국 캠벨은 브라질시장에 진출하기 위해 사전에 심도 있는 마케팅조사를 하지 않았던 것이다. 캠벨은 실제로 진출하고자 했던 아열대지역이 아닌 온대의 남부지역에서 시장조사를 실시하는 우를 범하기도 하였다.

자료: Philip Kotler, *Principles of Marketing*, 3rd ed., Prentice Hall, 1987; Campbell Soup Co.(http://www.campbell.com)

위의 두 사례에서 보듯이 국내지향기업들과 마찬가지로 세계시장을 지향하는 기업이 성공을 거루기 위해 마케팅은 필수적이다. 삼성은 세계 제일의 제품 및 서비스를 창출하고 이를 뒷받침할 수 있는 인적자원 확충에 지속적인 힘을 쓰고 있다. 그 결과, 고객 인지도와 기업 성과 측면에서 꾸준한 성장을 보이고 있다. 반면, 캠벨수프의 경우에는 사전적인 마케팅능력의 부재로 인하여 막대한 손실과 수업료를 지불해야 했다. 글로벌 마케팅프로그램이 성공적으로 수행되기 위해서는 우선 마케팅의 기본원리부터 이해하는 것이 필요하다. 왜냐하면 마케팅원리는 보편 타당한 것이므로 장소와 시간을 불문하고 적용가능한 것이기 때문이다. 실제로 글로벌이라는 용어는 시장의 범위가 넓다는 것을 의미한다. 시장의 범위가 크다는 것은 선택할 수 있는 전략적 벡터(vector)가 많고, 고려하여야 할 변수가 좀 더 많다는 것을 의미한다. 이러한 전략의 적용을 위해서 기본적인 마케팅 개념을 이해하고 응용할 수 있는 능력은 필수적이다.

2. 마케팅과 글로벌 마케팅의 정의

마케팅에 대한 정의는 여러 가지이지만 슈위(C. D. Schewe)는 마케팅이란 생산자로부터 소비자 또는 다른 사용자들에게 재화와 서비스의 이동을 촉진시키는 모든 경영활동을 말하며 소비자의 환경, 선호, 태도 등을 연구하여 이러한 정보들을 구조적으로 이용하여 소비자의 취향에 맞는 제품과 서비스를 창출해 내는 것이라고 정의함으로써 마케팅을 단순히 재화나 서비스의 판매를 위한 활동이 아니라 고객의 욕구와 필요를 충족시키는 제품생산에 필수적인 활동으로 보고 있다.[3)]

Marketing is the sum of all those business activities that promote the movement of goods and services from producers to consumers or other users, together with the study of consumer circumstances, preferences, and attitudes and the systematic use of this knowledge to create goods and services for consumption.

한편, 코틀러(P. Kotler)는 마케팅이란 개인이나 집단의 욕구나 필요를 충족시키기 위하여 가치를 창출・제공・교환하는 사회적 관리과정이라고 정의하고 있다. 즉, 인

3) Charles D. Schewe, *MARKETING*, Vol.15, Colliers Encyclopedia CD-ROM, 1996.

간생활의 가치창출과정을 활성화하는 것이 곧 마케팅이므로 마케팅은 개인, 기업, 조직, 국가 차원 어디에나 가장 많은 부가가치를 제공해 주는 기본적인 개념인 동시에 경영기법인 것이다.[4)]

Marketing is a social and managerial process which individual and groups obtain what they need and want through creating, offering and exchanging products of value with others.

이 두 가지 정의를 통해 마케팅은 단순히 제품판매뿐 아니라 고객의 욕구를 충족시키는 제품생산이라는 차원에서, 그리고 기업경영의 한 기능으로서의 의미보다는 전사적인 차원에서 적용되어야 한다는 것을 알 수 있다. 즉, 마케팅의 가장 기본적인 개념인 고객지향성, 고객만족, 또는 고객감동은 기업문화로 자리 잡아 구성원들이 평소하는 이야기와 그들의 행동, 심지어는 구성원의 가치관에 뿌리 깊게 포함되어 모든 의사결정의 판단근거가 되어야 한다.

마케팅의 정의: 미국 마케팅학회(AMA, 1960, 1985, 2007)

1960년 정의

마케팅은 생산자로부터 소비자 또는 사용자에 이르는 제품 및 서비스의 흐름을 관리하는 기업활동이다.

Marketing consists of the performance of business activities that direct the flow of goods and services from producer to customer or user.

1985년 정의

마케팅은 개인 및 조직의 목적을 충족시키는 교환을 창출하기 위해 아이디어, 상품 및 서비스의 고안, 가격결정, 판매촉진, 유통을 계획하고 실시하는 과정이다.

Marketing is the process of planning and executing the conception; pricing promoting and distribution of ideas, goods and services to create exchange that satisfy individual and organizational objectives.

2007년 정의

마케팅은 소비자, 고객, 파트너, 사회에 가치 있는 것을 창조하고, 의사소통하고, 전달

4) Philip Kotler, "A Generic Concept of Marketing," *Journal of Marketing*, Vol.36, April, 1972, pp.46–52; Philip Kotler, *Marketing Management*, 7th ed., Prentice Hall, 1991, p.4.

하며 고객관계를 관리하는 조직적 기능이자 일련의 과정이다.
Marketing is the activity, set of institutions, and processes for creating, communicating, delivering, and exchanging offerings that have value for customers, clients, partners, and society at large.

프라이드와 페럴(W. M. Pride & O. C. Ferrell, 1985)의 정의

마케팅은 동태적 환경변화 속에서 교환을 조성·촉진시키는 데 목표를 두고 행해지는 개인 및 조직의 행동이다.
Marketing consists of individual and organizational activities aimed at facilitating and expending exchanges within a set of dynamic environmental factors.

과거의 마케팅 개념은 제품에 초점을 둔 것이어서 기업 역시 이윤추구를 주요 목표 수단으로 여겨 왔다. 그러나 현대적 의미의 마케팅은 제품중심에서 고객을 비롯한 환경중심로 전환되어 경영전략으로서의 마케팅으로 발전하게 되었다. 즉, 마케팅이 성공을 거두기 위하여는 고객은 물론이고, 시장의 변화에 영향을 주는 경쟁, 정부 정책 및 규제, 그리고 거시적 환경요인인 정치·경제·사회·문화의 변화도 알아야만 한다. 또한 현대적 의미의 마케팅에서는 단기적인 이윤목표를 추구하는 것이 아니라 이해관계자의 수익(stakeholder's benefit)을 추구하는 것이 기업의 목표가 되었다. 즉, 사회적으로 바람직하고 용인된 방법으로 고객, 내부구성원, 경영자, 사회, 정부 등의 이해관계집단을 만족시키는 경영수행의 결과로 얻어낸 것이 이익이라고 인식하게 된 것이다. 간단히 말하면, 기업 및 마케팅의 목적은 기업의 자원과 노력을 집중하여 경쟁적 또는 차별적 우위성을 개발하여 이를 통한 이해관계집단의 가치를 보다 효과적이고 효율적으로 창출하는 것이다. 이익은 마케팅을 위한 수단에 불과하다는 것이 현대 마케팅의 기본적인 개념이다.

21세기 기업의 기본적인 패러다임은 '고객만족과 이해관계집단의 가치창조'이다. LG(lg.co.kr)의 경우 일본 매킨지컨설팅(mckinsey.co.jp)의 자문을 통해 경영이념을 과거의 '인화단결'에서 '고객의 가치창조와 인간존중'으로 전환하였다. 또한 삼성전자의 경우 신입사원의 해외연수제도, 과장급의 지역전문가과정을 만들어 피고용자의 가치개발에도 주력함으로써 지속적인 혁신의 기반을 만들고 있다.

마케팅의 기본적인 원리와 개념은 글로벌 마케팅에서도 그대로 적용되지만 단지 대상으로 하는 환경특성이 다르므로 적용되는 관리 및 전략방향(strategic vectors)에 차이가 있을 뿐이다.

키간(W. Keegan) 교수에 의하면 글로벌 마케팅이란 범세계적인 시장기회에 기업의 자원과 목표를 맞추어 나가는 과정으로 정의된다.

Global Marketing can be defined as the process of focusing the resources; people, money, and physical asset, and objective of an organization on global market opportunities and threats.[5)]

다시 말하면 범세계적 시장의 기회와 위협을 확인, 글로벌 마케팅계획의 수립, 글로벌 마케팅의 조직과 통제에 의하여 인적·재무·물적 자원에 초점을 두고 범세계적 경쟁력을 배양하여 생존능력을 확보하고자 하는 과정이다.

조지타운대학교(Georgetown University)의 요한슨(J. K. Johansson) 교수는 글로벌 마케팅을 다음과 같이 정의하였다.[6)]

글로벌 마케팅은 다수의 해외시장에 걸쳐 조정하고 통합된 마케팅활동이다. 여기서 통합이란 여러 국가에 걸쳐 표준화된 제품, 통일된 패키지, 동일한 브랜드명, 동일한 시기의 신상품 출시, 유사한 광고 메시지, 통합된 판매촉진활동을 나타낸다. '글로벌'이라는 표현에도 불구하고 지구상의 모든 국가가 기업의 마케팅활동에 포함될 필요는 없다. 예를 들어 범유럽과 같은 지역 마케팅 또한 글로벌 마케팅이라고 할 수 있다.

Global marketing refers to marketing activities coordinated and integrated across multiple country markets. The integration can involve standardized products, uniform packaging, identical brand names, synchronized product introductions, similar advertising messages, or coordinated sales campaigns across markets in several countries. Despite the term "global," it is not necessary that all or most of the countries of the world be included. Even regional marketing efforts, such as pan-European operation, can be viewed as examples of global marketing.

5) Warren J. Keegan, *Global Marketing Management*, 4th ed., Prentice Hall, 1995, p.4.
6) Johny K. Johansson, *Global Marketing*, 3rd edtion, McGraw-Hill, 2003, pp.9-10.

경쟁자들보다 더욱 자사의 능력을 정교히 차별화하면서 규모와 범위(scale and scope)를 갖추어 더욱 넓은 시장을 대상으로 고객의 욕구와 필요에 민첩하게 대응하는 것이 생존 및 성장발전을 위한 기본적인 명제가 되고 있다. 즉, 오늘날에는 글로벌 마케팅(global marketing)이 기업의 성공 잠재력을 실현하기 위한 필수불가결한 것일 뿐 아니라 심각하게는 기업의 생존을 위하여 절실히 요구되는 기업의 기본과제가 되고 있다. 사업의 영역을 글로벌화하지 못한 기업은 국내사업마저도 원가, 사업경험, 제품, 고객서비스 면에서 보다 종합적인 경쟁력을 가진 글로벌기업에게 빼앗길 수 있다.

사례 삼성의 '신경영'과 '국제화'

변화를 기본으로 하는 삼성의 신경영은 급변하는 환경에 대응하고자 하는 위기의식에서 출발하였다. 그대로 있으면 생존 그 자체가 위협당할 수 있다는 위기의식에서 출발된 것이다. 삼성은 21세기에 초일류기업으로 성장할 수 있는 경쟁력 제고를 위한 방안으로 '인간미, 도덕성, 한 방향 정신'을 조직문화로 하고 '질' 위주의 경영과 국제화·복합화를 신경영의 개념으로 설정하였다.

삼성이 진행하고 있는 '국제화'는 인적자원의 국제화와 시스템의 국제화로 나누어 볼 수 있다. 먼저 인적자원의 국제화를 위해서는 전 신입사원의 해외연수제도, 중간관리자의 지역전문가제도, 고급관리자 대상의 Techno-MBA 및 Socio-MBA제도, 21세기 리더과정, 임원층을 대상으로 한 CEO과정 등 여러 교육제도를 통하여 인적자원의 자기계발과 국제화능력 제고 등의 내부고객만족을 위한 방안을 전개해 나가고 있다. 또한 해외본사제도를 통하여 본사와 자회사 간의 원활한 업무협조체계를 구축, 경영세계화를 추진하고 있다.

시스템의 국제화를 위해서는 해외지점 통신망을 온라인화하여 정보의 동시공유체제를 구축함은 물론 소사장제도, Playing Manager제도, 그리고 Adhoc, Next Wave, Techno Valley(조직효율의 개선 및 신규영업 창출을 위한 독립조직으로서 사장의 직접통제를 받는 수평적 조직) 등과 같은 수평적 자기 환경조직을 점차 늘려 자율을 바탕으로 한 경영을 실천하고 있다.

해외지점은 지역별 본사제도를 도입하여 각 지역 본사는 현지화전략의 수행은 물론 본사와의 유기적 협조를 통하여 그룹 글로벌전략의 첨병역할을 수행하고 있다.

국제마케팅 분야에서는 'market development fund'제도를 도입하여 전략시장에 전략품목의 진입을 집중적으로 촉진·확대하여 매출증대가 아닌 시장점유율 제고 및 이익창출에 노력하고 있다. 예를 들어, VCR은 스페인에, 전자레인지는 네덜란드에, 컬러 TV는 헝가리와 페루에서 시장점유율 1위를 목표로 하였고, 이를 달성하였다.

삼성은 중국, 인도네시아, 말레이시아, 태국, 영국, 멕시코 등 세계 각국에 해외공장 및 소싱거점을 마련하여 글로벌전략과 현지화전략을 동시에 추진하고 있다. 삼성의 국제화는 해외진출과 시장확대에만 머무르지 않는다. 국제화를 통한 사업확대와 함께 그 현지국 사회의 번영을 이루기 위하여 노력하는 좋은 이웃으로서 공헌하는 세계기업시민(Good World Corporate Citizen)이 되기 위하여 현지 실정에 맞는 자율경영체제를 강화하고 있다.

삼성전자의 경우, 국제화의 노력은 여기에 그치지 않는다. 고객이 세계 어디에서나 양질의 서비스를 제공받을 수 있도록 완벽한 해외서비스 네트워크를 구축하고 있다. 단일경제권을 형성하고 있는 유럽시장에는 7개 국어로 품질보증카드를 발급, 고객이 국가에 관계없이 동일한 서비스를 받을 수 있도록 '삼성 EU통합서비스 보증체제'가 적용되고 있다. 이 밖에도 북경과 모스크바 등에 48시간 내 고객을 방문하는 '퀵서비스(quick service)'제도를 실시하여 좋은 반응을 얻고 있다.

자료: http://www.samsung.co.kr

1.2 글로벌시장 성장의 촉진요인과 제약요인

지난 반세기 동안 세계경제는 주목할 만큼 지속적인 성장을 계속해 왔는데, 이는 세계시장 성장의 촉진요인이 제약요인에 앞서 발전해 온 결과라 할 수 있다. 이러한 성장의 촉진요인 및 제약요인들은 오늘날의 현실에도 존재하고 있고 앞으로도 계속 변화하고 발전해 갈 것으로 예상된다. 더욱이 인터넷에 의하여 세계시장이 점차 좁아짐에 따라 이러한 추세는 더욱 가속화될 것으로 보인다. 세계시장 성장의 촉진요인과 제약요인을 살펴봄으로써 세계경제 및 세계시장을 이해하기 위한 통찰력을 얻을 수 있을 것이다.

1. 글로벌시장 성장의 촉진요인

글로벌시장 성장의 촉진요인은 세계시장이 점차 동질화되어 간다는 시장동질화 가설을 뒷받침하는 요인들이다. 점차 세계시장이 동질화되면서 기업은 자사의 제품을 지역적으로 한정된 시장에만 소개하는 것이 아니라 더 넓은 시장에 내놓을 수 있게 된다. 이에 따라 기업은 규모의 경제효과를 얻을 수 있으며, 제품 및 마케팅 전반의 활동을 표준화(standardization)함으로써 원가절감의 효과를 모색할 수 있다. 이러한 기업의 글로벌화를 촉진시키는 요인들에 대하여 구체적으로 살펴보도록 하자.

(1) 글로벌고객의 증가

세계시장에는 국가별·지역별로 문화적인 차이가 분명히 존재하고 있지만 문화의 보편성 또한 존재하고 있다. 더욱이 인간의 근원적인 본성에는 어떠한 공통적인 요소들이 내재해 있다. 이러한 문화적 보편성 및 인간본성의 공통적 요소들에 근거하여 '창조(create)'라는 것이 가능하다. 사실 글로벌시장이라는 것도 현실에 있어 자연적으로 존재하는 것이 아니라 마케팅 노력에 의해서 창조되는 것이다. 예를 들어, 가장 대표적인 글로벌산업의 하나로 꼽히는 음료시장만 해도 처음부터 소비자들의 필요에

그림 1-3 ▌ 코카콜라의 글로벌 광고

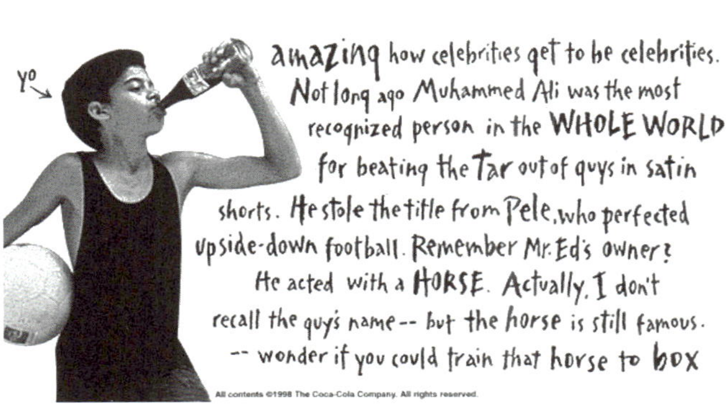

의해 자생적으로 생성된 것이 아니라 마케팅 노력에 의하여 개발되고 발전된 것이다. 그 결과 코카콜라나 펩시콜라는 오늘날 세계적으로 대량소비되고 있다. 마케팅 노력에 의한 문화의 보편성과 인간행동의 변화에 의하여 글로벌고객들도 증가하는 추세에 있다.

글로벌기업은 시장을 창출하기 위하여 인간의 보편적인 욕구를 확인하여 세분시장으로 구분하고 이에 맞는 마케팅프로그램을 개발하여 적용시키고 있는 것이다. 다이아몬드회사인 드비어스(De Beers)의 일본시장 진입의 예를 들어 보자.

사례 **드비어스(De Beers)의 일본시장 진입**

남아프리카의 다이아몬드회사인 드비어스사는 일본의 전통적인 약혼 관습상 예물로는 부적당한 다이아몬드반지를 일본시장에 판매하기 위해 대대적인 광고캠페인을 벌인 적이 있다. 즉, 예물용 다이아몬드반지를 선전하는 광고에서 꽃을 든 채 구혼에 실패하여 풀이 죽어 있는 청년과 다이아몬드반지를 끼고 다른 남자의 구혼에 응하여 기뻐하고 있는 여인의 모습을 우스꽝스럽게 묘사하였다. 이 회사는 약혼이나 결혼에 대한 본질적인 감정은 세계 어느 나라에서도 동일할 것이라고 판단하고, 이에 착안한 논리적이고 건전한 전략을 수립·실행한 결과 일본시장에서 큰 성공을 거두었다. 드비어스사는 약혼에 대한 보편적인 감정이 새로운 욕구, 즉 다이아몬드반지를 선택하도록 할 것이라고 굳게 믿었던 것이다.

자료: http://www.debeers.co.jp

인간의 잠재적이고 보편적인 욕구는 교통통신의 발달과 소득수준의 증가로 인하여 감추어진 상태에서 밖으로 드러나게 되었으며, 이질적인 욕구도 점차 동질화되어 가는 경향이 있다. 이러한 욕구의 강화와 동질화 경향에 의하여 글로벌고객이 점차 증가하게 되었으며, 이는 글로벌시장의 성장에 촉진요인으로 작용하고 있다.

사례 **시장동질화 가설(market homogeneous hypothesis)**[7)]

필립 코틀러에 의해서 제기된 시장동질화 가설은 국가 간 또는 문화 간에 약간의 차이는 있을지 모르지만 결국 소비자들은 같은 제품을 원한다는 이론이다. 즉, 품질과 가격면에서 고객의 선택은 달라질 수 있지만 고객은 모두 삶의 편의를 증가시켜 주는 제품,

7) Philip Kotler, *Principles of Marketing*, 3rd ed., Prentice Hall, 1987, p.668

삶의 여유를 줄 수 있는 제품을 선택한다는 것이다.

레비트(T. Levitt)는 세계는 하나의 시장이 되어 가고 있으며, 사람들은 사는 장소를 불문하고 같은 제품과 라이프스타일을 요구하기 때문에 범세계적 기업은 국가와 문화 간의 상이점들을 잊고 만국인들을 충족시키는 데 집중해야 한다고 역설한다. 레비트는 전 세계 모든 사람들은 기본적으로 같은 제품, 즉 삶을 보다 여유롭게 하고 자유재량시간을 늘려 주는 제품을 바란다고 생각한다. 이러한 욕구와 필요가 모여 표준화된 제품을 특성으로 하는 범세계적 시장을 창출하였다는 것이다.

레비트에 따르면 전통적으로 다국적기업들은 특정 시장들에 대한 상이점들에 초점을 맞추어 마케팅을 전개함으로써 마케팅 컨셉이 고객들에게 이른바 고객이 원하는 것을 제공하는 것이라는 그릇된 인식을 가지고 있었다. 때문에 이들은 국가 간 또는 문화 간에 존재할 수 있는 선호도의 차이에도 불구하고 어떻게 하면 표준화된 제품을 받아들일 수 있을까 하는 노력을 하지 않고, 피상적이거나 시장 고유의 차이점들에 맞춰 각각의 시장마다 아주 현지화된 개별제품을 만들고 마케팅을 전개하여 왔다.

그러나 범세계적 기업들은 표준화된 제품에 초점을 둔 결과 보다 저렴한 가격으로 전 세계 소비자들이 모두 이용할 수 있도록 하는 방식으로, 정도의 차이는 있지만 같은 제품을 판매한다는 것이다.

(2) 기술의 발전

하버드 비즈니스 스쿨의 레비트(T. Levitt) 교수는 세계시장을 동질화시키는 또 다른 요인으로서 기술을 들고 있다.[8] 기술은 제품기술은 물론이고 인터넷, 통신 및 교통수단 등을 포함하는 것이다. 이러한 기술의 급격한 발전으로 말미암아 전 세계의 그동안 소외되었던 지역에까지 현대화의 전파가 가능하게 되었으며, 이에 따라 세계 전 지역의 사람들은 새로운 기술에 의해 보고, 듣고, 경험한 모든 제품에 대한 소비욕구를 나타내게 되었다.

기술은 민족이나 국가, 그리고 문화의 경계에 영향받지 않으며 전 세계에 걸쳐 보편적인 성격을 갖는 것으로, 하나의 기술이 개발되면 즉시 세계 전 지역에서 이용가능하게 된다. 따라서 기업이 한 국가에서 축적한 기술경험은 다른 국가에도 모두 적용할 수 있기 때문에, 결국 세계 전 지역에서 동일한 경험을 축적한 것과 마찬가지의 효과를 갖게 되는 것이다. 즉, 기술은 공공재의 성격을 지닌 것이지만, 한동안은 개발

8) T. Levitt, "Globalization of Markets," *Harvard Business Review*, 5/1/83, Product Number: 83308.

한 기업이 사유재로서 활용하는 특권을 누리게 된다. 사유화한 기술을 바탕으로 글로벌기업은 사업영역을 지속적으로 확대할 수 있게 된다. 제품 및 경영기술의 발전은 글로벌시장 성장의 촉진요인으로 작용하게 된다.

(3) 통신 및 수송수단의 혁신

제3의 혁명이라는 정보혁명은 범세계적 시장의 출현에 크게 공헌하였다. 모든 사람들은 더 좋고 더 현대화된 상품을 원하고 있다. 유럽과 같이 국가 간의 경계가 분명하지 않고 고객의 유동성이 매우 높은 지역시장에서는 광고의 중복(overlap)에 따른 비효율이 발생하기 쉬우므로, 마케팅 담당자들은 동일한 제품 포지셔닝이나 전략을 적용할 필요성을 느끼게 된다. 각 시장에서 차별화 마케팅전략을 수행해 왔던 네슬레(Nestle)도 이를 수정하여 글로벌 마케팅전략으로 전환한 것을 보면 이를 잘 알 수 있다.[9]

사례 네슬레의 마케팅전략

네슬레는 통신과 교통수단의 급격한 발전에 직면하여 전반적인 전략을 수정할 필요성을 느끼게 되었다. 즉, 웹(web)을 통한 통신수단의 발달로 말미암아 다른 시장과 제품에 대한 의사소통이 자주 이루어지고 소비자의 기호가 점차 동일화되고 있는 상황에서는 동일한 상표를 가지고 차별화전략으로서 포지셔닝하기에는 비용 면에서 효과가 적었다. 네슬레가 글로벌전략으로 전환한 이후, 소비자들은 세계 어느 곳에서나 동일한 광고와 제품을 접할 수 있게 되었다.

결론적으로 오늘날과 같이 교통·통신수단의 고도화에 힘입어 시장 간 의사소통이 원활하게 이루어지고 있는 상황에서는 제품 포지셔닝전략이나 상표이미지를 재조정하여 글로벌화시킬 필요성이 대두된다. 또한 인터넷을 통한 글로벌경영의 네트워크는

9) KBS 일요스페셜, 초일류 기업의 변화, 2003년 방영

기업의 경쟁력을 더욱 강화시키는 요인이 되고 있다. [그림 1-4]는 국가별 인터넷 이용률을 나타낸 것이다.

그림 1-4 ▎ 전 세계 인터넷 이용률(2013)10)

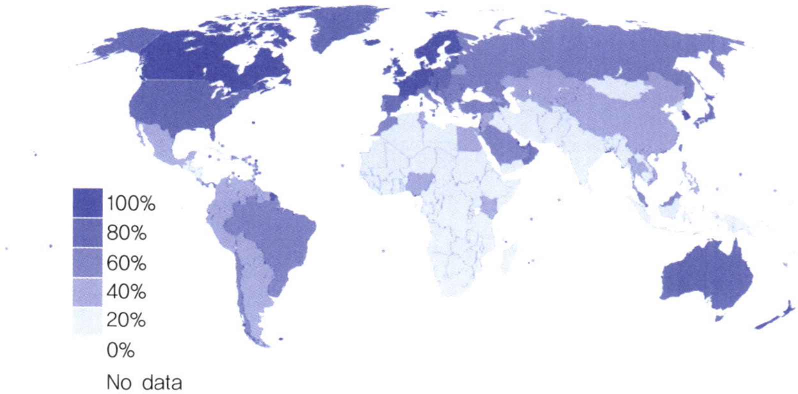

(4) 저비용

표준화(standardization)의 가장 큰 이점은 표준화에 따라 시장조사 및 엔지니어링, 설계, 생산 등 제반 비용이 막대하게 절감된다는 것이다. 기업이 이러한 글로벌화의 필요성을 더욱 강렬하게 느끼는 경우는 중요한 신제품개발투자 및 장기투자를 결정할 때이다. 왜냐하면 이들 투자에는 막대한 투자자본이 소요되기 때문에 일국 또는 단지 몇몇 국가들을 상대해서는 투자자본을 회수하기조차 힘들 것이기 때문이다.

이러한 예는 의약품의 경우에서 아주 두드러지게 나타난다. 즉, 새로운 의약품을 개발하기 위해서는 5~10년 이상의 비교적 장기간이 소요되며, 투자금액도 수백만 달러에서 수억 달러 이상 소요되기도 한다. 따라서 기업이 이러한 막대한 신제품개발비용과 위험을 기꺼이 부담하기 위해서는 글로벌시장을 상대로 하여야만 하며 단일국가시장만 가지고서는 아무리 성공을 한다 하더라도 투자규모를 보전하기가 매우 불충분할 것이다. 그러므로 글로벌시장의 존재는 기업의 제품을 표준화함으로써 비용절감과 자본회수의 용이성을 제공하기 때문에 가능하게 된다.

10) http://spotonlists.com/misc/facts/top-10-countries-with-highest-internet-users-2013/

유럽을 위시한 각국 정부에서 표준화를 위한 기구, 예를 들면 ISO(International Organization for Standardization: iso.ch)를 통하여 생산, 품질, 제품 및 서비스의 표준화를 유도하는 것도 이러한 이유에서이다.

(5) 품질의 향상

글로벌시장의 막대한 규모는 기업으로 하여금 제품설계 및 제조 면에서 높은 질적 수준을 유지하기 위한 높은 수익 및 영업이윤을 보장하여 준다. 글로벌기업과 지역기업이 모두 총매출액의 5% 정도를 연구개발비에 투자할 경우, 총수익 면에서는 범세계적 기업이 지역기업의 몇 배 이상을 달성할 수 있다는 것이다. 이러한 예는 제조나 마케팅활동에서도 마찬가지이다. 최근 들어 경영의 모든 부분에서 품질을 중시하는 이른바 JIT, 품질경영(TQM: total quality management)이나 6시그마 등은 제품은 물론이고 경영의 모든 면에서 품질을 고도화하기 위한 노력의 일환이다.[11]

마케팅의 경우에서도 국가별로 마케팅전략을 개발하여 실행하는 것보다 하나의 마케팅전략을 글로벌시장에 집중시킨다면 더 큰 효과와 효율을 창출할 수 있으며, 이는 결국 고객에게 더 큰 가치를 제공해 주게 된다.

(6) 레버리지

레버리지(leverage)는 글로벌기업이 누릴 수 있는 우위요소의 하나로서, 기업이 여러 나라의 시장에서 동시에 영업활동을 수행함으로써 얻어질 수 있는 상승효과를 말한다. 글로벌기업이 얻을 수 있는 레버리지효과는 경험의 이전, 시스템의 이전, 규모의 경제, 자원의 가용성, 글로벌전략이라는 다섯 가지 측면에서 두드러지게 나타난다.[12]

---

11) TQM에 대하여는 Burton Gummer and Philip McCallion, eds., *Total Quality Management in the Social Services: Theory and Practice,* Albany, NY: Rockefeller College Press, 1995 또는 http://www.improve.org/tqm.html 참조, 6시그마에 대하여는 http://www.brecker.com/sigma.htm 참조.

12) George S. Yip, *Total Global Strategy*, Prentice Hall, 1995, pp.197-215.

1) 경험의 이전(experience transfer)

글로벌기업은 어느 한 시장(대개는 미국·유럽시장)에서 축적한 경험을 세계 어느 시장에서나 확장하여 적용시키는 레버리지효과를 얻을 수 있다. 즉, 제품개발이나 광고, 또는 판매관리의 제반 실무, 전략 등을 그대로 적용시킬 수 있다는 것이다. 여기서 유의해야 할 점은 이와 같은 경험의 이전효과가 어느 경우에나 항상 효과를 거둘 수 있다는 것을 의미하지는 않는다는 것이다. 만약 적절하지 않은 경험을 그대로 이전시킬 경우에는 실패할 가능성도 다분히 존재하고는 있지만, 경험의 이전이 글로벌기업이 누릴 수 있는 우위요소의 하나라는 것은 확실하다.

2) 경영시스템의 이전(system transfer)

글로벌기업은 계획·분석·시장조사·통제 및 다른 기능체계를 더욱 정교하게 개량하여 이를 전 세계시장에 적용할 수 있다. 이러한 전반적 기능체계의 이전에 의한 레버리지는 기업구성원들 간의 원활한 의사소통을 가능하게 한다.

3) 규모의 경제(economy of scale)

글로벌기업은 범세계적 시장의 막대한 시장규모를 이용하여 단일공장에서와 마찬가지로 규모의 경제우위를 누릴 수 있다. 즉, 글로벌기업의 부품은 여러 국가에 분산시켜 대량생산하게 하고, 이를 완제품으로 결합시켜 범세계적 시장에 효율적으로 공급할 수 있는 것이다.

또한 국내기업이 업무의 중복을 제거하여 기업활동의 효율성을 달성할 수 있는 것처럼, 글로벌기업도 경영활동의 각 기능을 집중화시킴으로써 범세계적 규모의 경제성을 달성할 수 있다. 결국 범세계적 기업은 그들의 막대한 규모를 이용하여 경쟁력 및 스태프의 질적 수준을 향상시킬 수 있는 기회를 창조할 수 있는 것이다. 즉, 인적·물적 자원 활용의 규모의 경제와 시장에서의 규모의 경제, 다시 말해 공급 및 수요 양측면에서 규모의 경제효과를 누릴 수 있다.

4) 자원의 이용가능성(resource utilization)

글로벌기업은 전 세계시장을 대상으로 인적·물적·재무자원을 조달할 수 있기 때문에 세계시장에서 가장 효율적인 자원을 획득할 수 있다. 이는 글로벌기업의 경쟁력 원천이 되기도 한다.

5) 글로벌전략(global strategy)

글로벌기업의 가장 강력한 우위요소는 바로 글로벌전략의 활용에 있다. 글로벌전략은 세계시장에 존재하는 기회 및 위협, 추세, 자원 등을 확인하기 위하여 세계경영환경을 탐색하는 것으로부터 시작된다. 글로벌기업은 그들의 경영기법 및 자원을 활용하기 위해 항상 시장기회를 찾으려 노력하고 있다. 이러한 범세계적 시장기회에 성공적으로 대응하기 위한 설계가 바로 글로벌전략으로서 많은 훈련과 창조성, 그리고 끊임없는 노력을 필요로 하는 것이다. 앞에서도 설명한 바와 같이 범세계적 전략의 목표는 성공적인 사업의 수행뿐만이 아니라 기본적인 생존 그 자체를 의미한다.

이 밖에도 글로벌시장의 촉진요인을 여러 가지 들 수 있다. EU, ASEAN, NAFTA 등의 정치경제의 통합과 다자주의가 진전되는 것과 민족기업에 대한 관념이 없어지고 있다는 점, ERP(전사자원관리)와 같은 인사제도, 정보시스템 등이 글로벌화하고 있는 점도 글로벌시장 성장의 촉진요인이라고 할 수 있다. 또한 대단위의 글로벌기업 간의 M&A의 확대가 이루어지는 점도 이러한 촉진요인들에 의한 것이다.

2. 글로벌시장 성장의 제약요인

(1) 시장의 차이(market differences)

특히 문화, 법적 속성이 깊이 가미된 제품(culture-bounded products)의 경우에는 아직도 국가 또는 지역별로 차이가 존재하고 있으므로 기업은 그들의 마케팅믹스 중 적어도 하나 이상의 요소를 현지적응시킬 필요가 있다. 기업이 이러한 국가 간의 차이를 고려하지 않고 글로벌전략을 실행하려 한다면 큰 위험에 빠질 가능성이 크다. 따라서 글로벌 마케팅을 수행하기 위해서는 지역적인 특수조건에 적응시킬 수 있는 유능한 지역담당전문가의 조언이 반드시 필요한 것이다.

(2) 브랜드이미지의 고착화(brand history)

제품 그 자체가 아무리 글로벌화를 위한 여건을 충분히 갖추었다 할지라도 특정 국가에서 브랜드에 대한 이미지가 너무 확고하게 구축되어 있는 경우에는 어쩔 수 없이 세계시장에서 차별화전략을 선택하여야 하는 경우가 있다. 왜냐하면 어느 한 시장에서 특정 상표의 이미지가 고착화되어 있는 제품으로는 새로운 글로벌 제품 포지셔닝이나 전략을 실시하기란 매우 힘들며 성공가능성도 희박하기 때문이다.

(3) 근시안적 경영(management myopia)

근시안적 경영 역시 글로벌화의 장애요인으로서 작용한다. 기업이 글로벌시장에서 성공하기에 충분한 제품을 갖고서도 미래를 내다보지 못하는 구태의연한 경영으로 말미암아 기회를 포착하지 못할 수 있다. 가령 기업이 활동영역을 지리적으로 확장시킴으로써 사업영역을 확장하고 경쟁력을 갖추어 고객에게 더 큰 가치를 제공할 수 있음에도 불구하고, 이를 실행할 경영진의 좁은 소견과 리더십의 부재로 말미암아 좋은 기회를 놓쳐 버린다면 이는 근시안적 경영의 결과인 것이다. 특히 항상 뒤돌아보기만 하는 경영진들에 의해서는 결코 사업영역을 확장하여 글로벌기업이 될 수 없다.

(4) 기업문화(corporate culture)

본사의 최고경영층이 모든 의사결정을 하는 기업은 현지의 욕구나 조건에 적응하기가 힘들며, 현지의 독창성 내지 자발적 참여를 이끌어내기가 어렵다. 한편 자회사의 경영자가 모든 것을 처리하는 기업에서는 전체 기업의 관점에서 폭넓게 바라보기가 어려울 것이다. 지금까지 성공을 거두어 온 글로벌기업은 모두 현지시장의 독창성 및 제반 투입요소들을 범세계적 관점에서 통합화시키는 방법을 추구하여 온 기업들이다. 이 기업들은 모두 본사의 경영자들은 현지의 독창성을 존중하며 동시에 현지의 경영자들은 본사 경영자들의 관점에 대해 그에 상응하는 존중을 보내고 있었다. 만약 구성원의 행동(behavior identity)이나 가치관(mind identity)이 편협하거나 병들어 있다면, 아무리 최고경영층이 글로벌화를 추진하더라도 실패의 가능성이 매우 높다.

(5) 정부의 통제 및 진입장벽(national control & barriers to entry)

물론 정도의 차이는 있겠지만, 세계 각국의 정부는 자국시장에서 외국기업들의 진입 및 경영활동에 각종 통제를 가함으로써 자국기업의 이익을 보호하고 있다. 또한 오늘날에는 그 통제의 범위도 담배와 같은 저기술산업으로부터 통신 및 정보기기 등의 첨단기술산업에 이르기까지 매우 넓고 다양해지고 있다. 이와 같은 정부의 통제는 범세계적 마케팅을 저해하는 매우 주요한 장벽으로 작용한다. 요즈음 세계의 움직임이 규제 완화와 국제표준화(global standard)의 활발한 전개로 진행되고 있음을 볼 때 기업의 글로벌화는 지속적으로 가속화될 것이다.

이 밖에도 정치・사회・문화 등의 환경격차가 큰 경우, 연구개발을 정치・군사적 목적으로 제한하는 경우, 선진국과 후진국의 빈부격차가 심한 경우, 외국에 대한 불신과 민족주의, 언어장애, 소유와 경영의 분리가 안 된 경우 등은 글로벌화에 대한 장애요인으로 작용한다.

다음에서는 선진국 대기업의 글로벌시장 진출에도 불구하고 강세를 보이고 있는 신흥시장의 현지기업 사례를 소개하고자 한다.

:: 사례 **신흥국 진출 땐 선진국서 통한 제품・서비스 조금만 바꾸면 성공? 천만에! 완전히 다른 제품・서비스로 승부해야 …**

'신흥시장'이라는 용어가 주목받기 시작한 것은 1994년 미국 상무부가 보고서를 발간한 이후다. 당시 미 정부는 유럽과 일본 등 주요 교역상대국의 성장이 둔화할 것을 우려해 미래 교역파트너를 물색했고, 이때 선정된 10개국을 신흥시장이라 지칭했다. 아시아의 중국, 인도, 인도네시아, 한국, 중남미의 아르헨티나, 브라질, 멕시코, 동유럽의 폴란드, 터키, 그리고 아프리카의 남아프리카공화국이 그 주인공이다.

글로벌시장의 새로운 경쟁구도

	대기업	중소기업
선진국	전통적인 다국적기업	히든 챔피언
신흥국	신흥 대기업	신흥 강소기업

신흥국은 21세기 들어 이미 선진국의 경제성장률을 능가했다. 이는 새로운 성장동력을 찾던 서구 다국적기업(MNC: multinational company)들에게 좋은 기회처럼 여겨졌다. 많은 다국적기업은 신흥시장으로 잇따라 진출했고, 기술이나 브랜드에서 한 수 아래의 현

지기업을 손쉽게 제압하고 시장을 장악할 것처럼 보였다.

하지만 신흥시장에서 성장한 현지기업은 만만치 않은 경쟁상대였다. 그동안 베일에 가려 있던 이들은 다국적기업의 공격을 효과적으로 방어해 내수시장을 지키는가 하면 공격적인 해외진출로 오히려 다국적기업을 위협하는 글로벌시장의 새로운 경쟁자로 부상했다.

■ 필리핀 졸리비의 교훈 → 터줏대감이 시장 더 잘 안다

미 경제전문지 포춘의 매출 기준 글로벌 500대 기업 조사에서 신흥 대기업이 차지한 비중은 2004년 48개로 10%에 불과했지만 2012년엔 148개로 30%에 육박하고 있다. 중국기업은 2004년 16개에서 2012년에는 89개로 가장 많이 증가했다.

신흥 대기업의 부상은 글로벌시장을 적극 공략하고 있는 한국기업에도 위협적인 존재가 될 수밖에 없다. 선진국 기업들이 경험했듯 신흥 대기업의 경쟁력을 얕보다간 그들의 텃밭인 신흥시장에서 고전하기 십상이다. 그들만의 독특한 성장전략은 글로벌시장에서 여전히 후발주자인 한국기업들로선 껄끄러울 수밖에 없다.

우선 후진국처럼 느껴지는 신흥시장을 공략하기는 생각보다 쉽지 않다. 다국적기업 공략에 맞서 내수시장을 방어하는 신흥기업의 기본전략은 현지 사정에 정통하다는 본원적 강점을 활용하는 것이다.

필리핀의 국민 패스트푸드업체 졸리비(Jollibee)가 맥도날드에 승리한 것이나, 멕시코 최대 식품업체 그루포 빔보(Grupo Bimbo)가 펩시에 판정승을 거둔 성공요인도 소비자 입맛과 물류 측면에서 자국 소비자를 사로잡는 데 성공했기 때문이다.

■ 타타의 교훈 → 저비용혁신이 시장을 뒤흔든다

때로는 신흥 대기업이 혁신의 주체가 되는 경우도 있다. 전통적으로 혁신은 선진기업들의 전유물이었지만 이제 신흥 대기업도 당당히 혁신의 주체가 되고 있다. '역혁신' 혹은 '저비용혁신'으로 불리는 이런 혁신은 충분치 않은 사회 인프라, 부족한 재원, 저가격 선호 등 신흥시장의 독특한 환경에 기반을 두고 있지만 이미 다양한 분야에서 발견되고 있다.

초저가 '나노(Nano)' 자동차 개발에 성공한 인도의 타타(Tata), 전기자동차를 선보인 중국의 비야디(BYD), 빈곤층을 위한 소액대출제도를 도입한 방글라데시 그라민은행(Grameen Bank), 세계 중소형 항공기시장을 주도하고 있는 브라질

엠브라에르(Embraer) 등이 좋은 예다.

끝으로 신흥 대기업의 부상에서 한 가지 빼놓을 수 없는 특징은 인수합병(M&A)을 적극 활용하고 있다는 것이다. M&A가 정보력과 자금력뿐 아니라 가치평가, 협상, 조직통합 등 다양한 역량이 필요한 복잡하고 위험한 방법론인 점을 감안할 때 이들의 거침없는 M&A는 한국기업들도 눈여겨볼 대목이다.

중국과 인도 기업들은 이미 볼보, 산요, 재규어, 랜드로버, 코러스 등을 M&A했다. 또 세계 3위의 시멘트업체인 멕시코 세멕스(Cemex)와 세계 최대 육류가공회사인 브라질 JBS도 M&A를 통해 성장한 신흥 대기업이다. 물론 2008년 금융위기 이후 기술력과 브랜드력을 갖춘 기업이 대거 M&A시장에 매물로 나온 상황도 신흥 대기업에 유리하게 작용했다.

니르말야 쿠마르 런던 경영대학원 교수는 신흥 대기업의 M&A전략 특징으로 '장기적 비전'에 따라 자신들이 부족한 '기술과 브랜드를 확보할 목적'으로 '점진적 인수 후 통합'을 추진한다는 점을 꼽았다. 제2차 세계대전 이후 독일과 일본, 1970년대 석유파동 이후 한국과 대만이 혜성처럼 등장했던 것처럼 신흥 대기업은 자국시장의 성장과 함께 글로벌 시장에 새로운 주역으로 급부상하고 있다. 이들의 위협을 주목해야 할 시점이다.

자료: 한국경제신문, 2013년 8월 14일

학습과제

1. 국내의 마케팅과 글로벌 마케팅의 차이점은 무엇인가?

2. 글로벌 마케팅 촉진요인 중 변화되거나 추가되어야 할 사항이 있는가?

3. 글로벌 마케팅 제약조건을 극복할 수 있는 방안은 어떠한 것이 있는가?

4. 글로벌 마케팅 사례들을 찾아 제시해 보시오.

Harvard Business School 추천사례

GLOBALIZATION:

1. New United Motor Manufacturing, Inc.
   자동차시장의 글로벌화에 대한 사례로 1983년의 GM과 도요타의 합작투자에 관한 것이다.

2. Komatsu Ltd. (A): Target Costing System
   고마쓰는 일본 굴지의 건설장비제조업체로서 1990년대에 강력한 글로벌화를 추진하였다.

3. Acer Group: Vision for the Year 2000
   1990년대 초반, 에이서그룹은 세계 5위의 PC업체로 부상하고 글로벌 컨소시엄을 만들 계획을 한다.

4. Daewoo's Globalization: Uz-Daewoo Auto Project
   대우그룹 경영진은 우즈베키스탄 정부와 Uz-Daewoo 자동차사업에 대한 긴밀한 논의를 전개한다.

5. Bose Corp.: The JIT II Program (C)
   제품·서비스의 글로벌화를 추진하기 위하여 Bose Corp.는 소싱정책에 대한 결정을 하여야 했다.

2 Chapter 글로벌 마케팅의 기초: 무역/투자이론

학습목표

- 글로벌 마케팅의 이론적 기초에 대해 학습한다.
- 국제적 수출입을 설명할 수 있는 제반 무역이론을 고찰한다.
- 글로벌기업의 직접투자(FDI)이론을 요약하고 설명한다.

도입사례 ◦——◉ 지역경제통합의 추세와 한국의 선택은?

TPP (환태평양경제동반자협정)	TTIP (환대서양경제동반자협정)	RCEP (역내포괄적경제동반자협정)
미국, 일본, 호주, 베트남 등 12개국	미국 + EU	ASEAN + 한·중·일 + 인도, 호주 등 16개국

최근 미국, EU, 일본 등 선진경제권이 동시다발적으로 자유무역협정(FTA) 협상을 추진하고 있다. 미국은 일본 등 태평양 12개국과 환태평양경제동반자협정(TPP)을, EU와는 환대서양 경제동반자협정(TTIP)을 추진하고 있으며, 중국 등 아시아 16개국은 이에 역내포괄적경제동반자협정(RCEP)으로 맞서고 있다.

3대 FTA가 모두 타결될 경우 거대 경제 블록이 탄생할 것이다. TTIP는 GDP 기준 세계경제 비중이 45%이고, TPP는 38.0%, RCEP는 28.5%이다. 이렇게 세계 GDP의 80%를 차지하는 3대 FTA가 출범하게 되면 세계 통상질서가 경제블록 중심으로 급속히 재편될 것이다.

또한 3대 FTA에 대한 한국의 수출 비중이 전체의 73%를 차지하고 있어 거대 블록의 등장은 한국에 큰 도전이 되고 있다. 이에 3대 FTA의 전망과 영향을 살펴보고 그 시사점을 살펴볼 필요가 있다.

관세 철폐 등 시장개방 수준은 미국·EU FTA인 TTIP, 미국 주도 다자간 FTA인 TPP, 중국 등 신흥국 주도 RCEP의 순서가 될 것으로 보인다. 중기적으로 누구도 뚜렷한 우위를 점하지 못하는 가운데 3대 FTA 간 경쟁상태가 지속될 것이다.

그리고 글로벌 통상규범 제정 등 게임의 룰을 놓고 TTIP, TPP와 RCEP 진영 간 대립이 심화될 것이며, 아태지역을 기반으로 하는 RCEP과 TPP는 역내 회원국수 확대 등 주도권 경쟁을 치열하게 전개할 것으로 전망된다. 이처럼 광역경제권 대상의 지역경제통합이 미치는 영향을 살펴보면 다음과 같다.

TPP와 EU, NAFTA 및 RCEP 비교 (단위: 조 달러, 억 명, %)

구분	GDP (점유율)	무역규모 (점유율)	인구 (점유율)
TPP	26.6 (38.0)	10.2 (27.8)	7.8 (11.2)
EU	17.6 (25.2)	11.7 (31.8)	5.0 (7.2)
NAFTA	18.0 (25.8)	5.4 (14.7)	4.7 (6.8)
RCEP	19.9 (28.5)	10.1 (27.7)	33.9 (48.6)
세계 전체	69.9 (100)	36.6 (100)	69.7 (100)

자료: 산업통상자원부

■ 세계경제 활성화와 무역 확대

세계경제의 80%를 차지하는 3대 FTA가 출범하면 해당 국가의 경제가 더 성장해 세계경제 활성화에 도움이 될 것이다. 국별 성장률을 보면 TTIP 체결 시 EU 0.3~0.5%, 미국 0.2~0.4%, TPP 타결 시 일본 등 참여국 0.4~1.5%, RCEP 발효 시 중국 등 참여국 최대 1.8% 증가할 것으로 추정된다.

■ 신흥국 견제 심화

TTIP 체결 시 미국과 EU는 세계 최대시장을 바탕으로 글로벌 규범제정자(rule-setter)로서의 입지가 더욱 강화될 것으로 예상된다. 이에 따라 선진국은 중국 등 신흥국을 대상으로 지식재산권, 환경, 노동, 경쟁 등 국제규범을 준수하도록 압박해 양측 간 분쟁이 심화될 것으로 전망된다.

■ 국제통상질서 변화

미국이 주도하는 TPP와 중국이 참여하는 RCEP가 회원국 확대 경쟁을 계속하는 가운데, 여기에 참여하기 어려운 브라질 등은 독자적인 길을 모색할 가능성이 크다. 한편, 회원국이 3대 FTA에 중층적으로 가입함으로써 원산지 규정, 통관절차 등에서 혼란이 발생할 것으로 우려된다. 또한 거대 블록의 등장으로 기존 세계통상질서를 주도하던 WTO는 상당기간 위축될 수밖에 없을 것으로 보인다.

■ 한국의 FTA 선점효과 약화

한국의 최대 경쟁국인 일본이 미국, EU 등과 FTA를 체결하면 한·미, 한·EU FTA의 선점효과가 감소하고 미국과 EU시장에서 경쟁이 더욱 심화될 것으로 예상된다. 또한 RCEP가 체결되면 중국, 인도, 아세안 등 역내시장에서 한·중·일 3국 간 경쟁이 더욱 치열해질 것이다.

한편 한·중·일 3국 모두와 FTA를 체결한 아세안의 투자환경이 개선되면 베트남 등이 글로벌 생산거점으로 더욱 주목받을 것이다. 한국이 거대 경제권발 블록화 경쟁을 주도하기에는 한계가 있으므로 TPP 참여는 경제적 실리 위주로 신중하게 접근할 필요가 있다. 대신 중국, 중남미, 러시아 등 신흥시장으로 한국의 FTA 네트워크를 확대하고 강화해야 할 것이다. 또한 3대 FTA 진행상황을 면밀히 관찰해 기존 FTA나 국내 산업정책과의 충돌가능성에 대비해야 한다.

기업은 3대 FTA 체결로 관세철폐, 투자자유화, 원산지 규정 통일 등에 따라 역내 생산거점의 효율적 운영방안을 강구하고, 주요 시장의 경쟁 심화에 대한 대응전략을 마련하는 한편, 환경·기술 등 규제 리스크 강화에 선제적으로 대응해야 할 것이다.

자료: 삼성경제연구소, CEO인포메이션, 2013년 5월 15일

기업들이 해외시장에 진출하는 이유는 무엇일까? 이에 대한 답을 하기 위해서는 기업의 해외진출에 관한 필요충분조건을 따져 보아야 한다. 우선 필요조건 첫 번째는 시장기회요인이다. 기업이 해외로 진출하려면 우선 해외에서 얻을 수 있는 기회요인이 국내에서 얻을 수 있는 기회요인보다 커야 한다. 기회요인은 생산성, 원가절감, 원자재 구입의 용이성, 위험감소, 시장 확보, 수익성, 고객만족, 기업이미지 등의 제반 동기요인을 의미한다. 기업경영을 하면서 추가적인 투자를 하는 경우, 경영자는 전략적인 의사결정을 내리게 된다. 만약 국내시장에서 투자하는 것보다 해외시장에 투자하는 것이 유리하다고 판단되면 해외로 진출하는 방안을 구체적으로 구상하게 될 것이다.

사례 한국경제의 성장동력을 어디서 찾아야 하는가

중국의 경제적 고성장은 외국인직접투자 유치와 해외시장에 대한 수출로부터 기인한다. 작금의 대한민국은 인당 소득수준 2만 달러를 넘기고, 연이어 무역규모 1조 달러에 달하는 쾌거를 달성하고 있다. 향후 소득수준 3만 달러를 돌파하고 무역규모 2조 달러를 달성하려면 사고의 전환이 요구된다. 달리 말해 한국경제는 지속적 성장의 동인을 어디에서 찾아야 할 것인가? 즉 해외에 대한 수출 주도의 경제성장을 지속할 수 있도록 고민하는 시간이 필요할 것이다. 예컨대 목표시장(선진국과 신흥시장), 부존요소(천연자원과 인적자원), 경쟁우위(제조업과 서비스업), 진입방식(수출과 글로벌 소싱, 해외직접투자와 외국인직접투자)을 조합하는 동시에 '선택과 집중'이 필요할 것이다. 이를 위해 무역과 투자와 관련된 다양한 이론에 대한 이해가 필수적이다. 결국 글로벌 마케팅의 기초로서 전통적 이론에서부터 최신이론까지 체계적 접근과 이해가 선결되어야 할 것이다.

해외진출의 필요조건 두 번째는 경영자의 의지이다. 해외에 시장기회가 충분히 있다 하여도, 외국에서의 좋지 않았던 경험이 있다든지 국내에서의 사업에 만족하는 경영자라면 해외진출을 모색하지 않을 것이다. 외국에서 경영활동을 한다는 것은 많은 불확실성과 위험이 있다. 이러한 위험과 불확실성을 극복하겠다는 경영자의 위험감수 의지(risk-taking mind)가 필요하다.

기업의 해외진출 충분조건은 기업 자체가 보유하는 능력이다. 외국에서 경영활동을 하는 데에서 발생하게 될 위험과 불확실성, 즉 외국인비용(liability of foreignness)을 극복하고도 남을 수 있는 경영자원과 능력이 필요하다. 세계적 수준의 글로벌기업들이 지닌 공통점은 나름대로의 핵심역량을 보유하고 있다는 점이다. 풍부한 재무자원,

뛰어난 기술, 우수한 제품, 체질화된 마케팅능력, 강력한 브랜드, 첨단 경영노하우 등의 핵심역량을 보유하고 있다. 우리나라 기업의 경우, 이러한 핵심역량을 배양할 충분한 시간적 여유 없이 외국에 무조건 진출하여 막대한 수업료만을 지불하는 예가 있어 안타깝다. 기업 차원에서 해외시장 진출의 필요충분조건은 시장기회, 경영자의 의지, 핵심역량이라 하겠다.

본 장에서는 국가 간 무역과 기업의 해외직접투자 수행에 관한 이론을 정리할 것이다. 전자에서는 국가는 왜 무역을 수행하는지를 다루는 전통적 무역이론과 국가는 경쟁력을 어떻게 창출하는지에 대한 근대적 무역이론을 설명할 것이다. 후자에서는 다국적기업이 세계화를 수행하는 방식과 어떻게 경쟁우위를 창출하고 유지하는지를 설명하는 직접투자의 핵심이론을 살펴볼 것이다. 결국 제반 무역이론과 직접투자이론은 글로벌 마케팅의 기본원리를 이해하는 데 도움이 될 것이다.

2.1 고전적 무역이론

1. 절대우위론(absolute advantage)

애덤 스미스

중상주의(mercantilism)가 팽배하던 시대의 선두주자로서 애덤 스미스(Adam Smith)는 그의 저서 『국부론』(1776)에서 자유무역을 통한 거래의 증진만이 국가의 부를 축적할 수 있다고 주장하였다. 애덤 스미스는 모든 재화의 가치는 노동 투입량에 의하여 결정된다는 가정에서 노동시간이 절대적으로 적게 드는 제품, 즉 생산비용이 적게 드는 제품에 특화한 후 교역할 경우 무역에 따른 이득(gain from trade)이 발생한다고 주장하였다. 애덤 스미스의 주장을 절대우위론 또는 절대생산비설이라고 한다. 예를 들어 설명하면 다음과 같다.

표 2-1 절대우위론의 예

교역 이전		
	A국	B국
포도주 1단위 생산	7명	14명
옷감 1단위 생산	10명	8명

특화에 의한 교역 이후		
	A국	B국
포도주	17명(2.42단위)	0명
옷감	0명	22명(2.75단위)

[표 2-1]에서 보는 바와 같이 A국은 포도주의 노동시간이 B국보다 절대적으로 적기에 포도주에만 모든 노동시간을 투하하면 17명이 포도주 2.42단위를 생산할 수 있으며, B국은 반대로 옷감에 절대적인 우위가 있으므로 옷감만을 생산하면 22명이 2.75단위를 생산할 수 있기 때문에 교역으로 인한 이득이 발생한다.

그러나 이 가정은 현실성 결여라는 커다란 문제점과 더블어 절대우위론 그 자체의 한계점을 가지고 있다. 주지하는 것처럼 어느 한 국가가 모든 면에서 절대우위가 있는 경우에도 교역이 발생되는데, 절대우위론은 이를 설명하지 못한다는 점이다.

절대우위론은 분업과 교역의 발생이라는 중요한 현상을 설명하려는 초기의 노력이라는 점에서 그 의미를 찾을 수 있다. 그러나 대부분의 고전경제학의 논리가 그러하듯 비현실적인 가정을 전제로 하여 자기모순에 빠져 설명력을 잃고 있다. 절대우위론 역시 많은 가정이 논리적 한계를 벗어나지 못하고 있다.

절대우위론의 기본가정은 다음과 같다.

- 완전고용, 동일한 수요, 정보의 공유 등 완전경쟁을 전제로 한다.
- 2국가, 1생산요소만 존재한다.
- 생산요소는 노동만이 존재한다.
- 관세 및 운송 등의 거래비용이 없다.

그러나 이러한 가정들은 현실성이 전혀 없다. 실제로 완전경쟁이란 존재하지 않으며, 대부분의 시장구조는 독과점이거나 과점구조이다. 생산요소 역시 국가 간 동질적이지 않을뿐더러 노동 이외의 자본, 기술, 인적자원 등의 많은 요소에 의하여 생산이 이루어진다. 또한 생산요소 역시 국가 간 이동이 가능하며, 국가 간 교역이 이루어지는 경우에는 관세 및 운송 등의 제 비용과 위험이 따르게 되는데 고전경제학의 교역이론에서는 이러한 제반 현실을 설명하지 못하고 있다.

2. 비교우위론(comparative advantage)

데이비드 리카르도

리카르도(David Ricardo)는 애덤 스미스의 절대우위론에 대한 한계점을 지적하면서 절대우위가 아니라 비교우위만 있더라도 교역이 발생할 수 있다는 비교우위론(1817)을 주장하였다. 비교생산비설이라고도 하는 비교우위론에 의하면, 두 재화생산에 모두 절대우위를 가지더라도 우위 정도가 상대적으로 큰 재화에 특화한 후 생산하여 수출하고 비교열위에 있는 재화는 수입함으로써 교역으로 인한 이득이 발생한다는 것이다.

표 2-2 비교우위론의 예

교역 이전		
	A국	B국
포도주 1단위 생산	80명	120명
옷감 1단위 생산	90명	100명

특화에 의한 교역 이후		
	A국	B국
포도주	170명(2.125단위)	0명
옷감	0명	220명(2.2단위)

[표 2-2]에 의하면, A국이 포도주와 옷감 모두 절대적인 생산우위에 있다. 이러한 상황에서 발생되는 교역에 대하여 절대우위론으로는 설명할 수 없으나, 비교우위론에

의하면 설명이 가능하다. 즉 A국의 경우, 두 재화에 모두 절대우위를 갖고 있으나 옷감보다 포도주가 상대적으로 더 우위에 있으므로 포도주에 모든 노동력을 투하하여 특화하고, B국은 옷감에 특화하여 서로 교역하면 이득이 발생한다. 이 경우 교역으로 인한 이득은 포도주는 0.125단위, 옷감은 0.2단위가 되며, 교역조건은 2.125 : 2.2가 된다. 그러나 비교우위론 역시 가정에 의하여 제약된 틀로 설명하는 것이기 때문에 현실성이 결여되어 있다는 한계점이 있다.

비교우위론이 지닌 제반 가정을 살펴보면 다음과 같다.

- 완전경쟁 및 완전고용의 시장구조이다.
- 2국가, 2재화로 구성된 경제를 전제로 하고 있다.
- 생산요소는 노동이며 노동의 질은 동일하다.
- 생산요소는 국가 간 이동이 불가능하다.
- 소득의 배분은 무역에 영향을 받지 않는다.
- 기술진보는 없다.
- 단위당 생산비는 불변이다.
- 무역에 대한 일체의 장애요인은 없다.
- 관세 및 운송비와 같은 거래비용이 발생하지 않는다.
- 거래형태는 물물교환이다.
- 정태적 상황만을 전제로 한다.

제반 가정을 보면 쉽게 알겠지만 현실과는 동떨어진 가정을 전제로 하기 때문에 이러한 논리를 적용하기에는 너무 큰 위험이 있다. 더욱이 현실상황에서 부분특화가 보편적이며 완전특화는 이루어질 수 없다는 점에서 이론적인 맹점을 지니고 있다. 이러한 한계점에도 불구하고 당시 경제학계에서는 이 논리를 받아들였고, 이러한 비교우위 논리는 자유무역을 기치로 내건 GATT[1]의 기본정신으로 구현되기도 하였다.[2]

1) 관세 및 무역에 관한 일반협정으로 관세장벽과 수출입 제한을 제거하고, 국제무역과 물자교류를 증진시키기 위해 1947년 제네바에서 미국을 비롯한 23개국이 가입한 국제적 무역협정이다.

2) John J. Coleman, "Note on Comparative Advantage," *Harvard Business School*, #9-387-023, August, 1987.

2.2 신고전적 무역이론

1. 요소부존이론(Heckscher-Ohlin theory)

스웨덴의 경제학자인 헥셔(F. Heckscher)와 그의 제자인 오린(B. Ohlin)은 비교우위론의 한계점을 극복하고자 국가가 보유하고 있는 생산요소의 부존량에 의하여 교역의 발생과 조건이 결정됨을 제시하였다. 이 역시 여러 비현실적 가정을 전제로 하고 있어 비판의 대상이 되기는 하지만, 무역이론의 대표적 논리 중 하나로 받아들여지고 있다.

일반적으로 제품생산(공급)의 차이는 생산요소의 보유 정도와 생산기술의 차이에서 발생한다. 또한 제품수요의 차이는 소비자 기호의 차이로 인하여 나타난다. 만약 국가 간에 다른 조건은 모두 동일하고 요소의 보유량, 즉 요소부존량만 차이가 있다면 교역은 요소부존량에 의하여 결정된다. 헥셔와 오린의 요소부존이론은 이와 같은 가정을 전제로 하고 있기 때문에 당연히 교역의 발생과 조건을 요소부존도만으로 설명하고 있는 것이다.

요소부존이론의 제반 가정에 대하여 살펴보면 다음과 같다.

- 제품 및 요소시장은 완전경쟁이다.
- 2국가, 2재화, 2요소의 모델이다.
- 요소부존도는 국가 간 차이가 존재한다.
- 각국의 생산기술은 동일하며 규모의 경제효과가 적용되지 않는다.
- 요소의 품질은 동일하며 생산요소는 국내에서만 산업 간 이동이 자유롭다.
- 관세, 운송비, 무역장벽 등의 거래제약요건이 존재하지 않는다.
- 각국의 소비자 기호는 동일하며 동일한 효용함수를 갖는다.

위와 같은 가정에서 추론된 결론은 두 가지의 명제로 제시되고 있다. 제1명제는 '요소부존도(factor endowment)'의 명제로 한 나라가 다른 나라에 비하여 상대적으로 풍부하게 보유한 생산요소를 집약적으로 생산하게 되면 그 제품에 비교우위를 갖게 된다는 것이다. 즉, 노동 풍부국은 노동집약적 제품에, 자본 풍부국은 자본집약적인 제품에 비교우위를 갖는다는 것이다.

제2명제는 '요소가격균등화(factor price equalization)'의 명제인데, 이는 국가 간 생산요소의 이동이 불가능한 경우라도 교역에 의하여 요소가격은 균등화되는 경향이 있다는 것이다. 즉, 노동이 풍부한 국가에서 노동집약적인 제품을 특화하여 생산하면 노동에 대한 수요가 증가하여 임금이 상승하게 되고, 상대적으로 열위에 있던 자본의 가격, 즉 이자율은 하락하게 된다. 마찬가지로 자본이 풍부한 국가의 경우에도 이자율이 하락하게 되고, 임금은 점차 상승하게 되어 국가 간 요소가격이 균등해진다는 것이다. 사뮤엘슨과 스톨퍼(Samuelson-Stolper)는 H-O이론의 명제 중 하나인 요소가격균등화 논리를 확장하여 미국은 자본이 풍부한 자본집약적 산업구조를 가지고 있기 때문에 열위에 있는 노동의 가격이 점차 하락하여 노동자들의 실질소득이 감소할 위험이 있으므로 노동집약적 제품 수입에 관세를 부과하여야 한다는 주장을 피력하였다.

그러나 요소부존이론 역시 현실과 동떨어진 한계점을 지니고 있다. 생산요소는 지식, 기술 등의 여러 복합적인 성격이 있으나 이를 반영하지 못하고 있으며, 규모의 경제효과 및 경제구조의 변화 등의 동태적 측면을 반영하지 못하였고, 공급 측면만을 고려하고 있다.

2. 레온티에프 역설

레온티에프(W. Leontief)는 1947년 미국의 산업연관표 분석을 통하여 헥셔-오린의 요소부존이론이 과연 실제에도 부합되는가를 검증하였다. 그러나 결과는 이론과는 정반대로 나타났다. 즉, 미국은 자본이 풍부한 국가이므로 자본집약적 제품을 수출하고, 노동집약적인 제품은 수입하여야 하는 것이 요소부존이론의 논리이다. 그러나 레온티에프의 검증결과, 미국은 오히려 자본집약적 제품을 더 많이 수입하고 노동집약적 제품을 수출하는 것으로 나타났다. 이처럼 헥셔-오린의 요소부존이론과 반대의 결과를 도출한 것을 레온티에프의 역설(Leontief's paradox)이라 한다.

레온티에프의 역설에 대한 논리적 이유를 제시하여 보면 다음과 같이 정리될 수 있다.

• 생산요소를 자본과 노동으로 한정하여 실제로 복합적 성격인 생산요소를 무시한

것이 요소부존이론의 한계이다. 즉, 미국은 천연자원을 많이 수입하여 자본집약적인 제품을 생산하는데, 이러한 천연자원은 자본집약적 제품의 원재료의 성격을 지니고 있으나, 노동집약적 제품을 구분하여 집계하였기 때문에 이러한 역설이 제시되었다.

- 요소부존이론에서는 노동의 질을 무시하고 있다. 미국의 노동자는 다른 나라의 노동자보다 교육수준, 숙련도가 높아 생산성에 차이가 있다는 점을 반영하고 있지 못하다.
- 통계상의 부정확성에 기인하였을 수 있다. 통계의 오차한계가 너무 커서 자본과 노동의 투입비율의 작은 차이를 제대로 반영하지 못하였을 수 있다.
- 생산요소의 상대적 풍부성의 기준이 국가 간에 상호 다를 수 있는데, 이를 반영하고 있지 못하다.

2.3 근대적 무역이론

지금까지의 교역이론 중 절대우위론과 비교우위론과 같이 노동가치설에 입각한 논리를 고전적 교역이론이라 하며, 요소부존이론과 레온티에프의 역설은 신고전적 무역이론으로 분류할 수 있다. 여기에서는 최신의 무역이론에 해당하는 대표수요이론과 신무역이론을 살펴보기로 한다.

1. 대표수요이론(theory of representative demand)

기존 헥셔-오린 모형과 레온티에프의 역설은 제품의 생산 혹은 공급 측면에 초점을 맞춘 무역이론으로 볼 수 있다. 사실 이 이론들은 무역이 실제로 이루어지는 현실과 동떨어진 논리를 피력하는 한계점을 지니고 있다. 달리 말해 현실에서의 교역형태는 선진국과 선진국, 개도국과 개도국 사이에서 실질적 무역이 일어난다는 점을 간과하였다. 따라서 이후의 과제는 실제로 소득수준이 유사한 국가들끼리 무역이 집중되는 현상과 그 원인을 찾는 것으로 모아졌다.

1960년대 이후 국가 간 무역이 발생하는 결정요인을 찾고자 하는 새로운 시도들이 나타나기 시작하였다. 이런 배경하에서 린더(S. B. Linder)는 대표수요, 즉 중복수요가 있는 제품이 비교우위를 가지며 국가 간 수요구조의 유사성과 중복성이 클수록 상호 무역이 증대될 것이라 주장했다. 즉 공급 측면의 고전적·신고전적 이론들과 달리 대표수요이론은 국가 간 무역이 발생하는 현상의 원인을 수요 측면에서 찾고 있다. 결국 제품시장의 수요 측면에서 소득수준, 소비성향, 소비자 기호 및 시장구조가 유사한 국가들 간 무역이 활발히 이루어진다. 가령 미국과 캐나다처럼 소득수준이 비슷할 뿐만 아니라 소비자의 소비성향과 필요/욕구가 유사하여 제품수요가 중복되는 국가일수록 활발한 무역이 이루어질 수밖에 없다.

헥셔-오린의 요소부존이론과 비교하여 설명한다면 대표수요이론의 본질을 명확히 이해할 수 있을 것이다. 첫째, 요소부존이론이 선진국과 개도국의 남북(North-South) 무역을 설명하는 데에 반해, 대표수요이론은 선진국-선진국의 북북(North-North), 개도국-개도국의 남남(South-South)무역 형태를 설명한다. 둘째, 헥셔-오린 모형은 상대적 요소부존도에 따라 자본재인 자동차와 노동재인 섬유제품의 교역처럼 산업간 무역(inter-industry trade)을 설명한다. 이와 반대로 대표수요이론은 소득수준이 비슷한 국가는 소비성향과 소비자 니즈가 유사하기 때문에 캐딜락과 렉서스처럼 자동차 제품을 교역하는 산업내무역(intra-industry trade)이 이루어진다고 설명한다. 결국 무역촉진동인(driving force)과 관련하여 요소부존이론은 생산의 차이에 주목한 반면, 린더의 대표수요이론은 소비의 동질성을 고려하였다. 따라서 린더의 대표수요이론은 수요(소비) 측면에서 무역현상과 그 원인을 찾아보고자 시도했던 이론으로 평가받는다.

2. 신무역이론(new trade theory)

1980년대 이후 무역의 양상이 복잡해지면서 흥미로운 국제무역현상에 직면하게 된다. 더욱이 이러한 현상은 기존 무역이론으로 설명하기 어려운 난제에 가까운 현상이었다. 예컨대 강력한 신보호무역주의에도 불구하고 미국의 무역수지 적자는 심화되었던 반면 일본계 다국적기업은 경쟁우위를 토대로 글로벌시장 지배력을 강화하고 있었다. 당시 국제경영, 무역 및 경제학자들은 미국의 경쟁력 약화와 일본의 경쟁력 강화에 주목할 수밖에 없었다.

미국의 폴 크루그만(Paul Krugman)을 중심으로 일련의 경제학자들은 '신무역이론'을 주창하면서 독특한 현상을 규명하고자 시도하였다. 이들은 무역패턴의 변화를 초래한 원인으로 다음 2가지를 제시하고 있다. 첫째, 제품의 다양성은 증가하지만 제품가격은 하락하는 양상으로 국가 간 무역이 발생하게 된다. 달리 말해 규모의 경제에 도달하는 산업일수록 제품모델 증가와 제품가격 하락이 가능해졌다. 규모의 경제(economy of scale)란 최소효율규모를 달성할 때까지 절대생산량을 증가시키면 단위당 생산비용이 하락하는 효과이다. 가령 자동차, 반도체, 중대형 민항기 조립처럼 표준화된 제품을 대량생산할수록 제품모델은 늘어나지만 생산비용은 줄어든다.

둘째, 신속한 국제화에 의한 해외시장 진출은 규모의 경제 달성에 도움이 된다. 특히 내수시장의 규모가 작을수록 경쟁사보다 먼저 해외시장 진출을 가속화하는 것이 국내 생산규모의 확장을 도모할 수 있으며, 규모의 경제가 존재하는 산업에서 선발주자가 시장의 주도권을 행사하는 선발주자의 우위(first-mover advantage)도 향유할 수 있다. 즉 규모의 경제뿐만 아니라 선발주자의 우위를 달성하는 산업에서 특정 제품을 생산한 후 그렇지 못한 국가로 수출할 여지가 생기는 것이다. 달리 말해 규모의 경제가 작동하고 선발주자의 우위가 존재하는 산업일수록 경쟁우위의 창출과 유지는 필수적이다. 결국 정부는 산업정책의 수립과 실행을 통해 산업뿐만 아니라 기업수준의 경쟁력 향상을 도모할 수 있다. 그런 점에서 신무역이론을 전략적 무역정책(strategic trade policy)으로 부르기도 한다.

정리하면 신무역이론의 주창자들은 일국이 경쟁우위를 창출하는 수단과 과정에 주목하였다. 결국 일국의 노력 여하에 따라 비교우위의 창출, 즉 경쟁우위의 창출과 유지가 가능하다는 것이다. 따라서 국가 차원에서 비교우위의 변화가능성은 정부의 지원과 기업의 혁신에 달려 있다는 점을 시사한다.

2.4 직접투자이론

해외직접투자는 경영참여의 목적으로 자본, 경영, 기술, 생산, 마케팅 등의 제반 자원을 통합하여 해외로 이전시키는 기업의 활동을 의미한다. 이러한 해외직접투자에 대한 이론은 해외투자의 발생이유, 다시 말해 다른 해외시장 진입방법과 비교하여 굳이 해외직접투자를 선택하게 되는 이유와 현지 로컬기업의 경영우위성에도 불구하고 외국기업이 현지에서 성공적인 투자가 가능한 이유를 설명해 준다.

1. 제품수명주기이론

버논(R. Vernon)과 웰스(L. T. Wells)에 의하여 주장된 제품수명주기이론은 제품의 생산요소인 기술격차이론을 보다 발전시킨 것으로 혁신국가와 모방국가 간의 제품수명주기의 시간적 차이에 의하여 교역과 해외직접투자가 발생한다는 논리이다.3)

일반적으로 제품수명주기는 제품이 처음 시장에 나와 매출이 서서히 증가하는 초기단계인 도입기(introduction stage), 경쟁이 나타나고 시장이 본격적으로 형성되면서 매출이 급속히 증가하는 성장기(growth stage), 시장이 어느 정도 안정적이어서 매출이 큰 변동이 없는 성숙기(matured stage), 매출액이 감소하는 쇠퇴기(declined stage)의 네 단계로 구분된다.

혁신국가에 처음 신제품이 출시되는 도입기를 거쳐 성장기 초반에 이르는 동안 모방국가에서는 그 제품기술을 모방하는 데 시간이 필요하게 된다. 혁신국가에서 신제품이 소개되고, 모방국가에서도 동일제품을 생산하기까지 소요되는 시간을 모방지연(imitation lag)이라 한다. 혁신국가가 성장기에 들어서면서 국내경쟁이 치열해지고 시장규모가 점차 클 것으로 예상되기 때문에 차별화전략으로 경쟁에 대응하게 된다.

성장기 후반에 들어서게 되면, 매출의 증가 속도는 점차 감소하게 되어 시장 확보를 위하여 수출을 모색하게 된다. 성숙기로 진입하면서 새로운 경쟁자의 출현도 점차

3) 혁신국가라 함은 신제품기술을 보유하여 처음 개발에 성공한 국가를 의미하고, 모방국가는 그 제품을 모방한 후 생산에 들어간 국가를 의미한다.

줄어들고 차별화의 여지도 점차 없어지면서 시장규모가 한계점에 달하면 더 이상 시장개척이 어렵게 되어 기업들은 가능한 원가절감에 노력을 경주하게 된다.

반면 모방국가의 경우 도입기 초반에는 혁신국의 신제품 확산으로 이미 형성된 시장에 제품을 충분히 제공하지 못할뿐더러 혁신국의 차별화된 제품에 비해 품질이나 기능에서 뒤처진 제품을 생산하게 되어 자체 제품시장과 별도로 수입시장이 형성된다. 성장기에 있는 모방국의 제품이 혁신국의 제품을 품질이나 기능 면에서 서서히 따라 잡으면서 수입물량이 점차 감소하게 되고, 성장기 후반에 이르게 되면 혁신국의 제품은 혁신국가 내에서 성숙기로 접어든 상황이기 때문에 원가 측면에서 유리하게 되어 오히려 역수출이 이루어지게 된다.

이러한 제품수명주기에 의한 교역의 발생과 더불어 해외직접투자도 이루어질 수 있는데, 혁신국의 제품이 성숙기에 들어서게 되면 원가절감을 위하여 생산원가가 비교적 저렴하고 보다 나은 제품을 생산하고 있는 모방국에 투자하여 역수입할 수 있는 전략대안이 발생하게 된다. 이러한 해외직접투자를 본국 내 경쟁에 대비한 방어수단으로서의 투자라 하여 방어적 투자(defensive investment)라 한다. 또 다른 해외직접투자의 기회가 있는데, 기술적으로 앞선 혁신국의 기업이 전 세계시장을 초기에 선점할 목적으로 도입기에 해외직접투자를 하는 공격적 투자(offensive investment)가 발생할 수 있다.

제품수명주기이론은 무역과 투자가 발생하는 현상을 동태적으로 살펴보았다는 점과 기술이라는 생산요소와 경쟁, 소비자 기호 등의 제반 요인을 고려하였다는 점에서 지금까지도 인정받는 이론임에 틀림없다. 한국의 평판TV, 자동차 등의 선진국 시장진입과 선진국의 개도국에 대한 무역 및 투자 등에 대한 현상학적 설명력도 갖추고 있다. 그러나 시간의 흐름에 따라 변할 수 있다는 측면 때문에 실증적 접근이 어렵다는 한계점이 있다. 다시 말해 글로벌기업이 전 세계를 대상으로 동시에 제품을 출시할 경우 기술적 차이, 즉 모방지연이 존재하지 않을 수 있으며, 소비의 차이가 없는 경우 그 설명력이 반감되는 한계점을 지닌다.[4]

4) Raymond Vernon, "International Investment and International Trade in the Product Cycle," *Quarterly Journal of Economics*, May, 1966; Louis T. Well, Jr., "A Product Life Cycle for International Trade," *Journal of Marketing*, July, 1968; Alicia Mullor-Sebastn, "The Product Life Cycle Theory: Empirical Evidence," *Journal of International Business Studies*, Sep., 1983, pp.95-105; Dinker Raval and Bala Subramanian, "Product Life Cycle and International

그림 2-1 제품수명주기에 따른 혁신국–모방국의 무역과 투자의 시차

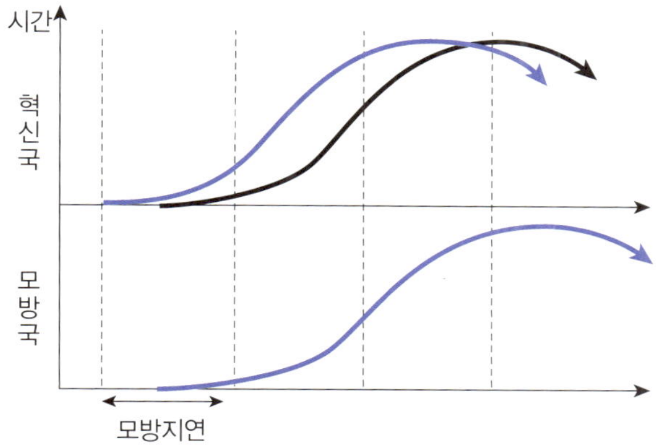

2. 독점적 우위이론

기존 경제이론이 캐나다와 미국의 교역과 빈부격차를 충분히 설명하지 못하고 있음에 착안하여 캐나다의 하이머(S. H. Hymer)가 연구를 시작하였고 그 결과를 킨들버거(C. P. Kindleberger), 케이브스(R. E. Caves), 존슨(G. Johnson), 허쉬(S. Hirsch) 등이 정리하고 발전시킨 이론이다. 즉, 캐나다기업들이 경쟁우위를 가진 상황에서 미국기업들이 캐나다로 진입을 시도할 경우 현지에서 성공적으로 경쟁할 수 있는가에 초점을 맞춘 이론이다.[5)]

독점적 우위요인이란 기업이 장기간에 걸쳐 내부에 축적해 놓은 기업 특유의 지식(firm-specific knowledge)으로 기술적 우위, 마케팅 노하우, 충분한 자본, 경영능력, 통합적 관리시스템, 제품력, 브랜드, 특허 등의 기업 자체에 녹아 있는 자산을 의미한다. 하이머는 이러한 기업 특유의 지식, 즉 독점적 우위성으로 기업은 외국의 각종 불이익을 극복하고도 남을 능력을 보유하고 있기 때문에 국제화 및 해외직접투자를 수행할 수 있다는 논리를 펼치고 있다.

Product Life Cycle; Economic and Marketing Perspective," (unpublished), Morgan State University.

5) Charles P. Kindleberger, *American Business Abroad*, Yale University Press, 1969; Haruo Horaguchi, Brian Toyne, "Setting the Record Straight: Hymer Internationalization Theory and Transaction Cost," *Economic Journal of International Business Studies*, Sep., 1990, pp. 487–494.

또한 존슨은 독점적 우위요인은 공공재 성격의 지식을 기업 내부에 사유화(私有化, appropriation)함으로써 추가적인 비용을 지불하지 않고 이용할 수 있다는 점을 주장하였다. 이는 기업이 보유한 기업 특유의 지식, 즉 독점적 우위요인은 한 번 사용하고 또다시 사용하는 데 드는 비용이 거의 제로(zero)에 가깝다는 점을 강조한 것이다.

기존의 비교우위론과 대비되는 논리를 전개하였다는 점에서 독점적 우위이론의 성과는 매우 크다고 할 수 있다. 즉, 자체적 노력으로 기업 특유의 지식을 확보한다면 해외직접투자를 할 수 있는 능력을 보유하게 된다는 고무적인 동기를 기업에 제공하였다고 할 수 있다. 그러나 해외직접투자를 수행하는 과정에서 직면하는 외국인비용(cost of foreignness)은 해외투자의 이익과 비교하여 검증하기 어렵다는 점과 라이선싱이나 수출 등의 다른 진입방법에 비하여 해외투자를 선호하게 되는 이유를 충분히 설명하지 못하고 있다는 한계가 있다.

3. 내부화이론: 거래비용접근

윌리엄슨

산업조직론자인 코스(R. Coase)는 거래비용접근법(transaction cost approach)의 이론적 기반을 처음 마련하였다. 이후 1970년대 윌리엄슨(O. E. Williamson)에 의하여 발전되고, 1980년대 러그만(A. Rugman), 버클리(P. Buckley), 카손(R. Casson)을 통해 내부화이론으로 정립되면서 직접투자의 배경이론으로 자리 잡았다. 코스에 의하면, 시장거래에 수반되는 비용(거래비용)이 증가할수록 기업은 이를 내부거래로 전환함으로써 거래비용을 줄이려 한다는 것이다. 코스의 견해를 확장하여 윌리엄슨은 거래비용이 과도하게 발생하게 되는 상황을 시장실패(market failure)로 규정하면서 거래의 구조화방식을 분석하였다. 거래를 체결하는 방식은 외부화(externalization)와 내부화(internalization)로 구분할 수 있다. 외부화의 경우 시장을 통한 거래방식을 의미하는 반면 내부화는 계약을 기반으로 이루어지는 조직(hierarchies) 간 내부거래방식을 의미하는 개념이다. 윌리엄슨의 시장실패 패러다임(market failure framework)은 국제경영과 글로벌 마케팅에 커다란 영향을 주었다. 가장 먼저 거래비용접근의 기본적인 전제에 대하여 살펴보기로 하자.

윌리엄슨은 시장거래(arm's length transaction)가 형성되기 어려운 이유, 즉 시장이 실패하는 4가지 상황을 예시하고 있다. ① 제한된 합리성(거래당사자의 지적·언어적·인지적 수준의 차이), ② 기회주의적 속성, ③ 정보의 편재(거래당사자의 제한된 정보력), ④ 소수자 거래관계(독점 혹은 과점적 시장구조) 등은 시장거래를 어렵게 만드는 요인들이다. 이러한 요인들로 말미암아 거래비용이 증가하게 되면 시장을 통한 거래방식은 비효율적일 수밖에 없다. 더욱이 ① 자산의 특수성(특정 거래자만을 위한 선별적·집중적 투자가 요구), ② 내외적 불확실성, ③ 거래빈도 등이 결합되면 시장의 실패가능성은 더욱 고조된다. 달리 말해 시장거래 억제요인 혹은 거래비용 증가요인으로 인해 시장의 불확실성이 증가하면 시장실패를 초래하게 된다는 것이다. 이런 상황에서 거래를 내부화함으로써 거래의 안정성과 비용절감을 도모할 수 있는 것이 위계(hierarchy, 조직)에 의한 거래방식이다. 결국 거래비용이 과도하게 발생되는 시장의 비효율성이 시장실패를 초래하며, 이런 상황일수록 내부거래를 통한 조직 간 거래방식을 선호하게 된다는 것이 윌리엄슨이 주장하는 요지이다.

한편 버클리와 카슨은 시장실패가 이루어지는 시장 불확실성 요인을 제품시장구조에 관한 산업 특유의 요인(industry-specific factors), 지리·지역적 특성으로서 지역 특유의 요인(region-specific factors), 국가의 정치·경제적 특성인 국가 특유의 요인(nation-specific factors), 그리고 내부화(내부거래방식)를 단행하는 기업의 경영능력으로서 기업 특유의 요인(firm-specific factors)의 네 가지로 구분한다. 단순히 기업 특유의 지식에 의하여 시장의 불확실성이 초래되었다기보다 이러한 요인들의 상호작용에 의해 발생됨을 강조하였다.[6)]

이러한 거래비용의 발생 또는 증가에 대해 기업은 거래를 내부화하여 거래비용을 최소화하고자 한다. 거래 내부화의 방법, 즉 기업의 위계조직을 형성하는 방법으로는 계약, 인수, 합병, 합작투자 또는 직접투자 등을 들 수 있다.

6) Alan Rugman, *Internalization of Business*; Peter J. Buckley, "Problems and Developments in the Core Theory of International Business," *Journal of International Business Studies*, 01 Dec., 1990, pp.657–685; Peter J. Buckley, M. Casson, "The Future of the Multinational Enterprise in Retrospect and in prospect," *Journal of International Business Studies*, 01 Mar., 2003, pp.219–222.

표 2-3 자산의 특수성과 거래빈도

구분		자산의 특수성		
		낮음	중간	높음
거래빈도	낮음	간헐적 거래	계약	턴키프로젝트계약
	높음	시장거래	합작투자	단독투자

[표 2-3]을 다음과 같이 설명할 수 있다.

- 거래빈도, 자산의 특수성이 높을수록 거래비용이 증가하기 때문에 내부화하려는 성향도 강해진다.
- 거래빈도가 높고, 자산의 특수성이 낮을수록 거래비용이 감소하기 때문에 시장거래를 하게 된다.
- 그 중간의 경우는 계약을 하게 되는데, 자산의 특수성이 높은 당사자가 협상력을 갖게 된다.

거래비용접근법, 즉 내부화의 논리를 글로벌 마케팅과 연관시킬 경우 다음과 같은 몇 가지 추론을 할 수 있다.

- 자산의 특수성이 높을수록 거래비용을 줄이는 전략방안을 고민해야 한다. 즉, 자산의 특수성이 높을 경우 기업은 마케팅 노하우의 축적, 브랜드이미지의 제고, 제품개발 등으로 거래비용을 낮추는 대안을 이용할 수 있다.
- 자산의 특수성이 높은 상황일수록 이익을 창출할 수 있는 다른 투자대안을 마련하는 것이 필요하다.
- 역으로 자산의 특수성이 낮거나 존재하지 않을 경우 시장을 통한 거래방식이 유리할 수밖에 없다.

그러나 거래비용접근법의 유용성에도 불구하고 다음의 한계점을 지적하지 않을 수 없다. 첫째, 실제로 시장에는 거래를 중개하는 중간자(agents)와 유통업자(distributor)가 중요한 역할을 하고 있는데 이에 대한 설명이 불충분하다(Ouchi, 1980; Ghoshal & Moran, 1996). 즉, 거래중개자 혹은 유통업자를 활용한다면 제로섬게임이 아닌 상생(win-win)의 계기를 마련할 수 있다. 둘째, 내부화를 단행하더라도 내부의 의사소통과 같은 조정비용(coordination cost)이 발생한다. 셋째, 협력업체로서 중소기업의 경우, 자산의 특수성으로 말미암아 거래 내부화에 어려움이 있다. 그러므로 중소기업들은 독자적인 내부화보다는 상호 간의 협력체제(조합, 전략적 제휴 등)를 형성함으로써 거래비용을 부분적으로 줄여나갈 수 있다.

4. 절충이론

더닝(J. Dunning)은 기존의 독점적 우위이론, 내부화이론을 통합하는 이른바 절충이론(eclectic theory)을 제시하였다. 절충이론은 기업의 독점적 우위, 입지우위 및 내부화우위를 가지고 라이선싱, 수출 및 직접투자를 아우르는 OLI 패러다임을 설명하고 있다.7)

앞서 하이머가 제시한 기업 특유의 독점적 우위(ownership advantages)를 구체적으로 세분화시키면 다음과 같다.

- 지적재산권(특허권, 저작권, 등록상표 등)
- 경영시스템, 연구개발능력 및 인적자원(지식/경험/노하우)
- 생산요소에 대한 배타적 접근성
- 규모의 경제 및 독점력에 의한 요소가용성
- 시장에 대한 배타적 접근성 및 우위성
- 정부의 보호
- 경영 전반에 걸친 규모의 경제효과
- 시장에 대한 정보, 지식습득능력
- 생산요소의 국가 간 가격차이 활용
- 위험분산능력

7) John H. Dunning, "Towards an Eclectic Theory of International Production: Some Empirical Test," *Journal of International Business Studies*, 01 Mar., 1980, pp.9-31; John H. Dunning, "Some Antecedents of Internalization theory," *Journal of International Business Studies*, 01 Mar., 2003, pp.108-115.

더닝에 따르면 입지우위(location advantages)는 기업이 자체적으로 보유한 것이 아닌 현지국의 입지조건이 가져다주는 유리한 측면을 설명한 것으로 다음과 같다.

- 노동력, 원자재 등 투입요소의 품질 및 생산성
- 운송, 통신 등의 사회간접자본
- 관세, 세금 등의 유인책
- 정부의 지원 및 정치적 안정성
- 언어, 관습 등 문화적 요인과 심리적 거리감
- 연구개발, 마케팅 등의 경영효율성

내부화요인(internalization advantages)은 윌리엄슨과 러그만이 제시한 것으로 이를 구체적으로 제시하면 다음과 같다.

- 시장거래비용 및 협상비용의 회피 또는 절감
- 재산권 보호비용의 회피 또는 절감
- 기술, 자원 등의 투입요소의 불확실성 회피 또는 절감
- 가격차별화가 불가능한 기술 및 마케팅적 우위
- 일관된 품질관리의 가능성
- 관련 기업과의 상호 의존적 이점
- 정부의 개입 및 간섭의 역할과 능력
- 경쟁기업에 대한 공급 통제가능성

더닝의 OLI 패러다임에 따르면 독점적 우위, 내부화우위, 그리고 입지우위를 모두 가지는 상황에서 직접투자가 가능한 것으로 설명된다. 달리 말해 기업 특유의 독점적 우위만 존재한다면 라이선싱으로 진출하는 것이 유리할 것이다. 그러나 독점적 우위가 무형자산(지식, 경험, 노하우)이라면 거래에 따른 불확실성(예: 기술유출, 경쟁자 양산, 통제권 상실 등)에 노출될 수 있다. 만약 이러한 자산을 외부시장이 아닌 내부조직을 활용하여 이전, 즉 내부화우위가 존재한다면 라이선싱 대신 수출을 선택하는 것이 낫다.

만약 국내의 생산요소를 해외로 이전시킨 후 현지의 생산요소와 결합하는 것이 유

리할 때, 즉 입지우위가 존재할 경우 기업은 직집투자를 선택하는 것으로 설명한다. 결국 기업의 독점적 우위가 무형자산일 경우 내부거래방식으로 이전시키는 것이 거래의 안정성과 비용을 줄이는 동시에 이러한 우위를 현지의 생산요소와 결합하여 생산하는 것이 유리할 때, 즉 입지우위까지 존재한다면 직접투자를 선택하게 된다는 것이다.

표 2-4 절충이론으로 본 해외시장 진입방식의 선택

구분	독점적 우위	내부화우위	입지우위
직접투자	◎△	◎△	◎◎
라이선싱	◎	△	△
수출	△	△	◎

5. 네트워크이론

최근 들어 외국인비용을 줄이고자 기업 간 관계를 형성하는 네트워크이론에 대한 관심이 점증하고 있다. 본래 네트워크는 상호 의존성을 토대로 기업의 관계망을 설명하는 이론이다.

참여자들의 상호 의존성 정도에 따라 시장(market) 혹은 조직(hierarchy)의 거래방식으로 구분할 수 있다. 시장은 가격이라는 통제 메커니즘에 따라 작동하지만, 네트워크의 경우 교환관계를 통해 상호 의존성을 형성하는 동시에 개별기업의 능력을 결합하게 된다. 더욱이 네트워크는 독립적으로 운영되는 조직과도 커다란 차이를 보인다.

위계조직에서는 최고경영층이 의사결정을 주도하지만 네트워크관계의 경우 교환에 참여하는 당사자들의 상호 신뢰를 토대로 느슨한 협력(loosely coupled)이 이루어진다. 사실 네트워크구조는 시장의 유연성과 조직의 통제권을 모두 향유할 수 있는 장점을 가지고 있다. 가령 네트워크에 대한 참여와 탈퇴가 용이할 뿐 아니라, 당사자에 대한 지분참여로 통제권을 강화하는 것도 얼마든지 가능하다. 심지어 인수합병을 활용할 경우 완전한 통제권을 행사할 수 있는 것이 네트워크관계의 특징이다.

사례 **제휴를 활용한 생존 몸부림: 네슬레코리아(Nestle Korea)**

최근 네슬레코리아는 또 하나의 합작투자를 공식 발표하였다. 2014년 한국네슬레와 롯데푸드는 동등지분을 출자하여 롯데네슬레코리아를 출범시켰다. 네슬레코리아의 경우 1979년 농어촌개발공사, 1987년 두산에 이어 롯데푸드를 세 번째 로컬파트너로 맞아들였다.

사실 커피믹스시장에서 경쟁양상은 동서식품(맥심 모카골드)의 독주, 남양유업(프렌치카페)의 선전, 네슬레(네스카페)와 그리고 롯데(칸타타)의 부진으로 요약된다. 작금의 국내 인스턴트커피(커피믹스)시장에서 양사가 처한 열위를 만회하고자 합작투자를 체결한 것으로 분석된다. 즉 네슬레의 글로벌브랜드 및 제품군과 롯데의 경영과 유통능력을 결합함으로써 시너지 창출을 기대한다. 다만 국내 커피믹스시장의 경우 다국적산업의 특성에 제품시장의 이질성(소비자 니즈, 경쟁의 고착화)까지 더해지는 상황에서 시장지배력을 만회할 수 있을런지 우려된다.

결국 전략적 제휴는 기업의 국제화뿐만 아니라 현지화 수단으로도 얼마든지 활용가능한 특성을 보여주는 것으로 바로 네트워크조직(network organization)으로 볼 수 있다.

네트워크관계는 개별기업을 분석단위로 하는 것이 아니라 네트워크에 동참한 참여자들을 중심으로 한다. 즉 기업 간 거래 또는 교환관계가 분석대상이 된다. 네트워크 이론은 개별조직의 생존은 다른 조직이 보유하고 있는 자원에 좌우된다는 자원의존성(resource dependence)에 그 근간을 두고 있다. 즉 네트워크관계에서 입지는 시간에 따른 자원의 축적 정도에 의하여 결정된다. 또한 네트워크에 참여하고자 한다면 기존 참여자들에게 제공할 수 있을 만한 인센티브(동기요인)가 있어야 한다.

달리 말해 핵심역량을 지닌 참여자일수록 네트워크관계에서 주도권을 행사할 가능성이 높다. 가령 네트워크역량으로서 시장접근성, 기술력, 생산설비, 입지, 마케팅능력 등이 해당된다. 더욱이 국내에서 다양한 네트워크관계에 참여경험이 풍부한 기업일수록 글로벌네트워크에서 성공할 가능성도 높아질 것이다. 결국 그들의 경험을 바탕으로 네트워크조직의 유연성을 유지하면서 네트워크의 지속기간을 제고시켜 나가야 할 것이다. 고메스 카세레스(B. Gomes Casseres, 1994)는 네트워크조직을 형성하고 유지하는 데 다음의 사항에 유의할 것을 지적하고 있다.

- 네트워크 전체의 경쟁력을 유지하려면 개별참여자 관리를 잘 해야 한다.
- 전체로서 하나로 힘을 모을 때 네트워크효과는 배가된다.
- 네트워크관계의 확장에 제한이 없기 때문에 신중한 확대가 요구된다.

- 네트워크 참여자가 무언가 얻고자 하면, 당사자 조직은 네트워크 내에서 전략적 입지를 다져야 할 것이다.
- 네트워크에 대한 기여도가 낮을 경우 배제될 수 있으므로 전체 네트워크의 전략과 성과에 유념해야 한다.

실제로 초기 네트워크는 인적 관계에 의하여 형성되는 경우가 많다. 그렇지만 한 번 형성되고 난 이후에는 프로세스, 시스템 등이 더욱 중요하게 된다. 네트워크관계는 자본력, 기술력이 딸리는 중소기업의 국제화 및 글로벌 마케팅에 도움을 제공할 것이다.

학습과제

1. 전통적 이론과 최신의 무역이론을 비교한 후 대한민국의 국가경쟁력을 제고할 수 있는 이론에 대해 설명해 보시오.

2. 한국의 반도체, 자동차 등 기술집약적 산업과 섬유, 의류 등 노동집약적 산업의 수출입 동향을 비교해 보시오.

3. 직접투자이론을 상기하면서 국내외기업들의 직접투자사례를 조사하여 그 특성을 비교해 보시오.

4. 수출, 라이선싱 및 직접투자를 모두 종합하는 이론을 고민해 보고 그 이론을 설명해 보시오.

Harvard Business School 추천사례

Reading Materials:

1 무역이론

Smith, A., *The wealth of nation*, Oxford University Press, 1677(Reprint).

Ricardo, D., *The principle of political economy and taxation*, Cambridge University Press, 1817(Reprint).

Ohlin, B., *Interregional and international trade*, Harvard University Press, 1933.

Leontief, W.(1953), "Domestic production and foreign trade: The American capital position reexamined," *Proceedings of American Philosophical Society*, pp.331–349.

Krugman, P.(1982), "Does the new trade theory requires new trade policy," *World Economy*, pp.423–441.

2 투자이론

Buckley, P. J. and M. Casson, *The future of the multinational enterprise*, London: Macmillan, 1976.

Dunning, J. H.(1980), "Toward an eclectic theory of international production," *Journal of International Business Studies*, 11(1), Spring/Summer, pp.9–32.

Dunning, J. H., *International production and the multinational enterprise*, London: Allen and Unwin, 1981.

Vernon, R.(1966), "International investment and international trade in the product life cycle," *Quarterly Journal of Economics*, May, pp.190–200.

Part 2

글로벌 마케팅 환경분석

Global Marketing

3 Chapter 글로벌 정치경제 환경분석

학습목표

- 글로벌 정치경제환경에 대하여 이해한다.
- 정치적 위험의 개념에 대하여 설명한다.
- 델파이분석법을 포함한 제반 정치적 위험분석에 대하여 설명한다.

도입사례 ◦——◉ 록펠러의 '떼법'에 곤혹스런 LG

지난 22일 미국 뉴저지주 잉글우드클리프스 시의회는 신축 건물의 고도를 제한하는 조례를 만들기 위한 긴급모임을 가졌다. 이 조례는 뉴욕 맨해튼 왼쪽 허드슨강 건너편에 있는 팰리세이즈공원 근처에 지상 8층 높이의 미주 본사를 지으려는 LG전자를 겨냥한 것이다. 높이 143피트(43m)로 설계된 건물이 들어서면 국립자연보호지로 지정된 팰리세이즈숲의 풍광을 해친다는 반대론자들의 압박이 시의회를 움직였다.

환경보호를 명분으로 한 반대 움직임의 '배후'에는 미국 최대 부호인 록펠러가문이 있다. 과거 팰리세이즈숲을 기증하면서 경관을 해치는 개발을 해서는 안 된다는 단서를 달았다는 게 개입의 명분이다.

록펠러재단은 유력 인사들을 총동원하고 있다. 지난달 찰스 슈머 뉴욕주 상원의원은 "한 기업이 뉴욕과 뉴저지를 잇는 상징적 경치를 오염시켜선 안 된다"며 LG를 겨냥한 공개 입장을 내놨다. 에릭 슈나이더만 뉴욕주 검찰총장도 환경단체가 제기한 소송에서 건축승인에 반대한다는 의견을 제시했다.

2010년부터 합법적인 절차를 밟아온 LG는 곤혹스럽다는 반응이다. 당시 시 당국은 2~3층 높이로만 지을 수 있는 기존의 35피트 층고제한을 풀어 8층까지 지을 수 있도록 승인했다. 지난해 8월 뉴저지법원도 환경단체가 시 당국을 상대로 낸 1심 소송에서 층고제한 완화가 합법적이라고 판결했다. 항소심이 진행 중이지만 판결이 번복될 가능성은 낮다는 게 법률 전문가들의 판단이다.

문제는 법으로 해결할 수 없는 정서법이 미국에도 존재한다는 것이다. 더구나 LG 사옥 건립 반대를 주도하는 래리 록펠러는 록펠러가문 출신 환경보호 전문 변호사로 미국에서 막강한 영향력을 갖고 있다. 이 때문에 3억 달러를 들여 세계 최고수준의 친환경 빌딩을 건립, 계열사를 포함해 3,000여 명의 직원들을 통합근무시켜 지역경제를 활성화하겠다는 LG의 설득전략은 쉽지 않아 보인다. 과연 LG는 '미국식 떼법'을 넘어설 수 있을까? LG 관계자는 "허드슨 강변에서 400m 떨어진 신사옥이 숲의 조망권을 해친다는 주장은 과장된 것이지만 상대를 자극할까 봐 적극적인 대응도 쉽지 않다"고 말했다.

자료: 한국경제신문, 2014년 7월 22일

글로벌 마케팅을 수행하고자 하는 경영자라면 어느 나라의 어느 시장을 접근할 것인가에 대해 제일 먼저 고민하게 된다. 시장성이 있는지, 시장이 안정적인지 등을 고려하며, 묵시적이건 명시적이건 나름대로 거시적 환경을 고려하게 된다. 이러한 인지적 상황을 그림으로 도식화하면 [그림 3-1]과 같이 나타낼 수 있다.

그림 3-1 글로벌 마케팅의 환경변수

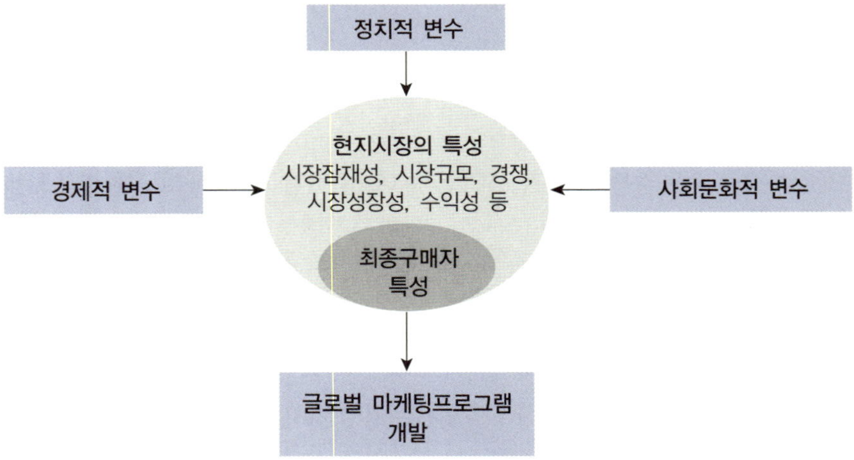

그러나 인지된 판단에 의존하여 시장을 선정하게 되면, 실패할 가능성이 그만큼 커지는 것이며 막대한 수업료만 지불할 가능성이 크다. 즉 해외진출이 능사가 아니라 진출하여 성공을 거두어야 한다. 해외진출을 성공으로 이끌기 위해서는 체계적으로 환경변수를 확인하고 정보를 수집하고 이에 대한 분석이 요구된다.

3.1 글로벌 마케팅의 정치경제환경[1)]

1. 정치제도

(1) 민주주의

민주주의는 국가의 주권이 국민에게 있고 국민을 위하여 정치를 행하는 제도 또는 그러한 정치를 지향하는 사상을 말한다. 고대 그리스의 도시국가들에서 시작된 순수한 민주주의는 시민들이 의사결정에 직접 참여해야 한다는 믿음에 근거하고 있다. 그러나 인구가 수백 또는 수천만 명에 이르는 복잡한 현대 국가에서 그 같은 직접민주주의는 실행이 불가능하다. 따라서 오늘날의 대부분 국가들은 대의민주주의를 채택하고 있다. 대의민주주의에서 국민들은 정기적으로 자신들을 대변할 대의원을 선출한다. 대의원들은 정부를 구성하고, 국민들을 대신하여 국가운영에 관련된 의사결정을 하게 된다. 대의민주주의의 그러한 역할을 적절히 수행하지 못한 대의원은 다음 선거를 통하여 그 지위를 잃게 된다.

(2) 사회주의

사회주의는 생산수단의 사적 소유와 관리, 자본에 의한 임금노동의 착취와 그에 따른 경제적 불평등, 자본주의적 시장생산의 무정부성 등에 반대하여 생산수단의 공동소유와 관리, 계획적인 생산과 평등한 분배를 주장하는 이론 또는 사상, 운동 그리고 그와 같은 구상을 실현한 체제를 말한다.

사회민주주의가 가장 큰 영향력을 행사했던 곳은 오스트리아, 프랑스, 독일, 영국, 노르웨이, 스페인, 스웨덴 등과 같은 유럽 국가들로서 사회민주당이 집권당이 되기도 하였다. 인도와 브라질에서도 사회민주당이 집권하면서 개인보다는 공공을 위한 기업경영을 추구한다는 명분으로 여러 산업에서 민간기업들을 국유화하였다. 예컨대 1970

1) Warren J. Keegan & Mark Green, *Global Marketing*, 8e, Pearson; Hill, Charles W. L., *International business: competing in the global marketplace*, McGraw-Hill.

년대 말 영국에서는 국영기업들이 통신, 전기, 가스, 석탄, 철도, 조선 등의 산업을 독점하였으며 정유, 항공, 철강산업 등의 산업에서도 지배적이었다.

그러나 역사적 사건을 통해 생산수단을 정부가 소유하는 것은 공공의 이익에 오히려 해가 된다는 것이 드러났다. 많은 산업에서 국영기업들은 성과가 저조하였다. 독점으로 인해서 경쟁으로부터 보호되고 정부의 재정지원이 보장되면서 기업효율성이 저하되었다. 국민들은 그러한 국영기업을 위해서 보다 높은 가격과 많은 세금을 지불해야만 했다. 그 결과 영국의 보수당이나 독일의 기독교민주당과 같이 자유시장경제를 보다 확고히 지지하는 세력들이 정권을 잡아 국영기업들을 민영화하였다.

(3) 전체주의

전체주의란 개인의 모든 활동이 오로지 전체, 즉 민족이나 국가의 존립과 발전을 위하여 존재한다는 이념 아래 개인의 자유를 억압하는 사상 및 체제를 말한다. 전체주의 국가의 국민들은 민주주의에서 보장되는 표현의 자유, 언론의 자유 등과 같은 권리들을 제한적으로 행사할 수 있다.

전체주의는 크게 공산주의적 전체주의, 종교적 전체주의, 부족적 전체주의, 우파적 전체주의로 구분할 수 있다.

2. 경제체제[2)]

(1) 시장경제(market economy)

시장경제(市場經濟)체제는 분업에 의해 생산된 재화와 용역을 자유가격체제의 수요와 공급관계에 의해 분배하는 시스템을 말한다. 시장경제는 애덤 스미스가 말한 것처럼 보이지 않는 손에 의해 자원이 효율적으로 배분되는 체제이다. 실제 사회에서 순수한 형태의 시장경제는 존재하지 않으며 각 국가 또는 사회마다 다양한 형태로 수용되고 있다.

시장경제는 사유재산, 경제활동의 자유, 사적 이익추구의 3가지 제도적 원칙이 보

2) 위키백과(http://ko.wikipedia.org)

장되어야 한다. 시장경제는 매우 효율적인 경제체제이기는 하지만 몇 가지 문제점을 안고 있다. 경제적 효율성은 달성할 수 있지만, 형평성(구성원 모두에게 재화와 서비스를 균등하게 배분하는 것)은 달성하기 어려운 측면이 있다. 시장경제는 모든 경제주체들이 자유롭고 평등하다고 전제하고 있지만, 실제로는 부자와 가난한 사람이 있고 타고난 능력과 소질도 제각기 다르므로 빈익빈부익부 현상이 일어날 수밖에 없다. 또한 실업과 인플레이션(한 나라의 물가가 지속적으로 오르는 현상)이 자주 발생하게 되어 경제가 불안정해질 수 있으며, 장기적 계획 없이 단기적인 이윤만을 추구하다 보면 예상하지 못한 문제가 발생하기도 한다. 무분별한 개발로 인한 환경파괴 문제가 대표적 경우이며, 인간이 돈과 상품의 지배를 받게 되는 인간소외(비인간화)가 나타나기도 하고, 지나친 사적 이익추구로 인해 사익과 공익이 대립하는 경우도 발생한다.

(2) 계획경제(planned economy)

계획경제(計劃經濟)는 생산과 투자에 관한 결정을 정부기관인 중앙당국에서 책정 또는 계획하여 구현되는 경제체제이다. 계획경제에는 여러 형태가 있는데, 예를 들면 경제방향을 정부 중앙에 집중한다든지 또는 자치체에 분산하는 형태 중 하나를 기반으로 할 수 있다. 정부는 국가에서 소비할 재화와 용역이 무엇이고, 얼마나 생산하여 얼마에 판매할 것인가를 결정한다. 집단주의 사상과 일관되게 계획경제의 궁극적인 목적은 사회공익(the good of society)에 맞도록 자원을 배분하는 것이다. 모든 기업들은 국가가 소유하는데, 이는 기업들이 개인적 이익을 위해서가 아니라 국가 전체의 이익을 위해서 운영되도록 하기 위해서이다.

계획경제의 목적은 공공적 이익의 증대를 위하여 경제적 자원을 보다 잘 활용하는 것이지만, 현실은 그 반대의 결과를 초래하는 경향이 있다. 계획경제에서 국영기업들은 기업실패의 위험이 없기 때문에 원가를 절감하고 효율성을 높이고자 하는 동기를 잃게 된다. 개인들도 사적 소유의 금지로 인해 새로운 우수한 사업을 모색하여 소비자 요구를 충족시키고자 하는 동기를 가질 수 없다. 그 결과 활력과 혁신이 사라지게 되어 경제가 오히려 후퇴하는 경향이 나타나게 된다.

(3) 혼합경제(mixed economy)

혼합경제(混合經濟)는 이중경제(dual economy)라고도 하며 시장경제와 계획경제의 중간에 존재한다.

혼합경제에서 어떤 산업들은 사적 소유가 허용되지만 다른 산업들은 정부가 생산시설을 직접 소유하여 경제활동에 참여한다. 얼마 전까지도 혼합경제체제를 유지했던 영국, 프랑스, 스웨덴 등은 대대적인 민영화를 통하여 국영기업들의 수를 감소시켰다. 그러나 자본주의가 독점기에 들어서자 가격의 기능은 불완전해지고 소득분배의 불평등, 대량의 실업, 자원이용의 비효율 등 결함이 나타나게 되었다.

특히 1929년의 대공황을 체험하고 나서는 종래의 체제에 대한 반성이 일어 정부가 경제활동에 적극적으로 참여·개입하는 경향이 급속도로 증대되어 독점금지나 소득재분배정책, 나아가서는 대규모 정부사업이나 국영기업 등이 등장하게 되었다.

글로벌 경제환경분석 시 고려해야 할 변수

코렐라(F. J. Collella) 교수는 글로벌 경제환경분석 시 고려해야 할 변수로 다음의 9가지를 제시하였다.

① 국가의 경제체제(선진산업국가, 성장경제, 체제전환국가, 개발도상국 등)
② 정부의 통치체제(군주제, 독재국가, 폭정국가 등)
③ 정부의 정치적인 안전성 여부
④ 무역시스템(무역장벽, 자유무역 등)
⑤ 외환시스템(외환통제, 통화위원제도, 환위험 등)
⑥ 기간산업(운송, 통신, 에너지 등의 기간산업의 국가 민간 소유 정도 및 가격통제 여부)
⑦ 정부의 서비스(연금, 의료보험, 교육서비스에서의 정부의 역할 정도 및 사적 서비스와 공적 서비스 수준)
⑧ 제도(투명성, 규범화, 부패 여부, 언론의 자유)
⑨ 시장시스템(독점, 카르텔이 있는 자유시장경제, 가격과 임금규제를 포함하는 중앙통제적 계획경제 등)

3.2 본국의 정치경제환경

글로벌 마케팅에서 정치경제환경의 분석은 국내 및 현지국 정치경제환경과 현지국의 정치적 위험으로 나누어 볼 수 있다.

우선적으로 글로벌 마케팅이 활성화되고 국가에 이익을 가져오기 위해서는 국내 정치경제환경이 안정적이어야 한다. 국내의 정치경제환경이 불안한 경우에는 국내기업들은 국내에 투자하지 않고 투자할 여력을 현실도피식으로 해외로 이전하게 되어 결국에는 국가의 부가 축적되지 못하게 될 수도 있다. 정부는 국가의 부를 축적하기 위하여 국내자본을 축적하든지 아니면 해외자본을 조달하여 투자로 유도하여야 한다. 해외자본의 조달은 해외투자를 유치하거나 국내기업의 외국으로의 진출을 도모하게 하여 다시 국내투자로 환원될 수 있는 외화획득을 추구해야 한다.

그림 3-2 | 국내 안전성과 기업의 글로벌화

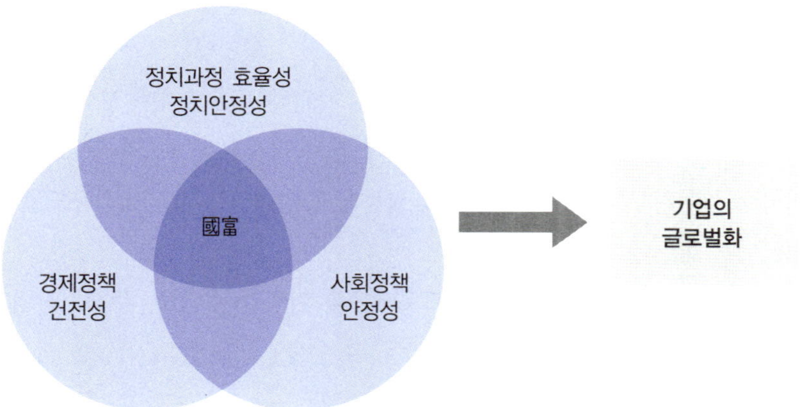

특히, 최근 들어 세계시장이 통합되고 글로벌화되면서 이러한 기업들의 해외진출을 통한 국부 창출이 점차 커지고 있는데, 이를 더욱 활성화시키기 위해서는 정부가 적극적으로 정치의 효율성과 안정성, 경제정책의 효과성과 건전성, 사회정책의 합리성과 안정성을 확보하여 기업들이 합리적인 글로벌화를 추진할 수 있는 기본적 여건을 마련하여 주어야 한다. 그러한 기본적 여건으로는 정치적 안정, 자금조달의 용이

성, 효율적 정보의 제공, 정부의 경영지원 또는 간섭, 행정의 효율성, 사회간접시설의 효율성, 자원 활용의 제공 등의 제도적 장치를 들 수 있다.

1. 국내 정치적 안정

기업들은 정치경제가 투명하여 예측할 수 있는 정치과정이 이루어져야 마음 놓고 투자를 하게 되고, 그 과정에서 축적되는 경쟁력을 바탕으로 해외로 진출할 수 있는 능력을 갖출 수 있다.

정치적 분쟁, 노동조합과의 충돌, 사회갈등, 내수 여력의 축소 등의 제반 상황은 국내기업으로 하여금 경쟁력을 갖추기 전에 해외로 도피하고자 하는 성향을 띠게 한다. 따라서 기업들이 경쟁력을 갖출 수 있는 정치적 안정을 위한 노력이 우선적으로 이루어져야 한다.

2. 자금조달의 용이성

국내 정부는 기업의 글로벌화를 촉진하도록 지원하고 유도하여 보다 많은 소득을 올리고자 한다. 때문에 IMF나 World Bank와 같은 국제금융기구의 활동에 적극적으로 참여함으로써 정부가 국내의 국제금융활동을 촉진시키면서 국제신용도를 높여 글로벌화를 가속시킬 수 있어야 한다.

또한 체계적이고 수익성 있는 해외 프로젝트를 지원할 수 있는 주식시장의 활성화를 통한 직접금융체제를 구축하고, 투자금융 및 수출입금융 등의 기능을 더욱 활성화하도록 하여야 한다. 그리고 정부가 수출신용보험 또는 투자보험과 같은 금융 및 보험의 역할을 수행함으로써 기업이 갖는 수출 또는 투자의 위험을 정부가 분담하기도 한다. 해외 프로젝트를 분석할 수 있는 능력을 갖추어 수익성 있는 프로젝트는 현지에서도 금융을 할 수 있도록 정부 차원에서 금융 네트워크의 능력을 갖출 수 있어야 한다.

사례 "버거에서 세금 빼 주세요"

■ 버거킹, 너마저

"제 와퍼에서 피클과 상추, 그리고 세금도 빼 주세요." 최근 트위터상에서 버거킹에 관한 이런 농담이 유행한다고 한다. 세금을 줄이기 위해 캐나다의 커피와 도넛 체인업체인 팀홀튼을 인수해 캐나다로 본사를 옮긴 버거킹을 비꼬면서 버거킹의 대표 메뉴인 와퍼 버거값에 덧붙는 세금을 빼달라는 것이다.

미국의 버거킹처럼 높은 법인세를 피해 본사를 다른 나라로 옮기는 미국기업들이 늘어나고 있다. 세계 3위 복제약 제조업체인 액타비스가 아일랜드 제약사 워너 칠콧을 인수하고 본사를 아일랜드로 이전했다. 말린크로트제약과 페리고 등 지난 10년간 47개 업체가 본사를 해외로 옮겼고 올해도 이런 시도를 하는 기업들이 미국에서 25곳에 이를 것으로 예상되는 상황이다.

■ 미국의 높은 법인세율

미국의 법인세는 35%로 아르헨티나와 함께 세계 최고수준이다. 여기에 주세와 지방세까지 더하면 40% 안팎에 이른다. 그렇다면 조세회피를 위해 가려는 나라들의 세율은 어떨까? 먼저 버거킹이 선택한 캐나다의 법인세율은 15%로 미국의 절반도 안 된다.

국가별 법인세율

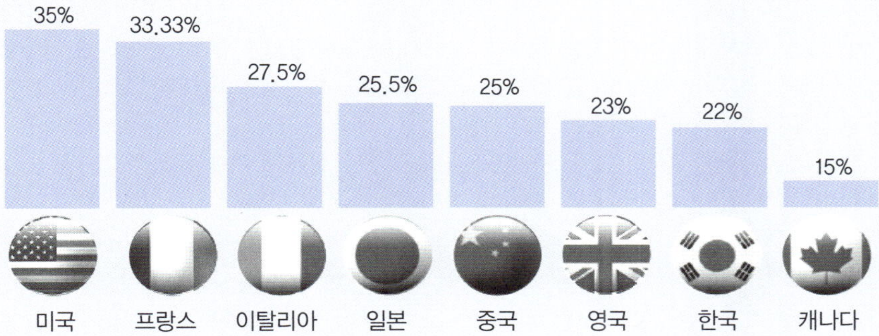

자료: 딜로이트

주요 IT기업의 유럽 본사를 유치한 아일랜드의 법인세율은 12.5%로 최저수준이다. 우리나라는 22%로 프랑스나 일본, 중국, 영국보다 낮은 것으로 나타났다. 그래서 그런지 우리나라 기업들이 본사를 해외로 옮기려 한다는 소식은 아직까지 나오지 않는지도 모른다. 물론 법인세를 뺀 다른 환경들이 기업하기 좋다고 말할 수는 없지만 말이다.

■ '기업탈영병' 편에 선 투자의 귀재

이런 가운데 그동안 부자증세를 주장하면서 이른바 '버핏세'라는 말까지 만들어내며 오바마 대통령의 증세정책의 '전도사' 역할을 자처해 오던 워렌 버핏 회장이 이번 버거킹 인수합병과정을 통해 오바마에게 등을 돌린 것 아니냐는 해석이 나오고 있다.

오바마 대통령이 조세회피를 위한 본사 이전을 '기업탈영병'으로 비난하고 있는데 버핏 회장이 버거킹의 팀홀튼 인수자금 중 30억 달러를 우선주를 사는 방식으로 투자했기 때문이다. 그러나 두 건은 별개로 봐야 한다는 게 전문가들의 해석이다.

버핏은 냉혹한 투자가인 만큼 공식자리에서 증세를 외칠 수 있지만 투자하기 전에 세금이 얼마나 될지를 정확히 인식하고 있고 최근에도 지분 맞교환 방식으로 세금을 한 푼도 내지 않고 자신이 보유한 '그레이엄홀딩스' 지분을 판 점을 보면 법을 위반하지 않는 한 세금은 적고 수익은 많은 곳에 투자한 것은 당연한 결정이라고 보여진다.

■ 미 법인세 인하 논란

그렇다면 이런 일련의 본사 이전이 미국의 조세제도를 바꿔 법인세 인하를 유도할 수 있을까? 버핏의 투자가 미국의 조세제도가 경쟁력이 없음을 새삼 증명한 걸까?

최근 부쩍 늘고 있는 이런 조세회피를 위한 본사 이전 행태를 옹호하는 쪽은 기업의 생존과 국가경쟁력을 높이려면 미국의 높은 법인세율을 내려 많은 미국기업들이 흔쾌히 세금을 낼 수 있도록 해야 한다는 것이고, 비난하는 쪽은 당연히 반애국적인 행위라는 것이다. 상원 금융위원장인 민주당의 와이든 의원은 "기업들이 세무사와 변호사를 동원해 조세제도상 허점을 노리는 것을 멍하니 앉아서 보고만 있지는 않을 것"이라고 경고했다. 미 재무부는 심지어 의회의 승인을 거칠 필요도 없이 법인세를 독자적으로 인상할 수 있는 방안을 모색 중이란 보도도 나오고 있다.

법인세 유지를 주장하는 쪽은 법인소득이 대부분 상류층 가계에 들어가는 만큼 소득재분배효과가 있다며 법인세를 폐지하면 부족한 세금을 채우기 위해 개인에 대한 세금 추징이 가혹해지고 또 다른 조세회피방법을 찾을 것이라고 반대하고 있다. 폐지 찬성 쪽은 부가가치세 같은 소비세 부과를 강화하면 부족분을 메울 수 있다며 세금을 줄이려고 기업을 옮기는 것을 두고 애국심 논쟁까지 하는 것은 지나친 매도라고 반박하고 있다.

다행히 우리나라의 법인세율은 앞서 본 것처럼 선진국에 비해 낮은 편인데, 가능성은 희박하지만 만약 우리나라 기업들이 세금을 더 낮추려 본사를 외국으로 옮기려 한다면 어떻게 될까? 당장 강력한 불매운동과 언론의 비판, 여기에 특별세무조사와 검찰수사까지 이어질 것이다.

자료: SBS뉴스, 2014년 8월 29일

3. 정보제공의 역할

일부 대기업에서는 자체로 필요한 정보를 수집분석하는 기능을 보유하고 있거나, 외부 사설정보수집기관에 의뢰하기도 한다. 그러나 대부분의 중소기업은 그렇지 못하다. 특히 새로이 글로벌 마케팅을 모색하는 기업의 경우는 더욱 그러하다. 이러한 기업들은 정부기관에서 제공하는 정보가 글로벌 마케팅전략 수립에 중요한 원천이 된다. 현재 우리나라의 무역진흥공사(KOTRA: kotra.co.kr)에서 제공되는 정보는 다음과 같다.

- **거래알선**: 수출거래알선시스템(KOBO), 수출거래알선(Korea Business Opportunity)
- **통상정보 및 뉴스**: 통상정보 최근무역뉴스, 세계 각국 무역관 보고뉴스, 보도자료, 통상정보
- **해외규제정보**: 해외규제, 현안리포트, 분쟁사례, 통상문서, 무역투자장벽정보, 장벽사례, 장벽해결사례, 각국의 불공정무역보고서
- **해외상품정보**

다른 나라에서도 이와 유사한 자료들을 제공해 주고 있다.

4. 경영지원의 역할

정부는 기업에게 직접적인 정보를 제공할 수 있는 창구를 제시함으로써 기업의 글로벌화를 촉진시킬 수 있다. 구체적으로 예를 들면, 해외무역기관의 설립, 정부지원 해외박람회 개최, 해외교역추진 사절단 파견을 들 수 있다.[3] 그보다도 기업경영의 자율성을 보장하여 지나친 간섭과 규제를 철폐하는 것이 정부가 갖추어야 할 기본적인 경영지원 자세라고 판단된다.

3) G. Albaum, et al., *International Marketing and Export Management*, Addison Wesley, 1994, pp.68–70.

5. 행정지원의 역할

해외투자절차의 간소화, 금융 및 세제의 지원, 인허가절차의 효율성 제고 등으로 기업의 글로벌화의 여건을 효과적으로 마련하여 글로벌 마케팅을 촉진시킬 수 있다.

사례 **국가들의 규제와의 전쟁: 불황 깰 확실한 수단 … 각국 정상 진두지휘**

미국을 비롯해 일본, 영국, 호주 등 세계 각국이 경쟁적으로 '규제와의 전쟁'에 나서고 있다. 기업성장의 발목을 잡고 있는 과도한 규제를 푸는 것이 경제를 살릴 수 있는 최선의 방법이라고 판단하고 있기 때문이다.

■ 오바마 '규제 전면 재검토'

미국 백악관은 500여 개의 규제를 재검토해 폐지 여부를 정하겠다는 방침을 밝혔다. 불필요한 규제를 없애는 것만으로도 120억 달러를 절약할 수 있다는 판단 때문이다.

미국의 MAPI(생산성과 혁신을 위한 제조업연맹)가 작년 말 내놓은 '제조업의 규제보고서'에 따르면 빌 클린턴 정부시절엔 연평균 36건의 대형 규제(규제 준수비용 연간 1억 달러 이상)가 만들어졌지만 조지 W. 부시 행정부 때는 45개, 오바마 정부 들어선 75건으로 증가했다. 가솔린의 유황 함유량 4년 내 70% 감축, 발전소 온실가스 규제, 자동차 배출가스 규제 등이 대표적이다.

미국의 싱크탱크로 알려진 헤리티지재단은 오바마 행정부 4년간 규제부담이 700억 달러 증가했다고 분석했다. 재계에서 '규제 대통령'이라고 비난받는 오바마 대통령이 이달 초 연방정부의 규제를 전면 재검토하라고 지시한 것도 이 같은 우려를 직시한 데 따른 것으로 볼 수 있다.

■ 아베노믹스의 '네 번째 화살'

일본에서는 '규제개혁'이 아베노믹스(아베 신조 일본 총리의 경제정책)의 '네 번째 화살'로 불릴 정도다. 아무리 돈을 풀더라도 규제라는 덫에 발목이 잡히면 아베노믹스의 목표를 달성하기 어렵기 때문이다.

아베 총리는 경직된 고용시장부터 손질에 들어갔다. 업무에 따라 파견사원 고용기간을 구분하는 제도를 없애고, 업무에 따라 차별적으로 적용되던 고용기간 제한규정도 폐지하기로 했다. 이를 통해 기업이 원할 경우 사실상 거의 모든 업무에 무기한으로 파견사원을 고용할 수 있는 길을 열어줄 계획이다.

국가전략특구를 '규제개혁 시범단지'로 운영하는 방안도 추진한다. 민간기업의 투자를 끌어내기 위해 농업생산법인에 투자할 때 적용되는 출자비율 제한규정을 국가전략특구에 한해 '50% 이상'으로 상향 조정할 방침이다.

지역 의료거점으로 육성하기 위해 일본면허가 없는 외국인 의사의 특구 내 의료활동을 허용하고, 병상개수 규제도 걷어내기로 했다. 특구 내 의대 설립도 권장할 방침이다.

■ **규제도입 시 기존규제 폐지**

영국 정부는 2010년 9월 새로운 규제를 신설하려면 이에 상응하는 기존규제를 풀어 규제총량을 유지하는 '원－인, 원－아웃(One-in, One-out)'제도를 도입했다. 박근혜 정부가 최근 내놓은 규제총량제의 모델이 된 제도다. 지난해 1월부터는 규제 하나를 만들면 두 개를 폐지하는 '원－인, 투－아웃(One-in, Two-out)'제도를 도입했다. 데이비드 캐머런 영국 총리는 지난 1월 "3,000개 이상의 중복되거나 불필요한 기업규제를 없애 연간 8억 5,000만 파운드(약 1조 5,000억 원)의 비용절감효과가 소기업에 돌아가도록 하겠다"고 밝혔다. 내년 3월까지 환경 및 식품, 지역경제 분야에서만 8만 페이지 분량의 규제를 철폐하기로 했다.

호주 정부는 탄소세를 올 7월 폐지한다는 방침이다. 2012년 도입됐지만 기업에 부담을 주면서 경제에도 타격을 줬다는 이유에서다. 토니 애벗 총리는 지난해 대규모 적자를 기록한 콴타스항공에 대해 "우리가 할 수 있는 일은 콴타스항공 뒤에 있는 탄소세라는 족쇄를 영원히 풀어주는 것"이라고 말하기도 했다.

마테오 렌치 이탈리아 총리는 노동시장 유연성을 위해 "전체 종업원의 20%를 최대 3년까지 경제상황에 따라 언제든지 해고가 가능한 종업원으로 채용할 수 있게 하겠다"고 말했다.

자료: 한국경제신문, 2014년 3월 20일

6. 사회간접자본시설의 확충

항만, 공단, 교통 등의 확충으로 기업이 저비용으로 기업활동을 수행할 수 있는 사회간접자본(infra-structure)의 여건을 마련함으로써 기업의 글로벌화를 촉진시킬 수 있다. 산업 클러스터를 형성하여 산학연의 협력체가 이루어질 수 있도록 하는 것도 효과적인 방법이라 생각하지만, 지역안배를 우선하여 그 효율성과 효과를 간과한다면, 오히려 국민과 기업에게 과중한 부담을 주는 결과가 될 수도 있다.

이상에서 제시한 국내 정치경제의 안정이라는 글로벌 촉진요인들이 실제로 기업에서 얼마나 활용되고, 기업에게 도움을 줄 수 있는가 하는 것을 기본적으로 항상 검토하고 개선할 수 있도록 하여야 한다.

3.3 현지국의 정치적 위험분석

국내 정치경제의 안정과 더불어 현지국의 정치경제의 안정성은 해외진출을 모색하거나 해외에서 경영하는 기업에게는 가장 중요한 요인이 아닐 수 없다. 특히 현지국의 정치적 안정 정도에 대한 평가는 해외시장 진출의 첫 단계가 된다. 현지국의 정치적 변화에 의해 기업손실이 발생하는 경우는 매우 비근하다. 걸프전쟁 당시 우리나라 건설업체의 판도가 완전히 바뀌었으며, 이란사태의 경우에는 많은 기업이 국유화를 당하기도 하였다. 이라크전쟁 이후 테러와의 전쟁으로 아랍권 국가들과의 교역 및 운송산업 또한 막대한 영향을 받게 되었다.

현지국의 정치적 변화가 기업의 경영활동에 어떠한 영향을 주는가에 대한 검토는 매우 중요하다. 때문에 글로벌기업들은 기업경영에 위협적인 영향을 줄 수 있는 정치적 위험을 체계적으로 분석하여 대응전략을 마련하여야 한다. 여기서는 구체적인 정치적 위험을 분석하는 틀을 제시하고 그 대응방안에 대하여 논의하기로 한다.

1. 정치적 위험의 특성

정치적 위험에 대한 연구는 주로 미국에서 이루어졌으며, 크게 다음의 세 단계를 거치면서 발전되어 왔다고 볼 수 있다.[4] 1단계는 정치적 위험의 개념정리 및 분류의 단계이고, 2단계는 정치적 위험분석의 객관화 시도의 단계이며, 마지막인 3단계는 조직에서의 정치적 위험분석의 제도화단계로 볼 수 있다.

정치적 위험에 대한 관심이 확산하게 된 배경은 다음과 같다. 첫 번째로는 민족주의의 대두이다. 기업이 점차 국제화되어 가면서 규모가 큰 다국적기업이 지역적으로 확산되었고, 이에 대한 현지국의 민족주의가 반작용적으로 나타났다. 또한 제2차 세계대전 이후 식민지국가들의 독립과 더불어 민족주의 감정이 더욱 고조되었다. 두 번째로는 크고 작은 정치적 사건으로 기업이 손실을 입게 된 것이다. 민족주의를 배경으로 한 현지국의 이념적 발전과 더불어 경제·사회적 발전이 진전됨에 따라 국내의

4) Jeffrey D. Simon, "Political Risk Assessments: Past trends and Future Perspectives," *Columbia Journal of World Business*, Fall, 1982, pp.62-71.

정치적 사건이 발생하게 되었고, 이러한 정치적 사건은 다국적기업에 대한 제재와 정치적 손실을 주게 되었다.[5)]

정치적 위험에 대한 최초의 구체적 연구는 베트남전쟁에서의 철수로부터 비롯된다. 베트남전쟁에서의 철수 그 자체는 기업에 커다란 영향을 주지는 않았지만, 계속적인 크고 작은 내전(쿠바, 칠레 등)으로 학계와 기업에서 정치적 위험에 관심을 갖기 시작하였고, 1973~1974년 석유수출기구(OPEC)에서의 자원의 정치적 무기화, 1978~1979년의 이란혁명과 니카라과사태 등을 계기로 정치적 위험에 대한 연구가 본격화되었다. 즉 1960년대 말부터 학계 및 업계에서 과연 정치적 위험이 무엇인가를 확인하는 개념 정립에 관한 연구가 시작되었다고 볼 수 있다.

루트(F. R. Root, 1968)는 정치적 위험분석을 체계적으로 하는 기업이 거의 없음을 지적하면서, 정치적 위험을 기업경영의 잠재적 이익이나 자산에 손실을 줄 수 있는 정치적 사건의 발생가능성이라고 정의하고 있다.[6)] 전쟁, 혁명, 쿠데타, 수용, 과세제도 변경, 외환통제, 수입규제 등의 발생가능성이 독립변수가 되고 기업의 경영손실이 종속변수가 되는 관계로 파악하고 있다. 웨스톤과 소지(Weston & Sorge, 1972) 역시 정치적 위험은 정부가 기업의 영업활동을 간섭 또는 저해하는 행위를 할 때 발생하는 것으로 보고 있으며, 정부의 간섭형태로서 거래제한, 협정변경, 외국자산의 전체 또는 일부의 몰수 및 수용 등을 제시하고 있다.[7)] 루트(Root)나 웨스톤과 소지(Weston & Sorge)가 제시하는 정치적 위험 개념의 공통점은 정부가 기업에 직접적으로 영향을 주는 행위의 발생가능성을 정치적 위험으로 보고 있다는 것이다. 단지, 루트는 정치적 사건의 발생가능성을 제시하고 있고, 웨스톤과 소지는 정부의 간섭을 정치적 위험의 원인으로 들고 있다는 점에서는 차이가 있다. 루트 이외의 여러 학자들도 정치적 위험을 정치적 사건 발생에 의한 기업손실로 보고 있다.[8)] 한편, 정치적 위험의 개념

5) Kobrin, 1978, *op. cit.*, 1940~1960년대까지의 수용 및 몰수의 건수보다 1970년대의 건수가 무려 4배로 증가하였다.

6) Franklin R. Root, "U.S. Business Abroad and Political Risks," *MSU Topic*, Winter, 1968, pp.73-80; Kobrin, 1980, *op. cit.*, p.33에서 재인용

7) Fred V. Weston and Bart W. Sorge, *International Managerial Finance*, Homewood, Richard D. Irwin, Inc., 1972.

8) 정치적 위험을 전쟁, 내란, 혁명, 수용, 몰수 등의 정치사건으로 보는 학자는 Aliber, Carlson, Eitman & Stonhill, Mark K. Green, Smith, Robert Green, Hersbarger, Nehrt, Rodrigue Carter, Zink 등이다.

을 명확히 하지 않고 단순히 정치환경을 기업의 통제 불가능한 환경의 한 요소로만 보는 견해도 있다.[9] 이들의 개념은 정치적 위험 연구의 비교적 초기 관점이라고 할 수 있다. 왜냐하면 단순한 환경 또는 사건을 중심으로 정치적 위험을 다루었기 때문이다.

그러나 정치적 위험을 좀 더 심층적으로 연구해 보고자 하는 시도들도 있다. 로벅(S. H. Robock, 1971)과 디라 토르(Jose de la Torr, 1980)는 정치적 위험을 모든 조직에 영향을 주는 거시적 위험과 특정 조직에만 영향을 주는 미시적 위험으로 구분하면서 정치적 위험을 보다 깊이 다루고 있다.[10] 로벅에 의하면 국제경영에서의 정치적 위험은 경영환경에 불연속성이 발생하고, 예측하기 힘들며, 환경의 변화가 정치적 변화로 기인되는 경우에 존재하게 된다는 특징이 있다고 한다. 환경의 변화가 기업의 위험이 되기 위해서는 특정 기업의 이윤이나 기업목적 달성에 잠재적 또는 막대한 영향을 주는 것이어야 한다. 정치적 위험은 불연속적인 정치변화로서 어느 정도 또 언제 특정 기업의 이익이나 목표에 영향을 줄 것인가를 예측하기 쉽지 않다. 이 점에서 로벅은 정치적 위험은 불연속적이고 직접적 효과가 있는 것으로 갑작스러운 변화에 의해 발생되는 위험이라고 정의하고 있다(Robock, 1978).

여기서 불확실성과 위험의 차이점을 명확히 할 필요가 있다. 나이트(F. H. Knight, 1971)에 의하면 위험(risk)은 사건의 결과들에 충분한 지식과 발생가능한 확률을 알고 있는 경우로 사전적인 계산이나 과거의 경험에 의한 통계로 알 수 있는 상태이고, 불확실성(uncertainties)은 사건의 가능한 결과나 객관적 발생가능확률을 알 수 없는 상태를 말한다.[11] 로렌스와 로쉬(Lawrence & Lorsch)는 환경의 불확실성이란 어떤 특정 변수의 변화에 대한 피드백의 시간이 길고(the lack of quick feedback relative to particular variable), 또한 그 변수들의 영향에 대한 지식이 부족한 상태(the lack of knowledge about their impact)라고 정의하고 있다.[12]

---

9) 이러한 일반환경의 한 요소로만 보는 견해는 Daniel, Dymsza, Brooke & Remmers 등이 있다.

10) Stefan H. Robock, "Political Risk: Identification and Assessment," *Columbia Journal of World Business*, July-August, 1971, pp.6-20.

11) Frank H. Knight, *Uncertainty and Profit*, University of Chicago Press, 1971. 또한 R. J. Rummel and David A. Heenan, "How Multinational Analyze Political Risk," *Harvard Business Review*, January-February, 1978, p.68에서도 같은 의견을 제시하면서 불확실성을 위험으로 전환하려는 노력이 필요함을 강조하고 있다.

12) Paul R. Lawrence and Jay W. Lorsch, *Organizations and Environment*, New York, John Wiley, 1967, pp.18-21.

이러한 의미에서 볼 때, 환경의 불확실성은 적절한 정보자료와 예견되는 결과를 가능한 한 객관화함으로써 위험으로 전환될 수 있는 것이다. 지금까지 개발된 정치적 위험분석방법들은 불확실성을 위험의 수준으로 전환하려는 많은 노력을 해왔지만, 아직 불확실성을 완전히 제거하지는 못하고 있다. 앞에서 언급한 바와 같이 국제경영에서의 정치적 위험은 인과의 체계성과 전략적 대응수단의 다양성에 따라 다음의 두 가지로 나누어 볼 수 있다.

하나는 미시적 정치위험(micro political risk)으로서 발생과정이나 결과가 체계화되어 있지 않고, 이에 대응하는 기업의 전략적 수단이 다양한 기업 특유의 정치위험(unsystematic and diversifiable firm-specific political risk)이다. 다른 하나는 거시적 정치위험(macro political risk)으로 위험의 발생과정이나 결과가 비교적 체계적이고 이에 대응하는 방법도 다양하지 않은 국가 특유의 정치위험(systematic and non-diversifiable country-specific risk)이다. 즉 개별기업의 입장에서 보면, 기업 특유의 미시적 위험은 기업의 포트폴리오전략이나 마케팅전략으로 어느 정도 극복할 수 있다. [표 3-1]은 미시적 정치위험에 대한 대응방법을 분류한 것이다.

표 3-1 정치위험에 대한 대응방법

방법	내용
위험회피	노출한도 제한, 투자거부, 투자철수, 투자회임기간 단축
위험분산	지역적 다각화, 부품호환성 제고, 제품공정 다각화, 외화 다각화
위험억제	공장안전도 제고, 고용자안전도 제고, 정보활동, 대정부활동
위험보존	재무헤지, 외환옵션, 위험프리미엄, 손실흡수정책
위험감소	합작투자, 국제기업협력, 현지자금조달, 경영계약
위험이전	수용보험, 계약파기보험, 테러/납치보험, 외환보험

그러나 상대적으로 체계적으로 발생된 것이지만, 이에 대응하는 방법이 다양하지 않은 국가 특유의 거시적 위험은 여전히 존재하게 된다. 아마도 우수한 정치적 위험분석기법이 개발된다 할지라도 불확실성이 완전히 없어지리라고는 생각되지 않는다. 그 이유는 미시적 정치위험과 거시적 정치위험은 마치 동전의 앞뒤처럼 따로 떼어 고려할 수 없는 성질이기 때문이다. 그렇지만 정치적 위험을 연구함에 있어서는 거시적

위험에 대한 시도가 이루어져야 미시적 위험의 발생가능성도 함께 연구될 수 있다.

또한 정치적 불확실성을 위험의 수준으로 전환하려는 노력이 계속 이루어져야 할 것이다. 즉, 정치적 위험의 분석 노력은 투자기업이 직면하게 될 위험한 상황을 규명하여 가능한 한 손실을 줄이는 데 그 목적이 있다.

이러한 측면에서 샤키(G. H. S. Shackie, 1969)는 제한된 불확실성(bounded uncertainties)의 개념을 제시하면서 의사결정자의 주관적 판단으로 중요한 사건의 결과를 예측하고 발생가능성도 유추하는 것은 의미 있지만, 완전한 불확실성 상태에서의 의사결정은 무의미한 것이라고 말한다.[13)]

이는 역시 정치적 위험 연구의 중요성을 잘 지적하는 것으로 불확실성을 제한된 불확실성으로, 즉 위험으로 전환하려는 노력이 필요함을 강조하는 것이라고 볼 수 있다. 이러한 점에서 코브린(S. J. Kobrin)은 정치적 위험을 정치환경 작용 메커니즘의 규명과 분석, 그리고 정치환경의 변화에 대한 기업의 대응방법을 마련하는 전략적 기능이라고 정의하고 있다.[14)]

2. 정치적 위험 분석방법

정치적 위험(political risks)이라 함은 현지국의 정치적 요인 또는 과정의 변화로 인하여 현지투자기업이 손실을 입을 가능성을 의미한다. 예를 들어 전쟁이 발생한 경우, 대부분의 산업은 정치적 위험에 노출되겠지만 군수산업의 경우에는 오히려 기회가 될 수도 있다. 정치적 위험은 국가위험과는 구별된다. 국가위험(country risks)이란 해당 국가에 금융적 투자를 한 경우 현지국의 채무상황의 불건전성이 발생하여 손실을 입을 가능성을 의미한다. 즉, 국가위험은 금융투자에 대한 손실가능성을 의미하는 반면, 정치적 위험은 정치적 변화로 인한 경영지속성에 위협을 줄 수 있는 가능성을 의미한다.

---

13) G. L. S. Shackie, *Decision, Order, and Time in Human Affairs*, Cambridge University Press, 1969.

14) Stephen J. Kobrin, "Assessing Political Risk Overseas," *The Wharton Magazine*, Winter, 1981–1982, pp.25–31.

표 3-2 정치적 위험과 국가위험의 비교

구분	정치적 위험	국가위험
투자주체	해외직접투자기업	국제적 은행
현지노출자산	기계, 설비, 인적자원, 재무자산 등	재무자산
노출기간	무기한(현지법인 존속기간)	단기 또는 장기 계약기간
손실의 형태	수용, 몰수, 국유화, 납치, 테러, 송금제한, 부품사용 강요, 차별과세, 생산제한	재협상(renegotiation), 채무불이행(default), 봉쇄자금(blocked fund), 계약조건 변경 등
손실의 크기	위험이전: OPIC(미) 계약	사건의 종류에 따라
손실방지수단	• 수출입은행 계약 • 위험분산: 국제다각화 • 위험회피, 억제, 보존, 감소	• EXIMBANK(미) 계약 • 국제다각화

정치환경의 불확실성을 줄이기 위한 방법은 정치환경과 관련된 불확실성의 원인과 문제가 무엇인가를 확인하는 것이다. 다시 말해 불확실성을 줄이기 위해서는 가능한 많은 정보를 수집하고 체계적으로 분석하는 것이 필요하다. 정치적 위험분석이란 제반 정치적 과정과 발생할 수 있는 요인을 파악하고, 그 발생가능성과 시기를 예측함으로써 이에 대응한 전략을 마련하는 과정이다. 정치적 위험분석은 생각도 못하고, 단지 심리적으로 우호적인 시장 또는 다른 기업들이 진출하니까 덩달아 진출한다는 식의 해외진출은 체계적인 전략은 물론 마련할 수도 없으며, 국제경영의 제반 의사결정도 주먹구구식(flipping coin)이 되고 만다.

기업, 은행 또는 전문기관에서 사용하고 있는 정치적 위험 분석방법은 다음과 같이 두 가지 범주로 나누어 분류할 수 있다. 즉 양적인 방법인가 질적인 방법인가와 정형

표 3-3 정치적 환경 분석방법의 분류

구분	질적 방법	양적 방법
구조적 접근	• 델파이분석 • 교차영향력분석 • 시나리오작성 • 체크리스트	• 실증분석 • 특성요인분석 • 시스템 다이내믹스
비구조적 접근	• 현지방문시찰(grand tour) • 유경험자자문(old hands)	주먹구구식(flipping coin)

화된 틀에 의한 구조적 접근인가 비구조적 접근인가의 두 범주이다. 각각에 대하여 좀 더 구체적으로 살펴보기로 하자.

(1) 구조적-질적 방법(structured-qualitative method)

불연속적인 사건이나 정책의 변화 등 정치환경변화의 특성은 기업에 치명적인 손실 또는 이익을 줄 수 있다는 것이다. 환경변화의 불연속성(discontinuity)이란 정치환경의 여러 요인이 서로 엉켜서 변화의 논리가 이해되기 어려운 소용돌이치는 상태(turbulence)를 의미하는 것으로 피드백이나 항상성이 존재하기 어려운 것이 보통이다.

이러한 불연속적인 환경을 예측함에 있어서는 불연속성의 배경요인을 이해하는 것이 필요하다. 이러한 제 요인은 변화의 속도가 급속하지는 않지만, 서로 상호작용하여 어떤 계기에 의해 일시적이고 폭발적인 반응을 일으키는 것이 보통이다. 안정적이었던 1960년대와는 달리 1970년대의 에너지위기, 경제침체, 정치적 불안정 그리고 구체적인 예로서 한국과 동남아시아의 IMF체제의 경험 등은 요즈음의 시대를 불연속적인 성격으로 만들기에 충분한 현상들이다. 환경의 불연속성에 어떻게 적응하여 나가느냐 하는 것은 기업경영에 있어 핵심적인 과제가 되었다. 하지만 불연속적인 환경을 예측하고 이에 대응할 수 있는 전략을 제시하는 방법은 기존의 계량적인 방법으로는 불가능하다.

그러므로 질적 접근법을 활용하는 방법론에서 해결책을 찾아야만 한다. 이러한 불연속적인 환경을 예측하는 방법에는 객관적 자료를 주로 이용하는 방법과 주관적 자료를 주로 이용하는 방법이 있다. 객관적인 자료를 이용하는 방법에는 시나리오계획법(scenario planning), 경향추적법(trend extrapolation), 상황도식법(contextual mapping), 모의실험법(simulation), 연쇄체계법(relevance tree), 과업행렬법(mission matrics) 등이 있으며, 주관적인 방법은 전문가를 이용하는가와 아닌가로 다시 나누어질 수 있다. 전문가를 이용하지 않는 주관적 자료에 의존하는 방법으로는 체크리스트방법(checklist method)이 있으며, 전문가의 주관적 판단에 의하여 미래를 예측하는 방법에는 델파이법(delphi method)과 교차영향력분석(cross-impact analysis), 시나리오계획법(scenario planning)이 있다.

이 중에서 환경분석에 많이 사용되는 구조적-질적 방법은 체크리스트방법, 시나리오계획법, 델파이법이다. 이 세 방법의 공통점은 환경변화를 예측함에 있어 인간의 주관적 판단에 의한 질적 분석이 객관적 자료에 의한 양적 분석보다 나을 수 있다는 전제를 하고 있다는 것이다. 이에 대하여 좀 더 자세히 설명하면 다음과 같다.

1) 체크리스트방법(checklist method)

구조적-질적 방법 중에서 기업이 가장 손쉽게 이용할 수 있는 방법이다. 이 방법은 마케팅 또는 투자 등과 관련된 정치경제적 환경요인을 평가항목으로 구분하고, 각 항목에 5점 또는 7점 스케일의 측정기준을 부여하여 득점의 다소 또는 양호 정도에 의하여 판단하는 것이다. 해외시장 선정 및 투자 결정 시에 일반적으로 고려하는 경제성장 및 안정, 판매시장규모, 공장입지, 노동의 양과 질, 정치적 안정 및 정책 등의 항목을 선정하여 통계적 처리를 함으로써 대안을 평가하여 의사결정을 할 수 있다.

하지만 이러한 체크리스트방법을 적용하는 경우에는 다음과 같은 한계점이 발생할 수 있다.

- 산업 또는 프로젝트 특유의 중요한 평가요인을 누락시킬 수 있다.
- 장기적인 추세변동의 경우 올바른 평가를 할 수 없다.
- 평가변수의 상호작용을 밝힐 수 없다.
- 현지환경의 특수한 사정을 간과하는 오류가 있을 수 있다.

체크리스트를 사용하는 예로 우리나라의 수출입은행에서 해외투자기업의 국별 융자한도를 정하기 위하여 가중치를 적용한 체크리스트방법을 사용하는 것을 들 수 있다. 수출입은행의 국별 위험분석에 관한 체크리스트 항목을 살펴보면 다음과 같다.

사례 수출입은행의 국가위험분석 체크리스트

수출입은행에서는 국별 신용도 평가 및 여신한도 설정과 국별 여신한도 관리 및 운용에 관한 필요한 사항을 규정하여 당행 자금운용의 안정성과 효율성을 제고할 목적으로 국가위험을 체크리스트방법에 의하여 A, B, C, D, E의 5개 등급으로 분석하고 있다. 설정된 체크리스트는 국별 신용평가위원회에서 평가하는데 구성원은 전문인력이라기보다는 내부의 인적자원(전무이사, 이사, 당행의 해외투자담당부서장, 실행담당부서장, 수출보험담당부서장, 대외협력기금담당부서장)으로 되어 있다. 국가위험분석 대상국은 원칙적으로 개발도상국으로 하고 있으나, OECD 가맹국이라도 필요에 따라서는 평가대상국에 포함하기도 한다.

체크리스트의 평가요인은 크게 다섯 분야로 되어 있다. 국내경제, 대외거래, 개발정책, 정치·사회, 기타의 5개 분야별로 신용도의 우열에 따라 A는 1점, B는 2점, C는 4점, D는 8점, E는 16점을 각각 부여하고 있다. 평가 분야별 가중치는 국내경제 0.2, 대외거래 0.3, 개발정책 0.2, 정치사회 0.2, 기타 0.1로 되어 있다. 평가 분야별 평점에 각 가중치를 곱한 다음 이를 합산하여 종합평점을 산출한다. 종합평점에 따른 신용도등급은 다음과 같다. 등급이 C 이상이면 10% 범위 내에서 여신한도를 초과 증액 운용할 수 있으며, E급인 국가에 대하여는 융자대상국에서 제외하고 있다.

종합평점에 따른 신용도등급

종합점수	신용도등급
1.0~1.5점 미만	A
1.5~3.0점 미만	B
3.0~6.0점 미만	C
6.0~12.0점 미만	D
12.0~16.0점 미만	E

평가 분야별 주요 평가요소

평가 분야	평가요소	주요 분석지표
국내경제	• 경제성장 • 주요 산업분석 • 부존자원 • 통화와 재정 • 물가와 임금수준	• 실질 GDP 또는 GNP 성장률 • 1인당 GDP 또는 GNP • GDP의 산업별 구성 • 부존자원상황과 생산실적 • 통화량 증가율, 정부 예산규모와 구성 • 소비자물가, 도매물가 상승, 임금상승률
대외거래	• 국제수지 • 대외채무상황과 상환능력 • 외국인투자정책	• 무역/경상/종합수지 • 수출증가와 요인 • 수출품가격 추이 • 수입증가와 요인 • 필수수입품구성과 비중 • 외환보유고 추이와 현황 • 대외채무 추이와 여건 • Debt Service Ratio분석 • 수입에 대한 외환보유수준 • 과거 대외채무조정경험 • IMF 등 국제기관과의 관계 • 순외화자산 증감추이 • 경제전문가의 정책참여 • 대외채무상환 전망 • 주요 외국인투자관계법 • 외국인투자환경 • 외국인투자상황과 전망

개발정책	• 경제정책 • 경제개발계획	• 국제수지/주요 투자/물가 • 경제정책의 합리성과 성과 • 경제정책 수립자의 능력 • 개발계획의 추진실적 • 개발계획의 투자계획과 재원조달계획 • 개발계획에 대한 전망
정치 · 사회	• 정치의 안정성 • 사회환경	• 정치체제와 정권의 합리성 • 정부에 대한 국민의 신뢰 • 주변국가와의 정치외교 • 실업률 추이와 원인 • 교육수준과 문맹률 • 사회적 혼란의 가능성
기타	• 우리나라와의 관계 • 특이사항	• 대한국 외교, 경제협력관계 • 국제기구에서의 대한 태도 • 대한 수출입 현황과 전망 • 경제협력가능성과 그 분야 • 평가대상국의 특이사항 및 대외채무상환 전망분석

또한 홍콩의 PERC(Political and Economic Risk Corporation: asiarisk.com)와 미국의 BI(Business International)에서도 체크리스트방법에 의하여 국별 정치적 위험을 평가하고 있다. BI에서 정치환경분석을 위하여 중요하다고 제시하는 체크리스트요인을 제시하면 다음과 같다.

BI의 해외투자 환경분석을 위한 체크리스트

정치적 요인	• 정치적 안정도 • 주요 야권세력 • 정권교체의 가능성 • 국유화 • 수용 • 외국인 소유제한 • 경쟁제한	• 노동자집단의 움직임 • 우방과의 관계 • 인접국과의 관계 • 테러리즘 • 정부의 효율성 • 수입제한
경제적 요인	• 국제수지 • 수출구성도 • 경제성장	• 외환보유고 대 수입의 비율 • 에너지의 취약성 • 소득의 분배
재무적 요인	• 화폐의 강세 • 외채수준 • 가격통제 • 인플레이션	• 외화의 호환성 • 이익 송금제한 • 현지 자본비용 및 자본의 가용성

자료: 수출입은행, 국별신용도평가 및 여신한도설정방법

2) 델파이법(delphi method)[15)]

델파이법은 1960년대에 미국의 란드사(Rand Corporation)에서 기술예측, 미래예측 등의 여러 과제에 대하여 전문가의 의견을 체계적으로 수렴하고자 개발한 것이다.

델파이법은 문제를 예측, 진단, 결정함에 있어 의견의 일치를 볼 때까지 전문가집단으로부터 반응을 체계적으로 도출하여 분석하고 합의하는 조사방법으로, 익명으로 반복적 질문지조사를 실시함으로써 전문가들이 직접 한곳에 모여서 논쟁을 하지 않고서도 집단구성원의 합의를 유도해 낼 수 있는 일종의 집단협의방식에 대한 대안적 조사방법이다. 기존의 의사결정방법이 갖는 단점을 보완하고자 동일한 전문가집단에게 여러 번 지속적으로 질문지를 보낸다.

설문지는 전문가집단 개별에게 도출된 정보와 함께 다시 배포되고 회수되고 다시 배포하는 반복적인 방법으로 이루어진다. 연속적인 질문은 전회의 질문결과에 대한 보고와 함께 실시되므로, 질문의 횟수가 거듭될수록 예측이 서로 접근하게 된다.

이와 같은 방법은 참여자들이 개인적인 논쟁 없이 타인의 아이디어에 반대할 수 있도록 허용되고, 모든 의견이 동등하게 취급되고, 토론 참여자의 익명의 반응이 보장되고, 반복과 통제된 피드백을 통해 전문가집단의 반응을 비교적 정확하고 객관적인 통계정보로 모아준다. 델타이법의 절차는 [그림 3-3]과 같다.

델파이법은 1974년의 이란사태 이후에 BERI, BI 등 여러 기관에서 많이 사용하여 국별 지표를 제시함으로써 정치적 위험에 적용되고 있다. 델파이법을 응용하여 정치적 위험평가를 하는 대표적인 방법으로는 BERI, BI, NBI, ASPRO-SPAIR, WPRF 등이 있다.

이들 방법은 기본적으로는 전문가의 의견을 종합하는 것이지만 BERI, BI, NBI의 방법은 정치환경의 요인을 사전에 마련하여 전문가의 의견을 묻는 방법을 취하고 있으므로 커다란 범위에서 보면 체크리스트방법과 유사한 것으로도 볼 수 있다. 그러나 이러한 방법은 실제로 사용하는 전문기관에서는 전문가를 대상으로 문의하는 것이므

15) H. Sackman, *Delphi Assessmnet: Expert Opinion, Forecasting, and Group Process,* Rand, R-1283-PR, April, 1974; Olaf Helmer, "The use of Expert Opinion in International Relations Forecasting," in Nazli Choucri and Thomas W. Robinson, eds., *Forecasting in International Relations: Theory, Methods, Problems, Prospects,* W. H. Freeman and Company, San Francisco, 1978, pp.116-123; 김병성, 교육연구방법, 학지사, 1996, pp.369-391.

로 델파이법을 사용한 것으로 주장하고 있다. 각각에 대하여 간단히 설명해 보고자 한다.

그림 3-3 ▌ 델파이법의 과정[16)]

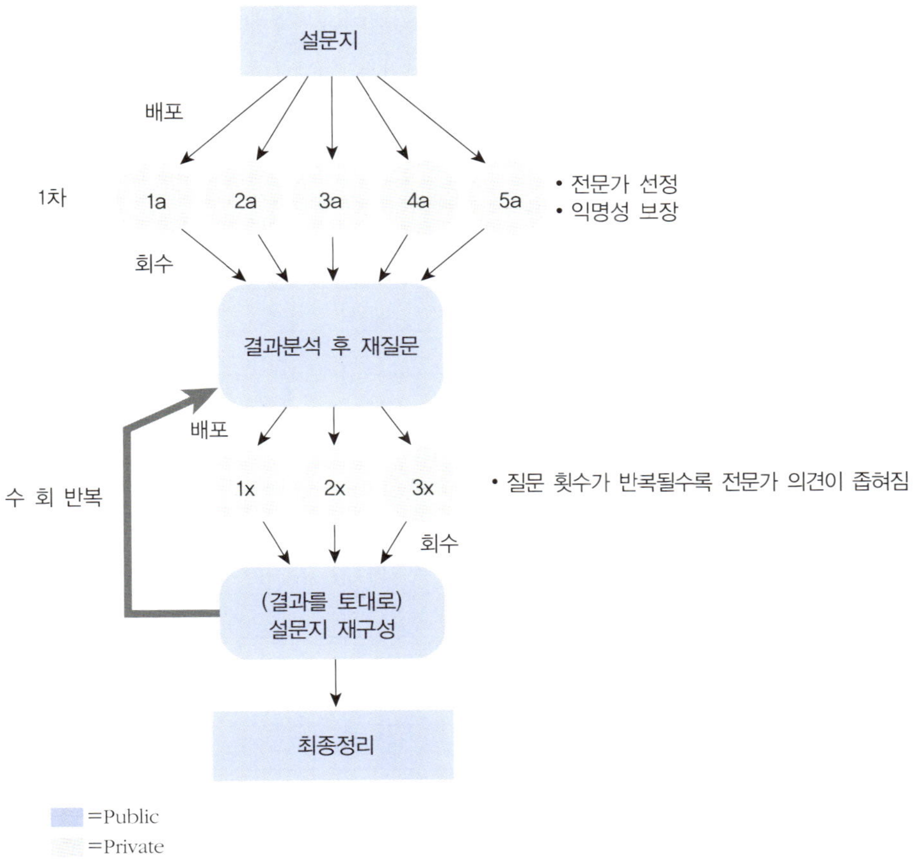

① BERI(Business Environment Risk Index)

이는 헤이너(F. T. Haner)가 정형화한 것으로 운영위험지표(operating risk index)라고도 불린다. 이 방법은 경영환경 및 금융조건과 더불어 정치적 상황과 관련된 다음 [표 3-4]에 제시된 15개의 변수를 중심으로 4~5명의 국별 전문가의 의견을 종합

16) http://www.flickr.com/photos/tintamarre/2513262775/의 내용을 일부 수정

한 것이다.[17] 전문가들은 미국이나 현지에 거주하는 100여 명으로 구성되고 있으며, 매년 45개국 이상의 경영위험을 평가하고 있다. 각 질문항목의 점수는 4점 스케일로 되어 있으며 이를 1~3점의 가중치로 조정 평균하여 위험이 제일 낮은 나라는 100점이고 가장 높은 나라는 25점으로 조정하여 결과를 제시하고 있다. 대개의 국가는 30점대에서 80점대로 나타나는데 그 평균은 약 60점이다. 즉 50~70점의 나라는 보통의 위험(moderate risk)이 있는 것으로 커다란 변동이 없으면 안정적인 것으로 간주된다.[18]

표 3-4 BERI의 정치적 위험변수와 가중치

정치적 위험변수	가중치
정치적 안정	3
외국인투자에 대한 태도	1.5
국유화	1.5
인플레이션	1.5
국제수지	1.5
관료적 지연	1
경제성장	2.5
화폐의 호환성	2.5
계약의 강요 정도	1.5
노동생산성	2
전문적 지원	0.5
교통/통신	1
현지 경영진	1
단기신용도	2
장기신용도	2
합계	25(점)×4(명)=100

17) F. T. Haner, "Business Environment Risk Index, Appendix B," *BERI Ltd. System for Selectied Countries,* August, 1981, p.9.

18) F. T. Haner, "Rating Investment Risks Abroad," *Business Horizons,* Vol.22, April, 1979, pp.18-23; F. T. Haner, "Business Envronment Risk Index," *Best's Review, Property Library Insurance Edition*, July, 1975.

이 방법의 한계점은 다음과 같다. 첫째, 여러 전문가의 의견을 체계적으로 집약하지 못하고 있다. 사전에 작성된 항목에 대한 전문가의 의견을 수집하는 것이기 때문에 전통적인 델파이법의 장점인 새로운 범주 또는 방향에 대한 전문가의 의견을 집약하지 못한다. 이 점에서 체크리스트방법이라는 비난을 받을 소지가 있다. 둘째, 정치과정을 명백히 구체화시키고 있지 못하다. 즉, 지표와 위험의 원인이 되는 사건의 관계가 명확하지 않다. 셋째, 어떤 종류의 기업손실이 발생할 것인지 제시하지 못하며 전략적 대응책도 제시하지 못하고 있다.

② BI(Business International)

BI는 BERI와 거의 유사한 방법을 취하고 있으나 BERI가 0~4점의 스케일 측정치를 이용하는 반면, BI는 전문가들로 하여금 2~15점까지의 절대값을 할당하도록 하고 있다. 즉, 15점은 장기적으로 안정된 상태, 10점은 취약점은 있으나 강한 정부의 상태, 5점은 내부분열이 일어나는 상태이고, 2점은 내적 또는 외적 요인에 의하여 정권이 붕괴될 가능성이 있는 상태로 구분하고 있다. BI와 BERI는 유사한 방법을 이용하고 있으며, 두 지표 간의 상관관계도 아주 높은 것으로 나타나고 있다.[19)]

③ NBI(Nikkei's Business Index)

이는 BI나 BERI의 일본판으로 시장지향적 업체와 자원관련 업체가 진출한 53개 국가를 대상으로 주관적인 평점을 부여하고 있다. 즉 위험이 제일 낮은 나라는 100점, 중간은 66점, 위험이 높은 나라는 33점을 주고 있다. 이 방법이 위의 두 가지 방법보다 우월한 점은 산업별로 분류하여 측정하고 있다는 점이다.[20)]

④ ASPRO-SPAIR(ASsessment of PRObabilities-Subjective Probabilities Assigned to International Risks)

ASPRO-SPAIR는 쉘오일(Shell Oil: shell.com.my/about_shell/challenges2.html)에서 정치적 위험을 분석하는 방법으로 제시하고 있는 것이다. 이 방법의 고안자는 쉘오일

19) Dan Haendel, *Foerign Investments and the Management of Political Risk,* Westview Press, 1979, p.102에서는 1972~1974년에 발표된 BERI와 BI의 국별 위험지수 간의 상관관계값이 0.894로 나타났다고 한다.

20) 多國籍企業硏究會(入 江 猪太郎 監修), 國際經營リスク論, 文眞堂, 1985, p.296.

의 피어슨(C. E. Pearson)으로 쉘오일에 근무 당시 실제로 기업에 적용하였다. 이 방법은 정치환경변화와 기업손실 간의 관계를 정형화한 모형을 이용하여 여러 분야의 전문가(4~5명)들에게 의견을 물어 집약하는 방법을 택하고 있다. 즉 전문가의 이론적 배경이 사회학, 역사학, 국제정치, 정치학, 실업계 등으로 다양하기 때문에 서로 다른 접근을 할 수 있으므로, 이를 극복하기 위하여 기업손실과 정치사건의 관련성을 중심으로 간단한 명제를 작성하여 전문가의 의견을 묻고 있다. 피어슨은 정치적 위험을 다음과 같이 정의하였다.

피어슨(C. E. Pearson)의 정의

> 정치적 위험은 정치 또는 경제적 변화에 직면하는 기업이 향후 10년간 지속적으로 현지국에서 영업을 할 수 있는 가능성이다.
> 'Political risk' is defined as the probability of maintaining the described contract over a 10-year time span in the face of changing economic and political circumstances.

기업의 특성에 따라서 정치적 위험명제는 달라지는데, 쉘은 생산제한, 가격통제 등을 정치적 위험으로 포함하고 있지만, 노동집약적인 산업의 기업인 경우에는 현지 노동의 질과 양이 고려대상이 되어야 할 것이다. 즉 정치적 위험은 산업 특유의 요인과 기업 특유의 요인을 고려하여 적용하여야 한다. 이러한 정치적 사건과 손실가능성은 다음의 9가지로 구분하고 있다.[21)]

- 내부혼란손실(civil disorder losses): 파업, 폭동, 게릴라전, 내전
- 전쟁손실(external war losses)
- 돌발적 수용(sudden expropriation)
- 점진적 수용(creeping expropriation)
- 과세율변화(taxation changes)
- 국내가격통제(domestic price controls)
- 생산제한(production restrictions)

21) Christopher A. Gebelein, Conrad E. Pearson, and Michael Silbergh, "Assessing Political Risk to Foreign Oil Investment Ventures," *Society of Petroleum Engineers Journal,* Sep., 1977, pp.55-63.

• 수출제한(export restrictions)
• 송금제한(restrictions remittances)

이렇게 분류된 각각의 정치적 위험에 관련된 명제를 작성하여 전문가들에게 질문하게 된다. 즉 명제를 지지(S: supporting)하는가 아니면 명제를 부정(R: refuting)하는가를 응답하게 하는 것이다. 예를 들어 정치적 위험의 하나인 돌발적 수용을 예로 들어 보기로 한다.[22] 돌발적 수용과 관련된 요인은 다음의 여섯 가지로 구분할 수 있다.

• 이념의 변전(shift)
• 현지국에서의 외국인(기업)의 역할
• 외국이나 국제기구의 요구로 인한 변화
• 본국과의 관계
• 현지국의 경쟁력
• 본국 및 본사의 경영 또는 기술능력

각 요인에 대하여 전문가들의 지식배경이 다를 수 있기 때문에 각 요인을 다시 상세한 명제로 작성하여 찬반을 답하게 한다. 예로 이념의 변화와 돌발적 수용의 관계에 대한 명제를 들어 보면 다음과 같다.

• **지지(S)**: 현지국 지도자들의 이념이 본국의 투자 프로젝트와 양립되지 않는다. 그러므로 그 결과는 수용이다.
• **부정(R)**: 이념적 견지에서 본국의 현지투자활동기회는 박탈되지 않는다. 그 이유는 다음 중의 하나이다. 첫째, 현지국 지도자들의 이념은 본국의 투자 프로젝트와 조화를 이룬다. 둘째, 이념적 변화가 본국의 투자를 환영하는 방향이다. 셋째, 우리의 투자는 수용되더라도 기술적 우위에 의한 투자이므로 본사의 영업에 중대한 손실을 주지 않는다.

이와 같이 작성된 명제에 대하여 각 전문가의 의견을 낙관적인 경우와 비관적인 경우로 구분하여 제시하게 한다. 물론 시간범위도 지정한다. [그림 3-4]는 돌발적 수용

22) Pearson은 과세율의 변화를 예로 들고 있으나, 보편적 적용을 위하여 돌발적 수용을 예로 든다.

이라는 명제와 관련된 이념의 변전을 전문가들에게 묻기 위하여 작성된 것이다. 기간을 장기적으로 예측하여 향후 5년과 그 후 5년의 10년을 따로 낙관적 시각(O)과 비관적 시각(P)에서 각기 표시를 하게 한다. 그리고 현재와 미래의 상황을 간략하게 기술함으로써 전문가들의 지식배경 차이로 발생할 수 있는 응답편차를 줄인다. ASPRO-SPAIR는 전문가들의 응답편차를 줄일 수 있다는 장점과 정치적 위험과 기업손실가능성을 연결하여 분석하는 방법이라는 유용성은 있지만, 미래의 상황을 어떻게 도출할 것인가에 대하여는 체계적으로 제시하지 못하는 문제점이 있다.

그림 3-4 ▌ ASPRO-SPAIR의 전문가 의견 집계표

POLITICAL RISK ANALYSIS-RESPONSE FORM

PROPOSITION: (돌발적 수용) 1989–1994 = X
POLITICAL/ECONOMIC FACTOR: (이념의 변전) 1994–1999 = √
GLOBAL SCENARIO: AB

support \ confidence	Weak	Moderate	Strong
Strongly Support (.9)			
Weakly Support (.7)			
Neutral (.5)		(X) P=.5	
Weakly Refuse (.3)	√(p)	(X) O=.3	(X) S=.3
Strongly Refuse (.1)	√(O)		

COMMENTS:
FACTOR BEHAVIOR(PRESENT AND FUTURE):
FACTOR INFLUENCE ON PROPOSITION:

⑤ WPRF(World Political Risk Forecasts)

WPRF는 오리아리(M. O'Leary)와 코플린(W. Coplin)이 개발한 것으로 정치학의 집단정치이론(group politics theory)을 배경으로 하고 있다.[23] 즉 정치적 위험은 현지

23) William D. Coplin and Michael O'Leary, *Everyman's Prince: A Guide to Understanding your Political problems,* Durbury Press, 1976; William D. Coplin and Michael O'Leary, "Political Risk Analysis for Export Credit Management," *Credit and Financial Management,* September, 1982, pp.34–36.
집단정치이론에 대해서는 James Bill and Robert Hardgrave, Jr., *Comparative Politics: The Quest for Theory,* Chareles E. Merill Publishing Company, 1973, pp.117–141 참고

국의 정치가들(political actors)의 권력구조와 특정 사건(예: 수용)에 대한 정치가들의 입장, 그리고 정치가들의 상호관계에 의하여 결정된다고 보고 있다. WPRF는 정치가들의 의사결정구조표(decision chart)와 PRINCE표의 두 가지로 나누어진다. 두 가지가 같은 변수로 만들어진 것이지만, 의사결정구조표는 그래프로, PRINCE표는 숫자로 나타내어 특정 사건의 발생확률을 구하도록 되어 있다.

프로스트와 설리반사(Frost and Sullivan Co.: frost.com)는 PRINCE방법을 통해 약 80여 개국의 향후 18개월과 5년간의 정치적 위험지표를 발표하였다. 의사결정구조표는 정치가들의 핵심 정치적 사건 또는 위험에 대한 태도(disposition)와 확신(certainty)을 종축에, 그 사건이나 위험에 대한 정치가의 영향력(power)과 중시도(salience)를 횡축에 표시함으로써 정치적 위험의 발생가능성을 그림으로 표시한 것이다. 실례로 지난 사건이지만 1980년 시점을 기준으로 필리핀의 마르코스 정권이 붕괴될 가능성을 대상으로 만든 의사결정구조표는 [그림 3-5]와 같다.

그림 3-5 ▌ WPRF의 의사결정구조표

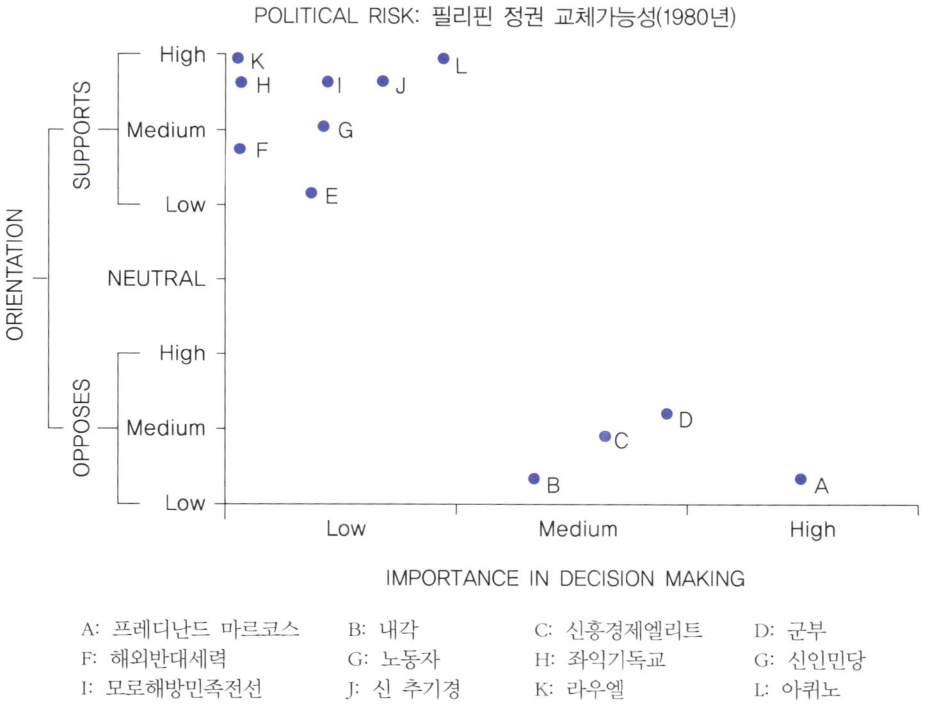

PRINCE법은 의사결정구조표와 변수는 동일하게 이용하고 있지만, 정치가들이 정치적 사건이나 위험에 대하여 발생을 지향하는 태도를 갖고 있으면 S(supporting), 무관하면 N(neutral), 반대하면 O(opposes)를 표시하여 이로써 부호(+, −)를 정한다. 그리고 특정 사건에 대한 각 정치가들의 확신이나 중시도, 영향력에 따라 1~5점까지를 주어 총계를 구한다. 해당 정치적 위험의 발생확률은 부호를 고려한 합계를 더하여 절대값 총계로 나눔으로써 구해진다.[24]

WPRF는 정치적 위험의 종류에 관하여 전문가의 의견을 얻어 집약할 수 있다는 장점이 있으나, 지나치게 정치가들의 성향에서 정치적 위험을 분석하려는 데 문제가 있다. 즉 정치가들의 태도, 권력, 중시도, 확신에 대하여 모두 같은 가중치를 주고 있는데, 아마도 권력이라는 변수의 가중치가 더 크지 않을까 생각된다. 그리고 전문가들의 편견에 따라 결과가 달라질 수도 있다.

3) 시나리오분석법(scenario method)

원래 시나리오는 연극·영화의 진행 및 배우의 성격을 자세히 구성에 맞게 기록하는 것인데, 이 시나리오가 경영계획에 사용된 것은 1950년대 허만 칸(Herman Kahn)에 의해서였다. 그는 그 후 여러 미래학의 분야에도 시나리오방법을 적용하였으며,[25] 란드사(Rand Corporation)에서는 군사전략 연구와 관련하여 시나리오라는 용어를 사용하였다. 경영학에서는 1960년대에 들어서 비로소 시나리오가 정의되었다. 경영학에서의 시나리오는 의사결정에 관련된 인과관계에 초점을 둔 일련의 가상적 과정이라고 할 수 있다. 통계처리방법이 과거에 일어났던 사건을 바탕으로 미래를 예측하는 것이라면, 시나리오분석법은 엄밀히 말해서 미래를 예측하는 것이라기보다 발생가능한 미래의 사건범위를 구체화하여 의사결정의 가변성(flexibility)을 높여 줄 수 있다는 데에서 그 의미를 찾을 수 있다.[26] 즉, 의사결정이 미래의 상황을 과소 또는 과대평가

24) 브라질의 채무불이행(default)의 발생가능성에 대하여 PRINCE법으로 분석하고 있다.

25) Herman Kahn, and Anthony J. Weiner, "The Next thirty-three Years: A framework for Speculation," in *Toward the Year 2000,* Daniel Bell, ed., Beacon, 1969; Herman Kahn, A. Caranfil and R. Ruggles, Jr., *The Future of Australia: Scenarios and Issues,* Hudson Institute, 1978.

26) Robert B. Mitchell, John Tydeman, and John Georgiades, "Structuring the Future − Application of a Scenario-Generation Procedures," *Technological Forecasting and Social Change,* Vol.14, Elsevier North-Holland, Inc., 1979, pp.409-428.

할 수 있는 오류를 감소시켜 줄 수 있는 방법이다. 이러한 의미에서 정책이나 계획을 위한 의사결정도구로서의 시나리오를 시나리오계획법(scenario planning)이라 하고, 경영 또는 관리를 위하여 미래 사건의 과정을 기술한 것을 시나리오작성법(scenario writing)으로 구분하면 보다 바람직할 것이다.

시나리오계획법은 쉘오일(Shell Oil) 등의 석유회사나 국가기관에서 많이 사용되고 있으며, 본래 정치적 위험 분석에 한정된 것이 아니라 한 나라의 미래상황, 즉 경제・사회・기술・국제관계를 예측하고자 만들어진 것이다.[27] 정치적 환경변수들은 종속변수인 동시에 독립변수로서의 성격이 있고, 그 결과는 의사결정자의 주관적 판단에 의거하여야 하는 경우가 많다. 이러한 시나리오계획법을 정치적 위험분석에 적용하는 경우에는 정치환경의 변수가 가능한 한 객관화되어야만 실효를 거둘 수 있다. 즉, 객관화되지 않은 자료로 시나리오를 작성하게 되면 너무 기술적으로 되어 탁상공론으로 빠질 우려가 있다. 그러므로 시나리오계획법을 객관화하기 힘든 정치적 위험에 적용하고자 할 때에는 다른 정치적 위험 분석방법과 통합하여 사용분석의 효율성을 제고시킴과 동시에 시나리오계획법의 단점을 극복할 수 있다.

(2) 비구조적-질적 접근

비구조적-질적 방법으로 정치적 위험을 분석한다는 것은 정치환경의 주관적 판단요소를 중시한다는 전제가 배경에 있는 것이다. 그렇지만 체계적이지 못하여 판단에 대한 확신이 그만큼 적다. 다시 말해 의사결정의 불확실성은 거의 제거되지 않는다는 단점이 있다. 비구조적-질적 접근에는 현지방문시찰(grand tour)과 정치유경험자의 영입(old hands)의 두 가지 방법이 있다. 이 두 방법 모두 정치적 위험판단에 어느 정도의 도움을 줄 수는 있으나 다른 방법, 즉 델파이법이나 계량적 분석 등과 통합적으로 사용되어야 분석방법으로서의 의미를 얻을 수 있다.

27) John H. Vanston, Jr., W. Parker Frisbie, Sally Cook Lopreato, and Dudley L. Poston, Jr., "Alternate Scenario Planning," *Technology Forecasting and Social Change*, Vol.10, Elsevier North-Holland, Inc., 1977, pp.159-180; Renè D. Zenter(Shell Oil Co.), "Scenario in Forecasting," *Chemincal and Engineering News,* Oct., 6. 1975, pp.26-34.

1) 현지방문시찰(grand tour)

해외투자를 고려하는 경우 경영자는 기업 내에서 파견팀을 구성하여 현지방문을 하게 된다. 시장조사는 물론 정부의 관료나 현지 경영인과 접촉함으로써 현지의 상황에 대한 정보를 얻고자 하는 것이다. 이 방법은 필요하기는 하지만, 제한된 정보와 편견으로 인하여 정치적 위험을 과소 또는 과대평가할 우려가 있다. 그러므로 다른 방법과 통합하여 이용함으로써 체계적인 자료 수집을 할 수 있다.[28)]

2) 정치유경험자 자문(old hands)

정부나 국제기관에서 근무한 경험이 있는 고위층 간부에게 자문하여 그로 하여금 현지국 정치가들의 성향이나 정부의 강・약점을 분석하여 보고하게 하는 방법이다.[29)] 이 방법은 기업들이 내부정보보다는 외부정보를 신뢰하는 경향에서 나온 방법이라 할 수 있다. 위의 현지방문시찰의 단점과 마찬가지로 과거의 경험이나 편견에 치우쳐 판단하는 오류의 발생가능성이 있기 때문에 다른 체계적인 분석방법과 병행하여 사용되어야 효율적인 위험분석기법으로 활용할 수 있다.

(3) 계량적 분석방법

계량적 방법은 이론적으로 추출된 변수들의 시계열분석이나 실증적 분석을 통하여 정치적 위험을 예측하고자 하는 것이다. 동전 던지기식의 운에 맡겨진 비구조적 결정을 경영자가 하지는 않을 것이다. 그러나 최근까지만 해도 주먹구구식으로 환경에 대응하여 온 기업 역시 상당히 많았던 것이 사실이다. 물론 정치적 위험의 수량화 문제는 아직 많은 논란이 있다.

계량적 접근방법은 크게 두 가지로 나누어 볼 수 있다. 하나는 모형을 설정하여 변수 간의 상호관계를 입증하고 관찰하는 실증적 분석(empirical observational model)

28) R. J. Rummel and david A. Heenan, "How Multinationals Analyze Political Risks," *Harvard Business Review,* January-February, 1978, pp.68-9에서 현지방문시찰방법의 정보제약으로 인한 판단의 오류를 예를 들어 설명하고 있다.

29) Ibid., Mobil사에서는 미국의 중동주재 외교관이었던 허터(C. A. Herter, Jr.)를 정책담당부사장으로 영입하고 있고, 시티은행(City Bank)에서는 IMF의 고위층이었던 프리드먼(I. S. Friedman)을 고용하고 있다. 우리나라의 대기업에서도 미국의 고위 정치가였던 키신저나 헤이그 등의 자문을 이용하고 있다.

이고, 또 다른 하나는 변수의 특성을 중시하면서 그 범위와 발생가능성을 추정하는 특성분석(component analysis)이다. 구체적인 접근으로는 헨델 등(Haendel et. al.)이 개발한 PSSI(Political System Stability Index), 룸멜(Rummel)과 히난(Heenan)의 분석, 번(Bunn)과 머스타파오그로(Mustafaoglo)의 연구, 국제관계를 모형화한 국제정치시스템 다이내믹스 모델, 크누드센(Knudsen)의 생태학적 모형(ecological model) 등이 있다.

1) 헨델, 웨스트, 메도우(Haendel, West & Meadow)

이들은 정치사회에서 정치적 하위시스템의 역할은 갈등을 해결하기 위한 힘의 관계 및 규범이라고 제시하고 있다.[30] 그리고 정치안정의 정도는 새로운 수요나 요구를 수용할 수 있는 사회의 능력(social capacity)으로 보고 있다. 이들의 방법은 히난이나 룸멜의 연구와 유사한 것으로 위험한 사건을 ① 사회경제적 성격: 자민족의 방언 정도 또는 민족의 다양성, 국민소득성장률, ② 사회적 갈등: 폭동, 데모, 무장공격, 천명당 국방력, ③ 정부의 정치과정 및 행정의 효율성, 비정규적 각료의 교체 등의 7개의 범주로 나누고 현행 지표를 찾아 이 사건들을 예측하고 있다. 일단 자료가 수집되면 각 지표에 따라 국가를 수 개의 순위로 정리한다. 그리고 세 가지의 최저값을 보유한 지표에 따라 순위를 구성하고, 나머지를 순차적으로 첨가하는 방식을 택하고 있다. 최종결과는 국가 순위표로 제시된다.

이 방법의 제약점은 다음과 같다. ① 현행 지표나 사건의 관계가 계속 지속되는 것으로 보고 있다. ② 전문가의 의견을 반영하지 못하고 있다. ③ 어떤 종류의 기업손실이 발생할 것인지를 제시하지 못하고 있다.

2) 룸멜과 히난(Rummel & Heenan)

이들은 특정 국가에서 영업활동을 하는 기업에 손실을 주는 위험한 사건에 초점을 맞추고 있다. 주로 2차적 자료를 이용하여 위험한 사건을 역사적인 시간의 흐름에 따라 주요 지표를 만들어서 분석하고 있다. 사건은 크게 네 그룹, 즉 현지국의 정치적 불안정(예: 폭동, 암살, 게릴라전), 국제갈등(예: 외교관계의 악화, 안보의 혼란), 정치

30) Dan Haendel, Gerald T. West, Robert G. Meadow, *Overseas Investment and Political Risk*, The Foreign Policy Research Institute, 1975.

적 분위기(예: 공산당의 규모, 행정부 내 사회주의자의 수, 정치과정에서 군부의 역할), 그리고 경제적 분위기(예: 국민소득, 인플레이션, 대외부채 등)로 나누고 있다. 또한 현행 지표를 변수별 그래프로 작성하여 미래의 사건도 예측하고 있으며, 변화의 범위를 제시하고 있어 단 하나의 상황을 제시하는 것이 아니라 여러 시나리오를 제시하고 있다.

이 방법의 단점은 다음과 같다. ① 현행 지표나 사건이 계속 진전되는 것을 가정하고 있다. ② 다른 나라와 비교할 수 있는 수단을 제공하지 못하고 있다. ③ 전문가의 의견을 이용하는 체제를 갖추지 못하고 있다. ④ 어떤 종류의 기업손실이 발생할 것인가에 대하여 설명하고 있지 못하다.

3) 번과 머스타파오그로(Bunn & Mustafaoglo)

프로스트와 설리번(Frost & Sullivan Co.)의 PRICE법의 논리와 유사한 점이 많다. 즉, 위험한 사건과 손실을 줄 수 있는 요인이나 지표를 구체화하고 있다는 점에서 같다. 전문가의 의견에 의하여 각 사건이 일어날 수 있는 확률을 추정하고, 주어진 지표와의 구조적 관계를 정의하고 있다. 역사적 증거자료에 의거하여 한 사건의 변화가 다른 사건에 어떠한 영향을 주는지에 대하여도 제시하는 교차영향분석을 시도하고 있다. 그리고 비록 전문가의 의견을 반영하고 있지는 않지만, 이러한 확률에 의거하여 기대되는 손실을 추가적 정보로 제시하고 있다.

전문가의 평가는 베타확률밀도함수에 의하여 집약되고 있으며, 주관적인 자료의 처리를 베이지안기법으로 잘 다루고 있고, 궁극적으로 위험한 사건의 발생가능성을 추정하여 국가 간 비교를 하고 있다.

이 방법은 다음과 같은 단점이 있다. ① 어떠한 손실이 발생할 것인지에 대하여 구체화하고 있지 않다. ② 위험의 산업 간 차이를 제시하고 있지 못하다. 그러나 계량적 분석방법 중에서는 가장 실용성이 있는 방법으로 인식되고 있다.

4) 국제정치시스템 다이내믹스 모형

정치적 위험의 발생원인은 정치과정의 변화라는 동일한 원리에서 발생하게 된다. 때문에 정치과정의 메커니즘이라는 확대된 시스템 안에 기업의 의사결정자가 포함되는 총체적인 시스템을 구축하고자 하는 것이 바로 국제정치시스템 다이내믹스 모형이다. 그렇게 하기 위해서는 경영조직의 효율성 제고와 같은 작은 시각보다는 세계모델 속의 자신의 기업을 볼 수 있는 능력이 있어야 한다. 통합학문(interdisciplinary approach)의 시각과 인식을 바탕으로 한 경영이 이루어져야만 하는 것이다.

통합적 학문의 필요성은 정치적 위험의 속성에서도 비롯된다. 정치적 위험의 발생은 정치의 변화뿐 아니라 경제나 사회적인 요인에 의하여도 나타난다. 정치, 경제, 사회적 요인 어느 하나가 종속변수인 동시에 독립변수가 될 수 있다. 또한 정치적 위험은 불연속성이라는 특유의 동태적 특성을 갖고 있다. 즉 시계열의 성격보다는 무작위(random)의 성격이 있다는 것이다. 물론 정치적 위험은 정확한 시간의 간격에 의하여 움직이는 것은 아니다. 그러므로 무작위의 성격을 반영할 수 있는 분석방법이 있어야 한다.

이러한 성격 때문에 지금까지의 분석방법은 주로 전문가의 의견을 묻는 델파이법을 이용하여 왔다. 그러나 델파이법은 전문가들의 지적 배경이 서로 다르고, 주관적인 오류가 있을 수 있으며, 의견의 통합을 하기 힘들다. 설령 델파이법에 의하여 도출된 결과라 할지라도 기업이 이를 이용하기에는 한계가 있다. 즉, 해외투자기업의 경우 진출할 것인가 포기할 것인가의 대안만을 제시할 뿐이므로 발생원인에 대한 규명을 하기에는 부족한 방법이라고 할 수 있다. 이러한 관점에서 정치적 위험을 총체적으로 분석하기 위하여는 시스템 다이내믹스(system dynamics)방법이 도움이 될 것이라고 생각된다.[31)]

시스템 다이내믹스 모형은 자원관리에서부터 세계모형(world model)에 이르기까지 활용되고 있다. 또한 국제관계의 시스템에도 시스템 다이내믹스의 논리를 적용한 컴퓨터 시뮬레이션 모형이 많이 이루어지고 있다.[32)] 정치적 위험분석도 국제정치 및

---

31) William Ascher and William H. Overholt, *Strategic Planning Forecasting: Political Risk and Economic Opportunity,* John Wiley & Sons, 1983, pp.161-179. 정치적 위험은 조직론적 관점과 동태성 측면이 고려되어야 한다는 것을 강조하고 있다.

32) Stuart A. Bremer, *Simulated Worlds: A Computer Model of National Decision-Making,* Princeton University Press, 1977, Ch.2, pp.29-80; Paul Smoker, "International Process Simulation," in J. A. Laponce and Paul Smoker, eds., *Experimentation and Simulation in Political Science,* University of Toronto Press, 1972, pp.315-368; Harold Guetzkow, "The Internation Simulation," in Harold Guetzkow and Joseph J. Valadez, *Simulated International Process: Theories and Research in Global Modeling,* Sage Publications, pp.23-64.

경제의 흐름에서 파악하여야 할 것이기 때문에 시스템 다이내믹스 논리를 적용할 수 있다.

학습과제

1. 글로벌 마케팅의 활성화에 기여할 수 있는 정부의 역할 및 과제는 어떠한 것이 있는지 제시해 보시오.

2. 글로벌 마케팅 환경정보를 제공하는 웹사이트를 조사해 보시오.

3. 델파이법에 의하여 특정 국가의 정치적 위험을 분석해 보시오.

4. 델파이법과 교차영향력분석법 및 시나리오분석법을 통합하여 분석할 수 있는 조사양식을 제시해 보시오.

5. 정치경제 환경분석을 전문으로 하는 컨설팅회사를 조사해 보시오.

Harvard Business School 추천사례

Political Risks:

1 The Burma Pipeline

1996년 Unocal Corp는 French Total Co.와 합작으로 미얀마에서 태국을 연결하는 거대한 천연가스 송유관을 건설하기로 하였다. 총공사비 120억 달러에 해당하는 거대한 이 공사로 아시아의 에너지 공급이 원활해질 예정이었다. 그러나 공사 착수 무렵, 미얀마의 군부(SLORC)의 저항에 부딪치면서 진행에 문제가 발생하였다.

2 White Nights and Polar Lights: Investing in the Russian Oil Industry

1980년 후반 소련의 붕괴로 서방의 기업에게는 새로운 기회가 생기게 되었다. 특히 세계 굴지의 정유회사들은 막대한 러시아의 석유매장량에 매력을 느끼고, 경영기회 모색을 시작하였다. 하지만 여러 정치적 위험요인이 내재하고 있음을 인지하고 고민을 하고 있는 Phibro, Mobil 및 Conoco의 3개사의 투자전략에 대한 사례이다.

3 Environmental Risk Management at Chevron Corp.

샌프란시스코에 본사를 둔 Chevron Corp는 원유에서 정유소까지 석유를 유통시키는 세계굴지의 업체이다. 유통과정에서 잘못이 일어나면 환경문제 등 사회적인 문제를 야기시키기 때문에 위험관리에 많은 신경을 쓰고 있다. 계량적인 분석에 의한 위험관리기법에 대하여 검토한다.

Reading Materials:

4 Debora Spar, Heidi Deringer, and Jennifer Wang, "Note on Political Risk Analysis," *Note of Harvard Business School*, 9/17/97, Product Number: 798022

5 Jeffrey E. Garten, "Opening the Doors for Business in China," *Harvard Business Review*, Publication Date: 5/1/98, Product Number: 98307

6. Alan M. Webber, "Surviving in the New Economy," *Harvard Business Review*, Publication Date: 9/1/94, Product Number: 94510, Length: 12p

7. David B. Yoffie, Alvin G. Wint, "United States Trade Law," *Note of Harvard Business School*, 8/3/89, Product Number: 387137

4 Chapter 글로벌 사회문화 환경분석

학습목표

- 글로벌 마케팅에 있어 문화의 정의와 특성에 대하여 알아본다.
- 사회문화환경의 구성요소에 대하여 검토한다.
- 글로벌문화의 분류와 분석방법에 대하여 학습한다.
- 글로벌 마케팅의 문화관리와 SRC 극복방안에 대하여 논의한다.
- 글로벌 협상과 이문화적응에 대하여 학습한다.

도입사례 ○——◉ 해외진출 시 알아야 할 기업의 글로벌 사회공헌

- 현지 수요·비즈니스 전략적 연계
- NGO 등과 파트너십 구축
- '결과중심'의 성과관리 필요
- 지속가능한 투자로 이미지 회복

세계시장에서 한국기업의 위상이 높아지면서 떠오른 관심사가 있다. 글로벌 사회공헌이다. 일찍 해외로 진출한 선진기업들은 다양한 방식으로 지역사회를 돕고, 기업이미지까지 끌어올렸다. 이들 모범 사례에서 네 가지 핵심요소를 배울 수 있다.

첫 번째, 현지수요와 비즈니스의 전략적 연계다. 제너럴일렉트릭(GE)은 아프리카에서 의료환경 개선에 집중했다. 진출한 국가의 정부나 의과대학의 도움을 받아 현지 병원 실정부터 파악했다. 이를 통해 조작이 쉽고 운영비가 적게 드는 '개도국 맞춤형 의료기기'를 지원할 수 있었다. GE가 이를 수익의 원천으로 변모시킨 것은 6년 뒤다. 개도국에서 필요한 저가의 신생아 보온기, 태양광을 이용한 정수기 등을 상품화한 것이다.

최근 기업들은 사회공헌을 자사의 사업영역과 연계하는 데 관심이 높다. 금융기업이 청소년 경제교실을 여는 식이다. 하지만 해외에서는 지역사회의 수요에 맞추는 것이 더욱 중요하다. 본업과의 연계성은 그 다음이다. GE의 사례가 그것을 보여준다.

두 번째, 파트너십 구축이 중요하다. 아프리카의 골칫거리 중 하나가 말라리아다. 비즈니스의 25% 이상이 아프리카에서 이뤄지는 엑슨모빌은 종업원 건강 측면에서 이를 심각하게 생각했다. 고민 끝에 구상한 것이 '말라리아 이니셔티브'다. 글로벌 NGO들과 협력해 국제사회의 관심을 촉구하기로 한 것이다.

NGO들은 수많은 기업과 제휴하면서 지역 사회공헌의 노하우를 축적하고 있었다. 엑슨모빌은 이들을 통해 말라리아 예방, 치료, 백신 개발 등을 지원하고 협력기관 이사회에 참여해 적극적인 대외활동을 펼쳤다. 이처럼 우수한 파트너들을 효율적으로 활용하면 생각보다 많은 문제를 해결할 수 있다.

세 번째 핵심요소는 '결과중심'의 성과관리다. 엑슨모빌은 사회공헌 성과를 기업활동과 같은 방식으로 관리했다. 단순히 "모기장을 몇 장 배포했다"에 그치지 않고, 이용률이 얼마이며, 말라리아 발병률과 사망률이 얼마나 감소했는지도 추적했다. 그 결과 앙골라에서는 말라리아 사망자수를 예전 수준의 80%로 줄이는 데 성공했다. 이처럼 성과관리도 투입요소(봉사시간, 사회공헌 지출액)가 아니라 결과(말라리아 사망률 감소)로 이야기해야 한다.

지속가능한 투자는 글로벌 사회공헌의 마지막 원칙이다. 코카콜라는 2004년 인도공장 인근의 주민들로부터 환경을 파괴한다는 비난을 받았다. 물문제를 바라본 것은 이때부터다. 코카콜라에게 물은 상품의 주원료다. 코카콜라는 "제품생산에 사용한 물과 동일한 양의 물을 지역사회에 환원한다"는 목표를 정했다. 지속가능한 투자의 관건은 이익이 줄어도 사회공헌 지출을 줄이지 않는 것이다. 사회공헌전략을 정교하게 수립하지 않으면 실천하기 어렵다.

코카콜라는 현지 보틀링업체와 협력해 각국의 보유인력과 공급망을 활용하면서, 94개국 400여 개의 지역맞춤형 프로젝트를 추진했다. 마을이나 학교, 병원에 식수 인프라를 만들어주거나 농업용수를 확보했다. 이 같은 방식으로 지난해까지 제품에 투입한 용수의 52%(811억 리터)를 지역사회에 환원했다. 기업이미지 회복을 위해 시작한 일이 결과적으로 훌륭한 사회공헌 아이템이 됐다.

자료: 한국경제신문, 2013년 9월 13일

글로벌 마케팅에서 문화의 중요성은 매우 크다. 시장마다 이질성을 나타내는 근본 원인이 문화적 차이에서 나오기 때문이다. 다른 언어, 종교, 가치관 등은 구매행동에 차이를 나타내게 된다. 그러므로 글로벌 마케팅 담당자는 이질적인 사회문화환경에 대한 이해와 분석에 의한 마케팅프로그램을 수립하지 않으면 안 된다.

4.1 사회문화환경

1. 문화란 무엇인가

문화의 개념은 매우 넓고 어떤 면에서는 매우 복잡하다. 문화는 사람의 일상생활 전반을 포함하고 있다. 즉, 문화는 사람들이 여러 세대를 거치는 동안 남겨놓은 사회적 유산이며, 한 사회 특유의 라이프스타일로서 그 사회가 직면하였던 환경에 적응하며 살아가는 방식을 반영한다. 또한 문화는 다른 환경, 즉 정치, 경제, 법, 기술 등에도 영향을 준다.

문화에 대한 정의는 여러 가지이지만 보편적으로 받아들여지는 정의는 다음과 같다. 개인이 사회구성원으로서 획득한 지식, 신념, 기술, 도덕, 법, 관습 및 그 밖의 능력과 습관 등이 포함된 복합적인 전체 또는 학습된 행동과 행동결과의 집합체로, 사회구성원들에 의해 공유되고 전달되는 것으로 정의되고 있다. 이러한 문화의 정의를 보면 다음과 같은 몇 가지 특징이 있다.

(1) 문화는 인간에 의하여 창조되며 학습된다

문화는 본능적으로 습득되어지는 것이 아니라 태어난 후부터 후천적으로 습득된다. 이는 마케팅 담당자가 문화에 대한 지식 및 해석을 면밀히 하여야 함을 보여준다. 즉, 기존문화에 대한 충분한 이해와 해석을 통하여 새로운 문화를 창조할 수 있는 능력을 갖추어야 한다.

인터넷에 의한 거래는 정보통신의 기술과 마케팅 노력의 결과로 나타난 새로운 문화패턴이라고 할 수 있다. 2000년대 초반만 해도 혁신적이었던 전자상거래는 더 이상 새로운 구매방식이 아니다. 사람들은 일상적으로 G마켓, 이베이(e-bay), 아마존(Amazon)을 통해 의류나 생필품을 구매한다. 인터넷쇼핑은 제품의 가격, 구매장소, 구매시간에 혁신을 가져왔으며, 최근 모바일쇼핑시장도 급속히 성장하고 있다. 사회화과정에서도 문화의 창조와 학습이 진행된다.

(2) 문화는 널리 공유되며 규범적이다

문화는 이상적인 행동의 표준이나 패턴을 포함하고 있기 때문에 특정 상황하에서 사회구성원들이 올바르고 적절하게 생각하고, 느끼고, 행동할 수 있는 공통적인 이해를 갖게 된다.

그러므로 마케팅 담당자가 창출하게 되는 문화는 그 사회에 바람직한 규범으로 적용될 수 있는 것이어야 한다. 음주운전 금지, 흡연지역 규정 등은 세계적으로 널리 공유되고 이를 지키지 않으면 안 되는 것으로 인식되고 있다.

(3) 문화는 보편적이면서도 다양하다

문화는 집단 간에는 다양하지만, 집단 내에서는 보편적으로 인식된다. 또한 집단 간에도 유사한 문화적 요소가 많다. 그러므로 마케팅 담당자는 문화의 이질성과 동질성을 이해하고 분석함과 동시에 공통적인 문화가 어떠한 것이 있는가를 파악하여 시장접근력을 강화할 수 있는 글로벌 마케팅프로그램을 수립하여야 한다.

한국어로 "시간이 있습니까?"로 번역되는 "Do you have time?"은 미국에서는 "몇 시입니까?"라는 의미이다. 한국이나 일본에서는 파스텔톤의 제품 색상이 인기 있는 반면, 중국에서는 빨간색이 더 인기가 있다. 그러나 문화에 따라서는 시간이나 공간 개념이 다른 측면도 있지만 특정 세분시장에서는 문화적 공통점을 많이 찾아볼 수 있다. 일본어와 한국어는 어순이 같고, 단어에서도 유사한 것들이 많다. 한국에서 유행한 패션, 소품, 드라마 등이 중국이나 일본에서도 인기를 얻는 것은 기본적인 문화의 유사성이 있기 때문일 것이다.

(4) 문화는 지속적이며 동태적이다

키코만간장

문화는 장시간에 걸쳐 변화될 수 있으며, 의도적으로 조작가능하다. 특히 기업 내의 문화 또는 소비자집단 내의 문화는 마케팅 노력에 의하여 변경될 수 있다. 하지만 이러한 노력은 매우 장기간에 걸쳐 이루어지는 경우가 많다. 키코만간장(Kikkoman)은 미국사람들의 입맛에 적응되기까지 15년이 걸렸다고 한다. LG전자는 인도시장을 공략하기 위하여 인도 전역을 18개 구역으로 나누어 지역 순회 홍보를 펼쳤다. 다른 경쟁사인 소니(Sony), 파나소닉(Panasonic) 등이 대도시중심의 매체광고만을 고집한 반면, LG전자는 인도인의 문화 속에 들어갈 수 있는 전략을 펼친 것이다. 그 결과 인도의 가전시장 40% 이상을 점유하여 부문 1위를 차지할 수 있었다.

그림 4-1 ▌ 중국 최초의 초코파이 옥외광고와 이른바 '쓰레기마케팅'

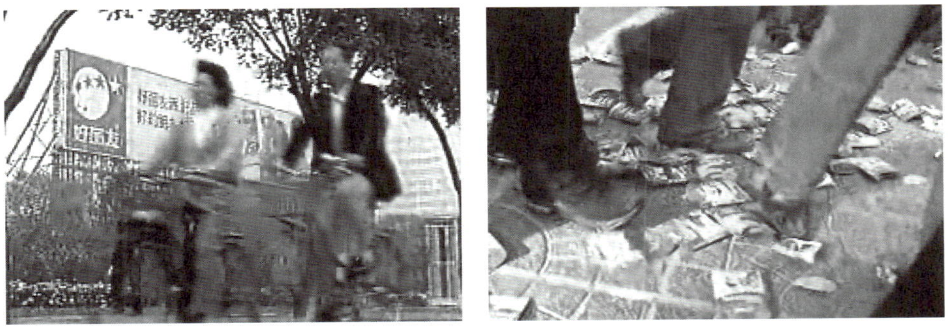

자료: 100원짜리 과자의 도전, KBS, 신화창조의 비밀

초코파이의 중국 '쓰레기마케팅'의 도입배경을 보면, 1995년 당시 중국인에게는 시식회라는 것이 익숙하지 않았던 상황이었기에 시식회를 꺼려 하였다. 중국 최초로 옥외 과자 광고판을 설치하고 난 후에야 시식회에 서서히 참여하게 되었고, 먹고 난 포장지를 그대로 길거리에 방치함으로써 더 많은 참여자를 유도할 수 있었다.

문화의 특성은 마케팅활동에 지대한 영향을 준다. 문화는 제품과 상표의 선정뿐만 아니라 탐색되는 정보의 종류, 구입장소와 구입방법, 제품의 사용법을 결정할 때 많은 영향을 끼친다. 따라서 한 나라의 문화와 그 사회의 상징적 의미를 파악한다면 그 시장에서 마케팅활동을 하는 기업의 경쟁적 지위가 강화될 것이다.

많은 기업들이 점점 더 비교문화적 마케팅 노력의 필요성을 공감하고 있다. 때문에 기업들이 만약 문화에 대한 근시안적 태도를 갖게 된다면 현지시장 변화에 적절한 대처가 이루어지지 못해 해외시장을 효율적으로 공략할 수 없게 될 것이고, 결국 그 시장에서 실패하게 될 것이다.

기업들이 해외시장에서 성공을 거두기 위해서는 해외 목표시장의 독특한 문화환경을 조사·이해해야 하며, 나아가 이에 적응하고자 하는 노력을 끊임없이 해야 한다.

사례 **몸속에 칩 심어 실시간 건강체크 … 달리는 車끼리 소통 … 충돌 없이 질주**

10년 후 디지털 세상은 어떻게 달라질까? 미국 워싱턴 D.C.에 있는 퓨리서치센터가 이런 궁금증을 풀어줄 수 있는 보고서를 냈다. 제목은 '2025년의 디지털 생활'. 작년 말과 금년 초 미국 엘론대와 공동으로 전문가 1,500명을 대상으로 조사한 결과다.

퓨처리서치센터는 2025년에는 인터넷이 현재의 전기처럼 보편화되고, 일상생활에 깊숙이 파고들어 모든 것을 바꿔놓을 것이라고 예상했다. 또 2004년 이후 6차례 조사를 했는데 이번에는 종전과 달리 미래를 염려하는 전문가가 많았다고 밝혔다.

퓨리서치센터는 전문가들의 전망을 15개로 정리했다. 이 가운데 긍정적 전망이 8개, 부정적 전망이 6개이다.

■ 20세기 사업모델 무너진다

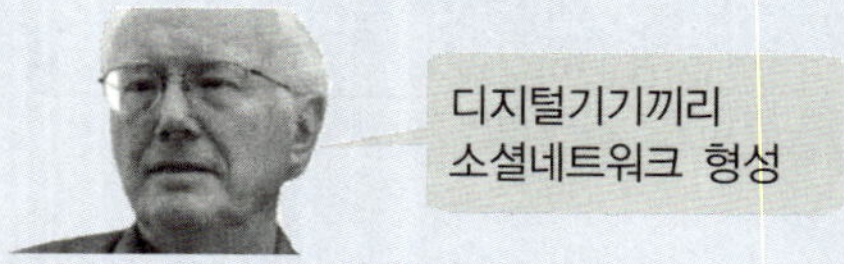

데이비드 클라크 MIT수석과학자

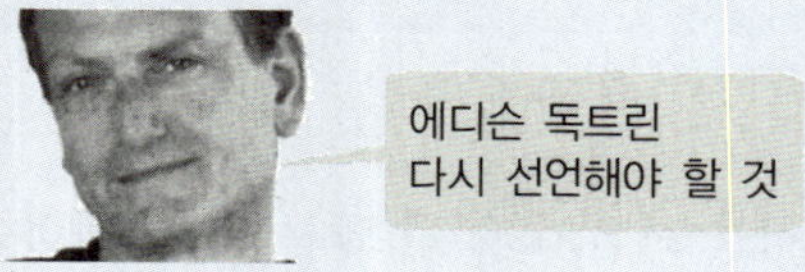

마크 로텐버그 EPIC 사장

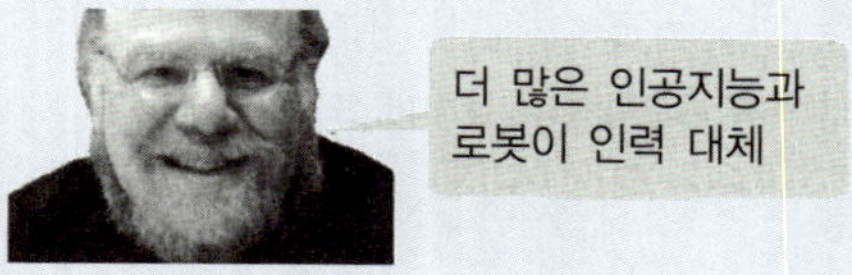

제임스 헨들러 교수

전문가들은 2025년에는 언제 어디서나 누구든지 인터넷을 사용하게 된다고 내다봤다. 인터넷이 전 세계 구석구석까지 연결하고, 일상생활에 깊숙이 파고들고, 지금의 전기처럼 눈에 띄지 않으면서도 어디에나 존재하게 된다는 것이다.

또 스마트센서, 카메라, 데이터센터 등이 널리 확산됨에 따라 세계를 거미줄처럼 연결하는 '사물인터넷'이 보편화되고, 디지털기기를 몸에 착용하거나 아예 내장하면서 실시간으로 건강을 체크하고 가상현실을 즐기게 된다고 예상했다.

이에 따라 20세기 비즈니스모델이 붕괴할 것이라고 봤다. 금융, 엔터테인먼트, 출판, 미디어, 교육 등 거의 모든 분야에서 종전의 방식이 통하지 않고 새로운 비즈니스모델이 뜨게 된다는 얘기다. 전문가들은 '파괴(disruption)'라는 표현을 썼다.

또 정치의식이 높아지고 행동으로 표현하는 경향이 강해지지만 '아랍의 봄'과 같이 평화적으로 바뀔 것이라고 봤다. 국경개념이 희박해지고 관심사가 같은 사람들이 인터넷에서 뭉치면서 국가가 통제하기 어려워질 수도 있다고 예상했다.

■ 남의 생활 파괴하기 쉬워진다

디지털기술 발달에 따른 부작용을 염려하는 이들이 많았다. 퓨리서치센터는 디지털 세상에서는 빈부차가 커져 불만과 폭동을 유발할 수도 있고, 디지털기술 오·남용방식이 진화하고 규모가 커져 남의 생활을 비참하게 만들기가 쉬워진다고 봤다.

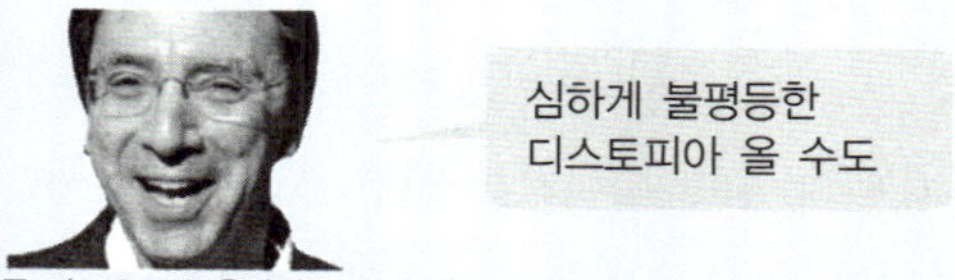

존 마크오프 뉴욕타임스 수석 칼럼리스트

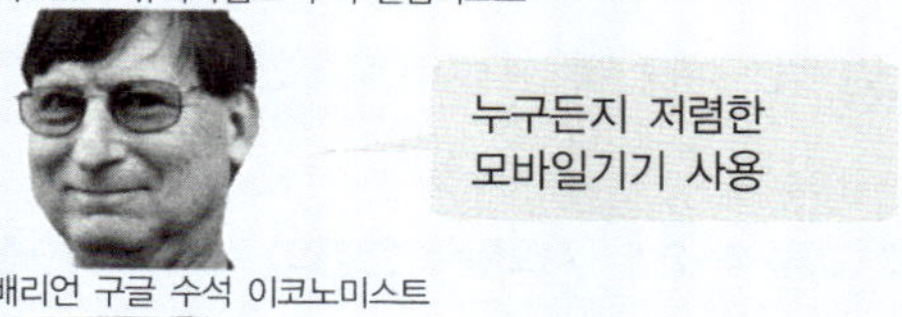

홀 배리언 구글 수석 이코노미스트

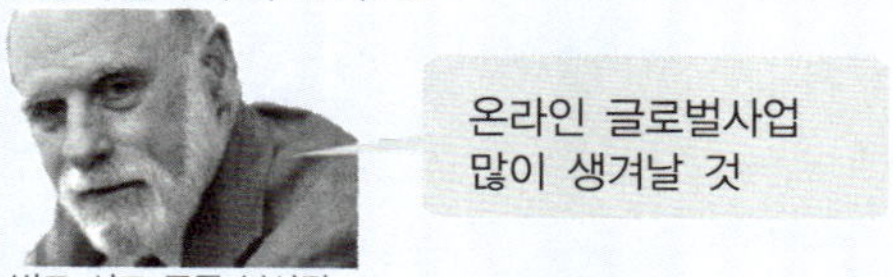

빈트 서프 구글 부사장

이렇게 되면 정부는 국가와 문화를 보호한다는 명목으로 권력을 사용하려 할 것이라고 예상했다. 최근 미국 국가안보국(NSA)이 테러리스트를 찾아낸다는 핑계로 전 세계를 상대로 무차별적으로 감청을 했다는 사실이 이런 전망을 뒷받침한다.

개인의 사생활이 짓밟힐 수 있다는 것도 문제로 꼽혔다. 인터넷 사용자들이 편리한 서비스를 받기 위해 서비스사업자들한테 지나치게 많은 개인정보를 제공하다 보면 사생활이 노출될 위험이 커진다. 즉, 개인정보를 주고 편의를 사는 셈이다.

문제는 네트워크사회가 가져올 위험을 대다수 사람이 모른다는 점이다. 퓨처리서치센터는 미래의 네트워크사회가 현재보다 훨씬 '파괴적'이 될 수 있다고 경고했다. 현재보다 훨씬 불공평한 '디스토피아'가 올 수 있다고 경고한 이도 있다.

■ "손으로 만든 것 머리로 통제해야"

미국 MIT 수석과학자인 데이비드 클라크는 "디지털기기들끼리 소셜네트워크를 구성할 것"이라는 전망을 내놓았다. 기기끼리 정보를 주고받으면서 자동으로 제어한다는 것. 도로에서 자동차끼리 소통하며 충돌 없이 질주하는 상황을 예상할 수 있다.

인터넷 프로토콜 창시자인 빈튼 서프 구글 부사장은 "비즈니스모델이 달라질 것"이라고 예상했다. 그는 "애당초 글로벌시장을 겨냥하는 온라인사업이 더욱 많이 생겨날 것"이라고 말했고 사생활과 관련해서는 "좀 더 투명해져야 한다"고 지적했다.

마크 로텐버그 EPIC 사장은 "좀 더 개방적이어야 하고, 좀 더 민주적으로 참여해야 하고, 중앙통제를 줄여야 하고, 좀 더 자유를 허용해야 한다"고 역설했다. 또 "토머스 에디슨 말대로 '인간은 손으로 만든 것을 머리로 통제할 수 있어야 한다'"고 덧붙였다.

자료: 한국경제신문, 2014년 3월 27일

2. 사회문화환경의 요소

사회문화환경의 구성요소는 세 가지로 나누어 볼 수 있다. 첫째는 가시적 일상생활(visible daily life)인 언어생활, 의생활, 라이프스타일, 음식생활, 경제생활, 물질생활 등으로 가치관 및 사회규범에 의하여 영향을 받는 사회문화요소들이다. 두 번째의 가치관 및 사회규범(values and social norms)은 가시적이지는 않지만 생활에 적응할 수 있도록 작용하고 있는 매너, 관습, 가족관, 성(sex)의 역할, 대인관계, 교육 등의 요인을 의미한다. 이는 기본적 문화전제(basic cultural assumptions)에 영향을 받는다. 세 번째는 기본적 문화전제요인으로 미적 정서, 국가관, 종교 등이 있다.

그림 4-2 ▌ 사회문화환경의 세 가지 구성요소

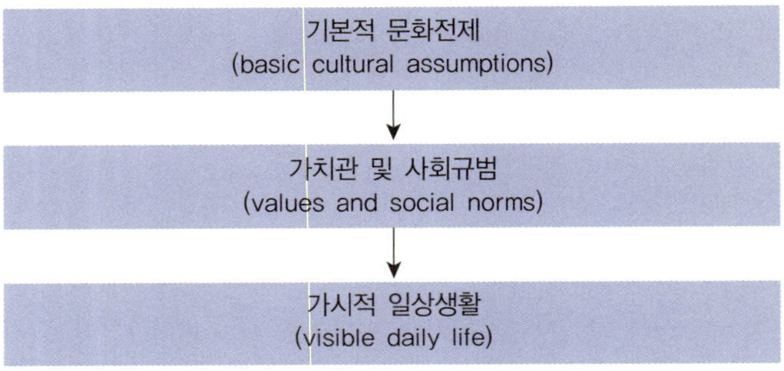

(1) 언어생활

언어는 문화의 가장 핵심적인 요소로서 문화적 차이를 가장 잘 구분하는 요소이다. 언어는 음성언어와 비음성언어로 구분할 수 있다. 음성언어는 의미를 가진 명확한 틀을 구성하여 의사소통의 수단이 된다. 음성언어(verbal language)는 문화의 특성과 가치관 등에 의하여 어휘와 표현방식을 달리한다. 음성언어는 정보의 수집・평가, 특정 문화집단에의 접근 등의 역할을 수행하여 특성 있는 문화를 형성한다. 그러므로 다양한 외국어를 구사할 수 있다는 것은 글로벌 마케팅에서 매우 중요한 요인이 된다. 이탈리아, 스페인, 덴마크, 스위스, 네덜란드와 같은 나라에서는 고등학교 졸업까지 다섯 개 이상의 외국어를 구사할 수 있어야 한다고 한다. 아마도 자원이 없는 우리나라에서도 여러 외국어를 구사하는 인적자원을 확보하는 것이 글로벌화에 발맞추는 것은 물론 나아가 국력증진에도 도움이 되리라 생각한다.

외국어를 잘 이해하지 못해 발생하는 실패사례가 종종 있다. 아메리칸모터스(American Motors)의 'Matador'라는 승용차는 스페인어로는 'killer'라는 의미를 나타내고, 포드(Ford)의 'Fiera'라는 트럭은 'ugly old woman'을 의미하여 실패한 사례들이다. 또한 펩시(Pepsi)의 슬로건인 'Come alive with Pepsi'의 의미는 독일에서 'Come out of the grave'로 해석되어 실패한 사례이다.[1)]

비음성언어(non-verbal language)는 물론 음성언어에 비해 덜 명확한 경우가 많지만 신체동작(body language), 침묵, 간격, 시간, 계약, 우정표현 등과 같은 비음성언어는 중요한 의사소통의 수단으로 문화를 구성한다. 비음성언어에 의한 문화적 차이에 대하여는 홀(Hall, 1960)이 제시하는 고-저(High-Low) 배경문화에서 자세히 설명하기로 한다.

(2) 물질생활

물질생활은 기술과 그 사회의 경제생활, 사회간접자본의 가용성과 적합성에 의하여 형성된다. 기술은 신제품기술의 개발 정도, 경제생활은 국민소득, 사회간접시설은 마케팅 인프라의 효율성 등으로 평가된다. 글로벌 마케팅 담당자는 글로벌시장의 선별에 있어 구매행동에 영향을 주는 제반 지표를 분석·평가하여야 한다.

(3) 교육

교육은 기술, 아이디어, 지식을 전달하고 연구하는 과정이다. 어느 곳에서나 광의의 교육은 이루어진다. 아프리카의 오지에서도 그들 나름의 생활문화가 교육되고 있다. 즉 교육은 기존문화를 후세에게 전수하고 발전시키는 동시에 변화를 모색하는 기능을 수행한다. 글로벌시장의 문화에 대한 이해도 매우 중요하지만, 기업 내에서도 글로벌문화를 정착할 수 있도록 지속적인 교육을 수행하여야 한다. 글로벌 마케팅에 있어 교육은 제품포장, 촉진, 유통 등의 부문에서 현지화하는 데 많은 영향을 주는 요인이다.

1) L. Copeland and L. Griggs, *Going International,* Random House, 1985, p.62.

(4) 가치관과 태도

무엇이 올바르고, 중요한 것인가를 결정하는 사고체계를 가치관이라고 한다. 많은 인간의 행동은 가치관과 태도에 의존한다. 가치관은 종교적인 근거를 가지는 경우가 많으며 보통 허락 또는 도덕적인 판단을 의미한다. 전통적 가치관에 사로잡혀 있는 문화의 경우에는 변화의 수용도가 낮다. 일본에 외국기업이 신제품을 도입하는 경우, 고객이나 유통을 변화시키기 어려운 경우가 종종 있다. 이러한 경우에는 교육, 보장, 위탁판매(consignment selling) 등의 다른 마케팅도구를 이용하여야 한다.

사례 결혼은 싫고 아이만 좋다?

아이를 갖고 싶지만 당장 짝이 없거나 결혼을 원치 않는 사람들은 어떻게 해야 할까? 미국에서 '아이를 함께 낳고 기를 파트너'를 찾는 사이트가 성업 중이다. 양육파트너는 재정부담 등 제반 사항을 미리 합의하고, 헤어지지 않기 위해 감정의 교류를 배제한다.

두 아이의 엄마이자 올해로 마흔세 살 된 레이철 호프는 '아이 아빠'를 찾고 있다. 스무세 살 아들과 다섯 살짜리 딸은 각각 아빠가 있다. 레이철은 이 아이들의 아빠가 되어 줄 사람이 아니라 셋째를 함께 낳고 기를 남자를 물색 중이다. 만남 사이트 '모대밀리(modamily.com)'의 프로필을 통해 18개월 동안 수천 명의 후보자 가운데 세 명으로 압축했고 지금은 최종결정만 남았다. 인터넷에서 상대를 만나는 게 더 이상 특별한 일은 아니라지만 레이철은 좀 다르다. 그녀는 로맨스가 아니라 아이를 키울 파트너를 구하기 때문이다.

모대밀리의 창립자 이반 파토빅은 친구와 저녁 식사를 하다 아이디어를 얻었다. 30대 후반의 여성 친구들은 아이를 가질 준비는 되었는데 결혼할 남자가 없다고 하소연했다. '저녁이 없는 삶'을 살며 일만 하다 보니 어느새 30대 후반, 40대가 된 사람이 한둘이랴. 영화 〈프렌즈 위드 키즈〉, 〈스위치〉, 〈프랜 비〉 등에서도 같은 고민을 하는 이들이 등장한다. "천생연분을 찾았다면 가장 좋지요. 하지만 그렇지 못한 사람이나 결혼이 싫은 사람은 짝이 없다고 출산과 양육의 경험마저 박탈당해야 할까요?"

레이철은 모대밀리에서 만난 폴과의 사이에서 딸 그레이스를 낳아 기르고 있다. 처음부터 감정적·재정적 책임을 반반으로 하자고 조건을 걸었다. 둘은 한 집에서 공간을 따로 나눠 생활한다. 레이철은 폴이 훌륭한 양육파트너이며, 그와 아이를 또 갖고 싶지만 예순여덟의 폴은 더 이상 아이를 낳지 않겠다고 선언했다. 이것이 레이철이 다시금 모대밀리에 접속한 이유다.

지난 1~2년간 미국엔 모대밀리 외에도 '패밀리 바이 디자인', '폴른트리' 등 비슷한 사이트가 여럿 생겼다. 유럽, 호주, 브라질에서도 회원 가입이 늘고 있다고 한다. 결혼과 아이를 떼어 놓고 생각하기가 영 어색하지만, 파토빅은 많은 아이가 한부모나 불행한 부모와 살지 않느냐고 반박한다. "파트너 양육이 위험하다면 결혼도 똑같이 위험해요. 파트너 양육은 부모가 되려는 의지가 있는 사람들이 오직 아이라는 목표를 위해 만났기 때문에 아이에게만 집중하게 돼요. 부모가 이혼하는 아픔을 겪게 하느니 아예 감정을 배제해서 안정된 관계를 유지하는 게 더 나을 수 있어요." 다만 사전에 둘 중 한 명이 양육비를 댈 수 없는 상황까지 고려해 합의문을 꼼꼼하게 작성해야 한다고 조언했다. 자녀 양육으로 법적 다툼이 생기면 자녀의 이익이 최우선 고려대상이 되고, 다음으로 법적 효력을 갖는 게 합의문이다.

결혼은 하기 싫지만 혹은 마땅한 상대를 못 찾았지만 아이는 기르고 싶은 남녀에게 파트너 양육이 '대안가정'을 선사할까? 아무래도 영화와 드라마를 너무 많이 봤는지 '아이를 키우다 둘 사이에 사랑이 싹튼다'라는 결말이 자동으로 떠오른다. 앞서 언급한 영화도 예측가능한 해피엔딩으로 마무리된다. 그러나 파트너 양육을 하는 사람들은 합의문에 '절대 사랑에 빠지지 않는다'라는 문구를 넣는다니, 현실은 냉정하다. 어떤 형태로 부모가 되든지 한 가지 사실만은 변하지 않는다. 일단 자녀를 낳으면 책임은 끝까지 끝나지 않는다는 사실 말이다.

자료: KTX 매거진, 2014년 5월호

(5) 미적 정서

특히 마케팅에서 중시되고 있는 미적 정서(aesthetics)는 여러 가지의 예술적 표현, 색상 및 미적 기준에 관한 상징적인 의미를 선호하고 표현하는 역할을 한다. 한 문화의 미적 정서에 대하여 정확한 이해를 하지 않고 제품을 개발한다면 성공하기 어렵다. 글로벌 마케팅 담당자는 현지문화의 미적 정서에 대한 올바른 이해를 기초로 효과적인 광고 및 포장전략을 구사하는 등의 고객의 감정에 파고드는 마케팅프로그램을 개발하여야 한다.

(6) 종교

종교는 문화의 동질성을 연결하는 고리로서의 역할을 한다. 같은 종교를 가진 집단

은 유사한 문화를 형성하여 국가를 형성하기도 하지만, 반대로 국가 내에서 서로 다른 종교가 존재할 경우 집단갈등의 원인이 되기도 한다. 글로벌 마케팅에서 종교의 중요성은 의미하는 바가 크다. 종교 행사일, 종교 규율, 금기되는 음식, 여성의 역할 등은 종교 간 사뭇 다른 문화를 형성하게 한다.

힌두교에서는 소고기를, 무슬림과 유대교에서는 돼지고기의 식용을 터부시한다. 이슬람 국가인 중동의 여성들은 마케팅의 주된 주체가 되지 못한다. 특히 그들은 외부에 몸을 드러내는 것을 꺼려한다. 폴라로이드 카메라가 중동국가에서 선풍을 일으킨 이유도 이러한 종교적 가치관에 기초한 것으로 남에게 사진이 노출되는 것을 꺼려하는 중동사람들에게 아주 적합한 사진기였기 때문이다.

사례 한류 업고 … 동남아 8조 '할랄식품' 공략

지난해 국내 농식품의 동남아 수출이 사상 처음으로 1조 원을 넘어섰다. 동남아 시장이 '할랄식품'을 중심으로 확대되면서 국내 농식품 수출도 매년 30%씩 늘고 있다. '허용한다'를 의미하는 아랍어 할랄(halal)은 이슬람교도가 먹고 쓸 수 있는 제품을 총칭한다. 이슬람 율법에선 돼지고기 등을 금지하고 있다.

19일 한국농수산식품유통공사(aT)에 따르면 국내 농식품의 아세안 수출은 지난해 9억 8,500만 달러(약 1조 500억 원)를 기록했다. 최근 5년간 평균 32%씩 성장한 것이다. 딸기, 버섯, 등 신선제품 수출은 최근 3년간 3배 급증했고, 가공식품 수출은 5년간 연평균 29%씩 증가했다.

글로벌 경기침체 영향으로 전반적으로 농식품 수출이 뒷걸음질치고 있지만 동남아시장은 예외다. 동남아 인구 6억 명 중에 중산층이 크게 늘어난데다 한류 영향으로 한국산 농식품에 대한 관심이 커지고 있어서다.

특히 이슬람인이 즐겨 찾는 할랄식품은 지난해 785억 달러(8조 원) 규모로 성장했다. 이슬람인은 아세안 인구의 절반을 차지한다. 오형완 aT 수출기획팀장은 "동남아를 비롯해 중동, 아프리카, 미국 등 전 세계 할랄시장은 7,000억 달러 규모로 성장했다"며 "아세안 할랄시장을 전진기지로 활용하기 위해 농식품업계가 동남아 수출에 적극 나서고 있다"고 말했다. 정부는 향후 중소기업의 할랄식품시장 진출을 돕기 위해 한국이슬람교중앙회가 인도네시아의 할랄 인증기관으로 등록될 수 있도록 지원하기로 했다. 현지에서 할랄식품 인증을 받은 111개 회사는 남양유업, CJ 등 대부분 대기업이다.

김재수 aT 사장은 "적극적인 수출지원으로 아세안시장에서 한국 농식품 붐이 확산될 수 있도록 노력할 것"이라고 말했다.

자료: 한국경제신문, 2014년 3월 20일

4.2 사회문화분석을 통한 군집화

글로벌 마케팅 담당자는 여러 이질적인 사회문화에 대한 정보를 습득할 수 있는 자료원이나 충분한 시간이 없다. 그러므로 공통적인 특성, 즉 문화적 보편성(cultural universals)으로 재분류하여 군집화(clustering)함으로써 시장에 대한 접근성을 높여갈 수 있다. 몇몇 학자들이 이에 대한 연구를 수행한 것을 정리하면 다음과 같다.

1. 고-저 배경문화의 분류

홀(E. T. Hall)은 문화를 고배경문화(high context culture)와 저배경문화(low context culture)로 다음의 [표 4-1]과 같이 분류하고 있다.[2] 고배경문화는 삶의 본성적 현상을 보다 중요하게 여기는 문화로서 전달되는 메시지 자체보다는 그 정황, 즉 정보의 전달자와 수용자의 인지된 해석을 중요시하는 문화이고, 저배경문화는 언어의 의미가 입력되고 해석되는 데 동일한 개념을 갖는다는 전제에서 본성적 생활보다는 구체적으로 표시된 문서 또는 객관화된 것을 중요시하는 문화이다.

2) Edward. T. Hall, "The silent language in overseas business," *Harvard Business Review*, May-June, 1960, pp.87-96.

표 4-1 고-저 배경문화

구분 \ 문화권	고배경문화 (high context culture)	저배경문화 (low context culture)
법률 또는 법률가	덜 중요하다.	매우 중요하다.
개인의 말	매우 중요하며 개인의 비공식적인 의사표시가 보증의 역할을 한다.	서면으로 보증한다.
공간개념	서로 어울리는 공간을 중요시 여긴다.	개인적 공간을 중요하게 여기고 침해받는 것을 싫어한다.
실책에 대한 책임	조직의 최고위층이 진다.	조직의 최하위층에게 돌린다.
시간관념	시간관념이 분명하지 않다.	'시간은 돈이다'라는 관념이 강하다.
협상	오래 끄는 것이 보통이다. 협상의 목적을 모든 당사자들이 서로 충분히 이해하여 저절로 해결되도록 한다.	매우 신속히 진행된다.
경쟁입찰	빈번하지 않다.	일반적이다.
국가/지역 예	일본, 중국, 사우디아라비아	미국, 동유럽

그림 4-3 고-저배경문화의 국가별 비교

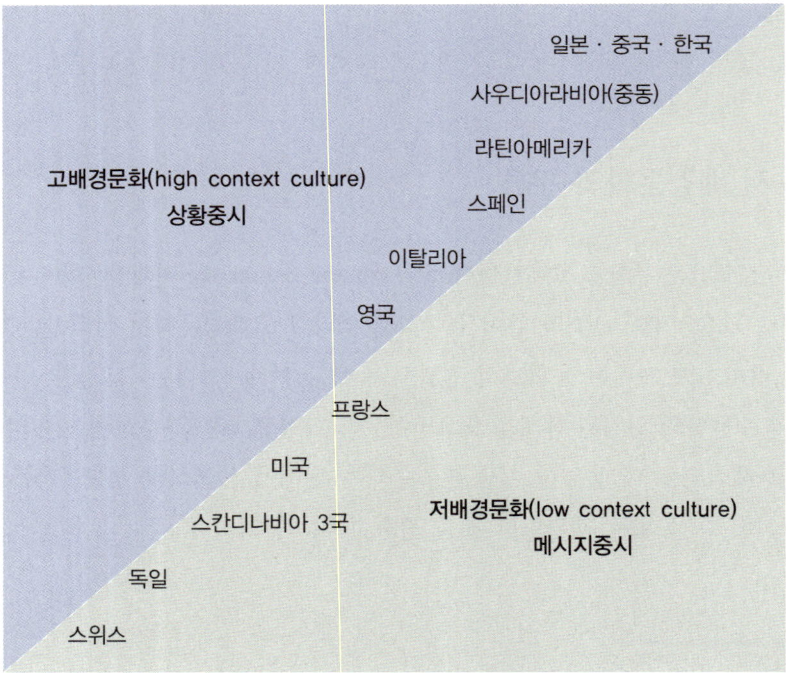

고배경문화에서는 의사소통에 필요한 정보가 사회적 배경이나 또는 정보 전달자와 수용자의 상황에 내부화되어 있기 때문에 명백한 부호와 문장으로 표시되지 않더라도 나름대로 해석이 된다. 또한 당사자의 책임과 신뢰가 중요한 가치로서 강조되기 때문에 개인의 말은 확실한 보증서 역할을 하게 된다. 따라서 고배경문화에서는 사회 전체적으로 책임과 명예 등이 큰 의미를 갖게 된다. 또한 책임의 소재는 고위층에 있고 집단지향적인 성격이 강하다.

반면에 저배경문화는 구체적이고 분명한 대화를 통하여 정보의 교환이 이루어지고, 명백한 문장으로 기술된 법률적인 서류가 보증의 역할을 하게 된다. 따라서 합의내용이 법률적인가 아닌가 하는 것은 매우 중요한 의미를 가지며 책임은 대체로 최하위층의 업무당사자가 지게 된다.

2. 클러크혼의 분석모형[3)]

클러크혼(F. Cluckhohn)은 인간의 본성, 인간과 자연과의 관계, 삶에 대한 태도, 활동양식, 인간관계의 다섯 가지 질문에 대한 대답을 통하여 한 문화권 내에 있는 사회구성원들의 공통적 가치관과 사고방식을 찾아내고, 이를 문화권별로 비교함으로써 각 국가 간의 문화적 차이를 알 수 있다고 주장하였다. 아랍문화권과 일본에 적용한 결과, 두 문화권의 차이를 간단하고 쉽게 비교할 수 있다. 그러나 이 모형은 문화의 여러 측면 중 일부 항목만 비교한 것일 뿐 문화 전체를 완전히 이해할 수 없다는 단점을 가지고 있다.

표 4-2 ▌ 클로크혼 모형의 적용

기준 \ 문화권	아랍문화권	일본문화
인간의 본성	선악 혼합	선악 혼합
자연과의 관계	자연에 복종	자연과 조화
삶에 대한 태도	과거지향적	미래지향적
활동양식	정적(靜的)	동적(動的)
인간관계	권위주의적	그룹중심적

3) Kluckhohn, F. & Strodbeck, F., *Variations in Value Orientations*, Evanston, Ill., Row, Peterson & Co., 1961.

3. 홉스테드의 문화분석틀

홉스테드(G. Hofstede)는 문화를 비교하는 데 있어서, 첫째 권력 간 거리(power distance), 둘째 불확실성의 회피성향(uncertainty avoidance), 셋째 개인주의 대 집단주의(individualism vs collectivism), 넷째 남성다움 대 여성다움(masculinity vs femininity)의 네 가지 차원에서 문화를 분류하였다.4) 두 변수씩 결합시켜 도표를 만들어 제시하고 있는데 그 내용은 다음과 같으며 도표를 통해 국가 간 문화의 유사성과 차이성을 분석할 수 있다.

그림 4-4 ▌권력 간 거리와 개인주의: 50개 국가 & 3개 지역(region)

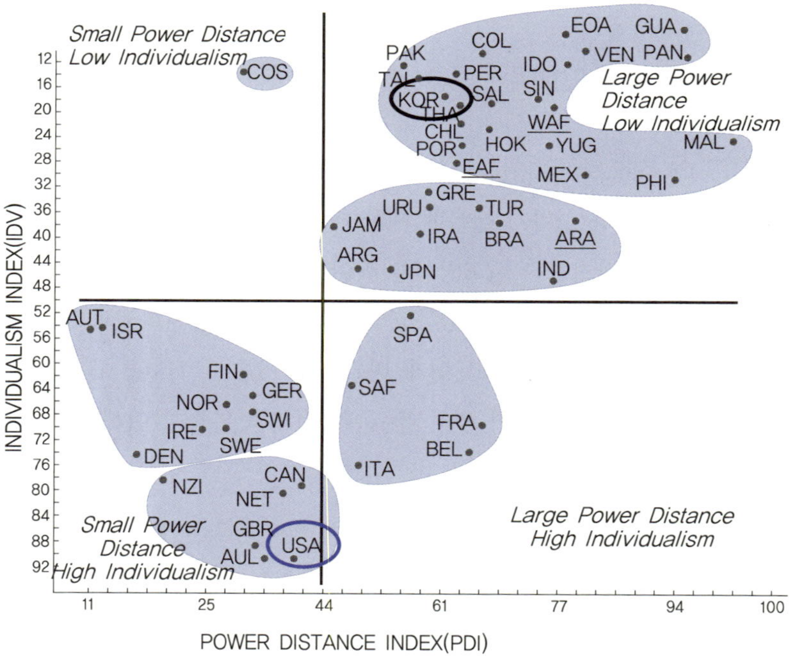

4) Gerald Hofstede, "The Culturalratativity of organizational practices and theories," *Journal of International Business Studies,* Fall, 1983, pp.75-89.
이 외에 홉스테드는 일의 가치, 학습의 문화적 차이 등에 대하여도 연구하였다. 이에 대하여는 G. Hoftede, *Culture's Consequences: International differences in working-related values,* Sage Press, 1980; G. Hofstede, "Cultural differences in teaching and learning," *International Journal of Intercultural Relations,* Vol.10, 1986, pp.301-320 참고.

권력 간 거리란 기관이나 조직에서의 권력이나 부귀, 교육 등의 불평등을 수용하는 정도를 의미한다. 권력 간 거리, 즉 권력불평등을 수용하는 권위주의적인 국가로는 일본, 필리핀, 베네수엘라, 인도 등 집단주의적 성격이 강한 국가를 들 수 있으며, 이를 수용하지 않는 평등주의적 국가로는 덴마크, 오스트리아, 이스라엘 등이 있으며, 미국과 캐나다는 중간 정도로 나타났다.

개인주의란 집단활동보다는 개인의 활동에 중심을 두고 생각하는 사고체계이다. 사회구성원으로서의 자신과 자신의 가족에 더 많은 관심을 갖는 성향으로서 핵가족 제도가 잘 발달된 미국, 영국, 호주, 네덜란드 등이 이에 속한다. 집단주의는 개인보다는 조직에 더 많은 중심을 두고, 내부집단과 외부집단의 경계를 엄격하게 구별하여 절대적 복종 및 충성을 강요하는 성향으로 일본, 브라질, 콜롬비아, 칠레 등이 이에 해당한다.

그림 4-5 ▌ 권력 간 거리와 불확실성 회피: 50개 국가 & 3개 지역(region)

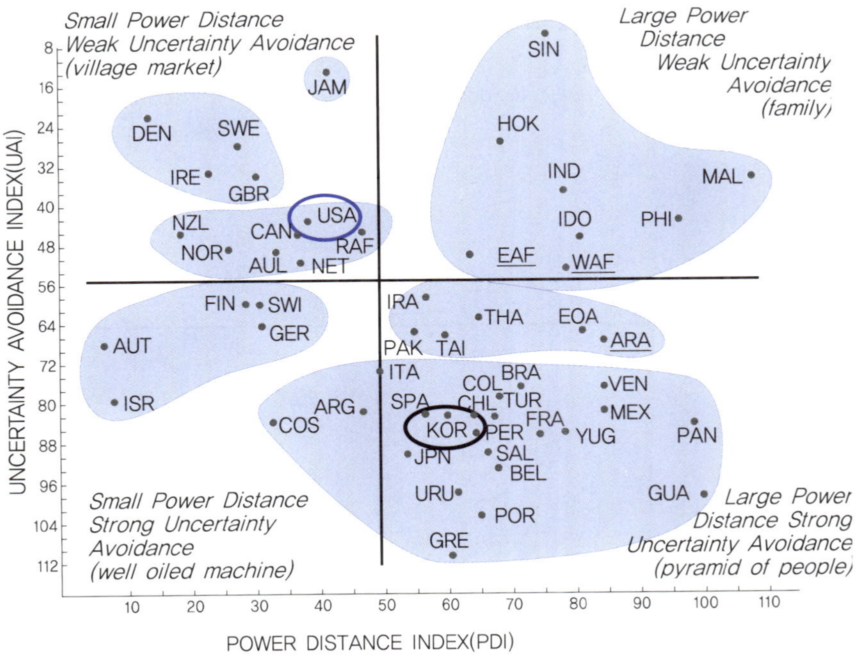

불확실성의 회피성향은 공식적이고 객관화된 틀을 의미하는데, 예를 들면 경력관리·법규정 등을 선호하는지 또는 위험을 감수하는 성향이 있는지 등을 나타내는 지표이다. 불확실성의 회피성향이 큰 국가는 위험을 회피하는 성향이 큰 나라들로서 일본, 그리스, 포르투갈, 터키, 한국 등을 들 수 있고, 불확실성에 대한 회피성향이 작은 국가로는 덴마크, 스웨덴, 영국, 아일랜드 등을 들 수 있다. 불확실성의 회피성향이 높은 문화에서는 미래의 사건에 대한 걱정을 줄이고 방어하기 위한 장기계획을 수립하는 경향이 있다.

남성과 여성의 역할구분이 큰 사회는 남성다운 문화로 구분되며 성취, 성과, 성공, 돈과 경쟁 등이 선호된다. 반면 그 역할구분이 작은 사회를 여성중심 문화로 구분하는데 여성다운 사회는 삶의 질, 우정, 애정, 서비스 등에 더 많은 가치가 부여된다. 일본, 미국, 이탈리아 등은 남성다운 국가로, 덴마크, 스웨덴, 네덜란드 등은 여성다운 국가로 구분하고 있다.

그림 4-6 ▌ 남성다움과 불확실성 회피: 50개 국가 & 3개 지역(region)

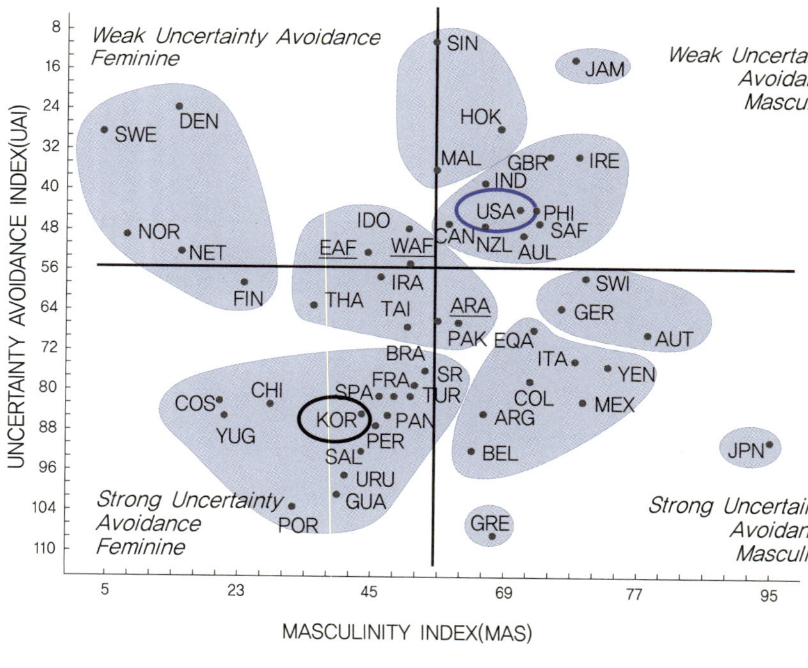

홉스테드의 문화분류에 최근 들어 장기지향성(long term orientation)이 추가되었다. 장기지향성은 한 사회 사람들이 미래지향적이고 장기적 관점을 가지는 정도로, 장기지향성이 높은 국가의 경우 장기적 성취를 위해 더딘 결과를 기꺼이 인정하는 문화로서 인내심과 근검절약이 강조된다. 이러한 국가로는 중국, 한국, 일본, 홍콩 등이 있다. 장기지향성이 낮은 국가는 빠른 결과를 기대하며, 한 사회가 성취나 사회적 위치 등을 위한 사회적 요구를 쉽게 수용하는 사회로 과거와 현재를 반영한 가치를 중시하는 성향이 높으며 유럽 국가들이 대표적인 예가 될 수 있다.

그림 4-7 ▌ 국가의 부에 따른 개인주의 정도: 50개 국가 & 3개 지역(region)

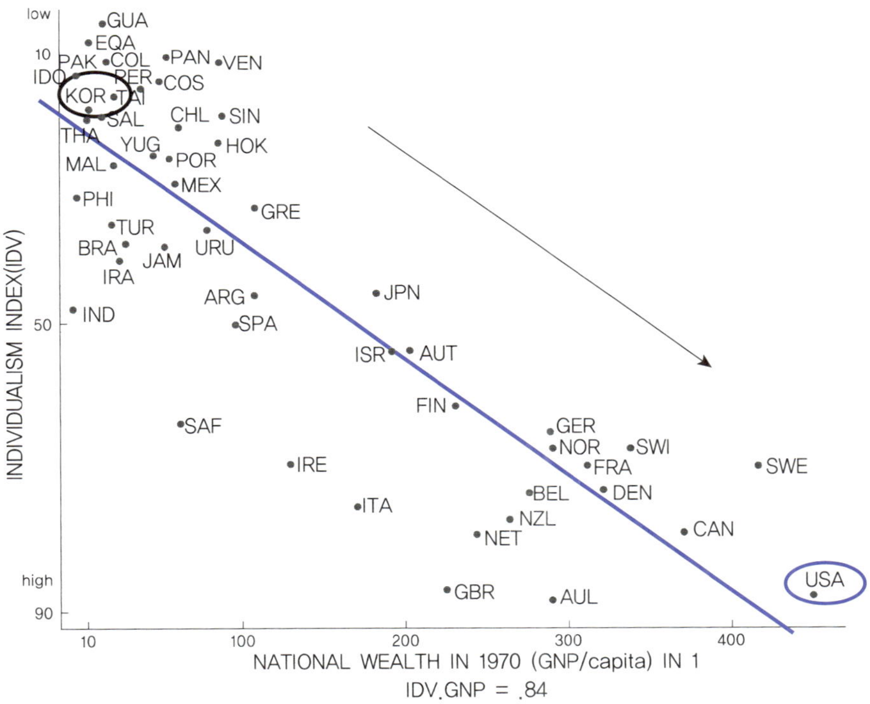

4.3 사회문화와 소비자 행동

1. 시장동질화

사회문화의 이질성이 존재하는 동시에 동질성도 존재하고 있다. 점차 세계시장이 글로벌화되어 가면서 사회문화의 동질화 현상이 두드러지고 있는 추세이다. 이러한 동질화를 촉진하는 요인은 다음의 세 가지로 볼 수 있다.

첫째, 교통과 통신의 발달이다. 국가 간 교통수단의 발달, 요금의 인하, 관련 규정의 완화는 국가 간 인적 이동을 활발하게 만들었다. 또한 인터넷의 보급은 국가 간 정보교류의 장벽을 허물고 정보이동을 쉽게 만들었다. 언제, 어디서나, 누구나 원하기만 하면 모든 정보를 습득할 수 있게 되었고, 이메일과 SNS를 통해 저렴한 비용으로 전 세계 누구와도 교류할 수 있게 되었다. 정보의 습득여건이 양호해지고 교류가 활발해지면서 점차 사회문화에 대한 동일한 수요와 욕구가 발생하고 그에 따라 동질화가 더욱 확산되고 있다. 또한 위성통신과 인터넷의 통합은 새로운 의사소통 채널의 역할을 하게 되었다.

둘째, 모든 나라가 산업화를 추진함에 따라서 전 세계적으로 후기 산업사회의 도시화 현상이 보편화되고 있다. 생활양식이 점차 핵가족, 개인주의화되고 있으며, 1인 가정도 급격하게 증가하고 있다. 이러한 도시화 현상을 통해 사람들의 가치관이나 생활양식, 소비패턴이 유사해지는 경향이 있다. 미국 뉴욕의 직장인이 도요타를 타고 스타벅스 아메리카노를 마시며 스마트폰으로 업무를 보는 모습은 영국, 중국, 한국 등 어느 국가에서건 볼 수 있다.

셋째, 국가 간의 경제교류를 막는 정부의 규제가 점차 약화되는 경향이다. GATT에서 WTO로 이전되고, 사회주의 국가들도 국가 발전과 기술도입을 목적으로 개방정책을 표방하기 시작하고 있다. 개발도상국들도 부족한 기술과 자본을 메우기 위해서 외국기업의 진출에 대한 규제를 완화하고 있다.

이러한 사회문화의 동질화 현상은 글로벌 마케팅에 있어서는 아주 중요한 전략의 변화를 불러올 수 있다. 일부 현지적응된 표준화전략에 의한 글로벌 마케팅으로 규모의 경제효과와 경영의 효율성을 모색할 수 있다. 글로벌 제품의 개발은 이러한 문화의 동질화 현상을 바탕으로 이루어지는 것으로 우리나라 기업들도 제품개발, 광고, 유통 등에서 글로벌 마케팅전략의 수립과 실천이 절실히 필요하다고 하겠다. 하지만 아무리 세계시장이 동질화되어 간다고 하더라도 기본적으로 개별시장에 존재하는 이문화는 기업에게 커다란 영향력을 행사하고 있다. 때문에 기업들이 이문화에 대한 이해가 부족하다면 세계시장의 동질화 경향에도 불구하고 실패할 확률이 매우 클 것이다.

2. 자기판단기준

기업들이 이러한 이문화에 대한 이해를 잘못하게 되는 가장 큰 원인은 분석자 나름대로의 자기판단기준(SRC)에 의하여 평가하기 때문이다.

SRC(Self Reference Criterion)는 자기판단기준 또는 자아준거기준이라고 해석되며, 특정 상황에 직면할 때 자신의 문화적 가치관을 무의식적으로 판단기준으로 이용하는 사고체계를 지칭한다.[5] 글로벌 마케팅 담당자는 이러한 자기판단기준을 극복할 수 있어야 한다. 이를 극복하기 위한 방법으로 다음과 같은 4단계를 제시할 수 있다.

- 제1단계: 본국의 문화, 특성, 습관, 규범에 대한 문제와 목표를 정의한다.
- 제2단계: 외국의 문화, 특성, 습관, 규범에 대한 문제와 목표를 정의한다.
- 제3단계: 문제에서 SRC의 영향을 배제시키고 문제가 어떻게 구성되어 있는가를 신중하게 검토한다.
- 제4단계: SRC의 영향이 배제된 문제를 재정의하고 외국시장 문제상황에서 해결하도록 한다.

이러한 과정을 통해 외국문화에 대한 자국문화의 우월이나 열등(좋음이나 나쁨)의 판단이 아니라 각기 문화의 이질성을 인정하고, 그 이질성의 원인을 검토하면서 유사성을 찾아 나가야 한다는 점을 강조한다.[6] 실제 기업경영과 관련하여 이러한 이문화를 가장 많이 접하는 상황은 국제협상일 것이다. 하지만 최근 들어 기업의 해외직접

5) Warren J. Keegan, *Global Marketing*, Prentice-Hall, 1993.
6) David A. Thomas, "International Use of the Myers-Briggs Type Indicator," *Harvard Business Review*, May 1998.

투자가 활발해지면서 이문화에 대한 관심이 증가하고 있다.

3. 원산지효과

원산지효과(country of origin effect)는 소비자가 제품을 평가하는 데 있어서 기업의 모국이나 제조국의 이미지가 제품과 서비스의 품질을 평가하는 데 영향을 주는 것이다.

원산지효과에 영향을 주는 이미지는 국가가 고유하게 갖고 있는 문화, 환경, 풍습, 사회적 시스템, 주력 사업 등에 의해서 형성된다. 소비자들은 일반적으로 프랑스에 대해 낭만적이고, 예술적이며, 질 좋은 와인이 생산되며, 프랑스 요리와 패션은 세계적이라는 인식을 갖고 있다. 소비자들의 이러한 인식은 'made in FRANCE'의 와인, 화장품, 의류, 가방 등의 제품들이 이러한 인식을 갖고 있지 않은 국가(예: 베트남, 인도, 방글라데시, 중국)보다 품질이 높을 것이라고 평가하게 한다. 특히 소비자가 친숙하지 않은 제품이나 서비스를 평가하거나 제품정보 평가동기가 약할 때 원산지효과가 소비자의 의사결정에 미치는 영향력은 크다.

원산지효과와 유사한 개념으로 국가자산(country equity)이라는 개념이 있다. 심프와 사에드(Shimp & Saeed, 1993)는 국가자산은 소비자가 어떤 브랜드를 국가와 연결시켜 생각하는 감정적 가치라고 정의하였다. 르클레르 등(Leclerc et al., 1994)의 연구에 의하면 외국어로 된 브랜드 이름의 발음 및 철자는 상품의 인식, 태도에 영향을 주는 것으로 나타났는데, 프랑스어로 된 브랜드명은 다른 언어로 된 브랜드명의 제품보다 '쾌락적'으로 인식했으며, 제품의 맛 테스트에도 긍정적인 영향을 주었다.

자국중심 성향은 소비자가 외국기업의 제품이나 서비스를 구매하는 것이 적절하지 않거나 비도덕적이라고 여기는 성향을 나타낸다. 이는 외국기업의 제품이나 서비스 구매가 국내기업의 매출을 낮추고 더 나아가 고용과 국가의 세금수입을 낮춰 국내경제에 악영향을 끼친다고 생각하기 때문이다. 국내에서 종종 볼 수 있는 국산품이용 캠페인이나 신토불이운동도 자국중심 성향의 한 예라고 볼 수 있다. 이러한 자국중심 성향이 강할 경우 소비자 구매행동에 영향을 주어 외국기업의 제품 선호도와 매출액이 감소하게 된다.

적개심(animosity)은 특정국의 소비자들이 과거 또는 현재의 정치 및 경제적 갈등으로 인하여 특정국에 대하여 갖고 있는 분노를 나타낸다. 예를 들어 일본과 중국의 영토분쟁으로 중국 내 일본제품에 대한 불매운동이 일어난 현상이나 유태인들이 독일제품의 사용을 기피한 것을 들 수 있다. 클라인 등(Klein et al., 1998)은 적개심이 특정 국가에 대한 것이라면, 자국중심 성향은 자기국가를 중심으로 보고 이국적인 것, 낯선 것을 배척하는 것이라고 설명하였다.

4.4 협상과 이문화적응

글로벌 마케팅의 성공은 협상에서 이루어진다고 해도 과언이 아니다. 고객과의 거래협상에서부터 계약, 전략적 제휴에 대한 협상, 그리고 기업 인수합병에 관한 협상까지 다양한 범위의 협상에서 성공한다는 것은 글로벌 마케팅 담당자로서의 성공을 넘어 글로벌 경영의 성공인 셈이다. 글로벌 협상은 이문화에 있는 조직이나 사람과의 협상이므로 국내에서 이루어지는 협상과는 차이가 있다. 때문에 글로벌 협상에서 성공하기 위해서는 협상대상자의 배경과 대상 국가의 문화에 대한 이해와 전략적인 접근이 필요하다.

1. 비교문화적 협상(cross-cultural negotiations)

홉스테드에 의하면 문화의 이질성은 네 가지 차원에서 발생한다.[7] 홉스테드는 권력 간의 차이와 불확실성 회피 정도의 변수로 영국, 독일, 프랑스의 기업문화를 비교분석하였다. 영국의 조직은 동네 시장처럼 특징적인 위계가 없고, 유동적인 규칙에 기초한 협상에 의하여 문제를 해결하는 경향이 있다. 반면, 독일의 경우에는 정교한 기계와 같이 미리 정해진 규칙에 따라 문제를 처리하고 있으며, 프랑스의 경우

7) Gerald Hofstede, "The cultural relativity of organizational practices and theories," *Journal of International Business Studies,* Fall, 1983, pp.75-88.

에는 피라미드조직처럼 되어 있어 단체명령에 의하여 조직이 운영되는 경향이 있다. 결국 위와 같은 각국의 국가문화는 해당 국가 내의 기업이나 조직의 협상에 영향을 준다.

그림 4-8 ▌ 개별행동으로 나타나는 문화적 차이

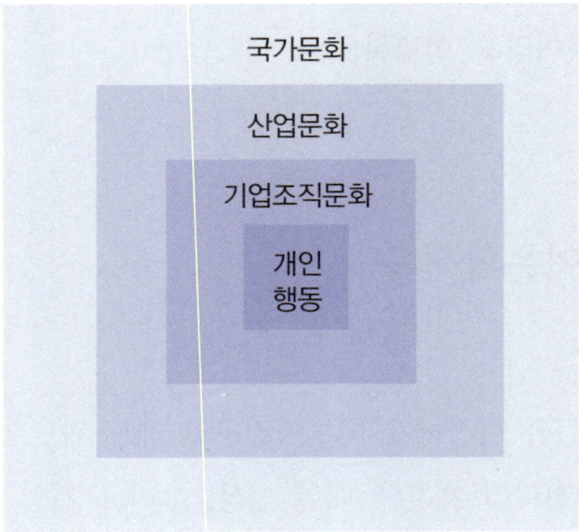

협상대상자의 행동은 기업조직문화에 영향을 받고, 기업조직문화는 산업문화에, 산업문화는 국가문화에 영향을 받는다. 개별행동으로 나타나는 문화적 차이(cultural difference)는 의사소통의 차이, 해석의 차이, 시간개념의 차이, 공간의 차이, 사회풍속과 규범의 차이 등으로 나타나게 된다.[8] 이러한 협상당사자의 문화적 차이는 거래비용(transaction cost)이 되기도 한다. 때문에 글로벌기업들이 기업의 효율성 제고에 장애요인이 되는 문화적 차이를 제거하기 위해서는 우선 상대방 국가의 문화와 자기 국가의 문화차이를 이해하고 중화하려는 노력과 더불어 상대방의 산업문화, 기업문화 및 개인행동에 대한 조사와 협상기술 배양을 위한 교육을 적극적으로 수행하여야 한다. 또한 자신의 강·약점을 파악하고 자신의 약점부터 시작하여 강점을 제시하는 협상기술을 연마할 필요가 있다. 즉, 지피지기(知彼知己)와 외유내강(外柔內剛)의 전략적 접근이 요구된다. 글로벌 협상 시 유의사항은 다음과 같다.

• 이문화에 대한 이해는 필수적이다. 상대방 문화에 대한 자료를 수집하고 이해하

8) T. K. Madsen, "A contingency approach to export performance research," *Advances in International Marketing,* JAI Press, Vol.6, 1994, pp.25-42.

도록 한다.

- 문화적 차이를 극복하려는 의식적인 노력이 필요하다.
- 당사자끼리 의사소통의 장애와 문화적 장벽을 해소하도록 노력한다.
- 협상의 목표를 서로 확인하고 성취에 대한 기대감을 심어주도록 한다.
- 공동의 관심사를 강조하도록 한다.
- 협상할 사항을 항상 미리 준비하도록 한다.
- 상대방의 경영체계에 익숙하도록 하고, 상대방이 자사의 경영에 대하여 이해할 때까지 부드럽게 대한다.
- 문제를 객관적으로 평가하고 적을 만들지 않는다.
- 조직적이고 간단한 양식을 취해야 한다.
- 대립되는 관심사를 다루는 것이 가능하게 한다.
- 문제점을 발견하고 나쁜 감정을 제거한다.
- 자신의 강점과 약점을 미리 파악하도록 한다.

2. 이문화적응

이문화에 대한 적응은 현지국가에 파견되는 사람이 겪게 되는 문화적 충격(culture shock)을 줄이기 위한 것이다. 문화적 충격을 겪게 되는 정도는 사람마다 다르겠지만, 글로벌기업은 반드시 자사의 파견인력이 현지에서 받게 되는 문화적 충격을 최소화하기 위한 시스템을 갖춰야 한다.[9]

현지국 파견사원의 문화적 충격을 최소화하기 위해서는 선발, 교육훈련, 지원 등의 각별한 노력이 요구된다. 선발에 있어 언어능력, 대인관계능력, 감정적 안정성, 교육 정도, 이문화에 대한 경험, 스트레스 관리능력 등을 반드시 고려하여야 한다. 가이(Guy, 1996)의 연구에 의하면 편집적이거나, 개성이 강하거나, 고집이 센 사람의 경우에는 문화적 충격에 노출되기 쉽다고 한다. 파견대상자 가족과의 심층면접을 통해 가정이 안정되어 있는 사람을 선발하는 것도 좋은 방법이다. 그리고 선발 후에

9) B. S. Guy and P. W. E. Patton, "Managing the effects of culture shock and sojourner adjustment on the expatriate industrial sales forces," *Industrial Marketing Management*, Vol. 25, 1996, pp.385-393.

는 국가분석, 문화적응훈련, 역할훈련, 사례연구, 스트레스 관리, 언어 등에 대한 집중적인 교육훈련이 필요하다. 또한 현지에서 안정된 생활을 할 수 있는 재정적 지원과 본사와의 지속적인 연락, 파견 후의 직장보장 등의 지원책을 마련해 두는 것이 바람직하다.

학습과제

1. 문화에 대한 여러 정의를 조사하고, 그 특징을 비교해 보시오.
2. 글로벌 마케팅의 사회문화환경을 구성하는 요소에 대한 사례를 제시해 보시오.
3. 글로벌 마케팅 담당자의 이문화관리방법에 대해 구체적 사례를 조사해 보시오.

Harvard Business School 추천사례

Cross-culture:

1 Managing Conflict in a Diverse Workplace
글로벌경영 현장에서 나타나는 갈등은 인종, 성별, 문화, 국적, 종교, 권력, 교육훈련, 경영스타일, 언어 등의 차이에서 비롯된다. 이러한 제반 문화적 차이에 대한 사례를 다루고 있다.

2 Exporting American Culture
전통적인 회교국가에 미국의 위성 TV프로그램을 판매하면서 현지에서 발생한 여러 반미 문화현상에 대한 사례이다.

International negotiation:

3 Dr. Sergio Ceccuzzi and SMI: Negotiating Cross-Border Acquisitions in Europe
이탈리아의 중소 동제품 가공업체인 Societa Metallurgica Italiana SpA(SMI)는 수년 동안의 성공적인 경영성과에 힘입어 몇 개의 기업을 인수하였다. 최근 프랑스의 Pechiney사로부터 Trefimetaux를 인수하라는 제의를 받고 협상을 하던 중 경쟁자인 Kabelmetal AG의 도전을 받게 된다.

4 Global Climate Change (A & B): Country Notes for International Negotiation
방글라데시, 브라질, 중국, 독일, 인도, 일본, 러시아의 문화환경자료를 통하여 글로벌협상 시뮬레이션을 할 수 있도록 한 사례이다.

Corporate culture:

5 Sealed Air Corp.: Globalization and Corporate Culture (A & B)
Sealed Air Corp.의 경영진은 글로벌 마케팅을 위하여 체계적인 기업문화를 창달하고자 한다. 향후 기업의 글로벌시장으로의 성장과 발전에 있어 기업문화를 가장 중요한 요인으로 인식하고 있으나, 미국, 유럽 및 아시아의 문화적 차이를 어떻게 극복해 나갈까 하는 것이 관건이다.

6 **GE: We Bring Good Things to Life (A)**
Jack Welch 회장을 비롯한 GE의 경영진들은 6시그마 품질경영운동을 어떻게 발전시켜 나갈 것인가에 대하여 논의하고 있다.

Additional Readings:

7 Philip M. Rosenzweig, "National Culture and Management," *Note of Harvard Business School*, 3/24/94, Product Number: 394177

8 Lucian W. Pye, "China Trade: Making the Deal," *Harvard Business Review*, 7/1/86, Product Number: 86410

9 Rosabeth Moss Kanter, "Transcending Business Boundaries: 12,000 World Managers View Change," *Harvard Business Review*, 5/1/91, Product Number: 91308

10 "Prepare for That Overseas Business," Trip! *Harvard Management Update*, 4/1/99, Product Number: U9904C

11 J. Stewart Black and Hal B. Gregersen, "The Right Way to Manage Expats," *Harvard Business Review*, 3/1/99, Product Number: 99201

12 Howard V. Perlmutter and David A. Heenan, "Cooperate to Compete Globally," *Harvard Business Review*, 3/1/86, Product Number: 86209

5 Chapter 글로벌 경쟁 환경분석

학습목표

- 국가경쟁력을 설명하는 다이아몬드 모형에 대해 살펴본다.
- 기업의 경쟁력과 국가경쟁력의 관련성을 설명할 수 있다.
- 산업수준의 글로벌 경쟁력이 어떻게 결정되는지 상세히 파악한다.
- 기업의 이윤창출을 위해 가치사슬활동을 어떻게 구성하고 활용할 수 있는지 이해한다.

도입사례 ◦——◉ 재도약이 절실한 대한민국의 국가경쟁력

세계경제포럼(WEF)이 평가한 우리나라 국가경쟁력이 2년 연속 떨어져 26위에 그쳤다. 2004년(29위) 이후 10년 만에 최저 순위다.

WEF가 3일 발표한 '2014년도 국가경쟁력 평가'에 따르면 지난해 148개국 중 25위를 기록했던 우리나라 국가경쟁력은 올해 144개국 중 26위로 한 계단 떨어졌다.

우리나라 국가경쟁력 순위는 지난 2007년 11위까지 올랐으나 2008년 13위, 2009년 19위, 2010년 22위, 2011년 24위로 떨어졌다. 이후 2012년 19위로 5년 만에 반등하기도 했으나 지난해 6계단이 떨어졌고 올해 또 한 계단 내려갔다. WEF의 경쟁력 순위는 국제경영개발원(IMD) 순위와 함께 세계 양대 국가경쟁력 평가지표로 꼽힌다. 올해 IMD가 발표한 우리나라의 국가경쟁력 순위는 60개국 중 26위였다.

3대 분야, 12개 부문의 순위변화

연도	전체 순위	기본요인 (20 → 20위)				효율성 증진 (23 → 25위)						기업혁신 및 성숙도 (20 → 22위)	
		제도적 요인	인프라	거시 경제	보건 및 초등 교육	고등 교육 및 훈련	상품 시장 효율성	노동 시장 효율성	금융 시장 성숙도	기술 수용 적극성	시장 규모	기업 활동 성숙도	기업 혁신
2012	19	62	9	10	11	17	29	73	71	18	11	22	16
2013	25	74	11	9	18	19	33	78	81	22	12	24	17
2014	26	82	14	7	27	23	33	86	80	25	11	27	17

지난해에 이어 2년 연속 국가경쟁력 순위가 하락한 것은 12개 평가부문 중 거시경제(9→7위)와 금융시장성숙도(81→80위), 시장규모(12→11위) 등 3개 분야만 순위가 상승하고 나머지 7개 부문에서 순위가 하락했기 때문이다. 특히 원래 순위가 낮았던 제도적 요인(74→82위)과 노동시장효율성(78→86위)이 10계단 가까이 떨어진 영향이 컸다.

한국의 WEF 및 IMD 국가경쟁력 추이

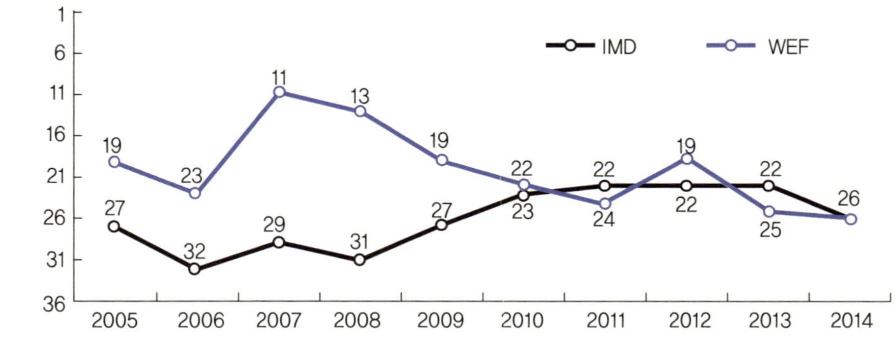

기획재정부는 "통계지표에서는 전반적으로 순위가 올랐지만 비중이 높은 설문지표에서 평균적으로 성적이 나빠 순위가 떨어졌다"며 "특히 설문조사 기간인 지난 2~4월에는 개인정보 유출사건과 북한 미사일 발사, 세월호 사고 등으로 기업인 심리에 부정적인 영향을 끼쳤을 가능성이 있다"고 분석했다. 기재부에 따르면 평가의 30%를 차지하는 통계지표의 경우 평균 2.9단계가 올랐지만 70%를 차지하는 설문지표는 2.3단계가 하락했다.

세부 평가별로 살펴보면 8계단이 하락한 제도적 요인의 경우 조직범죄(73→93위), 기업 경영윤리(79→95위), 테러위험의 기업비용(106→115위) 등의 순위가 큰 폭으로 밀렸다. 노동시장효율성의 경우 보수 및 생산성(21→36위) 순위가 크게 떨어졌고, 지속적으로 취약한 부문인 여성의 경제활동참가율(97→91위), 고용 및 해고관행(106→108위), 해고비용(120→120위), 노사협력(132→132위) 분야에서도 큰 성과가 없어 하락했다. 보건・초등교육(18→27위)의 경우 초등교육의 질(23→44위) 분야에서 크게 하락하며 순위가 떨어졌다.

이 외에도 인프라 부문(11→14위)은 전력공급의 질(39→44위), 이동전화 이용자수(70→72위)가 하락하며 순위가 내려갔고, 고등교육 및 훈련부문(19→23위), 기업의 직업훈련 정도(51→53위), 경영대학(원)의 질(56→73위), 교육시스템의 질(64→73위) 등이 하락하며 떨어졌다. 또 기술수용적극성 부문(22→25위)은 인터넷 대역폭(60→70위)에서 순위가 크게 하락했고 기업활동성숙도 부문(24→27위)은 직원에 대한 권한위임이 10단계 밀리면서 순위가 떨어졌다.

반면 거시경제환경 부문(9→7위), 인플레이션(1→1위), 재정수지(18→14위), 국가 저축률(21→19위) 등에서 강점을 보이면서 순위가 올랐다. 금융시장성숙도(81→80위), 벤처자본의 이용가능성(115→107위), 대출의 용이성(118→120위), 은행 건전성(113→122위) 등은 여전히 낮은 순위권에 머물렀지만 주식시장을 통한 자본조달(75→65위)은 상대적으로 선방해 순위가 10계단 올랐다.

기재부는 "앞으로 경제혁신 3개년 계획과 규제개혁, 비정상의 정상화 등을 강도 높게 추진해 국가경쟁력을 높이고 국민이 체감하는 성과를 창출하도록 노력하겠다"며 "국가경쟁력정책협의회 등을 통해 이번 평가에서 나타난 취약부분을 개선할 것"이라고 말했다.

국가별로는 스위스와 싱가포르가 지난해에 이어 1, 2위를 지켰다. 미국은 2계단 뛰어 3위에 올랐고 핀란드와 독일이 각각 1단계씩 내려가 4, 5위를 차지했다. 일본은 3계단 상승하며 6위에 올랐고, 홍콩(7위)과 대만(14위), 말레이시아(20위)도 우리나라보다 높았다. 중국은 지난해보다 1계단 오른 28위를 기록했다.

자료: 조선일보, 2014년 9월 3일

글로벌시장에서 기업의 경쟁력은 3C분석(자사, 고객, 경쟁사) 및 경쟁환경에 대한 분석을 토대로 대응전략을 수립하는 데 달려 있다. 즉 기업은 경쟁력의 원천으로서 탁월한 역량을 개발하고 활용해야 하며, 글로벌 차원의 경쟁(competition)과 협력(cooperation)을 조화시킴으로써 경쟁우위 창출과 유지에 힘써야 한다. 본 장에서는 하버드 경영대학원의 마이클 포터(M. E. Poter)의 분석틀에 따라 국가 및 산업 경쟁력분석을 다루고 기업의 가치사슬(vlaue chain) 개념에 대해 설명하고자 한다.

5.1 국가경쟁력분석

포터는『국가의 경쟁우위(The Competitive Advantage of Nations)』라는 저서에서 소위 '다이아몬드 모형(diamond model)'으로 불리는 국가경쟁력분석을 시도하였다. 포터는 경쟁력 있는 산업이 있고, 이러한 산업이 다수 존재해야 하며, 무엇보다 경쟁력의 원천이 자국의 고유한 요소로 존재할 때 국가경쟁력이 있는 것으로 보았다. 즉 글로벌 시대에 필요한 경쟁우위의 원천은 국가가 아니라 기업이라는 점을 강조하면서, 단지 정부는 기업의 경쟁력 확보를 위한 보조역할을 수행한다고 지적하고 있다.[1)]

국가는 차세대 첨단기술, 기술의 표준화, 혁신의 방향성과 동력을 제시하는 동시에 경쟁력을 비축하고 확산시키는 저장소(reservoir) 기능을 수행한다. 궁극적으로 국가경쟁력은 국가의 상황요인과 기업의 전략이 상호작용한 결과로 창출되며, 정부는 기업의 전략적 선택을 가능하게 만드는 우호적 환경을 조성한다. 다이아몬드 모형에서 포터는 요소조건(factor condition), 수요조건(demand condition), 관련 및 지원 산업(related and supporting industries), 그리고 기업전략 구조 및 경쟁(firm strategy, structure and rivalry)의 네 가지 내생변수들을 경쟁력의 원천으로 보았다. 한 국가가 보유한 네 가지 내생변수에 따라 국가경쟁력이 결정되며, 국가경쟁력의 창출과 유지가 외국과의 경쟁에서 우위에 설 수 있는 토대가 되는 것으로 설명한다.[2)]

---

1) Michael E. Poter, *The Competitive Advantage of Nations,* Free Press, 1990.
2) Philip Kotler, et al., *The Marketing of Nations,* Free Press, 1997에서는 정치경제학적 관점에서 국가경쟁력의 강·약점 분석틀을 제시하고 있다.

달리 말해 다이아몬드 모형에 따르면 한 국가의 경쟁력은 고정되어 있는 것이 아니라 시간이 지남에 따라 동태적 변화가 가능하다는 점을 암시한다. 다만 포터는 정부의 역할과 외부적으로 주어지는 우호적 환경은 경쟁력을 결정하는 데 영향을 미치지만 부차적 요인으로 취급하고 있다. 가령 '1980년대 한국경제의 반짝 호황은 3저(환율하락, 금리인하, 원자재가격 하락) 도래에서 찾을 수 있으며 정부는 정책 수립과 실행을 통해 우호적 환경을 조성하는 데 제한적 역할을 수행'하는 것으로 보았다.

지금부터 국가경쟁력 창출에 핵심이 되는 네 가지 내생변수에 대해 상세히 살펴보기로 하자.

그림 5-1 ▌ 다이아몬드 모형의 구성요소

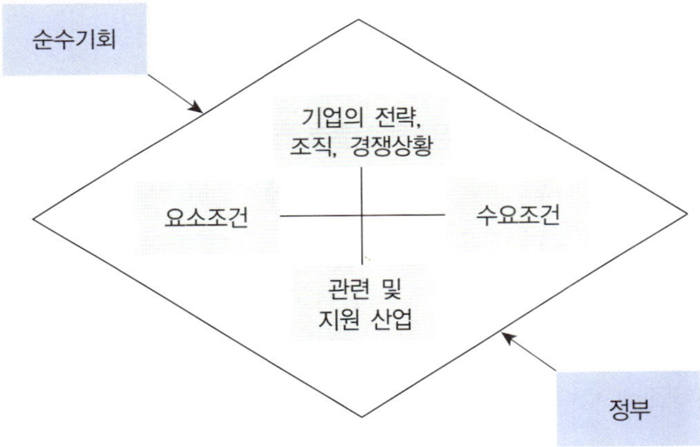

1. 요소조건(factor conditions)

개별국가가 보유하고 있는 부존요소는 차이가 있다. 요소조건은 정태적 요소(basic factor)와 동태적 요소(advanced factor)로 구분할 수 있다. 정태적 요소는 철광석, 석유, 천연가스, 구리, 아연, 보크사이트 등 비철금속의 천연자원과 천혜의 자연환경이 해당한다. 가령 원유 매장량이 풍부한 중동은 정태적 요소로 인해 경쟁력 강화에 도움을 받을 수 있다. 그러나 천연자원의 매장량은 어떻게 해서든 변경할 수 없기 때문에 그 특성에 맞는 국가전략이 요구된다. 예를 들어 한국이 석유 및 천연가스 등 에너지자원에 투자하여 해외로 수출하는 것은 바람직하지 못한 전략이 될 수 있다.

그러나 글로벌시장에서 중요한 것은 부존요소보다 동태적 요소를 얼마나 보유하고 있는가이다. 달리 말해 인위적으로 창출가능한 자본, 기술, 인적자원의 보유 정도가 국가경쟁력 강화에 훨씬 더 중요하다. 더욱이 동태적 요소는 국가 간 이동이 자유롭기 때문에 자본, 기술 및 인적자원에 특화함으로써 글로벌 경쟁력을 강화하는 것이 얼마든지 가능하다. 상시적 기술혁신과 체계적 교육제도의 덕분으로 자본 축적과 인적자원을 강화한 결과 고속 성장한 국가로는 '아시아의 4마리 용' 한국, 대만, 홍콩 및 싱가포르가 대표적이다.

2. 수요조건(demand conditions)

국내 수요의 양적 크기와 질적 특성도 국가경쟁력의 방향을 설정하는 중요한 지표가 된다. 경쟁력의 원천이 되는 규모의 경제와 운송비용은 국내의 수요크기에 영향을 받는다. 수요가 크면 클수록 규모의 경제를 달성하기 용이하며, 단위당 운송비용도 낮아지게 된다. 또한 시장의 수요가 포화상태에 도달할수록 글로벌시장으로 진출할 여지가 높아지게 된다. 수요의 포화 속도가 빠를수록 글로벌시장으로 확대되어 갈 가능성이 높다. 가령 일본의 모터사이클업체들(Honda, Suzuki, Yamaha)은 자국의 내수시장이 포화상태에 도달하자 해외시장을 적극 공략한 성공사례이다. 국내 구매자들의 구매패턴과 가격탄력성 역시 경쟁력 창출에 긍정적 영향을 미친다. 가격탄력성이 둔할수록 기술 및 디자인처럼 차별화된 제품을 생산할 수 있으며 고마진 창출에도 도움이 된다. 더욱이 독특한 소비성향과 소비자 니즈는 경쟁력 강화에 도움이 되기도 한다. 가령 이탈리아의 구두, 프랑스의 향수, 독일의 기계류 산업이 발전한 이면에는 자국 소비자들의 까다로운 눈높이를 맞추기 위한 부단한 노력이 있다. 결국 수요조건과 경쟁력의 관련성을 감안할 때 내수시장의 규모뿐만 아니라 소비의 질적 특성을 함께 고려하는 것이 중요하다.

앞서 살펴본 요소조건과 수요조건은 시장의 자율적 기능에 의해 조성되는 것이지만, 국가의 전략적 정책에도 영향을 받게 된다. 필립 코틀러(P. Kotler)는 경쟁력을 결정하는 요소로서 수요조건에 영향을 미치는 정부의 리더십을 강조하고 있다.[3] 이런 점에서 정부부문의 부정부패나 관료적 행정편의주의는 행정의 비효율성을 초래할 뿐만 아니라 국가경쟁력 자체에 부정적 영향을 준다는 점도 인식해야 한다. 특히 내수 진작을 표면적 이유로 신용불량자를 양산시킬 수 있는 정책 수립에 신중해야 할 것이다. 잘못된 정책으로 말미암은 정부의 실패(government failure)도 국가경쟁력 저하를 초래하는 원인으로 지목될 수 있다. 결국 정부의 올바른 리더십이란 사회적 공감대 형성과 전 국민이 공유할 수 있는 정책 어젠다를 수립하는 것이다. 이와 더불어 정부는 요소조건과 수요조건에 저해되는 제반 법률을 정비하고 관련 및 지원 산업 육성을 통해 기업의 경쟁력을 강화할 수 있도록 산업조직을 재편하는 데 주안점을 두어야 한다.

그림 5-2 ▌정부의 바람직한 리더십

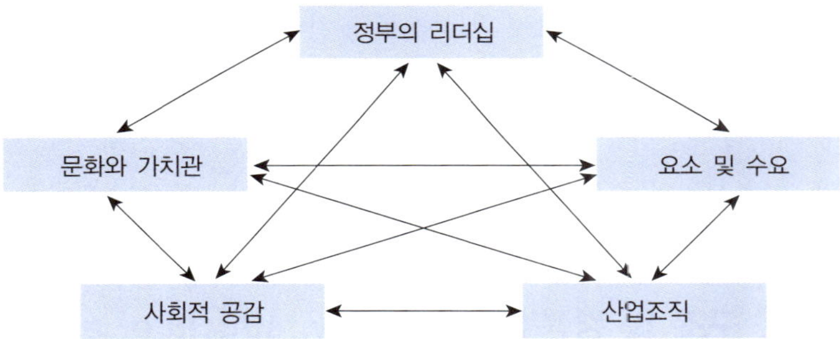

3. 관련 및 지원 산업(related and supporting industries)

한 국가의 경쟁력은 기업의 경쟁우위 창출과 유지에 도움이 되는 관련 및 지원 산업에 달려 있다. 관련 및 지원 산업으로서 부품공급, 유통채널 및 금융서비스의 안정적 제공은 해외진출기업의 국제경쟁력 강화에 실질적 도움이 된다. 달리 표현하면 산업 차원의 잘 갖춰진 인프라 기반은 외국인직접투자 유치에 유리한 입지우위(location advantage)를 제공하기도 한다.

가령 관련 및 지원 산업의 실제적 역할모델은 미국의 실리콘밸리에서 찾을 수 있다. 또한 인도의 스타트업 빌리지(Startup Village), 대만의 연구공원(Hsinchu), 그리고 한국의 대덕연구단지도 대표적 사례로 꼽을 수 있다. 결국 이들은 혁신을 주도하

3) P. Kotler, 앞의책, pp.111-139.

고 육성하는 네트워크환경을 조성함으로써 경쟁력 강화에 기여한다. 즉 기업, 부품업체, 연구시설, 투자자조합, 금융기관 및 정부산하기관이 한곳에 집적되어 시너지 창출을 주도한다.

한편 정부도 관련 및 지원 산업의 지리적 근접성(geographical proximity)을 깨닫고 산업 클러스터 조성에 적극적이다. 과거 미국의 세마테크(SEMATECH), 일본의 VLSI프로그램처럼 반도체산업의 이해관계자들을 통합시키는 산업정책으로 경쟁력을 강화하고자 노력하였다. 달리 말해 개인, 기업, 연구소 및 유관기관을 특정 지역에 집적시켜 인프라를 조성하는 것이다. 즉 지리적으로 가까우면 그만큼 의사소통, 아이디어 공유, 경쟁에 의한 협력, 문제해결능력 및 혁신을 전파하는 데 유리하다.

결과적으로 산업 및 국가 수준의 경쟁력이 해외로 진출하는 기업들의 국제경쟁력 강화에 긍정적 영향을 미친다. 이에 한국 정부도 지역별 특성을 고려하여 산업 클러스터(industrial cluster)를 조성하고 육성하는 데 매진해야 한다. 다만 전면에 나서 주도하기보다 제도적 · 정책적 지원을 아끼지 않는 정부의 역할을 기대한다. 다음 절에서 관련 및 지원 산업의 중요성을 설명하는 산업 클러스터 조성을 다루고자 한다.

4. 기업전략, 구조 및 경쟁(firm strategy, structure, and rivalry)

포터(M. E. Porter)의 연구에 따르면 선진국의 경쟁력 있는 산업을 분석한 결과 내수시장의 경쟁강도가 높을수록 산업의 경쟁력이 강화되는 것으로 나타났다. 지금 현재 미국의 제약(Pfizer), 일본의 자동차(Toyota), 독일의 화학산업(BASF)은 자국의 치열한 경쟁에서 생존한 초우량기업들이 존재하기 때문에 글로벌 경쟁에서도 큰 힘을 발휘하고 있다. 그럴 수밖에 없는 것이 경쟁사에 비해 뒤처지지 않기 위해서 탁월한 역량으로 기술혁신을 주도하고 전략의 차별화로 경쟁우위의 창출과 유지가 가능했기 때문이다.

지금부터라도 정부는 국가경쟁력의 원천으로서 제반 조건을 구성하는 핵심요소(금융, 사회간접자본, 에너지, 운송물류, 효율적 행정)를 파악하여 경쟁력 조성의 토대를 마련해야 한다. 이와 함께 기업은 나름대로 국가경쟁력을 결정하는 구성요소들을 면밀히 검토한 후 기회요인을 극대화하는 동시에 위협요인을 최소화하는 전략의 차별화를 달성해야 한다. 향후 기업수준의 경쟁우위를 결정하는 요인에 대해서는 절을 달리 하여 좀 더 상세히 고찰하기로 한다.

5.2 산업경쟁력분석

기업수준의 경쟁력이 모여 국가경쟁력이 창출되는 것으로 본다면 경쟁력의 기본단위는 국가가 아니라 기업이다. 다만 기업이 경쟁우위를 창출할 수 있도록 제반 여건을 조성하는 것에서 정부의 역할을 찾을 수 있다. 다이아몬드 모형은 기업의 전략, 조직구조 및 경쟁을 중심으로 산업의 수익성 혹은 산업의 경쟁력을 분석하는 모형이다.[4] 즉 기업의 경쟁력은 산업경쟁력에서 연유되기 때문에 기업수준 경쟁력을 논하기에 앞서 산업경쟁력을 설명하는 것이다.

[그림 5-3]에서 볼 수 있듯이 기본적으로 기존기업 간 경쟁, 잠재적 진입자의 위협, 대체품의 존재, 구매자·공급자의 상대적 교섭력이라는 다섯 가지 경쟁요인들의 상호작용 결과 산업의 경쟁강도는 결정된다. 결국 산업경쟁력은 기업수준의 경쟁력보다 상위 개념에 해당하는 분석단위이다. 달리 말해 산업경쟁력분석은 산업의 구조적 특성을 파악하는 접근법이다. 즉 산업의 경쟁강도를 분석함으로써 산업의 수익성을 추정할 수 있기 때문에 '산업구조분석' 모형으로도 불린다. 이처럼 산업의 경쟁력을 분석하는 목적은 현지시장의 경쟁상황에서 자사의 전략적 포지셔닝을 어떻게 구축할 것인가와 경쟁사 대비 자사의 강점과 약점을 파악하려는 것이다. 더욱이 자사에게 유리한 방향으로 산업구조를 변화시키거나 경쟁강도를 인위적으로 줄이는 전략적 대안의 마련이 가능하다는 시사점도 제공한다.

산업의 경쟁력분석은 경쟁을 조장하는 다섯 가지 요인들이 무엇이며, 이들 요인과 세부 요인들이 수익성에 미치는 관련성을 분석하는 것에서 출발한다. 세부적으로 산업 내의 기존기업 간 경쟁, 향후 시장진입이 예상되는 잠재적 진출자, 대체 제품·서비스의 위협, 구매자의 상대적 교섭력 그리고 공급업자의 상대적 교섭력을 평가한다.

4) Michael E. Porter, *Competitive Strategy*, Free Press, 1980.

그림 5-3 ▌ 산업경쟁력 결정요인

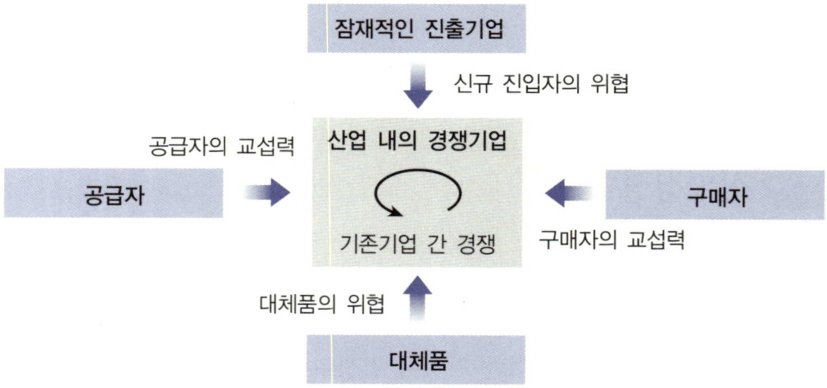

예컨대 영화산업의 경쟁력은 국내 영화시장의 경쟁상황, 외국 영화사의 진입, 대체제품(디지털 콘텐츠) 및 대체서비스(대중문화)의 위협, 청중들의 교섭력, 배급업자들의 교섭력 등으로 결정되며, 이는 개별기업의 수익성에 영향을 줄 수 있다. 또한 향후 산업구조분석에 영향을 미치는 단기요인뿐만 아니라 장기적 요인들의 변화도 주목해야만 한다. 가령 수요 측면에서 소비성향과 소비자 니즈, 공급 측면의 변화로서 산업의 생산성, 기술의 변화를 종합적으로 고려하는 동태적인 접근이 요구된다.

한편 레비트(T. Levitt)는 사업영역(business domain)을 너무 협소하게 정의할 경우 근시안적 사고에 빠지기 쉽다고 지적한다.[5] 그럼에도 불구하고 코틀러(P. Kotler)는 제품에 대해 유사한 반응을 보이는 집단처럼 협의로 시장을 정의하고 있다.[6] 미시적 마케팅프로그램을 적용한다면 코틀러의 사고가 유용할 수 있지만, 산업의 경쟁력처럼 장기적·거시적 분석에 있어서는 레비트나 포터의 접근이 더 유용하리라 판단된다. 각각의 요인들에 대하여 자세히 설명해 보자.

1. 산업 내의 경쟁: 기존기업 간 경쟁

산업 내의 경쟁강도는 기존기업 간 경쟁 정도, 산업의 집중도, 시장의 성장성, 비용

5) Theodore Levitt, "Marketing Myopia," *Harvard Business Review,* Sep–Oct., 1975.
6) Philip Kotler, "A generic concept of marketing," *Journal of Marketing*, 1972, pp.46–54.

구조, 퇴거장벽(exit barrier) 등에 의하여 결정된다. 산업 내에 비슷한 규모의 기업들이 많을수록 경쟁은 심해지는 한편, 선발주자(first-mover)가 비용우위 또는 차별화우위를 보유하고 있을 경우 경쟁은 심하지 않다. 참고로 SK텔레콤처럼 선발주자의 존재는 시장의 경쟁구도가 고착화될 가능성이 높기 때문에 초과수익을 향유하는 경우를 의미한다. 다만 선발주자가 존재하는 상황에서 후발주자(late-mover)는 자사의 핵심역량을 집중시키는 집중화전략(focused strategy)을 선택하게 된다.

포터(M. E. Porter)는 산업 내의 경쟁에서 기업이 선택할 수 있는 본원적 전략으로 비용우위(cost leadership), 차별화(differentiation), 그리고 집중화(focused)전략의 세 가지를 제시하고 있다. 우선 경쟁사에 비해 비용절감능력이 탁월한 기업이라면 비용우위 기반의 저가격전략을 실행할 수 있을 것이다. 예로 1,000~2,000원 가격대의 생활용품을 주로 판매하고 있는 다이소(Daiso)를 들 수 있다. 비록 싸고 저렴한 제품이더라도 판매량이 늘어날수록 '박리다매'에 의한 마진창출이 가능하다. 둘째, 차별화우위를 가진 기업은 경쟁사 대비 독특한 가치를 부여함으로써 고가격을 받는다. 예컨대 벤츠, BMW, 아우디는 자사의 세단 승용차에 차별적 가치와 프리미엄 이미지를 부여한 결과 고마진을 향유하고 있다. 셋째, 대기업에 비해 자본력, 기술력이 부족한 중소기업(벤처기업)은 틈새시장(niche market)을 공략하는 집중화전략이 유리할 것이다. 대표적으로 생활가전시장에서 침구류를 살균하는 청소기, 장마철 습기제거에 탁월한 제습기를 처음 출시하여 세분시장을 개척한 것도 중소기업이다. 결국 기존기업 간 경쟁에서 승리할 수 있는 보편적 경쟁방법으로 비용우위, 차별화 및 집중화전략을 고려할 수 있겠다.

1894년 P&G의 Ivory 비누는 희고(whiteness), 부드럽고(mildness), 순한(purity) 차별적 제품전략으로 경쟁제품인 Dial과 Dove가 출시되기 전 1960년대까지 시장을 석권하였다. 또한 Dial과 Dove가 출시되자마자 묶음상품, 최소포장, 광고비를 절감하는 비용우위전략으로 전환하여 세안비누시장에서 Ivory의 입지를 강화시킬 수 있었다.

제품시장의 성장성이 떨어질수록 경쟁이 치열해지는 경향이 존재한다. 고정비의 부담이 높은 자본집약적 장치산업일수록 설비가동률을 유지하고자 가격을 인하하려고 시도한다. 더욱이 경기변동의 사이클상 침체기에 접어들 경우 가격인하의 가능성은 훨씬 더 커진다. 심지어 이러한 상황의 독점 혹은 과점적 시장구조에서는 가격경쟁에 따른 손실을 미연에 방지하고자 담합을 조장하기도 한다. 다만 공정거래위원회로부터 담합이 적발되면 과징금을 추징받기 때문에 쉽게 담합을 시도하지 못한다. 또한 산업이 쇠퇴기로 접어들면서 매출과 이익이 자연스럽게 감소하거나, 다른 용도로 전용이 불가능할 정도로 퇴거장벽이 높을 경우에도 수익성이 떨어지는 특성을 보여준다.

그림 5-4 ▌ 산업 내의 경쟁전략: 본원적 경쟁전략(generic competitive strategy)

경쟁범위 \ 경쟁우위	저원가	차별화
광역 시장	비용우위	차별화
세분 시장	비용중심 **집중화**	차별화중심 **집중화**

기존기업들은 산업 내에서 유리한 고지를 선점하고자 가격인하, 광고비 집행, 신제품개발, 고객서비스 및 제품보증 등의 활동을 경쟁적으로 제공하기도 한다. 그러나 산업이 안정적일수록 가격인하나 광고에 의한 지속적 물량공세는 공멸을 초래할 수도 있기 때문에 시장침투보다 시장방어전략이 훨씬 더 바람직하다. 심지어 장기적인 가격인하는 보복전략(tit-for-tat)으로 인식될 수 있기 때문에 전체 산업의 수익성을 악화시키기도 한다. 일례로 가격인하에 대해 경쟁기업들은 신속한 가격인하로 대응하는 것이 일반적이다. 그러나 문제는 경쟁적 가격인하가 일어나면 산업의 수요 측면에서 가격탄력성이 낮지 않은 한 모든 기업들의 수익성은 떨어질 수밖에 없다는 점이다. 즉 가격경쟁은 다른 기업들의 반작용을 고려해야 하는 동시에 가격탄력성을 감안하여 가격경쟁을 시도하는 전략이 필요하다. 차라리 가격인하보다 비가격경쟁, 즉 제품

차별화, 신제품개발, 고객서비스 제공 등을 활용하여 시장의 반응 속도를 제고하는 것이 바람직하다. 결국 산업 내의 기업들은 경쟁과 협력을 동시에 추구함으로써 글로벌 경쟁우위를 창출하고 유지하는 제품, 조직 및 전략의 차별화를 도모하는 각고의 노력이 긴요할 것으로 판단된다.

2. 대체품의 위협

대체품(substitute products)이라 함은 그 기능에 대한 수요를 대신 충족시킬 수 있는 모든 제품을 의미한다. 예를 들어 버스와 지하철, 노트북과 태블릿, 또는 아파트 관리인과 출입통제시스템 등이 대체관계에 있게 된다. 대체품이 존재하는 시장에서 고객들은 가격, 품질 및 브랜드 충성도 등 대체가능성을 비교하면서 선택한다. 만약 새로운 대체품이 존재하면 가격을 마음대로 올려 받을 수 없기 때문에 산업의 매력도와 수익성이 낮아진다. 달리 말해 상대적으로 고수익을 창출하는 시장이거나 혹은 상대적으로 고가격이 형성된 시장일수록 대체품이 출현할 가능성이 그만큼 높다.

넓은 의미에서 대체품은 장기적으로 기술개발이 다반사로 일어나는 어느 산업에서나 존재한다고 볼 수 있다. 그렇기 때문에 대체품의 대체가능성을 감소시키고자 한다면 제품을 끊임없이 개선하거나 신제품을 지속적으로 출시해야 한다. 즉 제품・서비스의 개선, 고객이 요구하는 신제품을 출시하려는 노력처럼 지속적인 기술개발과 기술혁신 노력이 선행되어야 할 것이다.

3. 구매자의 교섭력

구매자들은 공급업자들에게 가격인하, 품질향상 및 서비스 개선을 요구하고 이러한 요구들이 받아들여진다면 상대적 교섭력의 우위를 점할 수 있다. 심지어 다수의 구매자들이 공동구매를 시도할 경우에도 공급업자를 대상으로 가격에 대한 교섭력을 더욱 강화할 수 있기 때문에 공급업자의 상대적 교섭력은 떨어지고 수익성은 낮아지게 된다.

구매자들의 상대적 교섭력이 강해지는 상황은 구매물량이 클 경우, 생산과 유통의 수직적 통합을 달성한 경우, 제품의 차별화수준이 낮을 경우, 동일제품을 제공하는 공급업자가 많은 경우, 공급업자들의 마진수준이 낮거나 제품 특성 중 가격이 제일 중요할 경우에 해당한다. 그렇다면 구매자들의 교섭력을 떨어뜨리기 위한 방안으로 신규 구매자와 기존 구매자의 수를 증가시키는 방법이 최우선이다. 즉 해외시장 진출을 통해 목표시장을 다변화(geographic diversification)한다면 구매자들의 상대적 교섭력은 약해지는 동시에 공급업자의 수익성은 향상되기도 한다. 혹은 유통 및 판매부문으로 수직적 통합(전방통합)을 단행할 수 있다면 구매자의 교섭력을 약화시킬 수 있다. 더욱 효과적인 방법은 광고, 마케팅능력을 십분 활용하여 브랜드 파워를 강화시켜 단골고객을 만들거나 혁신적 비용절감으로 비용우위를 달성하는 것이다.

4. 공급자의 교섭력

완제품 중 원재료와 부품가격은 기업의 수익성에 직접적인 영향을 미친다. 달리 말해 부품공급자들의 교섭력이 강해질수록 기업의 수익성은 더욱 낮아질 가능성이 높다. 결국 다음과 같은 상황에서 공급자들의 교섭력은 강해질 수밖에 없을 것이다.

- 공급에 비해 수요가 훨씬 크고, 공급업자의 수가 제한되어 있는 경우
- 공급하는 제품의 차별화수준이 강하고 전환비용(switching cost)이 높을 경우
- 타 가공품(부품 포함)과 가격 및 광고경쟁을 하지 않는 경우
- 공급업자들이 생산 및 유통부문으로 전방통합을 하거나 하고자 할 경우
- 구매업자들이 원료부문으로 후방통합할 위협이 없다고 판단되는 경우
- 구매업자들에게 매력적 시장이거나 산업이 아닌 경우
- 공급받는 제품이 구매업자의 생산이나 운영에 중요한 비중을 차지하는 경우

구매업자 측면에서는 가능한 한 구매처를 다양화함으로써 공급업자의 상대적 교섭력을 낮추도록 해야 한다. 가령 글로벌 소싱이나 전략적 제휴는 공급업자의 교섭력을 떨어뜨리는 효과적 방법 중의 하나이다. 또한 후방통합이나 자체 공급으로 구매처를 전환하거나, 혹은 공급의 방향을 내부화하거나, 원부자재를 표준화함으로써 공급업자들의 교섭력을 낮추기 위한 노력이 필요하다.

5. 잠재적 진입자의 위협

어떤 산업으로 새로운 기업들이 진출할 때 이들은 확고한 목표의식하에 차별화전략과 탁월한 역량으로 시장침투를 가속화한다. 이런 상황에 대응하고자 가격인하로 맞불을 놓거나 광고비 집행에 따른 압박으로 말미암아 기존기업들의 수익성도 떨어질 가능성이 높다. 차라리 기존기업들은 잠재적 진입자의 위협을 낮추기 위해서라도 진입장벽(entry barrier)을 세우는 것이 유리할 수 있다. 다시 말하면 진입장벽은 신규 진출자의 위협을 낮춰 기존기업들의 수익성을 유지할 수 있는 수단이라 하겠다. 잠재적 진입자의 위협에 대응하는 진입장벽은 다음과 같이 다양하다.

(1) 규모의 경제(economy of scale)

규모의 경제란 절대생산량이 증가함에 따라 단위당 생산비용이 감소하는 경향을 의미하며, 단위당 최저생산비에 도달한 저점에서의 총생산량을 규모의 경제가 최적에 도달한 것으로 본다. 사실 경험효과와 더불어 규모의 경제는 전통적 제조업뿐만 아니라 유통 및 서비스업종에서도 나타난다. 즉 구매, 연구개발, 생산, 마케팅, 영업, 서비스, 유통, 조직관리 등 대부분의 경영활동에서 목격할 수 있다. 진출 이후 신규 진입자가 규모의 경제에 도달할 만큼 생산량을 증대시키지 못한다면 기존기업들에 비해 공격적 가격인하를 단행할 수 없다는 측면에서 진입장벽이 된다. 이와 유사하게 선발주자의 우위(first-mover advantage)로 불리는 경험효과도 단기간에 축적할 수 없는 경영상의 무형자산(지식 · 경험 · 노하우)이기 때문에 잠재적 진출자에게 일종의 진입장벽으로 작용한다.

(2) 제품차별화(product differentiation)

제품차별화는 경쟁사에 비해 자사의 제품이 고객들에게 차별적인 인지도와 브랜드 충성도(brand loyalty)를 확보하고 있다는 것을 의미한다. 제품 인지도와 브랜드이미지는 지속적인 광고와 강력한 유통망, 고객에 대한 사후서비스 그리고 제품의 차별화 정도로부터 파생된다. 제품차별화는 잠재적 진출기업으로 하여금 충성도 높은 단골고객을 확보하는 데 상당한 투자와 시간과 노력을 요한다는 점에서 진입장벽의 역할을 충실히 수행한다. 더욱이 제품차별화는 고객이 까다로운 구매행동을 보일 경우 더욱 효과적인 진입장벽이 될 수 있다.

예컨대 일본의 혼다(Honda)는 인도의 소형 모터사이클시장으로 과감한 진입을 시도하였다. 그러나 기존 오토바이시장을 석권하고 있던 Bajaj의 강력한 유통망, 사후서비스, 제품차별화에 제대로 대응조차 못하고 불과 3년 만에 시장철수를 단행할 정도로 Bajaj의 제품차별화는 진입장벽으로 작용하였다.[7)]

(3) 소요자본(capital requirements)

신규 진출기업이 기존의 기업들과 경쟁하려면 생산설비, 신용판매, 재고품 그리고 사업 초반의 손실 보전에 상당한 자금이 소요된다. 가령 자본집약적 산업일수록 상당한 비용이 투자될 수밖에 없는 점을 고려한다면 이는 커다란 위험을 부담하는 것이다. 더욱이 대규모 광고나 연구개발활동에 집중적으로 투자할 경우 회수 불가능한 매몰비용이 될 수 있기 때문에 사업 초반 새로운 진출자들의 실패가능성을 높이기도 한다.

(4) 교체비용(switching costs)

교체비용이란 기존 공급자에서 다른 공급자로 바꿀 때 그 과정에서 부담하게 되는 비용을 말한다. 가령 설비교체와 새로운 설비도입, 품질검사에 따른 시간과 비용, 기술적 지원의 필요성, 제품의 디자인 변경 및 새로운 관계유지에 필요한 심리적 부담에 이르기까지 각종 비용을 망라한다. 실제로 구매자(개인 · 기업)가 부담하는 일종의 비용이기 때문에 새로운 진출기업은 획기적 제품출시나 매력적 가격인하를 제시하면서 고객전환을 하지 못할 경우 교체비용이 진입장벽으로 작용할 수 있다.

(5) 유통경로에의 접근(access to distribution channels)

잠재적 진출기업은 생산한 제품의 유통채널을 확보하여야 한다. 유통망에 대한 접

7) Niraj Dawar and Tony Frost, "Competing with Giants: Survival Strategies for Local Companies in Emerging Market," *Harvard Business Review*, March–April, 1999, #99203.

근성은 기존의 판매망을 이용하거나 새로운 유통채널을 구축하는 비용상의 문제이기 때문에 진입장벽으로 작용하게 된다. 기존기업들이 이미 강력한 판매망을 차지하고 있을수록 신규 진출자는 가격인하나 프로모션을 통한 혜택을 제공할 수밖에 없기 때문에 수익성 하락을 피할 수 없다.

예를 들면 기존기업들이 유통망을 장악하고 있거나 유통경로에 대한 접근성이 제한적이라면 해당 업종으로 진출하는 것이 그만큼 어려워지게 된다. 실제로 기존기업들은 유통업체들과 상호 신뢰관계를 형성하거나, 양질의 촉진활동으로 유통채널과 분리되기 어려운 경우가 많기 때문에 잠재적 진출기업은 유통경로에 대한 접근성을 충분히 인지한 후 진입할 필요성이 있을 것이다.

(6) 기타의 진입장벽

기존기업들이 선점하고 있는 시장으로 새로이 진출하고자 할 경우 여러 가지 형태의 진입장벽이 존재할 수 있다. 예컨대 지적재산권(특허권, 저작권, 상표권, 산업디자인 등)을 확보하고 있거나, 특정 원자재를 독점공급하고 있거나, 유리한 입지를 확보하고 있거나, 정부의 지원을 받고 있는 상황도 새로운 진출기업에게는 진입장벽이 될 수 있다. 심지어 기존기업들의 생존이 걸린 경우라면 산업전쟁을 방불케 하거나, 법적 대응을 불사하는 상황에 맞닥뜨릴 수 있다. 실제로 국내 이동통신서비스시장에서 SK텔레콤, KT 및 LG텔레콤 3사는 대규모 광고전과 판촉전, 막대한 보조금 제공 그리고 치열한 서비스를 제공하는 관계로 새로운 기업이 진입할 여지가 거의 없다. 또한 미국에서는 애플이 자사의 특허를 침해했다는 이유로 한국의 삼성전자를 상대로 지루한 소송과 법정다툼을 전개하고 있다.

5.3 경쟁과 협력: 산업 클러스터

앞 절에서는 포터(M. E. Porter)의 산업구조분석 모형을 토대로 기존기업의 입장에서 산업 내의 경쟁관계와 대응전략을 모색하는 것을 공부하였다. 다만 경쟁에 주력하기보다 소싱이나 전략적 제휴를 통해 상호 보완적 협력관계 또는 네트워크 형성으로 경쟁과 협력을 동시에 추구할 수 있다. 즉 상대방이 죽어야 내가 사는 제로섬(zero sum)게임이 아니라 상대방도 살고 나도 생존하는 포지티브섬(positive sum)게임으로 기업의 경쟁력을 강화하는 것이다.

1. 코오피티션(coopetition): 경쟁과 협력의 조화

버튼(J. Burton)은 [표 5-1]에서 볼 수 있듯이 포터의 경쟁촉발요인(competitive forces)과 비교하면서 경쟁과 협력을 동시에 추구할 것을 강조하고 있다.[8] 가령 전략, 조직구조 및 기업문화가 서로 유사한 기업들 간 제휴와 같은 협력관계를 구축하는 것이다. 가장 바람직한 것은 신제품개발, 프로세스 개선 등 새로운 기술개발을 촉진하는 동시에 경쟁이 아닌 서로 윈-윈게임(win-win game)으로서 협력적 관계를 구축한 후 선의의 경쟁으로 시너지효과를 창출하는 것이다.

표 5-1 경쟁과 협력의 조화

경쟁촉발요인	경쟁과 협력의 조화 예시
산업 내의 경쟁수준	유사한 가치사슬활동을 수행하는 기업들과 수평적 협력관계 구축으로 글로벌 네트워크 형성(예: GM과 Toyota의 NUMMI)
공급업자의 교섭력	원부자재 공급업자 혹은 서비스 제공업체를 수직적으로 통합하거나 장기적 협력관계 구축(예: 현대차와 현대캐피탈)
구매자의 교섭력	주요 구매기업들과 파트너관계 형성(예: 홍콩의 Li & Fung)
대체제품・서비스	보완재 또는 대체재 제조업체와 다각적 협력관계 형성
잠재적 진입자	주변산업에 포진한 기업들과 신기술 혹은 공정기술을 공유하는 산업 간 연계체제 구축

2. 산업 차원의 클러스터 조성

포터는 경쟁을 보완하는 목적에서 클러스터를 조성하고 이에 특화함으로써 글로벌 경쟁력을 제고할 수 있음을 시사하고 있다.[9] 그가 제시하는 클러스터[10]의 개념은 특

8) John Burton, "Composite strategy: the combination of collaboration and competition," *Journal of General Management,* Fall, 1995, Vol.21, No.1, pp.1-23.

정 분야 산업, 관련 유관기관, 지원기업들이 지리적으로 집중되어 있는 것을 의미한다. 심지어 원료, 부품, 시설 및 서비스기업은 물론이고 이와 관련된 기반시설(infrastructure)까지 밀집되어 있는 지역이다.

가령 전후방산업 통합처럼 모든 기업, 대학, 연구소, 상공회의소, 마케팅조사기관, 기술지원센터, 컨설팅 등의 각종 기관과 기업이 모두 집적되어 시너지효과를 창출하는 지역이다. 가장 성공적인 클러스터를 꼽으라면 미국의 실리콘밸리와 할리우드가 대표적이다. 클러스터는 제조공장을 한곳에 모은 지리적 장소에 불과한 공업단지(industrial complex)와는 개념을 달리한다. 한국의 경우 대전에 조성된 대덕연구개발특구(대덕테크노밸리)가 클러스터에 해당하는 사례라 할 수 있다.

포터는 이러한 클러스터가 조성됨으로써 상호 경쟁과 협력체제의 공고화로 글로벌 경쟁력 강화에 도움이 될 것으로 보았다. 더욱이 클러스터를 조성하는 데 기업뿐만 아니라 정부의 제도적 지원과 정책적 육성이 절실함을 역설하고 있다.

클러스터 조성의 장점은 건전한 방향으로 경쟁을 유도할 수 있다는 것인데 좀 더 구체적으로 설명하면 다음과 같다.

첫째, 클러스터에 참여하는 기업은 생산성 향상을 기대할 수 있다.

- 원자재, 부품, 숙련된 인적자원을 보다 가까운 곳에서 아웃소싱할 수 있다. 다른 조건이 동일하다면 멀리서 조달하는 것보다 클러스터 내에서 소싱하는 것이 경제적일 수 있다.
- 전문적 고급정보에 용이한 접근이 가능하다. 클러스터에서 이루어지는 공적・사적・기술적・인적 교류를 통해 유용한 정보에 접근할 기회가 많아지기 때문에 생산성 향상을 도모할 수 있다.
- 클러스터 안에서 다른 유관기관 혹은 기반시설을 활용함으로써 상호 보완적 효과로 인한 생산성 제고가 가능하다. 예를 들어 출장목적의 방문자들을 위한 숙박시설과 교통수단을 큰 불편 없이 이용할 수 있도록 해주면 해당 기업들의 상담과

---

9) Michael E. Porter, "Cluster and the New Economics of Competition," *Harvard Business Review*, Nov.-Dec., 1998, pp.1-16; Michael E. Poter, *On Competition,* Harvard Business School Press, 1998.

10) 클러스터란 서로 관계된 기업들과 관련 기관들이 특정 분야에서 서로 협력과 보완의 관계를 갖고 지리적으로 근접해 있는 집단들을 말한다. 이는 시장과 조직들 간의 새로운 형태의 공간적 조직이다(Porter, 1998).

계약 성사에 도움이 될 수 있을 것이다.

- 경쟁력 있는 클러스터에 소속되어 있다는 동기부여와 자부심은 생산성 제고에 도움이 된다. 가령 미국의 실리콘밸리와 할리우드에 입주해 있다는 자체는 전체 시스템을 위한 개별기업의 분발을 초래할 수 있다.
- 클러스터에 입주해 있는 또 다른 공공기관과 금융기관으로부터 막힘없는 원스톱 토털서비스(one-stop total service) 같은 행정서비스를 받을 수 있다는 것도 큰 장점이다.

둘째, 생산성 개선방법으로 새로운 혁신동인을 발견할 수 있다.

- 까다로운 구매자들이 밀집해 있기 때문에 멀리 떨어져 있는 업체들에 비해 혁신의 방향을 쉽게 정할 수 있다.
- 필요로 하는 기술, 원부자재, 기계장치 및 설비 등에 접근하는 것이 가능하여 혁신을 추진하기가 용이하다.
- 클러스터 내의 기업들과 끊임없이 경쟁하기 때문에 기술, 마케팅 및 서비스 수준을 학습하고 업그레이드할 수밖에 없다.
- 새로운 혁신과정에 공동으로 참여할 경우 혁신을 효과적으로 창출하고 확산하는 데 기여할 수 있다.
- 바로 눈앞에 보이는 경쟁기업들의 관심, 관찰 및 비교를 통해 혁신에 대한 지속적 자극을 받을 수 있다.

셋째, 네트워크를 활용하여 신규사업을 시작할 수 있다.

- 수요-공급의 불일치에 대한 정보에 접근하는 동시에 이를 활용하여 새로운 사업을 추진하는 것이 용이하다.
- 원자재, 기술 및 인적자원 등 투입요소가 집중되어 있는 반면 진입장벽은 낮아서 잠재적 진출자의 진입이 자유롭다.
- 금융기관, 엔젤펀드, 벤처캐피탈리스트 등의 투자자들은 객관적 정보를 가지고 접근하기 때문에 상대적으로 자금조달이 용이하며 이에 따라 새로운 사업의 추진도 활발하다.

5.4 기업의 가치사슬분석

보통 기업은 이익창출과 동시에 사회적 목적을 추구하는 사회시스템의 구성인자로 볼 수 있다. 기업은 사회시스템 안에서도 지속적 공헌을 해야지만 생존할 수 있는 동시에 사회적으로 바람직한 가치를 창출할 수 있어야 한다. 달리 말해 일련의 투입(input) → 변화(thruput) → 산출(output) 과정을 반복하는 것이 시스템이라면 기업의 목표는 지속적인 성장과 유기적 생존을 위해서라도 부가가치를 끊임없이 창출하는 데 있다. 즉 특정 목표를 달성하고자 여러 구성원들이 모여 유기적 관계를 형성하는 것이 기업이다.

그림 5-5 ▌ 가치사슬체계도

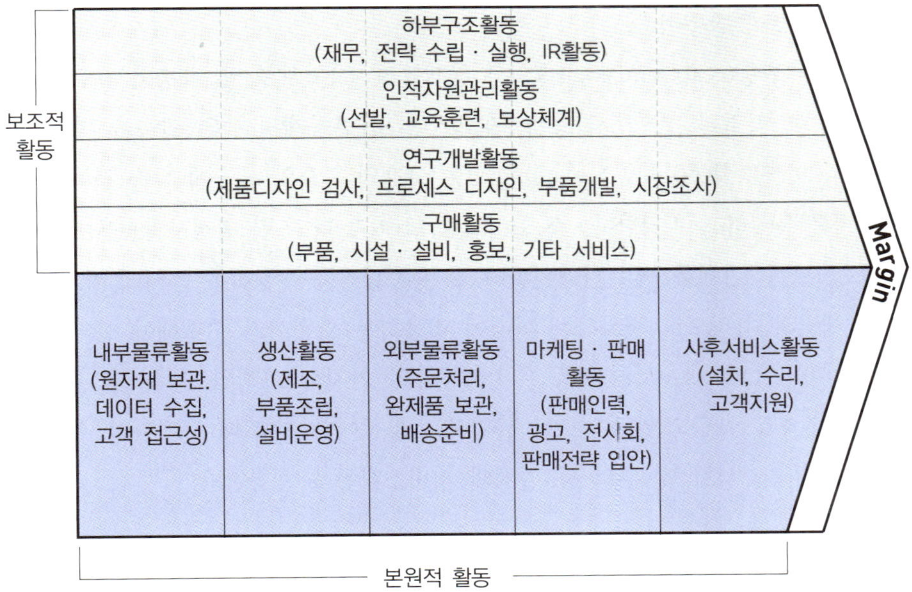

결국 기업도 구성원들의 참여와 이들과의 유기적 관계를 통해 시너지효과를 창출하는 것에서 설립조건 혹은 존재이유(raison de'tre)를 찾을 수 있다. [그림 5-5]에서 보듯이 포터(M. E. Porter)는 가치사슬(value chain) 개념을 활용하여 기업의 가치창

출활동을 설명하고 있다.[11] 가치사슬시스템 관점에서 기업을 보면 기업의 활동은 이윤창출에 핵심이 되는 본원적 활동과 본원적 활동을 지원하는 부가적 활동으로 분류된다. 이러한 활동들은 상호작용을 거치면서 부가가치를 창출하는 동시에 창출된 부가가치는 기업의 생존과 성장에 기여하게 되는 것이다. 그러면 가치사슬시스템의 본원적 활동과 부가적 활동을 좀 더 구체적으로 살펴보도록 하자.

1. 본원적 활동(primary activities)

- 내부물류활동(inbound logistics)은 제조 및 생산활동에 반드시 필요한 각종 자원을 적시적소에 조달하여 배부하는 기업 내부의 병참활동으로서 원료 및 가공품(부품 포함)의 조달, 운송, 보관, 자재검사 및 배부 등의 활동이다.
- 생산활동(operations)은 투입요소의 조달, 조립 및 생산설비의 조정 및 유지보수, 패키징 등의 활동이다.
- 외부물류활동(outbound logistics)은 완제품의 주문, 운송 및 배송을 포함하는 영업활동에 직결된 것으로서 보관, 재고관리 및 유통계획 등의 활동을 의미한다.
- 판매・마케팅활동(sales & marketing)은 고객의 필요와 욕구에 따라 전체 마케팅 체제를 유지하고 관리한다. 즉 소비성향, 소비자 니즈 및 경쟁자활동을 조사하여 광고, 판촉, 신제품개발, 판매원관리 및 유통관리를 수행하는 동시에 마케팅능력의 개발과 축적으로 변화하는 환경에 적응하는 활동까지 수행해야 한다.
- 고객서비스(after-services)활동은 판매제품의 가치와 고객의 만족도를 높이고자 판매 전후로 제공되는 서비스를 관리하는 활동이다. 예컨대 고객관리, 부품보수, 재주문처리, 설치 및 수리 등 일체의 서비스활동을 포함한다.

보통 원부자재 조달에서 생산에 이르는 과정을 상류부문 가치활동(upstream value activities), 생산에서 사후서비스까지 이르는 과정을 하류부문 가치활동(downstream value activities)이라고 부른다.

---

11) Michael Porter, *Competitive Advantage: Creating and Sustaining Superior Performance*, Free Press, 1986, pp.21-32.

2. 보조적 활동(supportive activities)

앞서 가치사슬시스템에서는 본원적 활동뿐만 아니라 이를 지원하고 보조하는 활동도 중요하다. 사실 보조적 활동은 이윤창출보다 본원적 활동을 지원하지 못할 경우 운영상 맹점을 노출할 수 있다. 지금부터 보조적 활동을 다음의 네 가지로 구분하여 설명할 것이다.

구매(procurement)활동은 본원적 활동에 필요한 인적·물적·재무적 자원을 확보하고 관리하는 활동이다. 연구개발(R&D)활동은 제품 및 공정기술의 개발을 의미한다. 예컨대 동태적 비즈니스 환경(제품, 경쟁, 고객)에 부응하려면 독점적 기술과 혁신적 경영기법을 부단히 개발하여야 한다. 인적자원(human resource)활동은 구성원이 조직에 대한 일체감을 갖고 목표달성에 매진할 수 있도록 경력개발프로그램(CDP: Career Development Program)에 따라 인적자원을 관리하는 활동을 의미한다. 만약 노사문제로 파업이 초래된다면 인적자원관리역량의 미흡으로 생산과 마케팅처럼 본원적 활동에 악영향을 줄 수 있다. 마지막으로 인프라 및 조직분위기의 하부구조(infrastructure)는 대내외 이미지관리, 복리후생 및 기업문화와 밀접한 관계가 있다. 결국 가치사슬 개념으로 기업을 분석하는 이유는 다음을 강조하고자 함이다.

첫째, 각 단계에서 개별활동은 다음 단계의 활동에 투입요소로 작용하여 부가가치를 창출하게 된다. 만약 리베이트를 받고 품질이 낮은 원부자재를 조달한다면 생산이라는 다음 단계의 활동에 부정적 영향을 초래할 수밖에 없다. GIGO(Garbage-In, Garbage-Out)모델에 따르면 품질을 담보하지 못하는 생산요소를 아무리 많이 투입해 본들 제조과정을 거쳐 생산되는 완제품의 품질은 조악할 수밖에 없다. 결국 구매, 물류, 생산, 마케팅 및 사후서비스에 걸쳐 일정한 품질수준을 담보할 수 있는 가치사슬 활동만이 사회적으로 바람직한 가치를 창출할 수 있을 것이다.

둘째, 가치사슬시스템의 외부에는 환경이 자리하고 있다. 보통 환경은 생태계로 불리는 자연환경이 있고, 기업이 활동을 수행하는 장(place)으로서 물질적 환경(정치, 경제, 사회 등의 거시환경, 고객과 경쟁이라는 미시환경)이 있다. 가치사슬시스템으로서 기업은 본원적 활동과 지원활동에 필요한 핵심역량을 축적함으로써 경쟁우위를 창출하고 유지하는 것이 가능하다. 달리 표현하면 개별 가치사슬활동을 똑바로 수행한다면 전략적 칼날(strategic edge)도 날카로워져 제아무리 어려운 환경이 닥치더라도 생존을 모색할 수 있다는 것이다. 평소에 역량 축적과 전략의 차별화에 주력하여 차별화된 경쟁우위를 갖춘 상황에서 우호적 환경이 도래할 경우 가치창출의 전략적 창문(strategic window)이 열릴 것이다.

셋째, 전체 가치사슬시스템에서 개별활동이 갖는 중요성이다. 달리 말해 개별 가치사슬활동을 어떻게 배열(configuration)하고 조정(coordination)하는가의 문제이다. 즉 본국을 중심으로 가치사슬활동을 집중(concentration)할 것인지, 아니면 여러 국가 혹은 지역에 분산(dispersion)시킬 것인지 선택한다. 다음으로 가치사슬활동에 대한 통제권을 집권적 혹은 분권적으로 조정할 것인지도 결정한다. 예컨대 핵심역량에 해당하는 활동은 본국에 집중시키는 동시에 그렇지 않은 활동은 글로벌 소싱을 활용함으로써 비용을 절감한다. 아울러 소싱으로 조달받는 부품 또는 완제품의 품질수준을 제고하기 위해 조정활동을 강화함으로써 경쟁우위 창출이 가능하다.

넷째, 가치사슬분석을 수행할 경우 경쟁사 대비 자사의 강점과 약점에 해당하는 구체적 활동을 파악할 수 있다.

표 5-2 ▌ 가치사슬활동을 분석하는 체크리스트

내부물류활동(Inbound Logistics)	
✓	자재 및 재고관리의 체계성
✓	원자재 조달, 보관의 효율성
생산활동(Operations)	
✓	경쟁자 대비 생산성
✓	생산 프로세스의 자동화수준
✓	원가절감 및 품질향상을 위한 효과적 통제시스템
✓	작업 및 작업동선의 효율성
외부물류활동(Outbound Logistics)	
✓	완제품 및 서비스 제공의 적시성 및 효율성
✓	완제품 운송, 보관의 효율성
마케팅 및 판매(Marketing and Sales)	
✓	시장세분화 및 고객 니즈 파악을 위한 효과적 시장조사
✓	판촉 및 광고의 참신성

✓	유통채널의 체계성
✓	판매원 경쟁력 및 동기부여
✓	품질 및 우호적 이미지개발능력
✓	고객의 브랜드 충성도 강화능력
✓	세분시장 및 목표시장에서의 시장지배력 강화능력
고객서비스(Customer Services)	
✓	제품혁신을 위한 고객의 요구사항 부응 정도
✓	고객 불만처리의 즉시성 및 제품·품질 보증의 적절성
✓	고객만족 교육 및 훈련
✓	부품 및 유지보수를 위한 서비스능력
기업의 하부구조(Infrastructure)	
✓	제품시장 기회/위협을 사전 감지할 수 있는 능력
✓	조직목표를 달성하도록 지원하는 전략계획 수립/실행
✓	기업의 기능들을 가치사슬 측면에서 통합·조정하는 능력
✓	저렴하게 자금을 조달할 수 있는 능력
✓	일상적 의사결정이나 전략 수립을 지원할 수 있는 정보력
✓	경쟁 및 환경변화에 대한 정보의 정확성과 적시성
✓	이해관계자집단과의 관계유지능력
✓	대외 이미지 및 기업시민정신(corporate citizenship) 배양능력
인적자원관리(Human Resource Management)	
✓	채용, 승진, 배치, 교육훈련 전 과정의 체계성
✓	보상, 동기부여, 도전정신 함양의 적합성
✓	이직률, 근태율 감소를 위한 작업환경
✓	노조와의 관계
✓	경영진, 기술진의 적극적 참여
✓	직무만족 및 직무몰입 수준
연구개발(R&D)	
✓	제품 및 프로세스 개선을 위한 연구개발의 성공 정도
✓	R&D 인적자원과 현업과의 긴밀한 관계
✓	R&D 결과의 적시성
✓	실험실 등 연구개발시설의 확장성
✓	R&D 인적자원의 경험 및 능력
✓	창의성 발휘 및 혁신적 과업수행 여건

구매조달(Procurement)	
✓	구매처의 다양화 및 투입요소의 대체재 개발
✓	구입의 적시성, 저비용, 적정 품질의 유지능력
✓	공장, 설비, 건물 등의 효율적 구입
✓	Lease 또는 구입결정의 사전 지침
✓	공급자와의 장기적 신뢰관계 구축 여부
✓	구매비용을 줄일 수 있는 능력

학습과제

1. 한국의 반도체산업에 포터(M. E. Porter)의 산업구조분석틀을 적용하여 분석한 후 전략적 대안을 제시해 보시오.

2. 국가경쟁력 강화를 위해 정부, 산업, 기업 및 대학이 각자 해야 할 과제를 제시해 보시오.

3. 한국의 대표적 클러스터를 방문하여 어떻게 운영되고 있는지, 향후 경쟁력 강화를 위해 무엇을 해야 하는지 과제를 도출해 보시오.

4. 포터(M. E. Porter)의 경쟁우위확보를 위한 본원적 전략 이외의 방안은 없는가 연구해 보시오.

Harvard Business School 추천사례

Reading Materials:

1. Building a Logic of Competition
글로벌 경쟁, 시장변화, 기술혁신 등에 관련된 체크리스트로서 재무성과와 기업경쟁력에 관한 분석틀을 제시하고 있다.

2. Competing with Giants: Survival Strategies for Local Companies in Emerging Markets
신흥시장으로 진출하는 글로벌기업이 고전할 가능성과 제품시장의 이질성을 초래하는 신흥국 로컬사업자의 전략적 강점과 대응방안을 분석하고 있다.

Part 3

글로벌 마케팅전략

Global Marketing

6 Chapter 글로벌시장 진출과 마케팅전략

학습목표

- 글로벌시장 진입방식과 그 장·단점을 살펴본다.
- 국제마케팅, 다국적마케팅 및 글로벌 마케팅을 구분할 수 있다.
- 글로벌시장 진입방식에 영향을 미치는 결정요인을 이해한다.
- 글로벌 마케팅의 기본적 전략 유형을 설명할 수 있다.

■ Let's Master – 해외진출전략

2000년대에 들어서면서 도소매업과 커피전문점 같은 중소·중견기업들의 해외진출이 눈에 띄게 늘고 있다. 반가운 일이다. 해외투자사업은 시장을 확대하고 효율성을 높이는 긍정적인 측면이 있지만 정치, 사회, 문화, 상관습이 달라 어려운 점도 많다. 성공적인 해외투자사업을 위한 방안을 짚어본다.

해외시장 진입 유형은 시장에 대한 관여도와 경영자원의 투입 정도에 따라 단계별로 나눌 수 있다. 초기에는 정보나 전문인력이 없어 간접수출로 시작해 경험이 쌓이면 직접수출을 하게 된다. 직접수출의 경우 주로 생산성, 품질 등과 같은 내부통제에 주안점을 두고 본사중심으로 해외시장에 대응했지만 이제는 추가 이득을 위해 라이선싱, 프랜차이즈, 계약생산, 관리계약 및 현지투자 등이 보편화되고 있다.

기업이 해외시장에 진출하려는 동인은 기업의 내부요인과 제품요인에서 찾을 수 있다. 일반적으로 기업은 기술이나 재무능력 혹은 인적자원 등이 풍부할수록, 최고경영자의 경험이 많을수록 해외진출 의지가 강해진다. 더불어 판매 제품의 부피가 크거나 중량물인 경우, 고객밀착형 서비스가 핵심 사업 성공요인일 경우 해외진출의 필요성이 커진다. 현지의 정치, 경제, 사회, 문화, 정부정책 같은 거시경제적 요인과 시장규모, 경쟁구조, 상관습, 생산비 같은 시장요인도 있다. 2008년 글로벌 금융위기 이후 중국 정부의 정책적 우선순위가 '제조업 육성'에서 '자국민 삶의 질 향상'으로 바뀌었다. 이에 따라 임금이 높아지고 있어 해외투자가 감소하는 것에서 보듯이 현지 정부정책도 큰 몫을 한다.

기업의 해외시장 진출단계

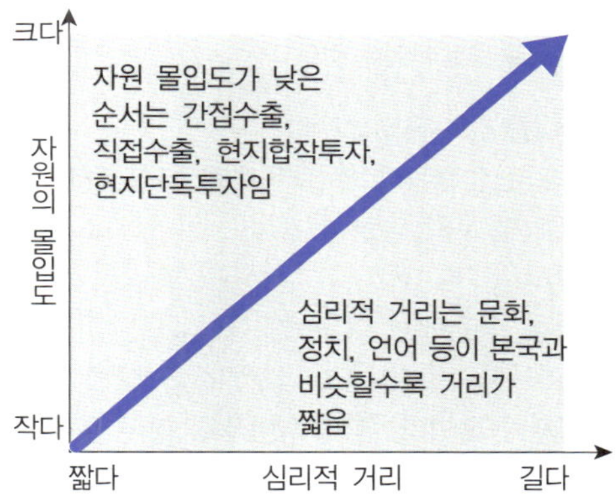

■ 해외시장 진출전략 수립

기업이 해외시장에 진출하기 위해서는 사업의 정의, 내외부 사업환경분석, 전략 및 실행계획 수립 단계를 거친다.

사업의 정의는 특정 상품 및 시장과 관련해 자사의 경쟁우위 및 열위를 바탕으로 경쟁'장소' 또는 경쟁'영역'을 파악하는 것이다. 미국 콜로라도 소재 신발회사인 크록스를 보자. 이 회사는 누가 보아도 미국에서는 승산이 없다는 플라스틱 신발을 제조·판매해 2005년 1억 9,000만 달러, 2006년 3억 4,500만 달러 그리고 2007년에는 8억 2,000만 달러의 매출을 기록했다. 이 회사의 전략을 '제품-시장 성장 매트릭스' 관점에서 보면, 기존시장과 기존

크록스의 성장 매트릭스

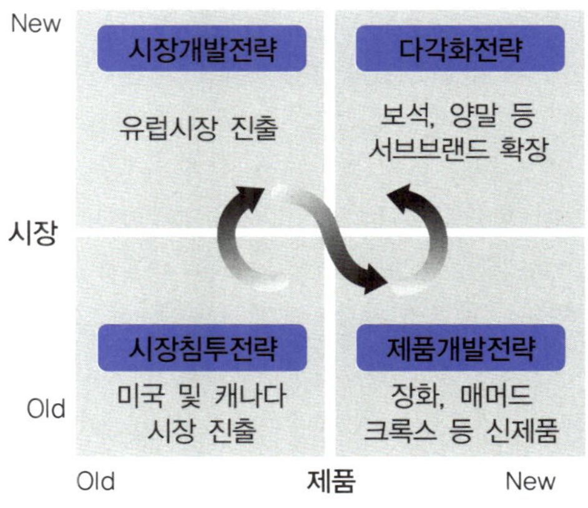

상품 영역에서 경쟁사와의 차별성을 찾기 어려운 플라스틱 신발을 내놓았다. 이 회사는 특이한 디자인과 편한 착용감으로 미국 및 캐나다 시장에 침투한 후 유럽시장으로 진출했다. 이후 장화, 겨울용 매머드 부츠, 4계절용 크록스 등으로 제품의 폭과 깊이를 확대하면서 브랜드 확장을 통해 보석, 양말, 가방시장으로 진출했다.

내・외부 사업환경은 시장–경쟁자–자사로 나눠 분석해야 한다. 시장분석은 해당 시장에 속해 있는 산업의 공급자와 고객, 경쟁자, 정부정책, 진입 및 퇴출장벽 등에 대해 구조적 특성을 파악, 가능성과 한계를 알아보는 것이다. 참여하려는 시장의 세분시장 및 인접시장을 포함하는 전체 시장의 크기와 성장성, 성장의 요인, 수익성을 아우르는 시장매력도도 알아봐야 한다. 거시적으로는 경영환경의 변화와 시장의 진화단계, 관련 시장의 변화 등도 분석해야 한다. 경쟁자분석은 산업 내 경쟁의 정도, 대체품, 주요 원자재 공급자 및 구매자의 시장진입 위협, 진입 및 퇴출장벽, 진출국 정부의 외국인투자정책 등에 대한 분석이다. 자사분석은 사업의 가치사슬에 따른 분석으로 연구개발(R&D), 생산, 마케팅, 서비스 분야에서 자사의 경쟁역량을 경쟁자와 비교해 충분한 우위를 얻을 수 있는가에 대한 답을 얻는 것이다.

전략 수립은 우리 회사의 열망과 의지가 담긴 비전을 세우고 이를 달성하기 위한 거시적 경로인 전략방향 설정, 비전을 실현하기 위한 장・단기 구현방안 강구 및 전략에 대한 구체적 이행계획을 세우는 것이다. 그리고 일정기간마다 계획과 성과를 비교분석하고 차이를 극복하기 위한 변화관리를 지속적으로 해나가는 것이다.

▪ 유니클로의 글로벌전략

의류산업의 새로운 트렌드로 자리 잡고 있는 제조직매형의류, 즉 SPA업체의 글로벌 선도기업인 일본 유니클로의 성장의 초석이 된 플리스 제품의 성공요인을 마케팅 4P(생산–가격–유통–판촉) 측면에서 살펴보자.

제품 측면에서 살펴보면 플리스는 이전까지 단순색상의 겨울용 방한 제품으로 쓰였는데, 이를 50가지 이상으로 넓히고 디자인을 가미해 다양한 아웃도어용 제품으로 출시하면서 두세 벌씩 구입하는 소비자가 늘었다. 염색과 봉재도 기존 플리스 제품과는 달리 깔끔하게 처리해 소비자의 관심을 끌었다.

제품과 더불어 소비자를 강력하게 끌어들인 것은 가격이었다. 당시 비슷한 제품이 최저 5,000엔에 판매되고 있을 때 1,900엔으로 영화 한 편 값밖에 안 되는 가격을 제시했다. 이에 따라 색상별로 플리스를 구입하는 소비자가 늘어 경이적인 판매를 할 수 있었다. 유니클로는 일본 도레이에서 대량으로 발주한 원재료로 인도네시아에서 실을 만들어 중국으로 보내 염색과 봉제를 했다. 외주계약에서도 시장의 판매와 관계없이 발주량 전량을 인수하는 완전구매방식을 택했다. 대금지급도 타 기업보다 유리하게 해 유니클로의 혹독한 품질요구조건을 수용할 뿐만 아니라 시간을 다투는 긴급 물량도 선작업을 수행할 정도로 외주생산을 내부화했다. 생산과 판매가 온라인으로 묶여 글로벌 원자재 수급–생산–재고 현황 등은 물론이고 국가마다 구축한 판매점을 통해 판매정보를 바로 파악하여 균형을 맞추어 가며 재고를 최소화했다. 유통 측면에서는 물류체계와 재고관리를 철저히 했다.

유니클로는 브랜드 인지도를 높이기 위해 단순하면서도 짧은 멘트로 소비자의 관심을 끄는 전략을 택했다. 광고의 홍수시대에 정보를 극소화한 유니클로 광고는 소비자의 호기심을 끌었다.

자료: 한국경제신문, 2014년 1월 17일

6.1 글로벌시장 진입방식

글로벌기업은 여러 선택가능한 진입방식(entry mode)으로 국제화를 추구한다. 글로벌시장으로 진출하는 방식에는 수출, 계약 및 직접투자가 있다. 본 절에서는 해외시장 진입방식의 선택과 결정, 그리고 진입방식의 진화에 대해 설명하기로 한다.

그림 6-1 ▌ 진입방식 선택모형

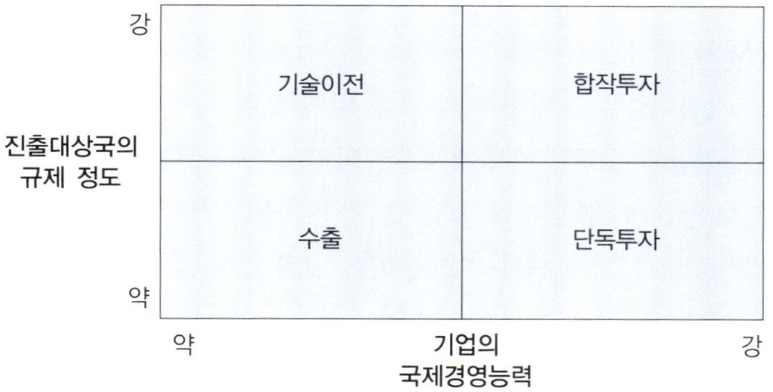

1. 수출

국내 또는 제3국에서 제품을 생산하여 현지시장에 직·간접적으로 판매하는 수출활동으로 글로벌시장에 진입할 수 있다. 보통 수출방식은 국제화 초기단계에서 선택하는 대표적 진입방식이다.

해외에 존재하는 바이어의 주문으로부터 수출 프로세스가 시작되기도 한다. 그런가 하면 항공기, 대형선박 및 무기처럼 수요자가 제한되어 있는 경우 특정국에서 생산한 후 수출활동만으로 거래가 성사되기도 한다. 또한 무역실무를 보면 수출입은행, 여러 중간 유통업체들이 참여함으로써 대금결제 및 회수, 운송, 물류 및 통관 등의 역할을 분담한다. 기업이 어느 정도의 수출활동에 개입하는지 여부에 따라 간접수출, 직접수출, 그리고 판매자회사 등으로 나누어 볼 수 있다.

(1) 간접수출

간접수출(indirect export)은 수출품 제조업체가 국내에 존재하는 수출대행기관을 활용하여 수출하는 것을 말한다. 즉 종합무역상사, 전문무역기업, 정부유관조직 등을 활용하여 수출하는 경우가 일반적이다. 일반적으로 수출대행기관은 외국기업의 국내 대리점(export buying agent), 수출입거래 성사 시 계약수수료를 챙기는 소규모 오퍼상, 제조업체를 대신하여 수출대행을 전문으로 하는 무역회사(export house), 생산·판매 및 금융기능까지 대신 수행하는 종합상사(general trading companies), 그리고 장기계약으로 대기업 상표를 부착한 부품이나 제품을 대행하여 납품하는 피기백(piggyback) 등이 있다.

실질적으로 간접수출은 국내 판매와 다를 바 없으며 제품주문, 납기준수처럼 생산에 관한 의사결정만을 수행할 수밖에 없다. 달리 말해 글로벌 마케팅에 관한 의사결정을 전혀 하지 않는 단계에 해당한다. 즉 간접수출은 현지시장과 관련하여 어떠한 의사결정을 할 수 없다. 바이어의 주문에 따라 납기 내에 요구한 제품을 생산하여 수출대행기관에 전달하는 것이 수출업무의 전부이다. 따라서 수출활동에 대한 의사결정 권한이 전혀 없다는 점에서 국제화 경험을 축적할 수 없다는 맹점을 가지고 있다.

다만 간접수출은 과잉생산에 의한 누적 재고를 소진하거나 해외시장을 탐색하기 위한 테스트베드로 이용될 수 있다. 자본투자를 필요로 하지 않는 장점이 있는 반면 사후서비스 및 촉진활동을 수행하지 않기 때문에 수출이 지속되기 어려운 단점이 있다. 많은 자원이 필요하지 않다는 장점이 있지만 서비스와 촉진활동이 없기 때문에 지속적인 수출활동이 되기 힘들다는 단점이 있다.

(2) 직접수출

직접수출(direct export)은 제조업자 또는 수출업자가 현지의 수입업자에게 수출품을 직접 판매하는 활동을 의미한다. 보통 수입업자는 최종소비자가 아닌 경우가 많기 때문에 수출업자의 유통을 담당하는 중개업자의 역할을 수행한다. 사실 직접수출의 성과는 중간 유통상의 신용과 능력에 좌우된다고 해도 과언이 아니다. 그런 점에서 신용장 개설, 유통 및 판매경험, 재고부담능력, 프로모션역량 및 경영마인드 등을 고

려해야 한다.[1)]

직접수출의 경우 수출업자가 서류, 선적 및 금융업무 전반을 직접 수행한다는 점에서 간접수출과는 다르다. 다만 수입업자라는 중개업자를 활용하여 그들의 글로벌 마케팅활동을 수행하도록 한 것에 불과하다. 그러므로 수출업자는 단지 수입업자를 탐색하여 주문에 맞춰 납기준수, 제품선적을 하기만 할 뿐 글로벌 마케팅에 많은 자원을 할당하여 의사결정을 직접 수행하고 참여하는 상황은 아니다.

2. 계약

계약 기반의 진입전략(contract-based entry strategies)은 라이선싱, 프랜차이징 및 기타 계약으로 구분한다. 보통 기술제공기업이 보유한 지적재산권(특허권, 저작권, 등록상표, 산업디자인 등)에 대한 사용권을 기술도입기업에게 공여하는 대가로 수익의 일부를 수수료로 받는 계약을 말한다. 해외사업에 대한 통제는 명시적 계약을 토대로 이루어지며 라이선싱과 프랜차이징이 대표적이다. 결국 계약은 국제화 경험이 부족한 상황에서 현지정부의 관세·비관세장벽이 높을 경우 기업이 선택할 수 있는 진입방식이다.

(1) 라이선싱

라이선싱(licensing) 역시 글로벌시장 진입의 중요한 방법 중의 하나이다. 라이선싱은 보통 라이선서(licensor: 기술제공기업)와 라이선시(licensee: 기술도입기업) 간의 명시적 계약에 의해 관계가 형성되는 국제거래방식이다. 즉 기술제공기업이 보유한 원천기술(제조·공정기술, 부품조달정보, 기술·마케팅자문, 상표사용)을 이전해 주는 대신 일정기간 로열티를 지급받는 글로벌경영활동이다. 그러나 라이선싱계약을 동시다발적으로 체결하는 것은 단기수익을 창출할 순 있겠지만, 장기적 관점에서는 기술에 대한 통제권을 상실할 가능성도 높아진다.

기술제공기업은 수수료를 총액 또는 기간별 로열티, 경영기술 자문료, 심지어 구상

1) Franklin R. Root, *Entry Strategies for International Markets*, New Lexington Press, 1994, pp.86-87.

무역의 형태로 받기도 한다. 또한 라이선싱 로열티 산정에 있어 고려하게 되는 것은 지적재산권 보호비용, 계약체결비용, 계약유지비용 등이다.[2] 최근에는 기술도입기업이 이전받은 기술로 새로운 특허를 취득할 경우 양사의 특허권을 상호 공유하는 교차라이선싱(cross-licensing)의 형태로 발전하고 있다. 현지시장의 정치적 위험이 높은 경우 기간별 로열티나 수수료 형태보다 총액으로 받는 것이 현명하다. 다만 첨단기술집약적 산업에서 이루어지는 라이선싱일수록 기술유출에 따른 손실의 1차 피해와 경쟁자 양산이란 2차 피해를 입을 수 있다는 점에 유념해야 할 것이다.

결국 국제화 수단으로 라이선싱을 활용하게 되는 상황을 정리해 보면 다음과 같다. 기업이 핵심역량에 집중하는 대신 핵심역량이 아닌 활동을 아웃소싱하거나, 원천기술 외의 국제화 능력이 부족한 경우, 제품수명주기상 성숙기에 접어들어 기술이 진부해진 경우, 그리고 직접투자에 대한 규제가 존재하는 상황에서 라이선싱은 선택가능한 대안이 된다.

(2) 프랜차이징

프랜차이징(franchising)의 어원은 프랑스어에서 기인하는데 '노예상태에서의 해방(free from servitude)'이라는 뜻이며, 1970년대 유럽에서 출현하였으나 미국에서 보편화되었다.[3] 보통 프랜차이징방식은 자영업을 영위하는 창업수단이거나, 서비스 분야의 경쟁력이 중요한 상황에서 외식업과 서비스업종의 국제화 수단으로 적극 활용되고 있다. 프랜차이징에 의한 성공적 국제화 사례는 맥도날드, 버거킹, KFC, 피자헛, 던킨도넛츠 등의 패스트푸드업종과 스웨덴에서 시작하여 북미 전역으로 확산된 IKEA 가구점, 그리고 코스트코, 월마트 등의 창고형 유통체인, 코카콜라 및 펩시콜라 같은 전통적인 청량음료업종에서 찾을 수 있다.

여기에서는 가장 대표적으로 활용되는 프랜차이징방식을 설명하고자 한다. 첫째, 성공방정식을 패키지형태로 이전하는 사업형 프랜차이징(system franchising)방식이다. 가맹본부(franchisor)는 일정기간 수수료를 받는 대신 사업에 필요한 일체의 경영

2) Stephen Young, et al., *International Market Entry and Development*, Prentice Hall, 1989, p.132.
3) 앞의책, p.110.

시스템(기술, 운영 노하우, 브랜드, 마케팅, 광고, 식자재, 교육훈련, 인센티브)을 가맹기업(franchisee)에게 이전해 준다. 사업 착수 및 운영에 필요한 운영시스템 전부를 이전해 주기 때문에 패키지 프랜차이징 또는 시스템 프랜차이징이라고 한다. 2010년 이후 카페베네가 단기간에 전국적으로 점포수를 확장할 수 있었던 이유이기도 하며, 이를 단수점포 가맹점 계약방식으로도 부른다.

둘째, 국제 프랜차이징 거래의 80%를 차지하는 것으로 마스터 프랜차이징(master franchising)이 있다. 이는 가맹본부(master franchisor)가 상표권, 식자재 및 운영기술을 공급하는 조건으로 현지지역을 관할할 가맹기업(master franchisee)을 선정하는 것이다. 본사를 대신한 가맹기업은 유통정보, 상권분석, 물류시스템 구축, 정부와의 관계 설정 등을 제공하는 대신 현지에서 가맹점(franchisee)을 모집한다. 달리 말해 현지시장에 대한 지식(경험)과 실력 있는 당사자를 본사와 가맹점을 이어주는 연결고리로 삼는 '프랜차이즈방식의 프랜차이징'이라 할 수 있다. 예컨대 한국의 제너시스 BBQ는 미국, 중국, 싱가포르 및 스페인 등 해외시장 진출방법으로 마스터 프랜차이징을 적극 활용하고 있다.

표 6-1 BBQ치킨 국가별 진출 현황

국가	진출시점	가맹점 매출	가맹점수	진입방식
중국	2002	3,845만 달러	178	직접투자(상하이, 칭다오) +마스터 프랜차이즈
스페인	2005	240만 달러	5	직접투자+마스터 프랜차이즈
일본	2006	540만 달러	10	마스터 프랜차이즈
베트남	2006	1,800만 달러	50	마스터 프랜차이즈
미국	2006	1,200만 달러	25	합작투자(동부/서부지역 본부) +마스터 프랜차이즈
싱가포르	2007	600만 달러	10	합작투자(동남아지역 본부)
말레이시아	2007	1,800만 달러	50	마스터 프랜차이즈
호주	2007	480만 달러	10	마스터 프랜차이즈

자료: 제너시스 BBQ

라이선싱과 프랜차이징은 일정한 대가를 받고 지적재산권의 사용권을 이전한다는 점에서 유사하나 차이점도 존재한다. 잘 알려진 프랜차이징을 활용할 경우 라이선싱보다 훨씬 강력한 통제권 행사가 가능하다. 계약기간의 경우 라이선싱은 5~10년으로 짧은 반면, 프랜차이징은 15~20년 동안 지속된다. 보통 라이선싱은 단일 생산요소(기술)가 이전되는 데 반해 프랜차이징은 사업 노하우의 총제적 이전이 가능하다. 끝으로 라이선싱은 라이선시의 경쟁력에 따라 계약 내용과 조건이 달라질 수 있지만 프랜차이징의 경우 정형화되어 있다.

표 6-2 라이선싱과 프랜차이징 비교

구분	라이선싱	프랜차이징
진입방식	계약	계약
계약기간	단기	중장기
이전자산	기술	운영시스템 일체
통제권 행사	약	강

(3) 계약생산

계약생산(contract manufacturing)은 현지고객에 대한 접근성 강화, 현지의 저렴한 생산능력 활용, 현지의 관세·비관세장벽 회피, 그리고 외환거래의 제약이 존재할 경우 주로 활용되는 방식이다. 보통 연구개발 및 마케팅능력이 있는 기업이 현지에서 생산능력을 구비하고 있는 제조기업(CMO: Contract Manufacturing Organization)과 계약을 체결하여 생산량의 일부를 공급받는 위탁생산방식이다. 다만 현지 제조업체의 품질, 납기, 제품보증 등을 신뢰할 수 있거나, 이에 대한 통제가 필요할 것이다. 특히 사회주의, 공산주의처럼 정치적 위험이 존재하는 국가로 진출한다면 유용하게 활용될 수 있는 진입방식이다.

(4) 경영계약

경영계약(management contract)은 주로 서비스업종에서 자주 볼 수 있는 대표적 진입방식이다. 일정기간 동안 경영 전반에 대한 운영·관리·경영 노하우를 전수해 주고, 이에 대한 반대급부로 수수료(management fee)를 받는다. 아울러 계약기간이 종료되면 현지기업에게 경영권을 양도하는 위탁경영방식이다. 가령 환대(hospitality) 산업처럼 외식업, 컨벤션, 호텔 및 리조트 등의 시설, 설비를 운영할 능력이 부족한 상황에서 활용가능하다.

1995년 삼성물산이 카자흐스탄의 동 제련기업 '카작무스'를 성공적으로 위탁경영한 사례가 있다. 최근 들어서는 2013년 롯데호텔이 우즈베키스탄의 '타슈켄트 팰리스 호텔'과 위탁경영계약을 체결하였고, 포스코가 러시아의 '아무르메탈'과 위탁경영계약을 체결한 후 운영하고 있다.

사례

식자재 1위 꿈꾸는 동원홈푸드 신영수 대표 "피자헛 피자, 대부분 동원홈푸드 재료"

■3월 초 삼조쎌텍과 합병, 공급망+레시피 시너지로 2년 내 매출 1조 목표

"동원홈푸드를 아는 사람은 많지 않더라도 우리 회사에서 만든 식품을 먹어보지 않은 사람은 거의 없을 겁니다."

신영수 동원홈푸드 대표는 25일 한국경제신문과의 인터뷰에서 "미국에 본사를 둔 피자헛 피자를 놓고 볼 때 우리 회사에서 나온 것을 모두 빼면 달랑 밀가루 '도우'만 남을 정도"라며 이렇게 말했다.

동원홈푸드는 식자재 공급과 단체급식이 주력인 B2B(기업 간 거래) 전문 식품업체다. 지난 1일 그룹 계열사인 삼조쎌텍과 합병하면서 식품회사 및 외식업체에 공급하는 양념, 소스, 드레싱 등까지 만들게 됐다. 신 대표는 "기존 동원홈푸드가 가진 구매력과 물류시스템에 삼조쎌텍의 메뉴 개발역량을 합쳐 시너지를 낼 것"이라며 "현재 6,000억 원대인 매출을 2016년까지 1조 원으로 끌어올리겠다"고 말했다.

동원홈푸드와 합병한 삼조쎌텍은 3,000여 개 제품, 1만 개의 레시피를 갖고 있는 조미 전문회사다. 지난해 매출은 1,261억 원으로 관련 업계에서는 선두를 달리고 있다. 피자헛·아웃백스테이크하우스 등 외식업체에는 소스와 드레싱 등을, 오리온·샘표·풀무원 등 식품업체에는 특정한 맛을 내는 양념 등을 공급한다. 이마트의 자체브랜드(PB) 상품 30여 종의 제조도 맡고 있다.

신 대표는 "각 업체는 신제품을 출시할 때 삼조쎌텍의 연구원 2~3명을 태스크포스팀으로 참여시킨다"며 "해외 트렌드를 분석해 우리 쪽에서 신제품개발을 역제안하는 경우도 있다"고 설명했다.

식자재사업은 삼조쎌텍의 역량을 활용해 확장한다는 방침이다. 식자재시장은 100조 원대로 추산되고 있지만 삼성웰스토리, CJ프레시웨이, 현대그린푸드 등 주요 기업의 시장 점유율이 10% 안팎으로 시장공략 여지가 충분하다는 것이다.

그는 "삼조쎌텍의 메뉴 개발역량을 활용하면 회사 측에서 외식 메뉴를 먼저 개발한 뒤 필요한 식자재를 독점공급할 수 있다"며 "식자재시장에서 1위 경쟁을 벌일 계획"이라고 말했다.

동원홈푸드 매출액
(단위: 억 원)

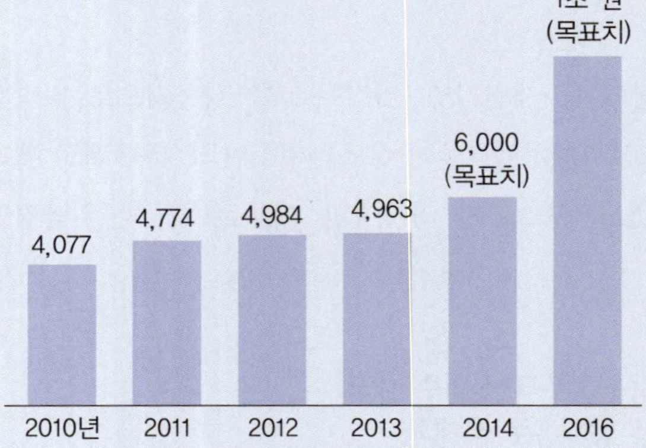

※ 2013년 이전은 삼조쎌텍 매출액과 합계
자료: 금융감독원전자공시시스템

반면 급식업은 시장규모가 3조 원 정도에 불과한 데다 삼성웰스토리, 아워홈, 현대그린푸드 등 3개 회사가 60% 가량을 점유하고 있어 녹록치 않다는 것이다.

동원홈푸드는 정부세종청사의 단체급식도 맡고 있다. 공공기관 급식업장 입찰에는 대기업의 참여가 제한돼 있으나 모그룹인 동원그룹이 대기업으로 분류되지 않은 덕에 급식업체로 선정됐다. 신 대표는 그러나 "세종청사 급식업장은 단가는 낮은데 고객의 요구는 많아 운영하기가 어렵다"며 "이익을 내기 힘든 구조"라고 했다.

동원홈푸드는 중국시장 공략에도 나서고 있다. 중국 웨이하이시에 소스공장을 짓고 이달부터 가동에 들어갔다. 올해 매출목표는 103억 원으로 잡았다.

자료: 한국경제신문, 2014년 3월 26일

3. 해외직접투자(FDI)

해외직접투자(foreign direct investment)는 여러 다양한 생산요소(기술, 자본, 인력, 브랜드 및 운영방식)를 하나의 패키지형태로 국경을 넘어 이전시키는 고도의 경영활동이다. 법률적 측면에서 직접투자는 경영권을 확보할 목적으로 피투자기업의 지분을 10% 이상 매입하는 행위로 규정된다. 직접투자의 수행 여부는 다국적기업으로 성장하기 위한 필요충분조건이다. 즉 본국중심의 가치사슬활동을 다수 국가 혹은 지역으로 분산시켜 수행하려면 직접투자가 필요하다.

수출, 계약방식에 비해 직접투자는 국제화의 경험이 풍부하고 국제경영능력이 뒷받침되는 기업이 선택할 수 있다. 타 방식에 비해 소요자본의 규모에 비례하여 실패할 경우 위험부담도 높아진다. 그럼에도 불구하고 해외사업에 대한 강력한 통제권 행사가 가능하기 때문에 다국적기업이 선호하는 진입방식이다.

(1) 합작투자

합작투자(joint venture)는 둘 이상의 기업이 지분을 공동으로 출자하여 새로운 법인을 신설하는 것이다. 합작투자의 주요 동기는 비용과 위험의 분담(cost-risk sharing)과 자원과 능력의 결합(resource pooling)으로 시너지를 창출하는 데 있다. 구체적으로 현지정부의 소유권 제한을 피하거나 현지시장에 대한 이해도를 높이는 동시에 현지 유통망에 대한 접근성을 제고할 경우 단독투자 대신 선택할 수 있다. 쉽게 말해 합작투자는 현지 파트너를 필요로 하는 직접투자의 하나이다.

합작투자를 할 경우 투자목적을 명확히 하고, 수익비용분석을 통해 합작파트너를 선정하여야 한다. 단독투자와 달리 서로의 이해관계가 상충하고 경영상의 갈등이 발생할 수 있기 때문에 운영계획(business plan)과 성과할당의 원칙을 사전에 마련하는 것이 바람직하다. 합작투자의 성과는 누구를 파트너로 선정하고 지분율을 어떻게 나누는가에 따라 결정된다. 다만 합작투자에서 파트너를 선정할 경우 [표 6-3]과 같은 사항을 분석할 필요가 있다.

표 6-3 합작투자 파트너 평가항목

평가분야	파트너 평가항목	평가분야	파트너 평가항목
재무능력	• 과거 5년간 건전성 · 안전성 · 성장성 • 수익성 높은 사업영역과 그 원인 분석 • 수익성 없는 사업영역과 그 원인 분석	생산	• 생산효율성과 품질관리 • 설비투자와 공장 레이아웃 상황 • 신기술개발 정도 • 원자재 공급업자와의 관계
조직	• 조직구조 및 의사결정방식 • 경영진의 경영능력과 성과 • 인적 구성의 효율성 • 업무 프로세스의 효율성과 효과성	법률제도	• 정부의 영향력 및 규제 • 정부산하기관, 금융기관 등의 규제 • 지리적 범위
시장	• 시장지위와 이미지 • 품질개선에 대한 시장반응 • 취약시장 대응 정도 • 신사업의 시장진입 경험과 성과	협상태도	• 협상 융통성 • 협상에 대한 시간관념 • 의사결정방식 • 협상팀의 능력

(2) 단독투자

단독투자는 100% 지분을 출자하여 통제권 전부를 행사함으로써 완전소유자회사(WOS: Wholly-Owned Subsidiary)를 설립하는 직접투자형태이다. 합작투자처럼 파트너를 필요로 하지 않는 방식으로 신설투자(greenfield investment)와 인수합병(M&A)으로 구분한다. 신설투자는 현지에 100% 지분을 출자하여 새로운 법인을 설립하는 방식인 반면, 인수합병은 피투자기업의 주식을 전량 매입하여 경영권을 행사하는 형태로 운영된다. 지분을 공유하는 합작투자처럼 의사결정을 공동으로 내릴 하등의 이유가 없기 때문에 사업에 대한 통제권을 전부 행사할 수 있다.

기업이 독자적 경영의사결정권과 지분으로 자사의 독점적 우위(monopolistic advantage)를 내부화하여 현지시장, 자원 등을 확보할 목적으로 하는 시장진입방법이다. 이와 같은 해외시장 진입방법은 기업이 어느 정도 글로벌화되어 있는가, 즉 어느 정도 글로벌능력을 보유하고 있는가에 따라 선택의 폭이 결정된다. 여기에서는 기업이 국제화·글로벌화되어 감에 따라 마케팅의 형태가 어떻게 발전되는가에 대하여 논의해 보기로 한다.

6.2 글로벌 마케팅의 발전단계

기업은 국제화의 경험이 축적되고 국제경영능력이 함양됨에 따라 다수 국가를 대상으로 글로벌 마케팅활동을 전개하는 형태로 발전한다. 기업의 활동범위에 따라 국내지향적 마케팅과 해외지향적 마케팅으로 구분할 수 있으며 마케팅역량을 중심으로 국제마케팅, 다국적마케팅 및 글로벌 마케팅으로 형태적 속성이 발전하게 된다.

1. 글로벌 마케팅의 형태적 발전

(1) 지리적 범위에 따른 글로벌 마케팅

1) 국내지향 마케팅

국내지향적 마케팅은 국내 모기업이 해외 자회사의 모든 의사결정과 마케팅관리를 조정하며 마케팅전략도 국내의 시장점유율을 높이는 데 목적을 두게 된다. 국내시장에서 경쟁력을 갖출 수 있다면 본사는 해외 자회사로 하여금 원자재 및 기술도입을 수행하도록 한다. 즉 국내지향 마케팅은 본국시장에서 성과를 창출하고자 모국을 중심으로 본원적 활동(연구개발, 생산 및 마케팅)을 수행하는 마케팅활동이다. 그러나 이러한 국내지향 마케팅도 시장의 글로벌화(globalization of markets)에 따라 해외지향 마케팅으로 변화될 수밖에 없다. 달리 말해 경영자의 마인드가 해외지향적으로 변모되고 해외시장에서 전략적 마케팅활동을 수행할 수 있다면 국제마케팅으로 전환될 수 있을 것이다.

마케팅 측면에서 시장의 글로벌화는 고객의 개성, 라이프스타일, 구매력, 구매패턴 등에서 국가 간 차이를 감소시키고 있다. 이처럼 전 세계시장이 단일시장으로 통합되는 이유는 교통수단과 정보통신기술의 발달로 인해 지리적 거리에 따른 차이가 줄어듦으로 인해 정보의 확산과 소비의 창출이 동시에 발생하는 것에서 찾을 수 있다. 다음으로 선진국과 신흥경제대국의 산업화는 소득수준 향상으로 이어지고 중산층 비중이 확대되는 결과로 나타나고 있다. 이로 인해 전 세계시장에서 내구재(가전, 가구 및 자동차)에 대한 비슷한 소비수요가 창출되고 있다. 끝으로 국가 간 무역 및 투자장벽이 축소되는 동시에 상품 및 서비스시장이 개방을 맞이하면서 기업의 글로벌화에도 긍정적 영향을 미치고 있다. 결국 원두커피, 신용카드, 맥주, 청바지 및 청량음료 등에서 글로벌 소비 동조화현상이 심화될수록 기업의 글로벌화, 즉 마케팅활동의 국제화도 필연적으로 뒤따를 수밖에 없을 것이다.

2) 해외지향 마케팅

해외지향 마케팅은 국가 간 제품과 서비스의 국제 이동에 관련된 마케팅활동으로 본국을 벗어나서 이루어지는 수출 위주의 마케팅활동을 의미한다. 시장의 글로벌화에 따라 기업도 해외시장에서 제품을 적극 판매하는 동시에 해외 소비성향과 고객 필요/욕구에 맞춰 자사의 제품 및 마케팅전략을 조정하게 된다. 가령 수출지향적 마케팅도 해외시장 개척에 따른 판매증대를 목표로 국내 생산규모 확대에 초점이 맞춰져 있다.

본국의 모기업은 전략적 의사결정뿐만 아니라 마케팅에 관한 일상적 의사결정까지 내리며, 해외 자회사의 조정도 일방적·집권적 통제수준을 보인다. 또한 해외 자회사의 주요 경영자도 본국에서 파견되며, 그 경영자에 의한 직접적이고 강력한 마케팅활동을 전개하게 된다. 그러나 수출지향적 마케팅활동은 제품시장의 이질성과 이에 대응하는 경영자원의 부족으로 말미암아 한계를 지닐 수밖에 없다. 그럼에도 불구하고 목표시장의 시장잠재력, 수익성, 구매력 정도, 소비자의 성향과 구매패턴, 정치적 위험, 사회경제적 환경과 법률적 환경에 대한 정보를 체계적으로 수집・분석한 후 의사결정을 내려야 할 것이다.[4)]

(2) 역량수준에 따른 글로벌 마케팅

이제 미국, 유럽 및 일본에 본사를 둔 서구 다국적기업은 진부한 표현이 되었다. 최근 들어 신흥경제대국(BRICs)에서 출현하는 글로벌기업도 심심찮게 등장하고 있다. 이들은 주로 에너지, 자원개발 분야를 중심으로 한 신속한 국제화를 기반으로 글로벌 경쟁력을 축적하고 있다. 다국적기업과 글로벌기업은 용어상의 변화를 의미하지 않는다. 즉 비전, 전략적 목표, 경영스타일, 전략, 조직구조 및 기능별 활동 등 모든 면에서 전혀 다른 기업을 의미한다. 사실 국제화 경험과 국제경영능력에 따라 기업의 국제화 과정도 달라진다. 즉 지리적 범위뿐만 아니라 역량수준이 축적되면서 수출기업, 다국적기업, 그리고 글로벌기업으로 변화하게 된다. 이에 따라 기업의 마케팅활동도 국제마케팅, 다국적마케팅, 그리고 글로벌 마케팅으로 진화를 거듭하는 것이다.

1) 국제마케팅

국제마케팅(international marketing)의 경우 해외에서 생산과 마케팅활동을 수행하고 있으나, 자민족중심주의 또는 본국지향적 마인드의 마케팅활동을 전개하고 있다. 달리 말해 국제마케팅에 충실한 기업은 본국에서 수행하던 사업, 구매 및 제품이 해외시장에서도 통할 것이란 신념을 갖고 가치창출에 전력투구한다. 이 단계의 마케팅전략도 주로 본국시장을 위해 개발한 제품, 가격, 유통, 촉진 등의 마케팅믹스전략을 외국시장에 그대로 적용하여 수행하려고 한다. 가령 현지의 마케팅 담당자는 판매, 촉진 등 일부 마케팅활동을 수행하는 데 그치며, 본사가 전사 차원에서 전략적 마케팅을 계획하고 적용하는 경우이다.

4) Tunc Erem and Bulent Menguc, "Export Market Segmentation Practices of Turkish Firms," *Journal of Euro-Marketing*, Vol.6, No.3, 1997, pp.103-135.

사실 '국제'라는 개념은 단순히 '국내'에 대응되는 개념으로 이해할 수 있으며, 글로벌 마케팅으로 가기 위한 출발이라고 할 수 있다. 물론 창업에서 시작하여 국내마케팅부터 국제마케팅활동까지도 상당한 시간과 노력의 장기투자가 요구되지만, 결국 이는 글로벌 마케팅으로 가는 거쳐야 할 통과의례로 이해할 수 있다. 국제마케팅단계에서 목표시장 선택은 주로 경험에 의한 수출동기, 심리적 거리감, 국제마케팅전략과 활동의 용이성에 따라서 결정된다.5)

2) 다국적마케팅

보통 다국적기업은 여러 국가에 제조활동을 수행하는 법인을 운영하고 있으며, 현지자회사는 자율적 경영을 토대로 현지시장에서 점유율을 제고하는 데 주력하는 기업이다. 이에 따라 다국적마케팅(multinational marketing)도 다수 국가를 포함하는 해외시장을 대상으로 수행하는 마케팅활동을 의미한다. 글로벌전략의 수립과 실행에 기여하기보다 현지국 정부의 무역장벽을 우회하려는 동기에서 다국적마케팅이 주로 수행된다는 설명이 훨씬 설득력이 있다.6)

반면 글로벌 마케팅에서 핵심업무는 개별시장에서 수행하는 마케팅프로그램의 독자성을 인정하면서도 본사 차원의 최적화를 동시에 달성하는 데 있다. 향후 진출대상 국가가 늘어나는 동시에 현지시장중심의 마케팅활동이 증가할수록 중복되는 활동의 조정은 필연적이다.

달리 말해 다국적기업의 경영자는 마케팅활동에 대한 통합과 조정을 활용하여 규모의 경제를 추구할 수밖에 없다. 결국 규모의 경제(economy of scale)와 범위의 경제(economy of scope)효과를 달성하려면 다국적기업의 마케팅활동도 점차 글로벌기업의 마케팅으로 진화하는 과정을 거쳐야 한다.

3) 글로벌 마케팅

실제로 글로벌 마케팅(global marketing)은 마케팅활동의 범위와 해외시장에 대한

5) Aviv Shoham, Gregory M. Rose, Gerald S. Albaum, "Export Motives, Psychological Distance, and the EPRG Framework," *Journal of Global Marketing*, Vol.8, No.3, 1995, pp.9-37.

6) Coldwell Daniel III, John J. Reid, "An Inquiry into the Effects of U.S. Multinationals on U.S. Intraindustry Trade," *Journal of Global Marketing*, Vol.12, No.1, 1998, pp.81-104.

개입수준이 높은 마케팅활동이다. 글로벌기업은 본국과 외국시장의 구분 없이 전 세계시장을 단일시장(single market)으로 간주하고 표준화된 제품과 서비스를 동일한 방식으로 제공하는 기업이다.

달리 말해 보편적 소비자 니즈를 가진 글로벌고객집단 혹은 동질적인 세분시장을 대상으로 마케팅활동을 집중한다. 보통 글로벌 마케팅은 전 세계시장, 고객 및 공급업자를 연결하는 글로벌 가치사슬을 구축하거나 전략적 제휴를 통해 연구개발, 생산 및 마케팅활동을 수행하기도 한다.

화이트로크와 핌블트(Whitelock & Pimblett)의 연구에 의하면 기업의 글로벌화는 문화적 동질성보다 규모의 경제를 달성함으로써 글로벌 효율성(예: 비용절감)을 추구하는 전략임을 강조하고 있다.[7)]

한편 글로벌 마케팅에서 활용되는 제휴도 조직자원의 활용성, 현지적응의 필요성, 글로벌 통합성의 전략적 요인들, 산업의 글로벌화 수준, 제품시장의 이질성, 경쟁강도와 상황 등 과업환경의 시장요인에 의해 영향을 받는다. 결국 시장의 동질성이 주는 기회요인을 활용하기 위해 제품의 표준화로 글로벌 효율성을 달성하는 한편 통합과 조정활동으로 전체 네트워크의 최적화를 동시에 모색하는 것에서 글로벌 마케팅의 본질을 찾을 수 있다.

2. 글로벌 마케팅의 인지적 발전: EPRG 프로필

글로벌 마케팅은 기업형태적 발전에 의하여만 이루어지는 것은 아니다. 경영자와 그 구성원의 경영마인드 수준에 따라 글로벌 마케팅 발전단계가 달라질 수 있다. 즉 인지론적 발전단계에 따라 경영과 마케팅을 분류할 수 있는데, 이른바 EPRG 프로필이라는 틀로 마케팅의 국제화 단계를 구분하여 설명할 수 있다.

본국 및 해외시장에 대한 최고경영자의 태도에 따라 국제마케팅에 관한 여러 의사결정들이 달라질 수 있는데, 차크라바티와 펄뮤터(Chakravarthy & Perlmutter, 1985)는 국제화에 대한 기업의 태도를 다음과 같은 네 가지로 나누어 설명하고 있다.

---

7) Jeryl Whitelock and Carole Pimblett, "The Standardisation Debate in International Marketing," *Journal of Global Marketing*, Vol.10, No.3, 1997, pp.45-66.

(1) 본국시장지향형

본국시장지향형(ethnocentric) 경영은 자민족중심주의 경영이라고도 하는데, 이러한 경영개념에서는 모든 전략적 의사결정들이 모기업의 전략적 목표에 의하여 결정되며 대부분의 의사소통채널도 본사에서 명령이 하달되는 계층적 커뮤니케이션을 이루게 된다. 시장, 경쟁, 공급자 등의 가치 및 이해관계는 본사의 이익을 위하는 방향으로 해석되고 수행된다.

조직형태도 본사의 조직구조는 매우 복잡하지만, 현지 자회사의 조직은 상대적으로 단순한 구조로 운영된다. 현지 자회사의 인사, 승진, 배치 등의 관례도 본사의 방식을 준용하게 되고, 기업문화도 본사의 문화와 유사하게 형성된다. 현지 자회사의 목적은 당연히 본사의 경영에 어느 정도 기여하는가에 달려 있으며, 그러한 기준으로 현지 자회사를 평가하게 된다. 현지 자회사의 경영층 역시 본사에서 파견된 인적자원으로 구성하게 된다. 시장정보와 조사는 본사에서 조사된 자료를 기본으로 하여 수행되며, 현지시장에 대하여는 특별한 차이를 두고자 하지 않는 경향이 있다.

(2) 현지시장지향형

현지시장지향형(polycentric) 경영하에서 전략적 의사결정들은 현지 경영자에게 위임되어 현지시장상황에 적합하게 이루어진다. 본사는 현지에서의 의사결정을 취합하고 부분적으로 조정하는 역할만을 하게 된다. 현지시장지향형 경영은 주로 현지국 시장의 수요를 충당하기 위한 목적으로 현지화된 마케팅활동을 수행한다. 즉 현지로 진출한 자회사는 모회사의 간섭을 거의 받지 않고 독자적인 마케팅목표와 계획을 세워 자회사의 책임 아래 현지 마케팅을 추진한다.

본사의 조직구조는 지역별 사업부제도를 택하게 되며 현지의 마케팅을 비롯한 인사, 채용, 재무 등의 경영활동은 현지의 특수상황에 맞게 조직을 구성하게 된다. 이러한 방식의 글로벌 마케팅활동은 현지의 시장규모가 방대하고 시장상황이 특수하여 현지의 사정에 적합한 경영관리를 하지 않으면 효율적인 사업활동의 효과를 기대할 수 없는 경우에 주로 이용된다. 1990년대 중반 대우자동차가 수행한 폴란드, 루마니아 등 체제전환국(transition economies)에 대한 투자가 이에 속한다.

(3) 지역시장지향형

지역시장지향형(regiocentric)의 기업은 세계시장의 변화(예: EU, NAFTA) 속에서 소비의 유사성을 발견함으로써 효율성을 추구하고자 한다. 즉, 수요와 공급의 통합을 통한 원가절감과 중복사업의 제거, 제품 및 절차의 표준화 등을 모색하게 된다. 범세계적 범위에서의 통합보다 우선 지역별로 자회사 상호 간의 타협과 협조를 모색하는 과도기적 형태를 취하게 된다. 이러한 경우, 기업은 글로벌 통합과 지역별 적응이라는 양자의 문제를 해결하기 위하여 소수의 현지시장(multi-domestic)에 집중하는 지역시장지향형으로 들어간다. 이 기업의 초점은 현지의 여러 시장을 묶어 지역 본사에 의하여 운영될 수 있도록 하는 것이다.

현지시장지향형은 현지국 시장이 확연한 이질성을 보이기 때문에 개별제품시장의 차이를 반영하는 전략을 수립・실행할 것을 강조하지만, 지역시장지향형의 기업은 글로벌시장의 일환으로 어느 정도 보편성을 보이는 권역, 지역별 공통시장에 초점을 맞춘다.

본사뿐만 아니라 지역별 자회사들과 이해관계를 조정하여 합의에 이르는 경향을 보여준다. 제품전략의 적응(adaptation)에서 볼 수 있듯이 현지의 소비성향과 소비자 니즈를 충족시키기 위해 표준화를 기본으로 하지만, 부분적으로 제품을 수정하는 전략을 취하게 된다. 제품별 혹은 지역별 사업부제 조직구조를 채택하는 것이 보통이며 본사-지역, 지역-지역 간 빈번한 커뮤니케이션을 전제로 한다.

(4) 세계시장지향형

세계시장지향형(geocentric) 경영에서는 글로벌 네트워크의 최적화를 위하여 여러 자회사들의 이해관계를 통합하게 된다. 실제로 마케팅프로그램도 수평적・수직적 커뮤니케이션처럼 범세계적으로 계획되며, 각 자회사의 전략단위에 자원이 배분된다. 세계시장에 대한 표준화전략을 중심으로 하지만 현지적응전략을 통해 현지고객들을 위한 가치를 창출하는 세계적인 글로벌기업이다. 가령 구매, 제품개발, 촉진, 물류 및 운송보관 등의 마케팅요소를 가능하면 표준화하여 통합함으로써 규모의 경제와 범위의 경제효과를 끊임없이 추구하는 기업들이다.

표 6-4 EPRG 프로필에 따른 기업의 경영과 마케팅

기업의 태도 / 기업 특성	본국시장지향형 (ethnocentric)	현지시장지향형 (polycentric)	지역시장지향형 (regiocetric)	세계시장지향형 (geocentric)
목표설정의 방향	Top-down (본사 → 자회사)	Bottom-up (자회사 → 본사)	지역과 자회사 간 상호 타협	기업의 모든 수준에서 협상
커뮤니케이션	계층적(본사에서 많은 명령하달)	현지에 위임	지역 내에서 수직적 및 수평적 커뮤니케이션	지역 내에서 수직적 및 수평적 커뮤니케이션
자원의 배분	투자기회를 본사에서 결정	자회사 결정	본부의 통합조정 지역 내 자율배분	글로벌계획에 의한 배분
조직의 복잡성	모기업에서는 복잡하나 자회사에서는 단순함	다양하고 독립적임	지역시장에 기반을 둔 상호 의존적인 형태임	세계시장에 기반을 둔 고도의 상호 의존적인 복합형태임
전략	본국중심전략	국별 적응전략	지역적 통합 및 국별 적응전략	범세계적 통합 및 국별 적응전략
구조	계층적 제품사업부	자치적인 국가단위를 가진 계층적인 지역사업부	제품별 또는 지역별 조직	매트릭스조직
마케팅활동	본국의 수요에 기반을 둔 생산과 개발	현지시장의 수요에 기반을 둔 생산과 개발	지역별 보편적 수요에 대응하는 생산과 마케팅	글로벌 생산과 지역별 마케팅의 동시 추구
문화	본국	현지국	지역	범세계적
조직구성원의 국적	본사국 국적이 절대 다수임	피투자국의 국적이 많음	지역시장 소재국의 국적이 많음	범세계적인 국적 구성

자료: Chakravarthy, B. and H. Perlumtter, "Strategic Planning for a Global Business," *Columbia Journal of World Business,* Summer, 1985, pp.3-10 수정

이 범주에 속하는 글로벌기업은 보편적 필요와 욕구를 보이는 글로벌고객들에게 표준화된 제품과 서비스를 제공한다. 이와 더불어 다른 글로벌기업들과의 경쟁에서 승리하고자 글로벌전략을 수립·실행할 수밖에 없으며, 개별시장을 중심으로 운영되지 않는다. 달리 말해 제품시장의 동질성(market homogeneous)에 따라 글로벌기업은 제품 및 마케팅전략을 개발하여 글로벌시장에 적용하는 동시에 자사가 축적한 연구개발, 생산 및 마케팅 경험을 최대한 활용하여 현지시장의 이질성에도 적응해 간다. 즉 표준화와 현지화전략을 함께 추구하며 이를 위해 제품과 지역을 동시에 고려하는 매트릭스 조직구조를 채택한다.

6.3 글로벌시장 진출의 영향요인

기업이 글로벌시장으로 확장하려는 동기는 수익극대화를 도모하는 것에서 찾을 수 있다. 그러나 기업의 해외시장 진출은 여러 다양한 요인들의 상호작용에 영향을 받는다. 보통 해외시장 진입에 영향을 미치는 요인을 살펴보면 능동적 동기(proactive motives)와 반응적 동기(reactive motives)로 구분해 볼 수 있다.[8] 능동적 동기는 기업 특유의 우위를 갖추고자 하거나 주도권을 모색하고자 하는 기업의 능동적 변화인 반면, 반응적 동기는 시장이나 경쟁의 변화 또는 위협에 대응하려는 기업의 반작용이다. 글로벌 마케팅 담당자라면 능동적 동기와 반응적 동기를 고려하면서 판매시장을 어떻게 확장할 것인지 고민할 것이다.

[표 6-5]는 기업의 글로벌시장 진입동기를 정리한 표이다.

표 6-5 글로벌시장 진입동기

능동적 동기(proactive motives)	반응적 동기(reactive motives)
• 이익 또는 성장목표 • 경영진의 강력한 리더십 • 기술 또는 제품경쟁력 보유 • 해외시장정보 보유와 기회 • 규모의 경제 추구 • 세금감면 등 금융지원	• 경쟁 심화 • 국내시장의 협소 또는 쇠퇴 • 과잉설비 또는 과잉생산 • 예기치 않은 해외주문 • 계절적 수요에 따른 대응 • 해외시장에 대한 심리적 거리

마케팅 담당자는 목표시장에 잠재력이 있고 정치적 안정성 및 경영상의 위험을 극복할 수 있다면 진출에 대한 강한 의지를 불태울 것이다. 그런 후 조직 내부의 핵심역량(제품·서비스, 생산, 마케팅, 재무 및 인적자원)을 활용할 수 있다고 판단되면 과감히 진출하는 의사결정을 내린다. 만약 외부환경이 가져다주는 기회요인을 활용할 강점이 없다면 진출을 포기하거나 설령 진출하더라도 비싼 수업료만 지불하게 된다. 이처럼 주관적 판단에 영향을 미치는 다양한 변수가 존재하는 만큼 더 확실한 마케팅

8) Gerald Albaum et al., *International marketing and Export management*, Addison-Wesley, 1994, p.31.

의사결정을 내릴 수 있도록 객관적으로 중요한 자료를 면밀히 검토하는 단계를 거쳐야 한다. 객관적 자료에 의존할수록 불확실성을 줄이면서 글로벌시장 진입에 대한 대안을 도출하고 올바른 판단을 내릴 수 있다.

그림 6-2 마케팅 의사결정의 프로세스

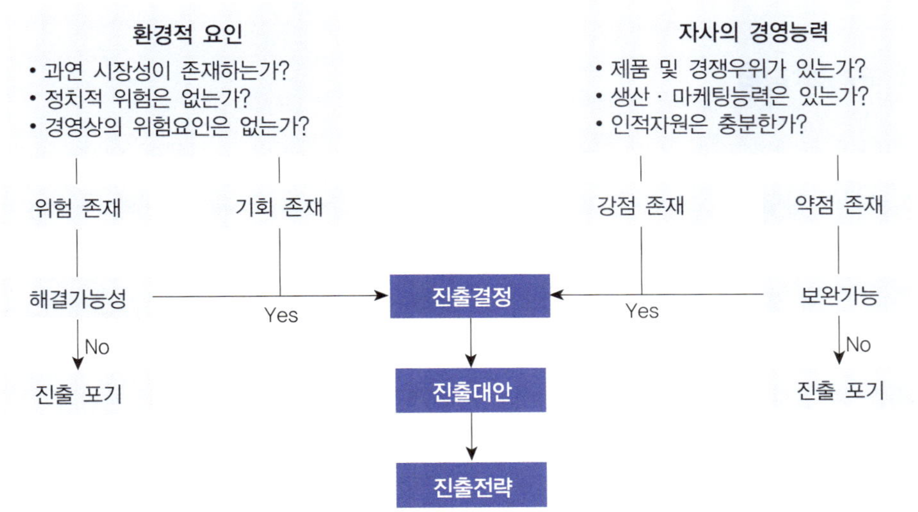

홀렌센(S. Hollensen)에 따르면 글로벌시장으로 진출하는 진입방식의 선택은 네 가지 변수에 의해 결정된다.[9] 기업 특유 변수, 환경 특유 변수, 진입방식 특유 변수, 그리고 거래 특유의 변수가 이에 해당한다.

1. 기업 특유 변수

(1) 기업규모

보통 기업의 규모가 크다는 것은 기술과 자본력에서 우위에 있다는 의미이다. 달리 말해 대기업일수록 적극적 국제화(직접투자)를 통해 글로벌시장의 참여가능성을 제고

9) Svend Hollensen, *Global Marketing: A market-responsive approach*, Prentice Hall, 1998, pp.208－214.

하는 반면, 중소기업은 소극적 국제화(수출)를 선택할 수밖에 없을 것이다. 그렇지만 시간이 경과함에 따라 기업의 규모가 증가하게 되면 내부거래관계를 활용하여 핵심역량을 이전하는 안정적 진입방식을 선택하게 된다. 즉 본사-자회사 관계에 의존하는 단독투자 혹은 합작투자방식을 활용하여 글로벌시장으로 진입하는 것이 가능할 것이다.

(2) 국제화 경험

기업의 국제화 경험 역시 글로벌시장으로 진출하는 진입방식 선택에 영향을 미친다. 국제화 경험이 풍부하다는 것은 그만큼 불확실성을 줄이고 외국인비용(liability of foreignness)을 낮출 수 있다는 의미이다.

달리 말해 경험이 일천한 국제화 초기단계의 기업들은 직접투자보다 수출 또는 기술이전방식을 활용하여 글로벌시장으로 진출할 수 있다. 결국 풍부한 국제화 경험은 수출, 라이선싱, 제휴, 합작투자 및 단독투자 중 기업이 선택할 수 있는 진입방식 선택의 대안을 확장시켜 준다.

(3) 제품/서비스의 차별화

제품의 외형, 기능, 디자인은 기업 특유의 요인인 동시에 차별화 수단으로 활용되기도 한다. 제품의 복잡성이 증가하여 일정한 품질수준을 충족하지 못할 경우 판매 후 수리비용이 과도하게 발생할 수 있다. 즉 제품의 복잡성이 높을수록 기업은 품질에 대한 통제권을 확보할 수 있는 진입방식을 선택한다. 달리 말해 단순수출보다 내부화의 이점을 살리면서 해외사업에 대한 통제권을 강화하는 직접투자방식을 선호하는 것이다.

심지어 첨단기술이 적용된 고기능, 고사양 제품일수록 고가에 판매될 수밖에 없기 때문에 고객에 대한 차별화된 서비스가 필요해진다. 이를 위해 수준 높은 고객서비스를 제공할 수 있는 진입방식을 고민하는 것이다. 결국 국제화를 추진하는 제조업체는 가치사슬활동을 내부화할 수 있는 직접투자방식을 선택함으로써 마케팅활동을 현지에서 직접 수행하게 된다.

2. 환경 특유 변수

(1) 문화적 거리

국가 간 문화적 거리(cultural distance)는 외국인비용을 발생시키는 주요 원천 중 하나이다. 즉 문화적 거리 차이가 크면 클수록 외국인비용도 더 많이 발생한다. 그렇기 때문에 언어, 인종, 종교, 제도, 미학 및 태도・가치관의 차이가 커다란 국가로 진입할 경우 외국인비용을 줄이는 진입방식의 선택이 필요하다. 즉 최고경영자가 인식하는 문화적 거리 차이가 크다면 기업은 가능한 자원을 적게 투입하는 방식으로 국제화를 단행하면 된다. 결국 투입비용을 줄이는 동시에 위험부담을 낮출 수 있는 수출과 같은 방식이 타당할 것이다.

(2) 정치적 위험

기업의 국제화에서 정치적 위험(political risk)은 진입방식 선택에 영향을 미친다. 보통 정치적 위험에 노출되는 다국적기업은 국유화 조치의 일환으로 자산이 수용(expropriation)되거나 몰수(confiscation)될 수 있다. 달리 말해 기업은 재산상의 손실을 줄일 수 있는 진입방식을 선호할 수밖에 없다. 즉 정치적 위험을 줄이거나 낮출 수 있는 진입방식을 고민하게 된다. 더욱이 정치적 위험이 상존하는 국가로 진출할 경우 직접투자보다 라이선싱・프랜차이징을 선택하거나 수출을 선택하는 것이 유리하다. 만약 직접투자를 선택하더라도 단독투자보다 합작투자방식으로 진입하는 것이 낫다.

(3) 시장의 크기와 성장성

만약 목표시장의 규모가 크고 성장성 또한 높다고 한다면 가능한 많은 자원을 투입하더라도 해외사업에 대한 통제권을 가지려 할 것이다. 즉 단독투자(신설투자・인수합병)나 다수지분을 가지는 합작투자를 선호할 것이다. 이와 반대로 상대적으로 소규모 시장으로 진출할 수밖에 없다면 수출 혹은 낙후된 기술을 이전함으로써 국제화를 시도할 것이다. 더욱이 현지시장의 경쟁이 치열하면 할수록 직접투자 이외의 대안을 모색할 필요가 있다. 즉 초기에 위험부담이 적은 방식으로 진입한 다음 시장의 잠재력을 평가하고 나서 진입방식을 고도화하는 것이다.

(4) 관세 · 비관세장벽

현지정부의 관세 및 비관세장벽은 직접수출보다 현지생산 혹은 기술이전에 의한 조립생산을 선택하게 만든다. 최근 선진국을 중심으로 일종의 비관세장벽인 현지부품장착의무(local contents requirement)를 적용받는 상황에 직면하기도 한다. 달리 말해 현지부품장착의무비율을 충족해야만 원산지 규정에 따라 무관세 혜택을 받을 수 있다.

예컨대 현지에 제조공장을 설립하는 직접투자를 단행했다 하더라도 안심할 수 없는 것이다. 즉 현지생산에 의한 완제품이라도 역내에서 조달한 부품의 장착비율을 높여야지 관세부과를 피해갈 수 있다. 결국 기업으로 하여금 투자방식뿐만 아니라 운영방식의 변화를 초래할 수밖에 없는 중요한 변화로 인식해야 한다.

3. 진입방식 특유 변수

(1) 위험회피 정도

기업 최고경영자의 개인적 성향에 따라 위험을 바라보는 인식수준은 다를 것이다. 달리 말해 경영자가 지닌 위험회피성향에 따라 선택하는 진입방식이 다르게 나타날 수 있다. 특정 진입방식에 투입되는 자원의 양이 많을수록 위험에 노출될 가능성도 그만큼 커진다.

가령 수출, 계약방식(라이선싱 · 프랜차이징), 합작투자, 그리고 단독투자의 순으로 위험부담의 정도는 높아진다. 즉 위험회피성향이 높을수록 수출에 의존하는 반면 위험추구성향이 강할수록 직접투자방식으로 국제화를 시도할 것이다. 그러나 직접투자 방식이더라도 위험부담을 낮추고자 단독투자 대신 합작투자를 선택할 경우 오히려 파트너 간 의견조정으로 상당한 자원과 시간을 낭비할 수 있다.

(2) 해외사업의 통제권수준

보통 진입방식을 선택할 때 비용이 적게 드는 방식일수록 통제권 행사의 수준도 낮다고 볼 수 있다. 가령 간접수출은 특성상 해외시장이나 고객에 대한 경험을 축적하는 데 통제권을 행사할 권한이 전혀 없다. 마찬가지로 기술이전계약이더라도 라이선싱받은 기술로 만들어진 제품의 품질은 통제하기 어렵다. 만약 상당한 자원의 투입이 요구되는 진입방식을 선택한다면 통제권을 행사할 여지도 커질 것이다. 즉 해외사업에 대한 강력한 통제권을 행사하고자 한다면 수출, 라이선싱방식 대신 직접투자(합작투자 및 단독투자 포함)를 국제화 수단으로 선택해야 한다.

4. 거래 특유 변수[10)]

(1) 자산의 특유성

보통 자산의 특유성(asset-specificity) 또는 자산 특유의 투자(asset-specific investment)는 거래비용경제학(TCE: Transaction Cost Economics)의 핵심개념이다. 이는 특정 기업을 위해 시설이나 설비에 대한 투자를 단행할 때 기회주의 행동에 직면할 수 있는 상황을 의미한다.

가령 소싱관계에 따라 대만의 팍스콘은 애플의 아이폰, 아이패드 완제품을 생산하고자 설비투자를 단행할 수밖에 없다. 그러나 팍스콘은 애플이 발주물량을 줄이거나 심지어 거래선을 전환하는 상황에 직면할 수 있는 반면, 애플은 자사의 핵심기술이 유출될 수 있는 불확실성에 노출될 수 있다. 결국 자산의 특유성 혹은 자산 특유의 투자가 발생하는 상황이라면 수출이나 기술이전보다 직접투자를 통해 거래관계를 내부화하려고 할 것이다.

(2) 거래빈도

거래 특유의 속성으로서 구매자와 판매자 간 빈번한 시장거래는 거래비용의 발생

10) 좀 더 자세한 이론적 배경은 거래비용적 접근(transaction cost approach)을 참고할 것

을 초래한다. 달리 말해 거래빈도가 많을수록 당사자의 이해관계를 도모(self-interest seeking)하고자 기회주의 행동이 나타날 수 있다. 이처럼 상대방의 기회주의적 행동으로 말미암아 거래의 불확실성이 높아지면 거래관계를 내부화하려는 동기가 발생할 것이다. 따라서 외부시장 거래방식보다 내부화우위를 활용할 수 있는 직접투자를 선택하는 것이 유리하다.

(3) 거래의 불확실성

기본적으로 거래에 따르는 불확실성은 거래비용을 증가시키는 요인이 된다. 가령 거래당사자를 찾는 탐색비용(searching cost), 거래를 성사시키려는 계약체결비용(contracting cost) 그리고 계약이행 여부를 감시하는 모니터링비용(monitoring cost)이다. 달리 말해 시장의 불확실성은 거래비용을 발생시키는 요인이 되기 때문에 내부화(조직의 내부거래)를 통해 비용을 줄이려는 동기를 가진다. 즉 라이선싱보다 수출 또는 직접투자방식으로 진출하려고 할 것이다.

표 6-6 글로벌시장 진입의 고려요인

구분	영향요인	내부화 가능성
기업 특유 변수	기업규모	강
	국제화 경험	강
	제품·서비스의 차별화	강
환경 특유 변수	문화적 거리	약
	정치적 위험	약
	시장의 크기와 성장성	강
	관세·비관세장벽	강
진입방식 특유 변수	위험회피 정도	약
	해외사업의 통제권수준	강
거래 특유 변수	자산의 특유성	강(기회주의 및 거래비용 증가)
	거래빈도	강(기회주의 및 거래비용 증가)
	거래의 불확실성	강(기회주의 및 거래비용 증가)

6.4 글로벌 마케팅전략

1. 성공적 글로벌 마케팅의 필요충분조건

나이스비트(J. Naisbitt)는 대기업보다 자본과 기술력이 부족하나 민첩한 중소기업도 글로벌시장에 접근하기에 용이하다고 주장한다.[11] 솔버그(C. A. Solberg)는 기업의 글로벌화를 9단계로 나누어 설명하고 있다.[12] [표 6-7]을 보면 국내에 안주하고 있는 기업을 제외한 모든 기업들이 글로벌 마케팅의 대상이 될 수 있음을 알 수 있다.

표 6-7 기업의 글로벌화 단계

기업의 글로벌화 준비 정도				
	완숙	3. 신시장개척	6. 글로벌화 준비	9. 지배력 강화
	중간	2. 수출시장 강화	5. 시장 확장 모색	8. 제휴 확대
	미숙	1. 국내 안주	4. 틈새시장 공략	7. 경영능력 축적
		글로벌화 초기	글로벌화 과정	글로벌화

산업의 글로벌화 정도

성공적인 글로벌 마케팅은 국가 혹은 지역단위를 중심으로 마케팅계획을 통합하는 것이다. 그렇다면 국가-지역단위의 마케팅계획이 효과적으로 수립되기 위해서는 다음 세 가지 지식에 기초를 두고 구축되어야 한다.

- 제품시장과 마케팅환경에 대한 지식: 소비, 고객, 경쟁상황, 경쟁기업, 정부 등
- 제품에 대한 지식: 글로벌지식과 로컬지식(local knowledge)
- 마케팅이론과 전략에 대한 지식

글로벌기업은 이러한 세 가지 지식을 어떻게 축적하고 통합할 것인가를 결정하여야 한다. 이를 위해 기업들은 경쟁환경, 본사 및 자회사에 대한 정보를 효율적으로 신

11) John Naisbitt, *The Global Paradox*, Nicholas Brealey Publishing, 1994, p.17.

12) Carl Author Solberg, "A Framework for Analysis of Strategy Development in Global Markets," *Journal of International Marketing*, Vol.5, No.1, pp.9-30.

속히 공유할 수 있는 네트워크를 구축해야 한다. 또한 커뮤니케이션방식도 상의하달(top-down)이나 하의상달(bottom-up) 등 일방적인 소통이 아닌 글로벌 관점과 지역적 시각을 통합함으로써 글로벌 차원의 최적화를 달성해야 한다. 달리 말해 다국적기업의 성과는 여러 국가 및 지역에 진출해 있는 자회사 성과의 합이라는 점을 감안한다. 즉 다국적기업 전체 네트워크를 통합하여 이윤극대화를 도모할 수 있도록 마케팅 전략 수립과 운영의 묘를 살려야 할 것이다.

2. 글로벌 마케팅의 기본전략

글로벌경영전략은 산업의 글로벌화 수준과 제품시장의 이질성을 종합적으로 고려할 때 수립 및 실행이 가능하다. 보통 산업의 글로벌화 수준에 따라 글로벌산업과 다국적산업으로 구분할 수 있다. 또한 소비성향, 소비자 니즈, 전략적 중요도, 경쟁상황, 시장지배적 로컬사업자는 제품시장의 이질성을 결정한다. 달리 말해 기본전략의 선택은 글로벌산업 또는 다국적산업, 제품시장의 동질성 혹은 이질성에 따라 달라질 것이다. 즉 글로벌산업에 속하면서 제품시장의 동질성을 가정할 경우 표준화전략을 선택하는 반면, 다국적산업에 속하는 동시에 제품시장의 이질성이 강하다면 철저한 현지화전략으로 대응해야 할 것이다. 결국 외국인비용(liability of foreignness)을 극복할 수 있도록 기업 특유의 독점적 우위(FSA: Firm-Specific Advantage)를 활용하는 글로벌전략을 수립하고 실행하는 것이 중요할 것이다.

(1) 표준화전략

우선 표준화전략(standardization strategy)은 글로벌시장을 대상으로 동일한 제품을 동일한 방식으로 제공하는 전략(one-size-fits-all)이다. 이 전략은 글로벌 통합(global integration)의 압력은 높지만 지역별 적응(local responsiveness)의 압력이 낮은 상황에 적합하다. 즉 시장의 통합성(aggregation)이 강조되는 반도체, 철강 및 기계장치와 같은 글로벌산업(global industry)에 적합한 마케팅전략으로 볼 수 있다. 일본계 다국적기업에서 주로 볼 수 있으며 일본 도요타(Toyota)의 캠리(Camry)자동차가 표준화전략의 대표적 성공사례에 속한다.

가치사슬 측면에서 볼 때 본국을 중심으로 본원적 활동을 수행하지만 생산요소가 저렴한 입지우위를 가진 국가에서 생산활동을 수행하는 형태를 갖는다. 제품・서비스의 표준화를 달성함으로써 글로벌 차원의 효율성을 강조하는 동시에 본사가 자회사를 집권적으로 조정하는 통제수준을 보여준다.

결국 표준화전략은 규모의 경제 달성에 의한 비용절감, 글로벌 차원의 학습과 혁신을 달성하는 장점을 갖지만 표준화전략으로 말미암아 현지시장에 대한 유연한 대응이 부족하다는 단점을 갖는다.

(2) 현지화전략

현지화전략(localization strategy)은 현지시장의 이질성에 대응할 수 있도록 현지 생산 및 판매체제를 구축하는 전략(tailoring strategy to local markets)이다. 글로벌 통합의 압력은 낮으나 지역별 적응의 압력이 높을 때 선택가능하다. 즉 시장의 이질성(fragmentation)이 강조되는 식품, 음료 및 유통처럼 다국적산업(multinational industry)에 적합한 마케팅전략으로 볼 수 있다.

예컨대 유럽계 다국적기업에서 주로 채택하는 것으로, 스위스 네슬레(Nestle)는 신흥국을 중심으로 보급형 제품(PPP: Popularly Positioned Product)[13]을 출시하는 것으로 현지시장에 대응하고 있다.

가치사슬 측면에서는 본국을 벗어나 여러 국가 및 지역으로 본원적 활동을 분산시켜 수행한다. 달리 말해 현지시장에 적합한 마케팅전략과 경영방식을 수정하는 국가별 전략(multi-local strategy)으로 볼 수 있다. 현지중심의 본원적 활동은 현지고객 니즈를 충족함으로써 시장점유율을 증가시킬 수 있다. 이를 위해 권한과 책임을 위임하여 자회사의 자율적 경영을 보장하는 분권적 조정을 보인다. 그러나 현지화전략은 자회사활동의 중복, 제한적 정보공유, 그리고 규모의 경제 달성에 제약을 가지기 때문에 조정비용이 과도하게 발생하기도 한다.

13) 신흥시장을 공략하고자 네슬레가 만든 맞춤형 제품전략이다. 예컨대 소득수준이 낮기 때문에 소량, 자주 구매하는 소비성향을 감안하여 개별포장 혹은 낱개포장(single serve packaging) 제품을 출시하는 것이다.

표 6-8 표준화전략과 현지화전략 비교

<table>
<tr><th colspan="2">구분</th><th colspan="2">표준화전략</th><th colspan="2">현지화전략</th></tr>
<tr><td colspan="2" rowspan="2">압력 정도</td><td>글로벌 통합</td><td>High</td><td>글로벌 통합</td><td>Low</td></tr>
<tr><td>지역별 적응</td><td>Low</td><td>지역별 적응</td><td>High</td></tr>
<tr><td colspan="2">제품시장</td><td colspan="2">시장의 통합성
(market aggregation)</td><td colspan="2">시장의 이질성
(market fragmentation)</td></tr>
<tr><td colspan="2">산업의
글로벌화</td><td colspan="2">글로벌산업(global industry)
(예: 철강, 반도체, 기계장비)</td><td colspan="2">다국적산업(multinational industry)
(예: 식음료, 유통, 의료서비스)</td></tr>
<tr><td colspan="2">전략</td><td colspan="2">글로벌 표준화 주력
(one-size-fits-all)</td><td colspan="2">현지적응 추구
(tailoring strategy to local markets)</td></tr>
<tr><td colspan="2">가치사슬</td><td colspan="2">본국중심의 가치사슬활동 수행</td><td colspan="2">현지중심의 가치사슬활동 수행</td></tr>
<tr><td colspan="2">통제 수준</td><td colspan="2">집권적 조정</td><td colspan="2">분권적 조정</td></tr>
<tr><td colspan="2">기업사례</td><td colspan="2">일본계 다국적기업(Toyota)</td><td colspan="2">유럽계 다국적기업(Nestle)</td></tr>
<tr><td rowspan="2">장 · 단점</td><td>장점</td><td colspan="2">효율성 추구, 비용절감 가능</td><td colspan="2">현지고객 만족, 점유율 제고 가능</td></tr>
<tr><td>단점</td><td colspan="2">현지에서의 유연성 부족</td><td colspan="2">조정비용 과다</td></tr>
</table>

학습과제

1. 글로벌시장으로 진출하려는 기업의 국제화 동기를 찾아보시오.
2. 글로벌시장 진입 시 고려해야 할 핵심변수를 찾아보시오.
3. 글로벌시장 진입방식의 주요 특징과 장 · 단점을 비교하여 설명하시오.
4. 글로벌시장으로 진출한 국내외 다국적기업의 성공 · 실패사례를 찾아보고 시사점을 도출해 보시오.
5. 글로벌 마케팅의 표준화전략과 현지화전략을 비교하여 설명하시오.

Harvard Business School 추천사례

Reading Materials:

1. Johansson, J. and F. Wiedersheim-Paul(1975), "The internationalization of the firm: Four Swedish cases," *Journal of Management Studies*, 12(3), pp.305-322.

2. Kim, W. and P. Hwang(1992), "Global strategy and multinational entry mode choice," *Journal of International Business Studies*, 23(1), pp.29-53.

3. Root, F. R., *Entry strategies for international markets*, New York: Macmillan Bess Ltd., 1987.

4. Zaheer, S.(1995), "Overcoming the liabilities of foreignness," *Academy of Management Journal*, 38, pp.341-363.

7 Chapter 전략적 제휴와 글로벌 소싱

학습목표

- 다국적기업이 글로벌 소싱을 활용하는 이유에 대해 알아본다.
- 글로벌 소싱을 선택하는 기준에 대해 알아본다.
- 단순계약거래를 관계마케팅으로 발전시키기 위해서 무엇이 중요할지 살펴본다.
- 전략적 제휴에 참여하는 기업들의 동기에 대해 알아본다.
- 협력적 관계로서 전략적 제휴는 어떤 한계점을 지니고 있는지 파악한다.

도입사례 ◎ 소싱업체에서 글로벌기업으로의 변신, 대만의 혼하이정밀공업

전기차업체 테슬라의 터치스크린, 일본 소프트뱅크의 로봇 '페퍼', 미국 아마존의 파이어 스마트폰의 공통점은 한 회사가 만든다는 것이다. 바로 이들 제품의 제조사가 대만의 혼하이정밀공업(Hon Hai Precision Industry Co., 이하 혼하이)이다. 1974년에 창업자 궈 타이밍이 직원 10명과 함께 시작한 혼하이는 1980년대 PC시장이 확대되면서 지구상 거의 모든 PC 브랜드의 모듈과 서킷 보드를 전담 제작하게 되었다. 혼하이는 팍스콘(Foxconn)을 자회사로 두고 있으며 주문자상표부착(OEM)업체 중 세계에서 가장 큰 회사이다.

혼하이는 세계 최대 전자제품 위탁생산회사로 애플 아이폰·아이패드를 만들어 지난해 기준 매출만 130조 원이 넘고, 직원수가 120만 명에 달하는 대만의 대표기업으로 성장하였다. 사업 초창기 흑백 TV에 들어가는 플라스틱 부품을 만들었다. 이후 1980년대에는 PC를 조립했고, 1990년대 들어 애플 컴퓨터에 들어가는 부품을 공급하기 시작했다. 이후 아이팟, 아이폰, 아이패드로 이어지는 제품을 위탁생산하는 관계로 발전하면서 지금까지 애플과의 인연이 계속되고 있다.

▪ 화려하지 않지만 조용히 근면하게 일하는 들소 같다

대만의 대표적인 수출기업이자 세계 최대의 전자제품 외주생산업체인 혼하이그룹이 지난 30년 동안 잘 알려지지 않았던 이유는 무엇일까? 바로 전 세계 다양한 기업들로부터 제품을 주문받아 생산하는 혼하이의 비밀전략 때문이다.

창업자 궈 타이밍 회장은 그동안 자신과 그의 회사를 익명의 베일 뒤에 감추는 데 성공했다. 서로 경쟁관계에 있는 기업들을 위해 제품생산을 하면서도 개별기업의 비밀을 확실하게 보장해 준 것이다. 고객 제품에 대한 비밀유지는 반드시 지켜야 할 원칙으로, 일단 고객자료가 유출되면 막대한 배상금을 지불하도록 되어 있다. 덕분에 델, 애플, IBM, 노키아 등 글로벌기업들을 위해 다양한 부품 및 완제품을 생산하면서도 세계 상위 브랜드들과 주도권을 둘러싼 전쟁을 벌이지 않고 성공할 수 있었다.

혼하이의 성공은 매년 급격히 증가하는 매출을 통해서 알 수 있다. 지난 10년간 혼하이의 매출은 50배 이상 성장하여 작년에만 771억 8,000만 달러를 기록했으며 올해 매출은 925억 달러 이상을 바라보고 있다. 혼하이는 다른 대만기업과는 달리 정부로부터 단 1달러의 보조금이나 세금 혜택도 받지 않았다는 점에 자부심을 가지고 있다. 궈 타이밍 회장은 대만 현지 언론과의 인터뷰에서 이러한 혼하이의 성공비결에 대해 '평범하면서도 근면한 들소 문화'라고 말한다.

실제로 혼하이에서는 신입사원이 들어오면 군사훈련부터 시킨다고 한다. 군대처럼 질서정연하고 절도를 중시함으로써 군대문화가 기업문화로 자리 잡도록 했다. 이러한 문화의 이점은 위에서 내린 지시사항이 철저하게 아래에서 집행되는 것으로 나타난다.

▪ 생산규모를 신속하게 확장해 얻어진 원가경쟁력

1990년대 초반 대만기업인 가운데 처음으로 중국 진출을 결정한 궈 타이밍 혼하이그룹 회장은 대부분의 생산시설을 중국으로 이전하였다. 세계적인 부품관련 업체들의 상당수가 중국에 생산 및 판매망을 보유하고 있기에 혼하이는 생산단가와 물류비용을 낮출 수 있어 타 제조업체에 비해 월등한 경쟁력을 확보하였다. 최근에는 중국 내에서도 인건비가 낮은 내륙지방으로 지속적으로 생산기지를 확대하고 있다.

혼하이는 동시에 해외에도 물류기지와 제조공장을 지속적으로 구축하여 글로벌업체로서의 도약을

꿈꾸고 있다. 경제위기로 인해 구조조정을 거치기는 했지만 최근 직원을 다시 고용하기 시작하며 중국 내 근로자수만 50만 명이 넘는다. 또 미국, 유럽, 아시아 등 16곳에도 연구개발센터를 운영하고 있다. 작년 11월에는 세계 4위 LCD업체인 대만 치메이옵토일렉트로닉스(CMO)를 합병하여 아이패드 등 다양한 모바일 제품 생산에도 대비하는 중이다.

■ 계속적인 가치사다리 위로 올라가는 수직통합화, '원스톱 쇼핑'

단순한 주문생산을 넘어서 개발 및 유통단계까지 관리해주고 있어 한 번 혼하이와 거래한 업체는 다른 업체로 바꾸기 쉽지 않다. 이는 애플이 아이팟 시리즈에 이어 3세대 아이폰, 아이패드에 이르기까지 지속적으로 혼하이를 통해 생산하고 있는 것을 통해서도 알 수 있다.

궈 타이밍 회장은 순전히 제조만 하거나 OEM 방식만으로는 살아남을 수 없다는 사실을 잘 알고, 물류관리는 물론 1만 5,000건이 넘는 특허에 이르기까지 공정의 한 부분만 맡는 것에 만족하지 않았다. 혼하이는 다른 아웃소싱업체들과 차별화된 전략으로 제품생산 모든 과정을 수직통합함으로써 단순한 아웃소싱업체에 머무르지 않고 상호 긴밀한 파트너 관계를 만들어 왔다.

그러나 애플에만 올인하던 시대는 끝나고 혼하이 홀로서기 실험이 시작되고 있다. 왜냐하면 애플의 판매량에 따라 혼하이의 수익에 대한 변동성이 높아져 애플에만 의존해서는 생존할 수 없다는 위기감 때문이다. 즉 애플의 최대 하청업체 대만 팍스콘의 모기업 혼하이는 최근 디스플레이 및 자동차 전기기기 전문기업으로 탈바꿈을 시도하고 있다. 궈 회장도 앞으로 10년간 연평균 매출목표를 2013년보다 2배 이상 많은 약 357조 원으로 제시하고 있다. 이를 위해 4세대(4G) 모바일서비스, 클라우드 컴퓨팅, 전자상거래 등을 혼하이의 성장엔진으로 육성할 계획에 있다.

혼하이의 매출증가율과 순이익률

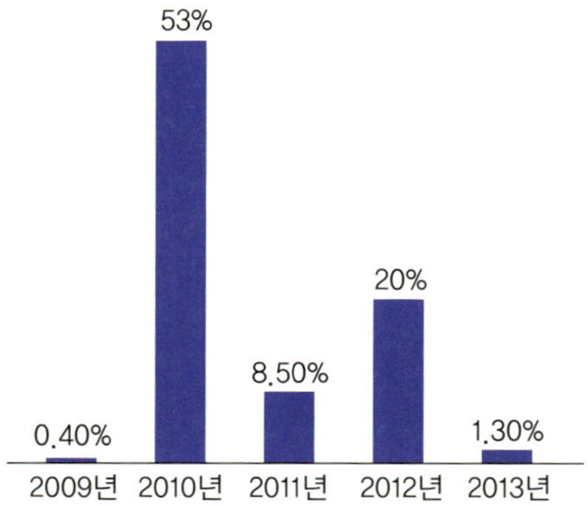

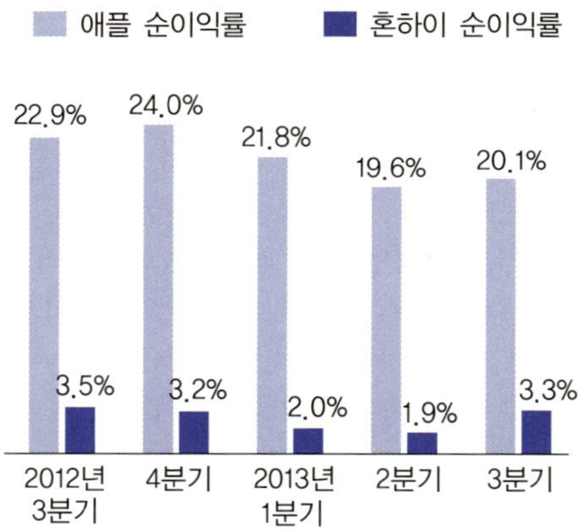

7.1 전략적 제휴의 출현

광의의 개념으로 전략적 제휴는 둘 이상의 기업이 상호 지분을 공동으로 출자하는 협력적 관계로서 합작투자와 비전통적 계약방식의 글로벌 소싱(장기공급계약)을 포함한다. 1980년대 후반 시장의 글로벌화가 심화되면서 전략적 제휴도 급속히 확산되는 양상을 보이고 있다. 특히 첨단기술집약적 산업일수록 합작투자, 소싱계약 및 공동연구개발과 같은 제휴방식이 빈번히 활용되고 있다. 다만 글로벌 소싱도 전통적 제조업에서의 단순소싱과 달리 장기적 관점에서 글로벌 네트워크에 참여하여 가치사슬활동을 수행하는 것으로 변화되고 있다.

1. 전략적 제휴의 논리

우선 전략적 제휴가 출현하게 된 배경과 다른 대안보다 제휴방식을 선호하는 이유를 살펴보기로 한다.[1)] 사실 전략적 제휴는 기업의 전략적 목적에 따라 형성되는 것으로 볼 수 있다. 다만 제휴의 목적, 목적 달성 여부의 핵심조건으로서 제휴파트너 선정을 알아보고자 한다. 결국 전략적 제휴의 목적과 동기 그리고 제휴파트너 선정과 같은 제휴의 기본적 논리를 이해함으로써 전략적 제휴의 본질과 특성에 접근할 것이다.

(1) 제휴의 참여목적

다국적기업이 합작투자를 포함한 전략적 제휴에 참여하는 동기는 실로 다양하다. 우선 첨단기술집약적 산업일수록 자원공유(resource pooling) 혹은 비용/위험분담(cost/risk sharing)의 필요성이 클 것이다. 가령 공동연구개발이나 교차라이선싱의 경우 무형자산(지식, 경험 및 노하우)의 이전과 습득을 통해 학습능력을 강화하는 수단으로 삼을 수 있다. 둘째, 현지정부의 투자장벽(예: 소유권 제한)이 존재할 경우 합작투자를 선택할 수밖에 없다. 가령 중국의 자동차, 이동통신시장의 경우 자국의 기술

1) Benjamin Gomes-Casseres, "Managing International Alliance: Conceptual Framework," *Harvard Business School*, 9793133, May, 1993.

자립을 촉진시키기 위해서 합작투자방식으로 외국계기업의 진출을 선별적으로 허용하기도 한다. 셋째, 독립적인 구매자와 판매자 간의 일회성 제품교환은 거래비용의 발생을 초래한다. 달리 말해 거래참여자 사이에서 발생하게 되는 거래비용을 줄일 목적으로 비교적 장기적인 관계를 형성하는 전략적 제휴에 참여하는 것이다. 넷째, 제품·서비스시장에서의 자사의 전략적 포지셔닝을 제고하는 수단으로 활용한다. 즉 제휴와 같은 협력적 관계를 활용하여 제품수요 창출, 보유기술 확산 또는 시장지배력을 강화하려는 포석으로 삼는다. 현실적으로 단일목적을 갖고 전략적 제휴에 참여하는 것은 아니며 보통 하나 이상의 목적을 추구하는 경우가 다반사이다. 국내외 기업사례를 살펴보면 전략적 제휴의 명확한 동기를 이해하는 데 도움이 될 것이다.

(2) 제휴의 양면성

전략적 제휴는 파트너의 핵심역량에 접근할 수 있다는 장점과 더불어 소유권(통제권)을 공유할 수밖에 없는 한계를 동시에 가진다. 제휴관계를 통해 자원 확보, 위험분산, 지식·경험·노하우 습득, 시장지배력 강화, 현지정부와 우호적 관계 형성이 얼마든지 가능하다. 반면 의사결정의 자율성이 줄어들고 보유자원을 노출해야 하며 관계 종료 후 파트너기업이 경쟁자로 변신할 가능성이 상존한다. 또한 이해관계를 달리할 경우 지속적 협상을 통해 제휴경영 혹은 운영을 해야 한다는 단점이 있다. 심지어 국적을 달리하는 기업과 협력적 관계를 맺을 경우 장점이 늘어나는 만큼 부담할 위험도 커진다. 결국 전략적 제휴에 참여하려는 목적이 현지정부의 소유권(통제권) 제한에도 있지만, 수익(장점)이 비용(단점)보다 훨씬 더 커야지만 전략적 판단에 의거하여 제휴관계에 보다 적극적으로 참여할 수 있을 것이다.

(3) 제휴의 성공조건

보통 전략적 제휴를 '결혼생활'에 비유하기도 한다. 결혼생활을 유지시키는 요인들이 제휴의 성공조건과 유사하기 때문일 것이다. 기존연구에 따르면 제휴의 성공조건은 다음과 같다. 첫째, 제휴에 참여하는 기업들은 상호 독립적 관계를 유지해야 한다. 특히 모기업(parent firm)의 입김과 영향으로부터 자유로운 분권적 방식의 자율적 경영으로 운영하는 것이 필요하다. 둘째, 지분 기반의 제휴(equity-based alliance)일 경우 통제권과 성과를 공유하려는 자세와 태도가 요구된다. 즉 파트너기업들이 자원을 투입하고 운영한 결과로서 성과를 창출하였다면 지분율에 따라 성과를 공정하게 할당하는 것이 필요하다. 셋째, 제휴관계가 유지되는 동안 지속적인 공헌과 기여를 해야 한다. 달리 말해 생산요소 투입, 인적자원 공유, 기술이전과 기술혁신에 매진함으로써 제휴목적과 성과 달성에 주력해야 한다. 결국 참여기업 간 상호 신뢰(mutual trust)를 구축함으로써 장기적 · 안정적 제휴관계를 형성하고 지속할 수 있을 것이다.

(4) 기타 방식과 제휴의 비교

보통 새로운 역량과 능력을 확보하는 방법은 자체 개발, 외부구입 및 인수합병의 세 가지로 구분된다. 이 세 가지 방법과 제휴를 비교해 보자. 첫째, 비록 파트너기업의 협조가 필요하지만 제휴는 자체 개발에 비해 새로운 경영능력에 신속한 접근이 가능한 방식이다. 둘째, 외부에서 단순히 기술자를 영입한다고 해서 조직의 핵심역량 또는 무형자산에 대한 습득이 이루어지는 것이 아니다. 달리 말해 무형자산(지식 · 경험 · 노하우)은 개인 아니면 조직에 체화되어(embedded) 있는 경우가 대부분이다. 즉 외부에서 기술을 단순히 구입한다고 해서 새로운 역량과 능력이 만들어지는 것은 아니다.[2] 셋째, 인수합병의 경우 피투자기업이 인수합병에 응하리라는 보장이 없으며 핵심역량을 보유한 우수인재가 퇴사하게 되면 기술습득 자체가 실패로 끝날 가능성이 농후하다. 결과적으로 자체 개발, 라이선싱 및 인수합병에 비해 전략적 제휴는 파트너의 핵심역량과 경영능력을 용이하게 이전받거나 확보할 수 있는 매력적 방식이 아닐 수 없다.

2. 제휴파트너의 선정기준

전략적 제휴에서 최적의 파트너를 선정하기 위한 단일의 기준은 존재하지 않는다. 다만 제휴로 인한 수익은 극대화하는 반면 비용은 최소화시킬 수 있도록 파트너를 선정하는 것이 중요하다.

2) Joseph Badaracco, *The Knowledge Link*, Harvard Business School Press, 1991.

첫째, 제휴에 참여하는 기업들은 양립성(compatibility)을 살펴야 한다. 전략, 조직구조 및 기업문화 측면에서 경영스타일이 유사한 기업들을 우선적 파트너로 고려한다. 만약 이질적인 파트너를 선정하게 되더라도 제휴관계를 통해 상호 보완적 시너지 효과를 얻을 수 있다. 예컨대 새로운 가치창출을 위하여 서로 부족한 측면을 보완하여 연구개발의 비용, 시간, 노력을 절감할 수 있을 것이다. 이와 반대로 동질성이 있는 파트너를 선정하면 상호 간의 갈등요인을 쉽게 해결할 수 있다는 장점이 있을 수 있다. 즉 전략적 의사결정을 비교적 효과적으로 할 수 있기 때문에 제휴목적의 달성이 용이하다.

둘째, 제휴는 상호 보완적 능력(capability)을 가지고 있는 파트너를 선정하는 데 그 목적이 있다. 즉 핵심역량을 보유한 기업들 간 협력적 관계를 맺는 수평적 제휴가 바람직하다. 다만 외국계기업과 제휴를 맺을 경우 이질적 문화와 경영스타일로 전략적 제휴의 장기목표를 달성하기 어려운 경우가 많기 때문에 가능한 외국기업과의 제휴에 있어서는 상호 보완적 핵심역량을 고려하면서 경영스타일이 비교적 유사한 파트너를 선정하는 것이 좋다.

셋째, 제휴참여기업들의 상호 헌신과 몰입(commitment)을 필요로 한다. 제휴관계에 적극적으로 투자할수록 성공가능성이 높아진다. 연구결과에 따르면 동등지분(50:50) 제휴가 관계에 대한 몰입과 헌신을 유도함으로써 높은 성과를 창출하는 것으로 나타났다. 결국 제휴의 목적·동기뿐만 아니라 가치극대화의 가능성을 종합적으로 고려하는 믿을 만한 제휴파트너를 선정하는 지혜가 요구된다.

7.2 전략적 제휴의 형성

제휴파트너 선정 이후 어떤 성격의 제휴구조와 유형을 선택하고 관계에 참여해야지만 제휴를 효과적으로 운영할 수 있는지 그 방법을 살펴보도록 하자. 이를 통해 전략적 제휴의 본질을 이해할 수 있는 계기가 마련되기를 바란다. 가령 2004년 삼성전자와 소니 양사는 동등지분(50:50)을 투자하여 평판TV 액정모듈을 납품하는 S-LCD를 설립함으로써 합작투자에 의한 제휴관계를 형성하였다. 그러나 2012년 삼성전자는 소니의 입장 변화를 받아들여 소니 지분을 전량 인수한 후 삼성디스플레이(주)로 재출범하였다. 비록 지분 기반의 제휴이지만 시장의 변화에 따라 관계 형성과 종료가 유연하다는 점도 제휴방식의 특성에서 기인한다.

1. 제휴의 구조적 특성

제휴관계의 구조는 제휴 성과에 영향을 미칠 정도로 중요한 요소이다. 전략적 제휴의 구조를 계약방식과 지분투자방식으로 구분해 볼 수 있다. 제휴는 단순시장거래와 완전소유자회사(신설투자, 인수합병)의 양극단 사이에 위치하는 하이브리드 형태(hybrid form)를 띤다. 다만 계약 기반의 제휴는 보다 외부시장거래에 가까운 반면 지분 기반의 제휴(합작투자)는 내부조직거래에 근접한다. 달리 말해 지분투자가 많아질수록 소유권(통제권) 행사가 가능한 동시에 경영성과의 배분도 늘어나지만 자본투자, 위험부담 그리고 경영상의 노력이 요구된다. 제휴의 구조적 특성과 별개로 지분율, 기여도, 공헌도에 따른 경영성과의 적절한 배분이 이루어지지 않을 경우 재협상 또는 제휴관계 종료라는 결과를 받아들일 수밖에 없을 것이다.

한편 전략적 제휴의 이론적 기반으로 거래비용경제학(transaction cost economics)을 들 수 있다. 사실 계약 기반의 제휴보다 지분투자를 전제로 하는 제휴방식이 통제권 행사, 협력의 기여도 그리고 경영성과 창출 측면에서 유리하다. 이와 반대로 계약 기반의 제휴는 형성이 용이하지만 제휴목적 달성과 성과배분에 만족하지 못할 경우 제휴관계가 결렬될 가능성이 높아진다. 더욱이 국적을 달리하는 외국계기업과의 제휴는 문화적 이질성에 따라 의도한 제휴목적과 성과를 창출하지 못하고 종료되는 것이 다반사이다. 심지어 계약체결과 이행뿐만 아니라 성과측정과 배분과정에서도 지속적인 협상에 따른 시간과 노력으로 말미암아 거래비용이 발생할 가능성도 배제할 수 없다. 결국 사업에 대한 통제권을 우선한다면 단독투자(신설투자·인수합병)를 선택하는 것이 맞으나 상대방의 경영능력이 필요할 경우 계약 기반의 제휴 혹은 지분투자방식의 제휴를 할 것인지 선택해야 한다. 다만 지식, 경험, 노하우처럼 무형자산은 계약에 의한 이전이 곤란하기 때문에 역량의 습득과 관계의 지속성을 고려할 때 지분투자방식의 합작투자를 선택하는 것이 바람직할 것이다.

2. 제휴 네트워크의 형성과 지속

전략적 제휴는 관계적 특성을 가지기 때문에 네트워크관계 형성과 유지에 대한 경험이 필수적이다. 제휴관계에 참여할 경우 개별기업의 수익과 비용은 평가할 수 있지만 네트워크의 전체 전략과 이에 따른 수익성의 창출과 배분을 이해하기는 어렵다. 그럼에도 불구하고 신기술, 신시장, 기술표준 설정에 참여하는 동시에 전체 네트워크 전략을 어떻게 수립, 실행할 것인지 파악할 필요가 있다. 달리 말해 전체 네트워크를 형성하고 관리하는 것은 제휴참여기업들의 결속력을 강화하는 동시에 그룹 전체의 시너지를 창출함으로써 경쟁력 제고에 보탬이 된다. 결국 전체 네트워크의 균형과 개별 파트너기업들의 이해관계까지 고려해야지만 네트워크의 지속성을 담보할 수 있을 것이다(Gomes-Casseres, 1993). 그러므로 네트워크 관점에서 제휴관계의 형성과 관리에 필요한 핵심요인을 살펴보고자 한다.

첫째, 개별 파트너보다 제휴 네트워크 전체를 관리하는 것이 유용할 것인지 판단해야 한다. 이를 위해 관계 형성 시 상호 보완적 파트너를 선정하고 조직의 정합성을 담보할 수 있는 파트너를 참여시켜야 한다. 만약 특정 파트너가 신기술로 신시장을 개척할 경우, 네트워크 안에서 내부경쟁을 촉발시키기보다 해당 제휴파트너에게 합당한 보상을 제공하는 것이 현명하다.

둘째, 네트워크에 대한 관리주체를 보다 명확히 하여야 한다. 즉 보상을 지불할 충분한 능력을 갖춘 핵심기업(focal firm)만이 네트워크의 효과적 운영이 가능할 것이다. 심지어 상대적으로 규모가 작은 파트너라도 전체 가치사슬 중 일부이지만 중요한 연결고리 역할을 수행한다면 이에 대한 충분한 보상을 받을 수 있다는 심리적 안정감을 주는 것이 필요하다.

셋째, 전체 네트워크에서 경쟁력의 원천이 어디에 있는지 명확히 파악할 수 있어야 한다. 경쟁력의 원천이 네트워크능력에 기인하는 것인지 아니면 특정 제휴파트너의 노력으로 발생한 것인지 판단이 가능할 정도로 구조적 설계가 이루어져야 한다.

그러나 네트워크에 대한 정교한 설계와 효율적 운영을 담보하더라도 외부환경이 제휴관계에 미치는 영향을 고려한다면 제휴관계의 동태적 변화가능성을 염두에 두는 의사결정의 유연성이 필요하다.

7.3 전략적 제휴관계의 변화

1. 전략적 제휴의 역동성

성공적 전략적 제휴라 하더라도 항상 새로운 변화가능성에 직면하게 된다. 가령 기술혁신과 시장의 동태적 변화는 제휴관계에 긴장감을 조성하는 계기가 되기도 한다. 그렇지만 제휴관계의 역동적 변화는 사업적 기회를 발견할 수 있는 동인으로 작용한다. 결국 제휴관리 담당자는 변화동인을 주기적으로 고려하여 제휴관계의 방향성, 파트너, 네트워크구조를 검토할 필요가 있다.

제휴 형성 이후 관계적 특성은 확장부터 종료까지 변화가능성에 영향을 받는다. 제휴를 통한 기회 발견과 협력이 잘 이루어지면 기간연장, 지분투자 그리고 시장침투처럼 관계의 확장이 가능하다. 이와 반대로 제휴 운영에 따른 손실과 비용이 늘어나거나 새로운 변화의 가능성이 부족할 경우 제휴관계는 종료되고 만다.

기존연구에 따르면 새로이 형성된 제휴 중 절반은 5년 이내에 종료되는 것으로 나타났다. 달리 말해 제휴의 성공가능성은 파트너의 적극적 참여와 네트워크 운영을 책임지는 파트너의 전략적 리더십에 좌우된다. 심지어 제휴관계에 참여한 기업의 목적이 변화되거나 의도한 성과를 달성한 경우에도 제휴형태의 변화를 초래한다고 볼 수 있다.

한편 초기에는 시장진입의 목적에서 제휴에 참여하였으나 기술이전이나 제품 소싱의 형태로 제휴관계가 변화되는 것이 다반사이다. 결국 제휴의 참여목적이 변화함에 따라 제휴관계뿐만 아니라 제휴 유형과 형태도 변화를 거듭할 수밖에 없다. 따라서 제휴의 종료가 실패를 의미하는 것은 아니며 제휴목적의 달성 혹은 의도한 성과를 창출한 경우를 고려한다면 성공 또는 실패에 대한 신중한 판단이 필요할 것이다.

2. 전략적 제휴의 한계

향후 전략적 제휴가 지속가능한 전략이 되려면 다음의 몇 가지 한계점을 인식하고 이를 극복할 수 있는 대안을 마련하는 것이 중요하다.

표 7-1 제휴관계의 한계점 정리

조직 차원 한계	• 제휴관리에 시간과 노력 필요 • 이해관계 절충의 어려움 상존
전략 차원 한계	• 파트너 능력의 한계 • 제휴 네트워크 간의 경쟁
의존성 한계	• 소유권 · 경영권 · 통제권 상호 공유 • 사적 전용(appropriation)의 제한

(1) 조직 차원의 한계

전략적 제휴를 체결하고 유지하는 과정에서 경영자는 제휴참여 결정부터 파트너 선정 등 협상의 모든 프로세스에 관여하는 시간과 비용을 할애해야 한다. 만약 외부로부터 경영자문을 받을 경우 체계적 분석과 정교한 계획 수립에 더 많은 노력을 전력투구할 수밖에 없을 것이다. 심지어 제휴에 참여하려는 파트너의 수가 많아질수록 네트워크관리와 운영이 힘들어지는 것은 당연지사이다.

사실 대규모 네트워크의 경우 의사결정권한을 어떤 식으로 배분할 것인가를 고심한다. 몇 가지 이상적 모델은 존재하지만 정확히 어떤 모델이 현실에 부합하는지 제시하기는 힘들다. 달리 말해 중앙집권적 관리가 전체의 시너지를 창출하는지 아니면 현지화의 중요성을 감안하여 분권적 관리방식이 도움이 되는지 정답이 존재하지 않는다. 그러나 한 가지 확실한 것은 지분투자방식의 제휴일수록 최고경영층이 관계 형성 및 유지에 관심을 갖고 협상, 경영 및 관리를 직접 주도할 정도로 진두지휘하는 것이 요구된다는 것이다.

(2) 전략 차원의 한계

전략 차원의 한계는 외부요인으로부터 기인하는 문제라 할 수 있다. 가령 특정 사업 분야나 지역별 제휴나 네트워크 경쟁이 심해질수록 능력 있고 믿을 만한 파트너를 탐색하는 것이 힘들다. 보통 네트워크 형성이 빈번한 산업은 과점적 시장구조를 보이기 때문에 개별기업의 독자적 전략을 운영하는 것이 어렵다. 심지어 이런 상황에서 제휴파트너의 독자행동과 일탈행위가 발생한다면 이해관계 상충, 조직 간 갈등, 제휴관계 종료로까지 이어질 수 있다.

일례로 글로벌 항공서비스시장에서 제휴의 형성과 유지는 좀 더 복잡한 양상을 보이는 것이 일반적이다. 가령 미국의 델타항공은 싱가포르항공 및 스위스에어라인과 제휴를 맺고 있지만, 스위스항공은 스칸디나비아항공(SAS)과 관계를 형성하고 다시 스칸디나비아항공(SAS)은 미국의 아메리칸항공, 콘티넨털항공 및 태국의 타이항공과 제휴관계를 맺고 있다. 이러한 복잡한 네트워크구조로 말미암아 개별 항공사의 독자 전략 실행이 여의치 않은 상황인 경우가 대다수이다.

(3) 의존성 한계

전략적 제휴의 세 번째 한계는 의존성(dependence)에서 찾을 수 있다. 제휴관계는 지분의 일부를 출자하기 때문에 부분적으로 경영에 참여하거나 또는 다른 파트너와 의사결정권을 공유할 수밖에 없다.

향후 제휴 네트워크가 점진적으로 커질수록 개별 파트너의 통제권은 점차 줄어들게 되며, 심지어 개별 참여기업은 독자적인 기업으로서의 존재의미보다 네트워크관계의 일개 구성원으로 존재하게 된다.

이러한 상황을 전체 네트워크 관점에서 보면 전체 이익을 위해 개별기업의 이해관계는 무시될 수도 있다. 더욱이 각자 개발한 기술이나 경영 노하우일지라도 사적 활용(appropriation)조차 불가능할 수 있다. 다만 투자지분에 해당하는 성과를 배분받지만 지속적 기술개발에 대한 동기부여는 희박해진다. 상대적으로 자본력과 기술력이 부족한 파트너일 경우 기술 및 제품개발의 노하우를 이전받아 흡수하는 데 심한 애로사항을 경험할 수 있다.

사례 세브란스-하나투어, 의료관광사업 나선다

박상환 하나투어 회장(왼쪽)과 이철 세브란스병원 의료원장이 지난달 27일 연세의료원에서 합작법인 설립에 관한 업무협약(MOU)을 맺은 뒤 기념 촬영하고 있다(하나투어).

국내 최대 여행사인 하나투어와 연세대 세브란스병원이 합작법인을 설립해 해외환자 국내유치사업에 나선다. 하나투어와 세브란스병원은 의료관광객 유치를 위해 합작법인을 세우기로 지난달 말 합의했다고 1일 발표했다. 정부가 지난달 13일 내놓은 '제4차 투자 활성화 대책'에 따라 올해부터 병원이 영리목적 자회사를 설립할 수 있게 되면서 여행사와 병원이 손잡은 첫 사례다.

■ 올해 상반기 합작법인 설립

세브란스병원과 하나투어는 올해 상반기에 합작법인을 설립할 예정이다. 합작법인의 자본금규모나 대표이사 선임 등은 아직 결정되지 않았다. 3억~5억 원 수준에서 초기 자본금을 마련한 뒤 증자 등을 통해 외부투자를 받을 계획이다.

세브란스병원은 의료·검진 및 전문 의료인력 지원, 고객관리, 원격진료상담서비스 등을 제공한다. 하나투어는 29곳의 해외 네트워크를 통해 외국인을 대상으로 한 의료마케팅과 광고 등을 담당한다.

정부의 투자 활성화 대책이 나온 지 보름여 만에 하나투어와 세브란스병원이 의료관광객 유치를 위한 합작법인을 설립하기로 전격 합의한 데는 박상환 하나투어 회장과 이철 세브란스병원 의료원장이 적극적인 역할을 한 것으로 알려졌다.

박 회장은 "하나투어의 네트워크와 세브란스의 고품격 의료서비스는 상당한 시너지효과를 내게 될 것"이라며 "특히 앞으로 10년 내 중국 의료관광객 수요가 국내 헬스케어산업의 주요 수익원이 될 것으로 확신한다"고 말했다.

이 원장도 "세계적인 네트워크가 있는 하나투어와의 제휴는 해외환자 유치를 위한 새로운 돌파구이자 국내 병원들이 글로벌시장을 확보할 수 있는 사다리가 될 것"으로 기대했다.

■ 해외 중증환자 유치

세브란스병원은 학교법인이기 때문에 그동안 연세우유, 연세장례식장 등 영리목적의 사업을 추진하는 데 한계가 있었다. 하지만 올해부터 병원도 자회사를 두고 외부투자나 영리목적의 각종 사업을 할 수 있게 되면서 본격적인 사업 다각화에 나선 것이다.

이성만 세브란스병원 홍보팀 과장은 "지난달 정부의 투자 활성화 대책이 나온 뒤 하나투어 측과 여섯 차례 회의를 하고 해외 의료관광객 유치를 위한 합작법인을 설립하기로 전격 합의했다"고 설명했다.

합작법인은 중증환자 유치에 힘을 쏟을 계획이다. 정기윤 하나투어 홍보팀장은 "그동안 의료관광은 주로 중국이나 미국, 유럽의 동포 등을 대상으로 건강검진을 하거나 성형수술을 하는 수준이었다"며 "이마저도 브로커가 중간에서 농간을 부려 신뢰를 떨어뜨리는 사례가 비일비재했다"고 지적했다. 여행사와 병원이 합작법인을 설립해 관광객을 직접 유치하게 되면 그만큼 책임소재가 분명하고 환자들도 신뢰할 수 있기 때문에 전문적인 중증질환 치료나 고위험 수술도 가능할 것이라는 게 하나투어의 예상이다.

하나투어는 해외환자에게 국내 관광투어를 연결해주고 숙박시설까지 활용하면 헬스케어 분야에서 큰 시장이 열릴 것으로 기대하고 있다. 하나투어는 현재 서울 인사동 센터마크호텔(250실), 명동 T-Mark호텔(270실) 등을 운영하고 있다. 중국 의료관광객 증가에 대비해 2015년까지 서울 시내에 1,000개의 객실을 확보할 계획이다.

세브란스병원도 장기입원 해외환자를 겨냥한 숙박시설 건립을 검토하고 있는 것으로 전해졌다.

자료: 한국경제신문, 2014년 1월 2일

7.4 글로벌 소싱의 확산

기업의 핵심적인 경쟁력 요인은 자체적으로 확보해야 하겠지만 그 외의 경영자원은 외부에서 조달하는 것이 더 효율적인 경우가 많다. 대부분의 글로벌기업은 막대한 시설투자나 인적자원을 보유하지 않고 외부에서 필요한 부품 및 제품을 조달하는 소위 소싱(sourcing)전략을 이용하여 성공적인 경영을 하고 있다. 즉, 글로벌경영에서는 내부에서 제조(make)하는 것보다 외부에서 조달(buy)하는 것이 효율적일 수 있다는 것이다.

세계적 수준의 글로벌기업이 네트워크를 구축하여 외부공급사슬을 갖춤으로써 상대적으로 규모가 작은 기업들도 글로벌기업의 공급망에 참여할 기회를 가질 수 있게 되었다. 규모가 상대적으로 작은 기업들도 글로벌시장에 뛰어들어 한몫을 할 수 있게 된 것이다. 달리 말해 우리나라의 중소기업들이 재벌기업에 하청업체로만 존재하는 것이 아니라 해외의 글로벌기업과 소싱관계를 형성하여 글로벌시장에 진입할 수 있는 대안을 이용할 수 있다는 것이다. 이런 의미에서 볼 때 글로벌 소싱은 경영자원을 계약에 의하여 해외시장에서 조달하는 행위로 정의할 수 있으며, 그 계약관계는 기업과 기업의 하청관계로 표현할 수 있다.

글로벌 소싱을 이용하는 이유는 다음의 몇 가지로 정리될 수 있다.[3)]

첫째, 글로벌 소싱을 통하여 전문화의 효과를 얻을 수 있다. 기업의 보유자원은 한계가 있으므로 자원의 효율적 활용이 필요하다. 제한된 자원을 토대로 핵심역량을 개발하고 활용하는 데 이용하고, 나머지 자원은 외부에서 조달하는 소위 전문화의 효과를 누릴 수 있기 때문에 글로벌 소싱을 이용하게 된다.

둘째, 인적자원의 효율화가 가능하다. 이해관계 상충에 따른 갈등과 인적역량이 미흡한 인력을 보유하는 데 따른 비용이 상대적으로 많이 소요되기 때문에 글로벌 소싱을 이용하기도 한다.

셋째, 글로벌 소싱을 통하여 원가를 절감할 수 있다. 하청업체는 특정 부품 또는 가공품을 전문적으로 생산함으로써 규모의 경제효과를 통하여 원가절감을 할 수 있으며, 원청업체는 고정비의 부담을 줄일 수 있다는 장점이 있다.

넷째, 기술을 축적하게 되어 새로운 아이디어를 창출할 수 있다. 창출된 아이디어를 소싱 네트워크 내에 있는 다른 하청업체로 이전시킴으로써 원가절감의 효과를 더욱 배가할 수 있다.

다섯째, 제조원가절감과 더불어 글로벌 소싱을 통하여 관리비용을 절감할 수 있다. 인사, 총무, 회계, 재무 등 후선업무(back-office activities)와 같은 운영과정 중 일부를 아웃소싱(outsoursing)함으로써 비용절감이 가능하다.

여섯째, 계절적 수요로 말미암은 수익의 변동가능성을 줄일 수 있다. 가령 혹서기 또는 혹한기에 반짝 특수를 위해 설비를 도입하거나 운영할 경우 비용상승과 같은 비효율성이 발생한다. 이럴 경우 외부소싱을 통한 제품·서비스의 공급이 가능하다면 매출과 비용의 변동가능성을 낮출 수 있을 것이다.

3) Ravi Venkatesan, "Strategic Sourcing: To make or Not to make," *Harvard Business Review*, Reprint 92610, April, 1990, p.12.

7.5 글로벌 소싱의 결정

글로벌기업은 해외에서 제품을 생산하기 위해 생산시설을 신설하거나 확장하는 경우 원재료의 이용가능성, 노동, 기술, 엔지니어링, 자본비용, 현지 경영자 이용가능성, 운송 및 마케팅의 경제성 등에 기초하여 생산입지를 결정하게 된다. 그러나 저임노동력이나 원재료의 이용가능성이 제품원가를 절감시키는 데 도움이 될 수 있지만 그것만으로 성공적인 해외생산이 보장되는 것은 아니다. 그 이외의 요인, 즉 품질, 인센티브, 사회적 비용, 노동조합의 압력, 노동생산성, 정부의 개입과 지원 등을 모두 고려해야 한다. 달리 표현하면 직접투자에 의하여 제품을 생산하는 것이 언제나 원가를 절감시켜주는 것은 아니다. 따라서 여러 요인을 고려하여 직접생산할 것인지 아니면 현지에서 소싱할 것인지를 먼저 결정한다. 만약 소싱하기로 결정하였다면 어느 공급업자를 선정할 것인가도 결정해야 한다.

1. 소싱의 판단기준

글로벌 소싱의 여부는 글로벌기업이 직면하고 있는 가장 복잡하고 중요한 결정 중 하나이다. 우선 소싱에 대한 기준을 마련하여 사내에서 제조할 것인가 아니면 외부에서 소싱할 것인가를 결정해야 한다. 그런 다음에 객관적인 기준에 의하여 소싱 파트너를 선정하면 되는 것이다. 소싱 여부를 결정할 때 보통 사내에서 직면하게 되는 문제는 다음과 같다.

- 소싱전략에 대한 사내의 여러 부서 간의 갈등이다. 생산부서의 경우에는 가능한 한 사내에서 제조하기를 원할 것이며, 경영진이나 재무부서의 경우에는 외부소싱을 선호하는 경향이 있다.
- 소싱파트너들이 기회주의적 속성을 발휘할 것이라는 경영진의 우려이다. 특정 제품시장에 다른 대안의 소싱파트너가 없을 경우 유일한 소싱파트너는 협상력을 이용하여 가격협상이나 운송기간 등에 있어 기회주의적 요구를 할 수 있기 때문이다.
- 기존 생산라인에서 근무하던 현장 종업원의 사기저하가 있을 수 있다. 외부소싱

으로 인원감축 또는 타 부서로의 전출로 인한 구성원의 역할저하가 우려된다.

- 관리회계 관점에서 소싱은 내부 종업원의 기회비용을 고려하지 못할 수 있다. 외부소싱으로 인한 비용절감효과가 구성원 각자에게 배분되지 않는다고 한다면 외부소싱을 꺼려할 수도 있다.

그림 7-1 ▌ 전략적 소싱결정과정

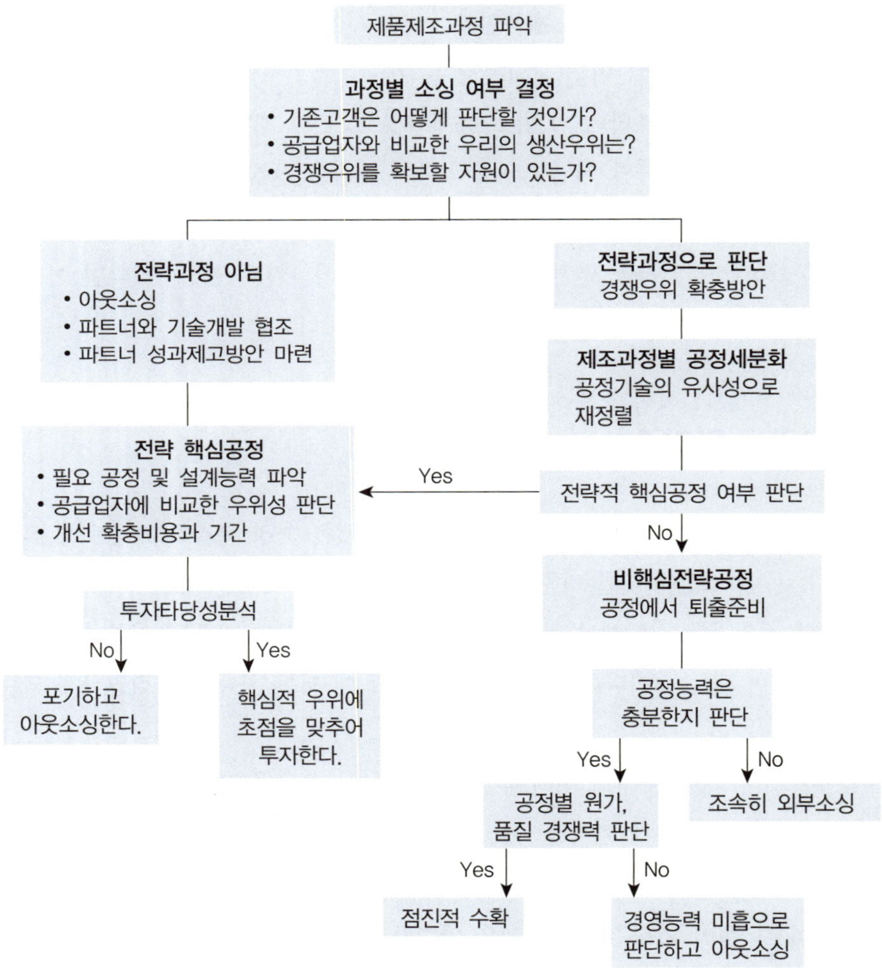

앞에서 언급한 문제들로 말미암아 소싱을 활용하더라도 전문화 혹은 효율화의 이점을 충분히 살리지 못할 수 있다. 그렇다면 어떤 상황에서 외부조달을 할 것인지 사

내에 하나의 원칙을 정하는 것이 필요하다. 즉 가급적 핵심역량은 자체 생산을 하지만 핵심역량이 아닌 활동은 외부조달을 활용하여 비용을 낮추는 것이다.

일차적으로 전략적 소싱 프로세스에 입각하여 소싱의 여부를 결정하는 것이 판단에 도움이 될 것이다. 앞의 [그림 7-1]에서는 핵심전략부문이 아닌 부문, 즉 경쟁력이 없다고 판단되는 부문을 소싱하여야 한다는 것을 제시하고 있다. 이처럼 내부적으로 소싱하기로 확실히 판단이 내려진 부문은 소싱파트너와 관련된 여러 객관적 요인을 고려하여 파트너 선정을 진행해야 할 것이다.

2. 소싱파트너 선정 시 고려요인

소싱과 관련하여 우선적으로 판단할 사항은 소싱할 것인지 하지 않을 것인지를 결정하는 것이다. 만약 소싱하기로 결정을 내렸다면 여러 가지 기준을 고려하여 소싱파트너를 신중히 선정하는 것이 중요하다. 여기에서는 요소비용, 거래비용, 원산지효과, 입지우위, 환율 그리고 정부의 역할을 중심으로 관련 내용을 살펴볼 것이다.

(1) 요소비용(factor costs)

글로벌 소싱에서 우선 고려하여야 할 요소비용은 노동비용이다. 토지, 건물 등의 고정비용은 글로벌 소싱에서 노동이나 자본비용에 비하여 상대적 중요성이 떨어진다. 왜냐하면 글로벌 소싱은 계약에 의한 것이므로 항시 파트너의 변경이 가능하다는 전제가 있기 때문이다. 노동비용은 제조 및 생산, 기술, 경영에 필요한 제반 인건비를 의미한다. 예컨대 네덜란드 울스타인(Ulstein)의 경우 자국에서도 윈치(winch: 무거운 짐을 움직이거나 끌어올리는 데 쓰는 기계) 제품을 생산 · 조달할 수 있는 경쟁업체가 여럿 있었다. 그러나 근로자의 인건비가 한국의 3배 정도에 달해 구매비용이 높다 보니 인건비가 싼 중국을 우선 생각하였으나 품질수준이 미치지 못하자 선박 수주량이 많은 한국에서 소싱파트너를 찾은 것이다. 또한 경영자의 급여도 한국의 4배 이상이 되어 네덜란드에서의 생산이 불가능하였다. 울스타인의 예에서 보는 바와 같이 단순 요소비용도 중요하지만 파트너가 요구하는 품질수준을 달성할 수 있는가를 판단하는 것도 매우 중요하다.

(2) 거래비용(transaction costs)

거래비용은 운송, 보관, 관세 및 비관세장벽, 경영상 의사소통 등으로 발생하는 비용을 의미한다. 운송의 경우 미국의 월마트(www.wal-mart.com)는 정보통신(ICT) 네트워크를 이용하여 운송관리를 자동화함으로써 운송비용을 경쟁기업의 1/3 수준으로 줄이는 효과를 거두었다. 월마트는 자체 인공위성과 GPS 수신을 통해 운송 중 화물에 대한 실시간 추적이 가능하고 최소수준의 재고를 보유하기 때문에 운송, 보관 및 재고비용을 절감한다. 더욱이 글로벌 소싱을 적극적으로 활용하여 구매비용도 절감하는 노력을 기울이고 있다. 가령 중국의 제조업체로부터 소싱을 통한 구매비용만 하더라도 연간 200억 달러에 달하며 이는 미국 전체 수입액의 10%를 차지하는 수준이다.

또한 관세, 비관세 및 정부의 개입도 거래비용의 중요한 고려요인이다. 대다수 개발도상국은 세금감면 및 관세유예 등의 인센티브를 제공하고 있기 때문에 이는 글로벌 소싱을 촉진하는 요인으로 작용하고 있다.

거래비용에서 무시할 수 없는 중요한 요인은 소싱파트너와의 의사소통문제이다. 대부분의 경우 소싱파트너는 규모가 작고 체계적 경영에 익숙하지 못하기 때문에 언어, 경영관리, 정보 등에 있어 기회주의적 비용이 발생하는 경우가 종종 있다. 또한 소싱파트너는 소싱의 관계적 측면보다 자사를 우선적으로 생각하기 때문에 상호 간 목표, 전략 및 구조의 차이로 인한 이해관계 상충의 가능성을 염두에 두어야 한다.

(3) 원산지효과(country-of-origin)

글로벌기업의 소싱전략에서 국적이 가지는 의미와 그 중요성이 크게 부각되고 있다. 실제로 기업의 국적과 그 기업의 전략 및 사업활동 간에는 강한 상관관계가 존재한다. 글로벌 소싱에 관한 최근 연구에서는 유럽, 미국과 일본기업의 부품조달방식이 상이하다는 점을 지적한다. 가령 유럽기업들은 외국으로부터 부품을 조달받으려는 경향이 적은 데 반해 일본계 기업들은 동남아지역을 중심으로 부품, 심지어 완제품을 조달하여 해외시장으로 수출하기도 한다. 미국에 있는 일본 자회사들은 미국의 유럽 자회사들보다 본국으로부터 핵심부품을 조달받으려는 경향이 훨씬 더 강하다. 이러한 일본 자회사의 경향은 국제화의 경험이 상대적으로 부족한 점도 있지만, 부품과 제품에서 높은 품질과 신뢰성을 추구하는 기업수준의 특성과 결코 무관하지 않다. 달리 말해 국제화를 통해 해외에서 사업활동을 수행해 본 경험이 풍부할수록 현지시장에서 생산요소를 조달하려고 할 것이다.

(4) 입지우위(location advantage): 산업 클러스터

소싱파트너를 선정하는 데 판매시장과 인접한 입지선정은 중요한 요인 중 하나이다. 가령 울스타인이 윈치의 소싱파트너를 한국에서 찾은 것도 한국의 선박 수주량이 세계 최고수준인 것을 고려한 결정이었다. 또한 미국기업들이 중남미지역에 소싱을 발주하는 것도 비용절감의 효율성뿐만 아니라 지리적 근접성을 종합적으로 고려한 판단이다. 사실 소싱업체를 양산하는 데 유리한 환경으로 관련 산업의 발전도 매우 중요하다. 소싱업체의 기술개발과 경영합리화를 도모할 수 있기 때문에 관련 산업의 발전 정도는 고려되어야 한다. 심지어 교통, 도로, 항만, 에너지, 통신 등 사회간접자본뿐만 아니라 금융, 유통, 외환거래 등의 상업적 인프라도 현지의 소싱파트너를 선정함에 있어 중요한 변수로 작용한다.

(5) 환율(exchange rate)

특정 생산입지의 소싱파트너를 선정하는 데 환율은 직접적 영향을 미친다. 환율의 변동성은 예측불가하기 때문에 글로벌기업들은 소싱파트너를 신중히 선택하는 편이다. 소싱계약 당시의 기준 환율을 근거로 상하 5%의 범위 안에서는 특정 환율로 계약하고 매년 협상에 의거하여 조건을 변경하는 단서조항을 붙여 계약을 연장하는 것이 일반적이다.

(6) 정부의 역할(government)

소싱전략 결정 시 복잡하고 미묘한 영향을 미칠 수 있다는 점에서 정부의 역할을 찾을 수 있다. 달리 말해 정부는 개별 영향요인에 긍정적 혹은 부정적 영향을 미칠 뿐만 아니라 이들 요인들로부터 영향을 받기도 한다. 예컨대 정부의 보조금, 금융 및 교육정책은 요소조건에 영향을 미치지만 광고매체 및 보조서비스의 규제는 수요조건, 관련 및 지원산업에도 영향을 주고 있다. 또한 정부는 자본시장규제, 조세정책, 독점금지법 등을 통하여 기업의 전략, 구조 및 경쟁관계에 개입할 수도 있다. 사실상 정치적 위험 혹은 정부정책의 변화가능성에 따른 위험은 기업의 소유권(통제권), 소득의 이전 그리고 운영상의 효율성에 부정적 파급효과를 초래하는 대표적 요인으로 작용한다.

7.6 글로벌 소싱의 미래: 관계마케팅

글로벌 소싱은 기업(구매자)과 기업(판매자) 간 부품 및 가공품에 대한 매매거래를 규정한 상호 계약관계이다. 글로벌 소싱은 생산뿐 아니라 연구개발, 디자인, 광고 등 다른 가치사슬 분야로 확장되어 가고 있다. 산업재마케팅의 상호작용이론(interaction theory)은 일회성 거래관계가 지속되고 발전되는 현상을 연구한다.[4] 즉 상호 계약의 시간이 지나고 성과에 만족할수록 단순한 매매거래에서 관계마케팅(relationship marketing)으로 발전하게 된다는 것이다.

거래는 매매 쌍방의 이익과 상대방을 고객으로 생각하여 만족시키는 것을 목적으로 하는 반면, 관계마케팅의 목적은 고객의 가치를 창출하고 상대방과 통합적 체제를 구축하는 것이다. 거래에 대한 평가는 주로 제품·서비스, 가격 또는 신규고객 유치로 판단하는 반면, 관계마케팅의 경우에는 경쟁력 확보를 위하여 문제해결을 얼마나 잘하는가 또는 고객의 가치를 얼마나 창출하였는가를 평가한다. 또한 불연속적인 매매행위로부터 거래의 교환이 이루어지지만 관계의 경우에는 경영과정에 대한 서비스를 연속적으로 제공하는 과정에 초점을 맞추게 된다. 중요한 것은 글로벌 소싱의 당사자들이 단순거래를 어떻게 상호 간 관계로 발전시킬 수 있을 것인가를 고민하는 데 있다.

4) P. W. Turnbull and J. Valla, *Strategies for International Industrial Marketing*, Croom Helm, 1996, pp.4–8.

▌표 7-2▐ 거래와 관계의 속성 비교

구분	거래	관계
목적	• 매매이익 • 고객만족	• 고객창출 • 고객과의 신뢰
마케팅 평가	• 제품과 가격 • 신규고객 확보	• 문제해결 • 고객으로부터 가치창출
교환의 핵심	• 불연속적 제품 거래	• 과정으로서의 연속적 서비스 교환

양자 기업관계의 시작, 유지 및 정리과정은 남녀의 만남과 이별에 비유할 수 있다. 두 사람이 만나 서로에 대한 호감(awareness)을 갖게 되면서 상대방과 잘 지낼 수 있는지를 탐색하게 된다. 탐색결과 서로 필요하다고 판단되면 관계가 더 발전(expansion)되어 서로의 생활에 깊이 관여(commitment)하게 된다. 그리곤 죽음 또는 어떤 사유로 헤어지게 되는 과정(dissolution)을 거치면서 관계가 생성, 발전, 소멸된다.

마찬가지로 기업 간 관계도 이러한 과정을 거치면서 생성, 발전, 소멸하게 되는 것이다.[5] 그러나 기업의 경우는 남녀관계보다 훨씬 더 객관적이고 체계적일 필요가 있다. 기업의 경우 초기단계의 관계 형성 시부터 재무, 전략 등에 대한 자체분석, 양 기업경영진의 관계, 경영철학, 전략의 양립성에 의한 인지와 탐색(exploration)과정을 거치게 된다.

탐색과정 후에는 공식 또는 비공식적인 승인과정을 거치게 된다. 확장단계에서는 일상적인 교환관계이지만 다른 대안보다 쌍방이 더 만족스러운 결과를 얻음으로써 서로의 경영 프로세스에 깊이 관여할 정도로 관계의 확장이 이루어진다. 그러나 관계가 지속되는 과정이라도 서로에 대한 기여도, 만족도 및 성과가 저하되면 쌍방 간 관계도 소멸된다. 이처럼 관계가 소멸되는 원인은 경영철학 및 문화적 차이, 경영층 의견 불일치, 경영비전과 전략의 차이, 담당 경영진의 퇴진 등으로 발생하기도 한다.[6]

1906년 설립된 리앤펑(Li & Fung)은 홍콩을 대표하는 세계 최대의 글로벌 소싱 전문기업으로 코카콜라, 디즈니로부터 토이저러스, 막스앤스펜서 등 글로벌기업들에게

5) R. F. Dwyer, P. H. Schurr, and S. Oh, "Developing buyer-seller relationship," *Journal of Marketing,* Vol.51, 1987, April, pp.11-27.

6) R. M. Kanter, "Collaborative advantage," *Harvard Business Review,* 1994, July-August, pp. 96-107.

의류, 장난감 및 액세서리를 납품하고 있다. 즉 제조업체와 고객을 중개함으로써 얻는 마진이 주요 수입원이며 매년 20억 벌이 넘는 의류 제품을 공급하고 있다. 리앤펑은 소싱 중개에 따른 수수료, 명품브랜드(소니아 리키엘), 아시아 판매권(페라가모, 토이저러스), 물류회사(IDS그룹) 및 유통계열사(써클K)를 거느리고 있으며 연간 매출액은 200억 달러가 넘는 수준을 자랑한다. 지금 현재 리앤펑이 주목받는 이유는 단 하나의 자체공장 없이 40개국 18,000여 공급자와 300여 기업고객을 효율적으로 관리하는 글로벌 공급사슬관리(SCM: Supply Chain Management)로 막대한 가치를 창출하는 것에서 찾을 수 있다. 즉 구매자–공급자를 공동운명체로 결속시키는 경영철학, IT시스템(SCM과 CRM)을 도입하여 생산과 판매를 연동시키는 플랫폼 비즈니스 그리고 분권화된 조직으로 운영되는 글로벌 소싱 네트워크를 구축한 결과이다. IT시스템을 활용하여 품질과 납기, 고객관리에 대한 통제권을 행사하는 차별화된 비즈니스모델과 이를 효율적으로 운영하고 있는 리앤펑은 글로벌 소싱의 미래를 보여주는 사례이다.

학습과제

1. 전략적 제휴의 단점을 극복하는 동시에 장기적 관계를 구축할 수 있는 나름의 방안을 설명하시오.

2. 글로벌 소싱의 장·단점을 생각해 보고, 소싱에 해당하는 국내외 기업의 사례를 제시하시오.

3. 글로벌 소싱의 미래 발전적 모습을 고민해 보고, 이에 해당하는 외국계기업 사례를 찾아보시오.

Harvard Business School 추천사례

Reading Materials:

1. Bleeke, J. and D. Ernst, *Collaborating to compete*, Wiley, 1993.

2. Cauley de la Sierra, *Managing global alliance: Key steps for successful collaboration*, Addison-Wesley, 1995.

3. Hamel, G., Doz, Y. and C. K. Prahalad(1989), "Collaborate with your competitors and win", *Harvard Business Review*, pp.133-139.

4. Inkpen, A. C. and J. Ross(2001), "Why do some strategic alliances persist beyond their useful life?", *California Management Review*, 44(1), pp.132-148.

5. Lorange, P. and J. Roos, *Strategic alliance: formulation, implementation and evolution*, Blackwell Publishers, 1992.

8 Chapter 글로벌 시장세분화

학습목표

- 글로벌 마케팅에서의 미시적 시장접근을 위한 전략에 대해 알아본다.
- 글로벌 시장세분화의 개념 및 장·단점에 대해 알아본다.
- 글로벌 시장세분화 방법에 대해 알아본다.

도입사례 ⊙ 진출할 지역 商관습 미리 파악 못하면 '백전백패'

해외진출 시 고려할 요소

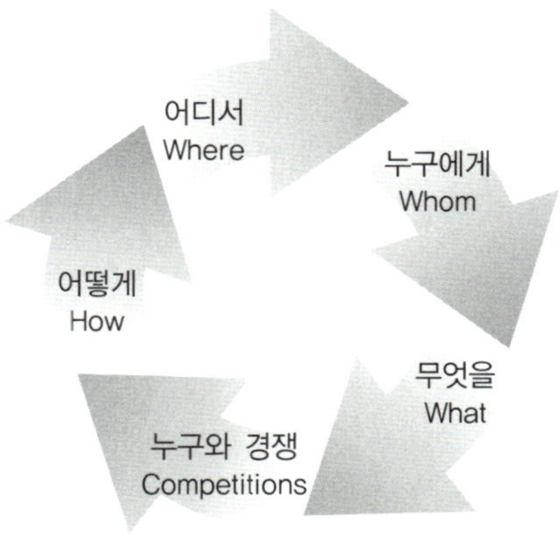

해외투자분석은 결국 어디에서 무엇을 가지고 누구와 경쟁하느냐를 검토하는 과정이다. 기업이 글로벌시장을 상대로 사업할 경우 경영자원의 제약 때문에 전략적으로 특정 국가로 범위를 좁히는 것이 일반적이다. 이때 후보 국가 시장의 크기, 소비자 구매취향, 소득수준, 문화적 관습 등을 고려해 진출 우선순위를 결정하게 된다. 우리에게 플라스틱 밀폐생활용기로 잘 알려진 '락앤락'의 경우도 국내시장에서 기반을 잡은 뒤 해외진출을 고려했다. 이 회사는 어디로 진출할 것인지 내부에서 검토한 끝에 지리적으로 가깝고 식문화가 우리와 비슷한 중국을 선택했다. 중국은 소비인구가 많고 소득향상으로 위생에 대한 소비자 인식이 높아지면서 최상의 조건을 갖추고 있었다. 결과는 대성공이었다. 총력전을 펼쳐 2013년 3분기 연결기준 매출이 1,269억 원, 영업이익은 171억 원, 당기순이익은 141억 원을 기록했다.

■ 시장세분화

시장세분화는 '어디로 진출할 것인가'를 결정하는 과정이다. 글로벌시장을 세분화할 때 고려해야 할 변수로는 나이와 성별, 교육수준 같은 인구통계학적 변수, 1인당 국민소득과 직업 같은 경제적 변수가 있다. 동일 지역은 대체로 유사한 문화와 동질적인 소비취향을 가지고 있다는 가정 아래 자연스럽게 중동, 아시아, 남미 같이 지리적 변수로 시장을 세분화하기도 한다. 예를 들어 동남아시아 국가에 속하는 아세안 10개국은 종교적으로 불교나 이슬람권에 속하고 문화적으로는 유교적 연대를 가지고 있어 소비품목이나 행태에 동질성을 보여 문화적 동질시장으로 분류할 수 있다.

글로벌 시장세분화 변수

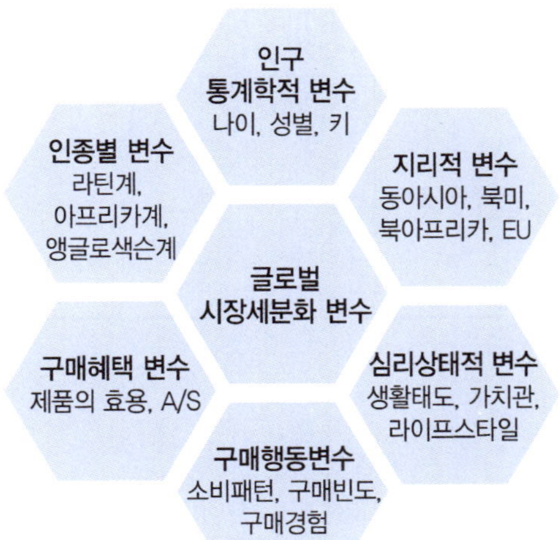

시장매력성 및 경쟁현황 매트릭스

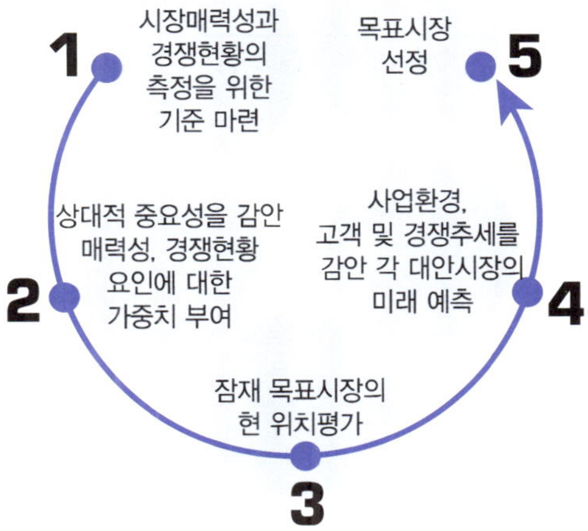

■ 목표시장(target) 선정

'누구에게 판매할 것인가'는 선택한 국가 내에서 고객을 한정하는 '내수시장 내 세분화', 즉 목표시장에 대한 문제다. 목표시장은 세분시장을 비교해 잠재력이 높은 시장을 선정하는 것이다. 이를 위해서 시장매력도와 경쟁 매트릭스분석을 이용하게 된다. 시장매력은 시장에 끌리는 정도를 나타내며 이들에 영향을 주는 변수는 시장의 규모와 잠재력, 성장률, 라이프사이클, 기존제품에 대한 고객의 충성도 같은 시장·고객요인과 투자강도, 생산규모, 기술수준, 진입 및 철수장벽 같은 경제·기술적 요인, 산업구조와 경쟁집단, 대체품의 위험 같은 경쟁요인이 있다. 마지막으로 규제환경이나 사회적 수용수준 같은 환경적 요인 등을 종합적으로 분석해 목표고객을 선정하면 된다.

■ 매출액 추정

목표고객 선정 다음에는 소비자에게 '얼마나 판매할 수 있는가'에 대한 예상매출 산정작업이 뒤따라야 한다. 이는 시장분석에서 가장 어려운 부분이라고 할 수 있다. 매출은 제조공정도분석을 통해 얻을 수 있는 제조원가에 마진과 경쟁가격을 고려한 판매단가, 사업타당성분석의 정확도에 핵심적 역할을 하는 판매량에 의해 결정된다. 판매량을 너무 적게 잡으면 수익기회를 상실하고 과하게 잡으면 운영효율이 떨어져 손실로 이어지기 때문에 신중한 작업이 필요하다.

경쟁분석 체크리스트

항목	세부내용
시장의 경쟁상황	• 경쟁제품의 동향 • 동종제품의 수입현황 • 카르텔 형성 여부 • 독과점 금지규정
경쟁업체	• 기존 경쟁업체 및 신규진입 유력기업 분석 – 규모 : 매출액·자본금·종업원수·자본금·재무구조 – 시장력 : 주력시장·점유율·판매처 수 – 상품력 : 경쟁상품·가격·품질·서비스·시장평판 • 현지 성공기업의 핵심 성공요소 – 경영전략 : 기술요소·비즈니스 프로세스 – 인적자원 – 원부자재 조달능력 등
시장점유율	• 제품용도별 시장점유율(수량 및 금액기준) • 지역별 시장점유율 등
제품가격 및 품질	• 경쟁제품의 시장 평판도 • 경쟁제품의 A/S 정도 • 경쟁제품의 4P Mix전략(가격, 제품, 유통, 판촉)
공급능력	• 경제업체의 설비투자 동향 및 가동상황 • 유사제품의 공급능력

마케팅환경 체크리스트

항목	세부내용
유통구조	• 수송형태 • 업계의 채널망 및 유통구조 • 직판 유통망 및 구축가능성 • 판매회사 활용가능성 • 유통망 구축비용
상관습	• 판매수수료 • 대금결제방법 • 기부채납, 이중가격 등 이면거래 관행 • 합의사항 문서화 가능성
광고	• 광고관련 규제 • 광고효과 • 업계 내 광고 현황 및 방법
현지규정	• 독점규제법 • 상표권 • 특허제도 • 가격통제 여부 • 수입품제도 • 합작법인의 도·소매 제한 여부 • 정부통제 등

■ 마케팅환경분석

마지막 과정은 '생산한 제품을 어떻게 판매할 것인가'에 대한 마케팅환경분석이다. 우리나라 글로벌 전자업체들이 미국이나 유럽 등에서 상당기간 판매액 1위를 달리고 있지만 유독 일본에서는 이렇다 할 성과를 내지 못하면서 진입과 철수를 반복하고 있다. 그 이유는 이 시장이 여타 선진국 시장과 달리 독특하고 폐쇄적인 마케팅환경을 갖고 있기 때문이다. 소비자와 생산자, 유통업자 사이에 오랫동안 유지되어 온 일종의 상관습이 나라마다 다르므로 사전에 철저한 대비가 필요하다.

식품유통에서 독일은 유통업이 몇몇 기업에 의해 과점된 상태인 반면 이탈리아는 어느 업체도 점유율이 전체의 5%를 넘지 못하는 완전경쟁상태에 있다. 독일에 진출하려는 기업은 현지 유통업체의 높은 협상력을 감안해야 하고 이탈리아는 외국기업이 그리 어렵지 않게 현지기업에 접근할 수 있다.

우리 기업들이 중국 진출 초기에 극복해야 할 첫 번째 과제도 역시 현지 마케팅환경에 있었다. 중국은 제조업자와 유통업자 사이의 관계를 바탕으로 한 신용판매라는 오랜 전통을 가지고 있었는데, 외국기업으로서 대금회수에 불안을 느낀 우리 기업들이 현금판매를 고집해 상당기간 고전했다.

현지 마케팅환경에 대한 적응이 도전적 과제인 경우도 있지만 우리 고유의 배달문화로 현지에서 성공한 기업도 있다. 오스트리아 빈에서 식당을 운영하는 교포가 맥도날드나 피자 외에는 배달이 없던 현지에서 한식을 배달, 소비자의 인지도를 높인 경우가 그 예이다. 따라서 현지 진출에 앞서 현지의 유통구조, 상관습, 판매촉진형태 및 비용, 현지 규제사항을 면밀히 살피고 문제가 발생할 것으로 예상되면 대안을 마련해야 한다.

자료: 한국경제신문, 2014년 2월 7일

거시적 시장환경분석을 통하여 국별 시장 선택을 수행하고 난 후, 다수의 선택된 시장 내에서 미시적 시장을 선택하여야 한다. 글로벌화의 초기에는 체계적인 시장 선택과정을 거치기보다는 기업 내부의 변화를 추구하는 소수의 집단에 의하여 선택이 이루어지거나, 정부기관(무역협회, 수출입은행, 상공회의소, 중소기업청, 산업자원부 등)에서 제공되는 정보나 기회를 이용하게 된다. 이러한 경우 심리적 거리감, 문화적 유사성, 지리적 근접성 등[1]의 주관적 판단에 의한 정보에 의존하여 시장을 선택하게 된다. 거시적 시장세분화에서 걸러진 시장은 아직 개괄적이기 때문에 마케팅프로그램을 적용하기에는 어려움이 있다. 그러므로 글로벌 마케팅프로그램이 구체적으로 수립되고 적용될 수 있도록 하기 위해서는 좀 더 시장에 접근되는 미시적 시장세분화를 수행하여야 한다. 즉 거시적 분석을 통하여 선택된 다수의 국가 시장에서 구매행위가 유사한 고객의 특성을 구체적으로 확인하는 것이 글로벌 시장세분화(global market segmentation)이다.

8.1 글로벌 시장세분화의 개념과 절차

1. 시장세분화의 개념

시장(market)이라 함은 인간의 반응이 모여 있는 상태를 의미하는 것으로, 단순히 수요와 공급이 거래되는 장소의 개념은 아니다. 다양하고 무차별한 고객의 반응을 전부 소화해 내기란 매우 어려운 일이기 때문에 제품이 시장 전체를 타깃(target)으로 하는 것은 물리적으로 한계가 있다.

시장세분화에 대해 최초로 연구한 학자는 스미스(Smith, 1956)로 그의 연구에서 시장세분화라는 용어가 처음 등장했으며, 시장세분화를 통한 차별화전략만이 마케팅의 중요한 전략이라고 주장하였다.[2] 기업의 제한된 자원(인적·물적·재무자원과 정보

1) J. Johanson and J. E. Vahlne, "The internationalization process of the firm; a model of knowledge development and increasing foreign market commitment," *Journal of International Busniess Studies*, Vol.8, No.1, 1997, pp.23-32.

등)으로는 인간반응을 충분하게 추적하거나 접근할 수 없으며, 또한 경쟁자들의 전체 시장에 대해 한 기업이 대응할 수 없다. 이러한 문제를 해결하는 방법이 시장세분화이다. 즉 시장세분화의 근본목적은 전략적 의미에서 기업의 투자수익률(ROI: return on investment)을 제고하는 데 있다.

맥카시(E. J. McCarthy)는 시장세분화(market segmentation)는 소비자를 포괄적 개념으로 파악하지 않고 이질성에 따라 몇 개의 특정한 집단으로 분할하는 것이라고 정의하면서 시장세분화의 특성을 다음과 같이 네 가지로 설명하고 있다.[3] 첫째, 시장세분화는 소비자 또는 사용자가 필요로 하는 것에 마케팅 노력의 초점을 맞추기 위하여 합리적이고 적합한 조정을 하는 것이다. 둘째, 자사 제품을 차별화하여 시장기회를 찾고자 할 때 고객의 동질성에 따라 시장을 확인하고 구분하는 마케팅활동이다. 셋째, 동질적 니즈를 가진 특정 세분시장 내에서 강력한 시장지위를 쌓아올리는 것이다. 넷째, 이질적인 시장을 제품선호에 따라 다수의 작은 동질시장으로 보는 것이다.

기업 입장에서 시장세분화의 목적은 투자효율성을 높이는 것이다. 즉 시장의 특정 고객집단에게 경쟁자들보다 더욱 큰 고객만족을 제공하기 위한 고객지향적 마케팅의 전략인 것이다.

한마디로 시장세분화는 비가격 경쟁전략이며 고객지향적 경영철학이다. 시장세분화전략은 고객욕구에 근거한 제품차별화를 적합한 특정 시장에 적용하는 것으로 가능한 큰 시장을 확보해 가는 기업의 전략적 수단이다. 시장세분화의 장점은 다음과 같이 정리될 수 있다.

- 가장 유익한 세분시장에 관심과 비용을 집중 배분하여 효율성을 제고할 수 있다.
- 세분시장에 맞는 제품믹스를 구성할 수 있다.
- 시장변화와 경쟁의 도전을 파악하여 대응책을 마련할 수 있다.
- 광고활동에서 가장 효과적인 호소방안을 결정할 수 있다.
- 광고의 시기와 판촉수단의 시기를 예측하기 용이하다.
- 경쟁적 마케팅전략으로 유리한 지위를 확보하는 데 도움이 된다.
- 전사적 마케팅 예산과 감사활동이 용이하다.

---

2) Wendell Smith, "Product Differentiation and Market Segmentation as Alternative Marketing Strategies," *Journal of Marketing* Vol.21, July, 1956, pp.3-6.

3) Jerome E. McCarthy, *Basic marketing: a managerial approach*, 8th ed., Irwin, 1984.

시장세분화는 1960년대 하버드대학의 엔킬로비치(D. Yankelovich)에 의하여 강조되기 시작하면서 본격적으로 연구되고 기업에 적용되었다.4) 편익세분화(benefit segmentation)의 개념은 인구통계적 변수보다 편익변수와 연결되어야 시장전략을 활용할 수 있음을 강조하고 있다. 그러나 불행히도 우리나라의 많은 기업은 단순히 주먹구구식 또는 간단한 인구통계적 세분화나 지리적 세분화와 같은 구조적 변수에 의한 세분화만을 수행할 뿐 체계적이고 객관적인 자료에 의한 마케팅전략으로서의 시장세분화를 이용하고 있지 못한 실정이다.

글로벌 시장세분화는 국가마다 소비의 확산패턴(diffusion pattern)이나 반응탄력성(response elasticities)이 차이가 있음을 인식하고, 그 변화와 패턴을 분석해 동질한 집단을 분류하는 것이다.5)

2. 글로벌 시장세분화의 절차와 지침

(1) 글로벌 시장세분화의 구조

기업들은 손쉬운 방법으로 국가단위를 시장 선택의 기준으로 하는 경우가 많다. 그 이유는 국별 자료가 많고 GNP, GNI 등의 경제지표가 시장크기와 상관관계가 깊다고 생각하기 때문일 것이다.

국별로 접근하는 것은 자연적으로 형성된 시장에 대한 분석이기보다는 인위적으로 접근하는 것이기 때문에 실패할 가능성이 높다. 물론 틀린 것은 아니지만 중국이나 인도는 상대적으로 평균소득은 낮지만 고소득층의 인구는 한국의 고소득층의 인구보다 훨씬 많다. 국가마다 소비패턴이나 제품에 대한 선호와 확산 정도가 다르기 때문에 단순히 경제지표에 의존한 세분화는 문제의 소지가 다분히 있다. 글로벌시장을 제대로 접근하기 위해서는 국가단위의 시장과 더불어 고객들의 소비패턴을 확인하는 고객중심의 시장 선정이 바람직하다.

4) Daniel Yankelovich, New Criteria for Market Segmentation, *Harvard Business Review,* March–April, 1964, p.83.

5) V. Kumar and Anish Nagpal, "Segmenting Global Markets: Look Before You Leap," *Marketing Research,* Spring, 2001, pp.8–13.

글로벌 시장세분화를 예를 들어 설명하면 다음과 같다. 정치적 위험, 경제발전 및 국민소득, 사회문화의 유사성 등의 거시적 요인에 의해 1국, 2국, …, n−1국, n국을 선정하는 국가단위 거시적 시장세분화를 시행하게 된다. 거시적 시장세분화를 한 다음 고객의 특성, 제품의 소비확산성 또는 소비패턴 등의 미시적 시장세분화 변수로 선정된 국가의 고객을 분석하여 1국, 5국, 7국 그리고 n국을 선정하는 고객중심의 미시적 시장세분화를 수행하게 된다.

그림 8-1 ▌ 글로벌 시장세분화의 구조

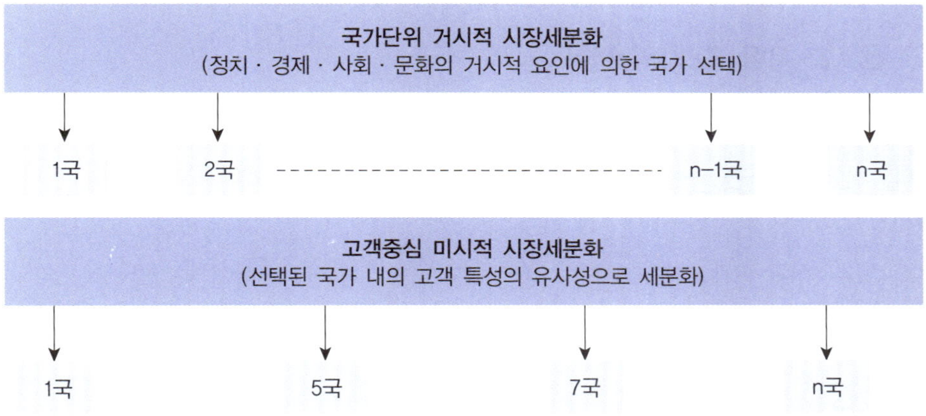

글로벌 시장세분화를 수행함에 있어 미시적 변수를 선정하는 것도 신중을 기해야 한다. 일반적으로 적용되는 변수가 해당국에서 과연 같은 개념으로 적용되는지를 파악하여야 한다. SRI Consulting Business Intelligence는 고객의 가치체계와 라이프스타일를 중심으로 8가지로 시장을 구분하는 틀인 VALS−2를 개발하였다. 그러나 일본의 경우 VALS−2의 변수 중 삶의 지향성(life orientation) 및 사회변화에 대한 태도(attitude toward social change)에서 차이가 있다고 판단하여 시장을 10가지로 구분하는 Japan−VALS를 별도로 발표하였다.

이러한 국가 간의 미시적 세분화 변수의 차이를 극복하기 위하여 쿠마르와 나그팔(Kumar and Nagpal, 2001)은 세분화 변수로 선정된 개념(consturct)을 거시적 시장세분화로 선정된 국가의 고객을 대상으로 재조사하여 타당성을 검증하여야 함을 강조하고 있다.

글로벌시장을 미시적으로 세분화하고 목표시장을 선정하는 일반적 절차는 다음과 같이 정리될 수 있다. 각 단계에 대하여 구체적으로 설명해 보기로 하자.

- 단계 1: 중요한 세분화의 지침 선정
- 단계 2: 적정한 세분화 변수 선정 및 세분화 시행
- 단계 3: 목표시장 선정
- 단계 4: 목표시장에 대한 마케팅프로그램 마련
- 단계 5: 시장진입 및 확장에 대한 시나리오를 작성

(2) 글로벌 시장세분화의 지침

시장세분화는 여러 가지 방법이 있으나 어느 한 방법이 가장 유효하다고는 할 수 없다. 시장세분화를 하는 주요 목적은 마케팅믹스전략을 효과적으로 수행하기 위한 것이므로 이 목적을 달성하는 데 가장 적절한 방법으로 행해져야 한다. 그러므로 세분화 기준 역시 마케팅믹스전략을 수행할 수 있도록 선택되어야 한다. 일반적으로 시장세분화 변수 선정 시 고려해야 할 요인은 다음과 같다.

1) 측정가능성(measurability)

세분시장의 시장규모나 특성 등의 자료를 측정할 수 있어야 한다. 예를 들어, 특정 국가의 시장규모, 일정 소득수준의 가구수를 측정하거나 가격의 소득탄력성을 측정할 수 있다.

2) 접근가능성(accessibility)

세분시장은 여러 마케팅프로그램으로 접근가능하여야 한다. 세분화 기준에 의해 선정되는 세분시장에 대한 촉진수단 및 유통이 가능해야 한다. 특정 국가의 하부구조가 문제가 되는데, 일본이나 중국과 같은 나라에서는 세분시장을 정확하게 파악했다 하더라도 유통구조상 쉽게 접근할 수 없는 어려움이 있다.

3) 시장충분성(substantiality)

세분시장이 수익을 낼 수 있을 정도로 충분히 커야 한다. 세분화를 하면 할수록 시장접근성은 높아질 수 있지만 표준화의 이점, 규모의 경제, 경험곡선효과 등 경제성이 약해져서 충분한 수익을 보장할 수 없게 된다. 적은 세분시장을 목표시장으로 삼는 것은 의미가 없게 된다.

4) 실현가능성(actionability)

마케팅프로그램이 그 세분시장에 적용 실현될 수 있어야 한다. 즉 전략으로서의 실현가능성이 있어야 한다.

5) 지속성(durability)

세분화된 기준이 중・장기적으로 마케팅프로그램으로 수행될 수 있도록 충분히 지속되어야 한다.

8.2 글로벌 시장세분화의 변수

1. 글로벌 시장세분화의 변수

(1) 인구통계적 변수

인구통계적 시장세분화 변수는 나이, 성별, 직업, 소득, 교육, 종교, 가족규모(편부모가정, 대가족 등), 가족생활주기(자녀 없는 젊은 부부, 자녀 있는 젊은 부부, 자녀가 있는 중년 부부, 노인 독신층 등), 사회계급(하류층, 중간층, 상류층), 인종 등을 기준으로 구분하는 것을 의미한다. 인구통계적 변수는 가장 많이 사용하는 시장세분화 변수이다. 대개 2~3개의 기준으로 구분하는 것이 일반적인데, 너무 많은 기준으로 구분하게 되면 앞서 언급한 시장세분화의 지침 중 시장충분성에 위배되어 시장세분화의 기본의미를 상실할 수도 있다. 또한 인구통계학적 특성이 동일한 집단이라 할지라도 심리적·행동적 변수에 따라서 집단 내에서도 다른 소비자 욕구와 선호를 가질 수 있으므로 다른 변수들과 함께 세분화 변수로 사용하는 것이 바람직하다.

(2) 지리적 변수

생활지역(도시, 농촌, 어촌 등), 상권규모(상주인구, 유동인구 등), 기후, 지형, 기후, 인구밀도 등의 지리적 변수에 의하여 시장을 세분화하는 것을 의미한다. 지리적 변수가 유사한 시장의 경우 기후환경이나 생활문화가 유사한 경우가 많으므로 글로벌 마케팅에 있어 지리적 변수는 시장을 분류하는 중요한 기준이 된다.

(3) 심리적 변수

구매자들을 체험이나 라이프스타일, 개성 등과 같은 특성을 기준으로 세분하는 것을 말한다. 일반적으로 사회계층에 따라 의식주와 여가활동, 습관에 있어 필요한 제품이나 서비스를 선호하는 경향이 각기 다른 것이 보통이다. 이러한 차이를 근거로 하여 시장을 세분화한 것이 심리적 변수에 의한 세분화이다. 또한 유사한 집단에 속하는 사람들은 제품에 대하여 유사한 심리적 반응을 나타내고, 보편적 생활양식을 모방하려는 경향이 있다.

동일한 세분시장에 속하는 사람들은 그들의 활동, 관심, 의견 등에서 유사성이 있을 뿐만 아니라 제품에 대한 선호경향에 있어서도 유사한 경우가 많기 때문에 심리적 시장세분화의 자료를 제품 및 마케팅활동에 이용할 수 있다.

표 8-1 심리적·행동적 시장세분화 변수

심리적	• 라이프스타일 • 개성 • 체험 등
행동적	• 구매빈도 • 상표충성도 • 사용자 특성 • 구매단계 • 제품편익(benefits)

글로벌 마케팅에 심리적 변수에 의하여 시장을 세분화한 예로서는 VALS-2, Japan-VALS, Global Scan, DMB&B 그리고 Y&R의 4C's 등이 있으며, 이에 대해서는 이후에 자세히 설명하도록 하겠다.6)

▌표 8-2▐ 라이프스타일에 따른 냉장고 유형

구분	냉장고 유형		
	SS형	TM형	BF형
특징	• 양문형 side by side • 중산층 소비자 • 4인가족 • open-style 부엌	• 냉동실이 위에 있는 형태 • 저소득 소비자 • 가족수가 적음 • 좁은 부엌	• 냉동실이 밑에 있는 형태 • 중산층 • 나이가 많은 사람 • 냉동음식 비중 높음
문제점	• 냉동실이 좁아 음식 정리가 힘듦 • 칠면조와 피자같이 큰 물건을 보관하기 힘듦	• 적은 용량 • 음식물을 찾는 데 시간이 많이 소요됨	• 문 열기가 불편함 • 설치장소에 따라 문 여닫는 방향조절이 어려움 • 디자인이 구식 • 몸을 구부리는 것을 싫어하는 북미사람들이 비선호
기타	• 미국의 부유층 • 최근 전 세계적으로 고급 냉장고 모델에 적용되어 판매되고 있음	• 한국	• 중국, 유럽

(4) 행동적 변수

행동세분화는 구매자들이 제품에 대해 가지고 있는 지식, 태도, 반응 등의 기준에 따라 시장을 나누는 것이다. 구체적인 행동변수로는 사용상황(일반적·특수적), 구매빈도(하루 한 번, 1주일에 한 번, 1달에 한 번, 1년에 한 번), 사용량(소량사용자, 보통사용자, 대량사용자) 상표충성도, 사용자 특성, 구매단계, 추구효익, 제품에 대한 태도(적대적·부정적·무관심·긍정적·열광적), 제품이 제공하는 편익(benefits), 선호도 등이 있다.

---

6) Warren J. Keegan, *Global Marketing*, 4th ed., John Wiley, 1999.

2. 시장세분화 변수 선정

앞에서 제시된 세분화 기준에 의하여 시장세분화 변수를 책정하여 적용하여야 한다. 글로벌 시장세분화는 거시적 변수에 의하여 국가 시장을 선정하고 미시적 변수에 의하여 대상 고객을 구분하는 과정이다. 미시적 시장세분화 변수는 구조적 변수와 고객중심 변수로 구분해 볼 수 있다. 적용의 용이성은 물론 구조적(structured) 변수에 의한 것이지만, 마케팅프로그램과 연결할 수 있는 변수는 고객중심 세분화 변수이다. 세분화 변수에 의하여 세분시장에 대한 자료를 수집하여 세분시장을 마련하게 된다. 세분시장의 마련은 넓은 범위의 시장에서 점차 좁은 시장으로 정의해 나아가는 방법을 이용하게 된다.

❙ 표 8-3 ❙ 시장세분화 변수 선정

거시적 시장세분화 변수	미시적 시장세분화 변수	
	구조적 세분화 변수	고객중심 세분화 변수
정치경제적 변수	인구통계적 변수	심리적 변수
사회문화적 변수	지리적 변수	행동적 변수

거시적 시장세분화 변수는 제3장과 제4장에서 설명하였으므로, 여기서는 미시적 시장세분화 변수에 대하여 논의하기로 한다. 우선 미시적 시장세분화 변수를 앞서 제시한 시장세분화 지침과 대비하여 설명하면 다음과 같다.

❙ 표 8-4 ❙ 시장세분화 변수별 특성

지침 \ 변수	인구통계적 변수	지리적 변수	심리적 변수	행동적 변수
측정가능성	H	H	M	M
접근가능성	M	M	H	H
시장충분성	H	H	H	H
실현가능성	M	M	H	H
지속성	H	H	M	M

물론 제품마다의 특성에 따라 시장세분화 변수가 달리 적용되어야 하겠지만 인구통계적 변수와 지리적 변수는 측정가능성, 시장충분성, 지속성 등에서 우수하여 일반적으로 기업에서 많이 사용되고 있다.

그러나 시장세분화에서 가장 중요한 전략의 실현가능성과 접근가능성이 다소 떨어지는 것이 흠이다. 시장세분화의 목적은 목표시장을 선택하여 그 시장에 자사 제품의 강점을 포지셔닝하기 위한 것인데, 피상적인 포지셔닝만이 이루어질 뿐 고객의 심리적 또는 감성적인 포지셔닝이 어렵고, 인적판매 이외의 매체를 통한 접근이 상대적으로 미흡하다는 단점이 있다.

특히 전체 시장을 대상으로 브랜드이미지를 강화하는 마케팅의 목표를 달성하기 힘들다. 담배, 술 등과 같은 기호품이나 이미 브랜드인지도가 높은 제품은 인구통계적 변수나 지리적 변수의 유효성이 상대적으로 떨어진다. 그러나 인적판매, 즉 영업인력의 관리 및 통제를 위한 방법으로는 강력한 세분화 변수가 될 수 있다. 우리나라와 같이 매출에 지나친 비중을 두고 경영을 하는 기업의 경우 인구통계적 변수와 지리적 변수는 영업관리를 위한 목적으로 많이 사용되어 왔으나, 고객의 심리적 또는 행동과학적 측면까지 접근하지 못하게 하는 경영문화를 형성할 수 있는 우려가 있다. 이는 상대적으로 고객의 심리적 또는 행동과학적 시장세분화에 의하여 전략적으로 접근하는 기업에게 유리한 여지를 제공하는 상황이 될 수도 있다.

반면 심리적 변수나 행동적 변수는 전략으로서의 실현가능성이 높지만, 측정하기가 상대적으로 어렵고 지속성이 떨어져 늘 변화하는 특성이 있어 새로운 조사와 적용이 필요하다.

예를 들어, 슈미트(B. H. Schmitt)가 제시하고 있는 체험마케팅(experiential marketing)은 심리적 변수를 적용한 마케팅의 기법이다. 체험마케팅은 인간생활의 체험 형성방법을 감각, 감성, 인지, 행동, 관계의 다섯 가지로 보고, 이들을 형성하는 과정 속에 적합한 마케팅기법을 적용하여야 함을 제시하고 있다.[7] 특히 체험마케팅에서는 소비자들을 합리적인 구매주체로 보기보다는 감성적이고 감정적인 인간의 측면을 강조하고 있다.

7) Bernd H. Schmitt, 박성연 외 역, 체험마케팅, 세종서적, 2002.

그림 8-2 체험마케팅에서 제시하는 Harley-Davidson

자료: www.harley-korea.com

3. 글로벌 시장세분화의 심리적 변수

(1) VALS-2와 Japan-VALS의 시장세분화

SRI Business Intelligence에서는 18세 이상의 소비자의 심리행동을 생활동기와 타 집단과의 이질성을 기준으로 소비자를 8가지 집단으로 구분하여 제시하고 있다. 가치관(value)과 태도(attitude)에 의한 이들의 세분화를 VALS라 하며, 최근 버전을 VALS-2라 한다.[8)]

1) 혁신집단(innovators)

혁신자는 자기존중을 중시하여 성공을 위한 노력을 하며, 늘 변화를 위하여 고민하는 사람들이다. 풍부하게 보유한 자산을 바탕으로 변화를 주도하고 새로운 생각이나 기술을 받아들이는 데 인색하지 않다. 이들의 구매는 세련된 특성을 지니고 있으며, 고급의 새로운 제품과 서비스의 틈새시장(niche market)을 형성한다. 이들은 자신들의 지위나 권력의 이미지보다 개성, 차별성 등에서 나타나는 이미지를 매우 중시한다. 주로 사회적으로 성공하였지만, 지속적인 변화와 보다 나은 생활의 다양성을 위하여 투자하는 전문가집단으로 형성된다.

8) http://www.sric-bi.com

그림 8-3 ▌ VALS-2

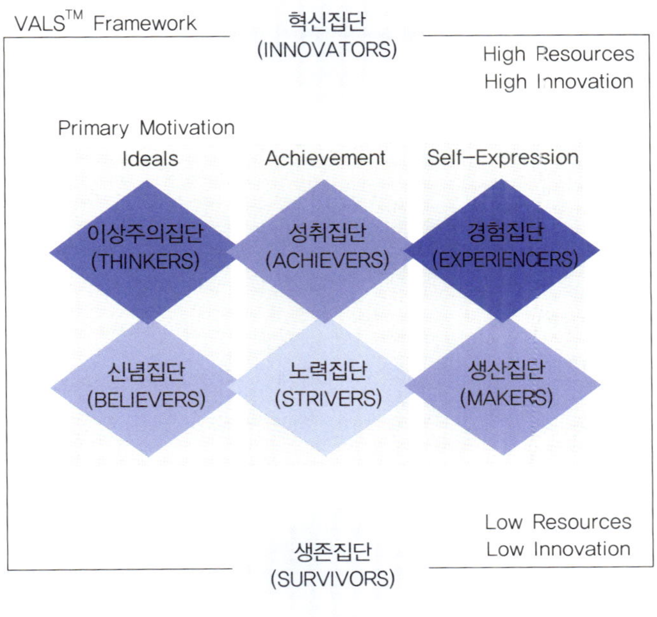

2) 이상주의집단(thinkers)

자신들이 주장하는 이념체계에 몰입되어 있으며, 비교적 성숙한 인격으로 생활의 안정에 만족하는 계층이다. 고도의 교육을 받은 사람들로 의사결정과정에 관련된 여러 정보에 민감하다. 이들은 사회질서, 가치체계, 책임, 예법을 중시하고 자신의 지식을 넓히려고 노력한다. 비교적 윤택한 생활을 하지만, 보수적이고 합리적인 구매에 치중하며 내구성, 기능성, 가치 등을 제품 선택기준으로 한다.

3) 성취집단(achievers)

성취에 대한 욕구가 크며, 목표지향적 생활태도와 자신의 경력과 가족에 대한 관여도가 높다. 이들의 생활범주는 가족, 직장, 종교 등으로 구조화되어 있는 전통적이고 보수적인 성향이 크다. 또한 합의, 예측가능성, 안정, 친밀, 자아탐구 등을 중시한다. 욕구와 필요가 다양하여 시장에서 활동적이며, 제품 선택에 있어 품위, 성취, 시간절약 등을 중시하여 구매하는 성향이 있다.

4) 경험집단(experiencers)

경험집단은 자기노출에 관심이 큰 집단으로 대개 젊고, 열정적이며 충동적인 고객들이다. 새로운 가능성에 열정을 보기이도 하지만 금방 냉철해지기도 한다. 다양성, 흥분, 색다름, 그리고 다소 위험을 즐기는 기미가 있기 때문에 운동, 레크리에이션, 사회활동 등에 적극적으로 참여하는 성향이 있다. 이들은 자신의 소득 중 많은 부분을 패션, 오락, 대인관계에 사용하는 적극적인 소비자집단으로 보기 좋은 것(looking good or cool)을 중시하여 구매하는 계층이다.

5) 신념집단(believers)

이상주의집단과 같이 자신의 확고한 이념체계를 바탕으로 한 집단이다. 이들은 대체로 보수적이며 가족, 종교, 공동체에 대한 전통적 규범을 따르고자 하며 자신이 속한 구성체에 대한 도덕적 규율을 지키고자 하는 계층이다. 이들은 이미 잘 알려진 브랜드제품을 선호하는 경향이 있으며, 자신이 사용하는 브랜드에 대한 로열티(royalty) 또한 높은 편이다.

6) 노력집단(strivers)

노력집단은 최신 유행이나 재미를 즐기는 부류로 어떤 일에 대한 성취감을 느끼고자 노력하는 집단이다. 타인의 의견을 존중하며 타인으로부터 인정을 받으려는 성향이 강하고, 물질적인 것에 관심이 있는 부류로서 과업지향적이면서도 타인이 자신보다 앞서는 것을 용납하지 못하는 계층이다. 이들은 소비를 사회활동이라고 보기도 하지만, 과시적 또는 충동적 소비를 하는 성향도 있다.

7) 생산집단(makers)

경험집단과 마찬가지로 자기노출에 관심이 있으며 과업수행, 주택마련, 자녀교육, 자동차 수리 등 자신이 열정적으로 수행하여 성공한 경험을 노출하고자 하는 부류이다. 현실적이고 생산적인 활동을 중시하여 보유하는 기술이나 지식에 관심이 많은 계층으로 가족, 직장, 운동 등 자신의 틀에만 익숙할 뿐 그 외의 일에는 관심이 상대적으로 적은 집단이다. 이들은 대규모 사업이나 새로운 일에는 관심이 적지만 기존의 정부, 조직, 가족의 기본틀을 존중하는 집단이다. 물질적인 소유에는 커다란 관심이 없고 오히려 기능을 향상시키거나 현실적인 구매를 중시하는 성향이 있다.

8) 생존집단(survivors)

생존집단은 삶에 대한 시야가 상대적으로 좁으며, 보유하고 있는 자산이 적은 사람들로서 세상이 변하기를 기대하는 사람들이다. 익숙해진 생활, 안전, 보안, 기본적인 욕구충족 등에 관심이 있는 반면 새로운 동기나 목표가 그리 크지 않은 집단이다. 이들은 구매에 있어 매우 사려 깊은 행동을 하며, 브랜드제품의 할인구매를 선호하는 계층이다.

VALS는 이와 같이 8가지의 소비형태집단을 그들의 라이프스타일과 심리적인 측면을 고려하여 분류하였으나, 국가마다 그 해석과 개념에 차이가 있다는 점을 제시하면서 적용에 있어 개념적 타당성 검증이 요구됨을 제시하고 있다. 특히 일본의 경우에는 문화·사회적 특성의 국가적 차이에 따라 VALS를 적용하기 어렵다고 판단하여 Japan-VALS를 개발하여, 시장세분화의 틀을 별도로 제시하고 있다. Japan-VALS에서는 삶에 대한 지향성(life orientation)과 사회변화에 대한 태도(attitude toward social change)의 두 변수를 추가하여 총 10개의 집단으로 시장을 세분화하였다.

그림 8-4 | Japan-VALS

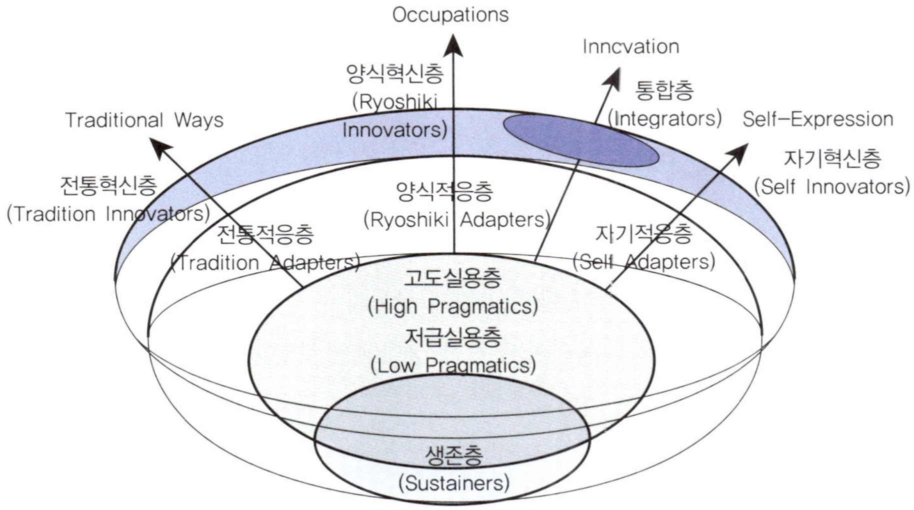

▌표 8-5▐ Japan-VALS의 집단별 특성

<table>
<tr><th>분류</th><th>비율</th><th>특징</th></tr>
<tr><td>통합층
(integrators)</td><td>4%</td><td>적극적-탐구적 추세 지향, 정보추구, 풍요로운, 여행지향, 높은 매체반응</td></tr>
<tr><td>자기혁신층
(self innovators)</td><td>7%</td><td rowspan="2">자기노출, 개인경험, 패션, 사회활동, 자극 중시</td></tr>
<tr><td>자기적응층
(self adapters)</td><td>11%</td></tr>
<tr><td>양식(良識)혁신층
(ryoshiki innovators)</td><td>6%</td><td rowspan="2">소유욕 · 교육수준 · 성취 정도 높음, 지식추구, 가정 · 사회지위 중시</td></tr>
<tr><td>양식(良識)적응층
(ryoshiki adapters)</td><td>10%</td></tr>
<tr><td>전통혁신층
(tradition innovators)</td><td>6%</td><td rowspan="2">전통 · 종교 · 관습 중시, 보수적 성향</td></tr>
<tr><td>전통적응층
(tradition adapters)</td><td>10%</td></tr>
<tr><td>고도실용층
(high pragmatics)</td><td>14%</td><td rowspan="2">소극적 삶, 정보 · 융통 · 선택에 둔감</td></tr>
<tr><td>저급실용층
(low pragmatics)</td><td>17%</td></tr>
<tr><td>생존층
(sustainers)</td><td>15%</td><td>변화 · 자기노출 둔감, 저소득, 젊은층, 높은 교육, 현상유지적 소비</td></tr>
</table>

(2) 글로벌 스캔(global scan)의 시장세분화

글로벌 스캔(global scan)은 18개국의 소비자를 대상으로 한 연구로, 소비자의 제품에 대한 구매행위를 설명하고 예측하기 위해 매체시청률, 구매패턴, 제품사용, 구매태도, 가치를 변수로 연구조사하여 다섯 가지로 시장을 구분하고 있다.[9]

1) 노력집단(strivers)

20~30대의 분주한 삶 속에서 아주 바쁘게 살아가는 젊은 사람으로 성공과 물질적인 쾌락을 찾기 위해 자금과 시간이 부족한 상태에서 부단히 노력하는 집단이다. 이 집단의 비율은 26%이다.

9) Warren J. Keegan, *Global Marketing*, 4th ed., John Wiley, 1999.

2) 성취집단(achievers)

노력하는 집단보다 비교적 나이가 많고 부유하며 독단적이고 완고한 이미 성공을 이룬 사람들이다. 성취집단의 구매태도는 가격보다 품질과 지위를 중시하는 경향이 있다. 이 집단의 비율은 22%이다.

3) 피압력집단(pressured)

이 집단은 사회적으로 확정된 역할을 하도록 규정된 규범 속에 있는 사람들로서 여성, 노인, 일반적 급여생활자 등 가족지향적인 성격을 가진 사람들로 구성된 시장이다. 이 집단의 비율은 13%이다.

4) 전통집단(traditionalists)

이 집단은 변화에 직면했을 때 기존의 가치를 유지하려고 노력하는 보수적 중년층으로 민족주의적 성향이 있다. 이 집단의 비율은 16%이다.

5) 적응집단(adapters)

변화에 개방적이고, 유동적이며 타협적인 비교적 안정된 집단이다. 이 집단의 비율은 18%이다.

글로벌 스캔의 조사결과는 국가마다 유사성이 존재하는 반면, 이질적인 측면도 많다는 점을 시사하고 있다. 예를 들어, 미국에서 7,500만 명의 베이비붐 세대들은 노력하는 집단과 성취집단이 거의 절반을 이루고 있는 반면, 독일에서는 노력하는 집단은 노령화되었고 구성비도 상대적으로 낮다. 미국에서는 노력하는 집단은 대체적으로 돈과 시간이 부족하지만, 일본의 경우에는 상대적으로 돈이 많다. 이러한 차이는 동일한 집단이지만 국가별 집단의 소비패턴의 차이를 설명할 수 있다. 미국의 노력하는 집단은 고급 차를 구입하는 반면, 일본의 노력하는 집단은 고급 향수나 고급 음향시스템 등을 구매하며, 자동차는 가정의 이동수단으로 인식하고 개인의 욕구를 표출하는 제품이 아니라는 생각이 지배적이다. 이는 두 국가에서 노력하는 집단을 목표시장으로 선정하는 경우, 서로 다른 광고 소구와 제품 포지셔닝이 필요함을 의미한다.

(3) DMB&B(D'arcy Massius Benton & Bowles)의 유럽 시장세분화

DMB&B(http://www.dmbb.com)의 조사팀은 'The Euro consumer: Marketing Myth or Cultural Certainty'란 주제로 15개국을 대상으로 연구하여 유럽시장의 소비자를 성공적 이상주의자, 부유한 물질주의자, 안락한 소속자, 비판적 생존자의 4개의 라이프스타일로 구분하였다. 전자의 두 집단은 지식인집단이며, 후자의 두 집단은 일반소비자집단이다.

1) 성공적 이상주의자

인구의 5~20%로, 이 집단은 전문적·물질적 성공을 획득한 사람으로 구성되고 사회적으로 책임 있는 신분과 이상을 달성하려고 노력하는 사람들이다.

2) 부유한 물질주의자

자신의 명예와 부귀를 인식하는 사람들로서 대다수가 대기업 혹은 전문직 종사자들이며, 성공을 타인에게 알리기 위한 과시적 구매성향이 나타난다.

3) 안락한 소속자

인구의 25~50%로 구성되며 글로벌 스캔의 적응집단, 전통집단처럼 보수적이고 익숙한 것을 제일 안락하게 생각하는 사람들이다. 이러한 집단에 속한 사람은 집, 가족, 그리고 자신이 속한 공동체에서의 안락함에 만족한다.

4) 비판적 생존자

힘과 풍요함이 결핍되어 있는 이러한 집단에 속한 사람은 신분상승을 위한 희망을 거의 나타내지 않고 순종적이거나 또는 반대로 비판적인 경향이 있다. 이러한 집단은 도시의 범죄율이 높은 지역에 집중되어 있다. 사회적인 낮은 신분에도 불구하고 이들의 행동은 사회의 다른 구성원들에게 영향을 주기도 한다.

(4) Y&R의 4C's

Y&R(Young & Restless)의 4C's(Cross-Culture Consumer Characterizations)는 소

비자 선택결정에 도움을 주는 태도, 일, 라이프스타일, 구매동기와 가치에 초점을 둔 정신심리학적인 세분화 변수에 대한 연구를 수행하였다.

이 연구는 3개 그룹 7개 계층으로 세분화하여 속박받는 사람(가난을 감수하는 사람, 가난과 투쟁하는 사람), 대다수 중류층(중류층, 성공을 갈망하는 사람, 성공한 사람), 그리고 개혁자(변화자, 혁신자)로 나누고 있는데, 그 특성은 [표 8-6]과 같다.

표 8-6 Y&R의 4C's 세분화

구분	분류	태도	일	라이프스타일	구매동기
속박받는 사람	가난을 감수하는 사람	불행, 불신임	미숙련, 노동	격리, 텔레비전	고정, 가격
	가난과 투쟁하는 사람	불행, 불만족	노동, 숙련기술자	스포츠, 텔레비전	가격, 할인점
대다수 중류층	중류층	행복, 소속감	숙련기술자, 교사	가족, 정원손질	습관, 브랜드 충성도
	성공을 갈망하는 사람	불행, 야망	판매, 사무원	유행, 스포츠, 패션	전시용 구매, 신용
	성공한 사람	행복, 근면	관리자, 전문직업	여행, 외식	사치, 질
개혁자	변화자	혁신, 자유	학생, 운동가	예술, 특정 취미	충동, 고유제품
	혁신자	내적 자유, 진보주의	전문가, 기업인	독서, 문화적 행사	생태적, 집에서 만든 제품 선호

(5) 제품수용도에 따른 고객세분화[10)]

미국의 커뮤니케이션 학자인 어베렛 로저스(Everett M. Rogers)는 『혁신의 확산(Diffusion of Innovations)』이라는 저서를 통해 혁신기술 채택에 소요되는 시간에 따라 고객을 5가지 집단으로 세분화하였다.

1) 혁신수용자(innovator)

혁신수용자는 '이노베이터'로 불리는 모험적인 사람으로 새로운 것을 좋아하기 때문에 구매하는 고객들이다. 새로운 제품을 사용해보고 남들보다 더 많이 아는 것 자

10) 매일경제, 2012년 7월 6일자 "혁신제품은 마케팅도 달라야 한다"와 마케팅전략연구소의 "제품수명주기(PLC) 이론 연구"의 내용을 정리한 것임.

그림 8-5 ▌ 제품수용도에 따른 고객세분화

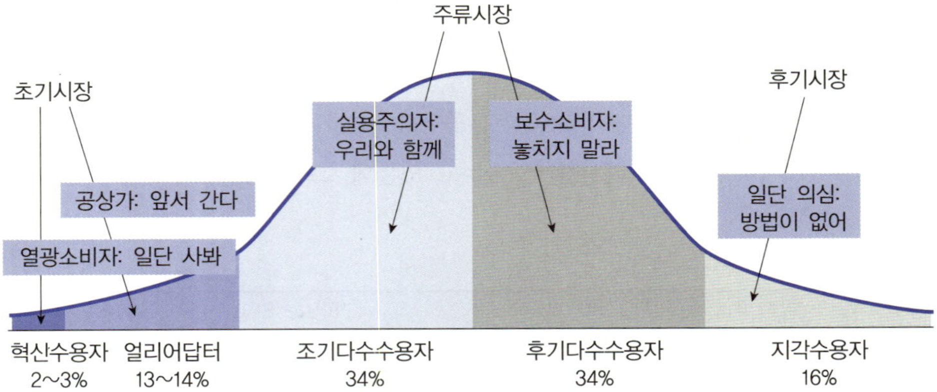

체에서 즐거움을 얻으며 실용적으로 어떤 편익을 얻느냐에 대해서는 큰 관심이 없다. 보통 전체 고객의 2~3% 정도에 불과하며 혁신수용자로 분류할 만한 고객이 존재하지 않는 경우도 있다. 수가 적고 전문지식으로 무장한 혁신수용자는 구매 의사결정에 있어 마케팅의 개입 여지가 크지 않다.

또한 가격이나 외부평가에 대해서는 별로 관심을 기울이지 않으며 경제적으로 풍요하고 높은 관련 지식을 가지고 있는 것이 특징이다. '돈 많은 마니아(mania)'로 보아도 무방하다.

2) 얼리어답터(early adopter)

이들은 진취적 기질을 가진 현실론자이며 주변 사람의 구매행동에 많은 영향을 미치는 이른바 '여론주도형 소비자(opinion leader)'이다. 이른바 남들보다 먼저 신제품을 써봐야 직성이 풀리는 사람들이며, 그래서 어떤 신기술로 중요한 제품이 나왔을 때 재빨리 그것을 구입해서 사용한다. 일정수준의 위험을 감수하더라도 혁신제품을 통해 원하는 편익을 달성하기를 원한다.

자신이 지식을 아는 것에서 그치지 않고 다른 잠재적 고객군에게 영향력을 끼치고 싶어 한다는 점에서 혁신수용자와는 다르다. 이들의 영향력 때문에 최고의 마케팅이라 할 수 있는 입소문마케팅, 즉 버즈마케팅(buzz marketing)을 하는 데 얼리어답터를 관리하는 것은 매우 중요하다고 할 수 있다. 얼리어답터는 전체 고객의 13~14%

정도로 그 수도 적지 않지만 이들에게 채택되느냐가 혁신제품의 잠재력 유무를 판가름한다는 점에서 중요한 고객군이다.

3) 조기다수수용자(early majority)

실용주의자로서 비교적 신중하고 전체 소비자 평균보다 조금 빨리 새로운 제품을 받아들이는 사람들이다. 신제품을 남보다 빨리 받아들이는 모험심은 적지만 그렇다고 유행에 뒤지지는 않는다.

얼리어답터가 구매 자체에서 효용을 느끼는 반면 조기다수수용자는 제품의 실용성에 집중한다. 또한 위험을 감수하지 않으려는 성향이 강하기 때문에 다른 고객들을 통해 제품의 효용 및 품질이 검증되기를 희망하고 A/S 등을 중시한다. 이들은 '가격', '상품후기'에 민감하며 '얼리어답터'가 검증한 상품을 받아들인다. 전체 고객의 34% 정도를 차지하는 큰 시장이며 승자독식(the winner takes all)하는 성향이 있기 때문에 공략은 어렵지만 가장 중요한 시장이다.

4) 후기다수수용자(late majority)

남들보다 한발 늦은 구매로 만족하는 이들이다. 혁신제품이 이미 시장의 다수를 차지함에 따라 기존에 사용하던 제품을 찾기가 더 어려워지는 시점부터 이들은 혁신제품의 구매를 고민한다. 의심이 많은 편이고 보수적인 행동을 취하며 환경변화에 경계를 늦추지 않는 특징이 있다. 새로운 제품을 소비자의 반 이상이 받아들이기 전까지 주시만 할 뿐 먼저 구매하지 않는다. 가격 민감도가 높지만 전체 고객의 34% 정도로 상당한 크기를 가지고 있고 규모의 경제를 통해 가격경쟁력을 조기에 갖출 경우 큰 이익을 창출할 수 있다.

5) 지각수용자(laggard)

애초에 생활패턴을 조금도 바꿀 의지가 없는 고객군이다. 이들은 혁신이나 새로운 사물과 사고에 대하여 완강히 거부하는 사람들로 구성되어 있으며 그들 가운데는 개개인의 성향이나 경제적 이유 때문에 신제품을 받아들일 수 없는 경우도 많다. 마케팅도 결국 고객을 설득하는 행위인데 이야기를 들어보려는 최소한의 의지도 없는 이들에게 혁신제품의 유용성을 설명하고 설득하는 것은 무의미하다. 약 16%의 고객이 이러한 성향을 지닌다고 보는데 기업의 입장에서는 놓치기에는 아깝고 집중하자니 어려운 '계륵'과 같은 존재다.

사례 **캐즘을 극복하지 못하면 시장에서 도태될 수 있다!**

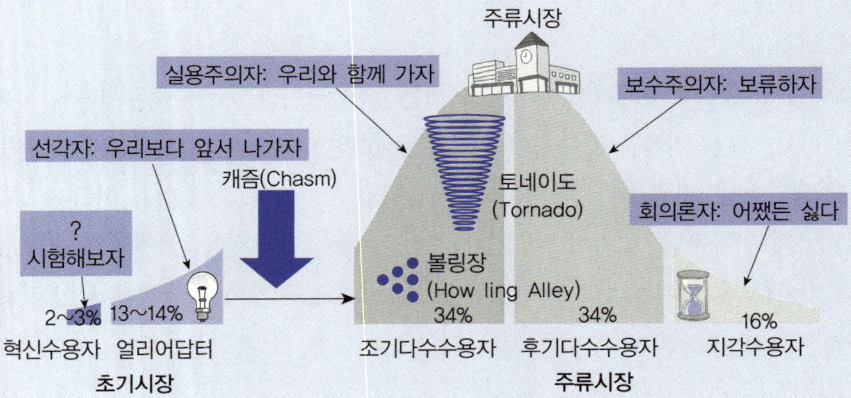

캐즘(chasm)이란 원래 지질학에서 쓰이는 용어로 지각변동 등의 이유로 지층 사이에 큰 틈이나 협곡이 생겨 서로 단절되어 있다는 뜻이다. 제프리 A. 무어 박사는 이러한 현상이 마케팅 분야에도 있음을 발견하였는데 그것이 '첨단기술수용이론'이라고도 불리는 '캐즘(chasm)마케팅이론'이다.

제품의 초기 수용자와 그 이후의 주류시장의 수요자들은 서로 다른 이유로 제품을 구매하기 때문에 제품이 아무리 혁신적일지라도 실용적이지 못하면 시장에서 성공하기 힘들다. 따라서 혁신성을 중시하는 소비자가 중심이 되는 초기시장과 실용성을 중시하는 소비자가 중심이 되는 주류시장 사이에서 첨단기업은 종종 급격한 매출감소나 정체(캐즘)를 겪을 수 있다는 것이다.

캐즘이 발생하는 원인을 살펴보면 다음과 같다. 캐즘은 서로 이웃하고 있는 기술수용주기 상의 2집단, 즉 얼리어답터(early adopter)와 조기다수수용자(early majority)의 상이한 가치관에서 발생한다. 혁신성이 중시되는 초기시장에서는 새로운 기술에 열광하여 이러한 기술을 잘 파악하고 있고, 이러한 기술들이 적용된 앞선 제품들을 구매하여 소유하는 것 자체로 만족하는 혁신적인 소비자들, 즉 얼리어답터들이 주 고객이 된다. 그러나 이후 실용성을 중시하는 소비자가 중심이 되는 시장에서는 제품의 기술뿐 아니라, 자신의 지불능력, 기술의 신뢰도, 사용자의 평판, 가격 등을 꼼꼼히 따져보고 사게 되는데 이들이 제품에 대한 실제의 주요 소비자가 되는 것이다. 즉 조기다수수용자들이 주 고객이 된다.

이렇듯 아무리 뛰어난 기술로 초기의 얼리어답터에게 긍정적인 반응을 얻었다고 하더라도 캐즘을 극복하여 주류시장(mainstream market)의 소비자들을 잡지 못하면 기업의 존폐를 결정하는 중대한 기로에 놓일 수 있다.

이처럼 캐즘현상은 도입기에서 성장기로 가는 시점에 나타나며, 이를 극복하지 못하면 도태되기 마련이다. 하루에도 몇십 개의 제품이 쏟아져 나오지만, 캐즘을 뛰어넘지 못하고 실패하는 제품들은 무수히 많다. 성공하는 제품이나 기업도 100개 중 1~2개 정도로 희박하다. 이처럼 초기시장에서의 고객 확보와 캐즘을 극복하기 위한 방안을 기업은 강구해야 할 것이고, 대기업보단 중소기업에서 보다 철저한 분석과 전략이 요구된다고 볼 수 있다.

자료: 마케팅전략연구소(http://www.msrkorea.co.kr/b/column/191)

학습과제

1. 치맥(치킨&맥주)의 중국시장 진입을 위한 시장세분화를 구상해 보시오.

2. 시장세분화가 잘된 제품이나 서비스를 조사해 보시오.

3. 자동차를 대상으로 VALS-2 틀을 적용해 보시오.

4. 캐즘의 사례를 조사해 보시오.

Harvard Business School 추천사례

Reading Materials:

1. Yankelovich, D.(1964), "New criteria for market segmentation," *Harvard Business Review*, March–April, p.83.

2. Johansson, J. and J. E. Vahlne(1997), "The internationalization process of the firm: a model of knowledge development and increasing foreign market commitment," *Journal of International Business Studies*, 8(1), pp.23–32.

3. Kumar, V. and A. Nagpal(2001), "Segmenting global markets: Look before you leap," *Marketing Research*, Spring, pp.8–13.

4. Wendell, S.(1956), "Product differentiation and market segmentation as alternative marketing strategies," *Journal of Marketing*, 21, pp.3–6.

9 Chapter 글로벌 목표시장과 포지셔닝

학습목표

- 글로벌 목표시장 설정방법에 대하여 알아본다.
- 글로벌 포지셔닝의 개념 설정과 방법에 대하여 알아본다.
- 고기술 포지셔닝과 고감성 포지셔닝에 대하여 알아본다.
- 글로벌 STP와 MIX와의 관계에 대하여 학습한다.

도입사례 ◦——◉ 스토리로 쌓은 레고의 '저력'··· 장난감 불황 뚫었다

2008년 이후 세계 장난감업체는 최악의 환경을 맞았다. 경제위기에 사람들은 장난감 소비를 줄였다. 스마트폰이 일상화되며 아이들은 장난감보다 모바일 게임을 즐겼다. 덴마크 블록완구업체 레고는 이중의 도전에 직면했다. 2009년 등장한 모바일 블록 쌓기 게임인 마인크래프트가 선풍적인 인기를 끌었기 때문이다. 하지만 레고의 실적은 상황과 정반대로 움직였다. 2009~2013년 사이 매출은 2배, 영업이익은 4배 가까이 늘었다. 업계에서 독보적인 실적이다. 제품에 스토리를 입히며 새로운 고객층을 만든 '이야기마케팅'과 전통 제조업 가치에 집중한 경영전략이 비결로 꼽힌다. 레고의 매출 중 60% 이상은 1세 이하 영아용 제품에 집중되어 있었다. 따라서 어린이와 성인 고객을 늘리는 게 관건이었다.

레고는 제품에 이야기를 입혔다. 대표적인 사례가 최근 미국 박스오피스에서 3주 연속 1위를 차지한 영화 〈레고 무비〉다. 스토리를 접하고 레고를 조립하면서 고객들은 스스로가 이야기에 참여하고 있다고 느낄 수 있다. 미국 어린이들에게 인기를 끈 '키마의 전설'이나 지난해 어린이날 국내에서 품귀현상을 빚었던 '닌자고' 시리즈도 마찬가지다. 레고가 홈페이지에 올려 놓은 스토리는 영화 못지않다. 관련 게임도 즐길 수 있다. 매즈 니퍼 레고 최고마케팅책임자(CMO)는 "디지털과 오프라인의 경험을 연결시킨 좋은 사례"라고 말했다.

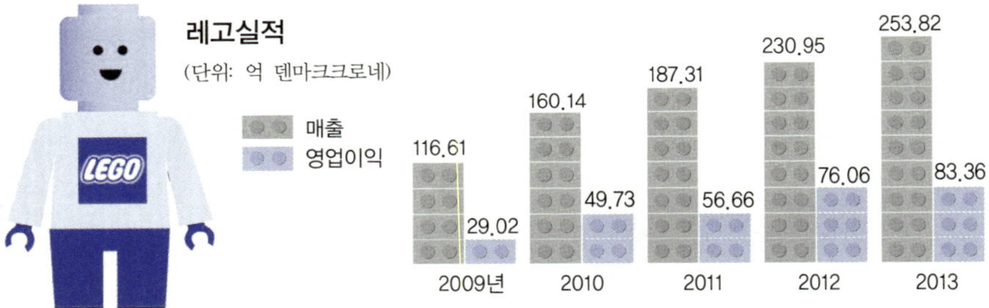

자료: 레고그룹

제조업의 전통적 가치에 집중한 것도 성공요인이다. 2009년 마인크래프트가 등장하자 레고도 모바일 게임인 '레고유니버스'를 내놨다. 하지만 곧 접었다. 니퍼 CMO는 "베타 버전을 내놓고 끊임없이 수정하는 모바일 게임의 형태는 우리의 DNA와 맞지 않았다"며 "우리는 소비자에게 완벽한 제품을 판매하는 스타일"이라고 설명했다. 레고는 모바일 붐에 휩쓸리는 대신 생산공장에 투자하기로 결정했다. 생산단가를 낮추겠다는 복안이었다. 레고는 지난해에만 4억 8,900만 달러를 투자해 멕시코, 체코 공장을 확장하고 헝가리와 중국에 새 공장을 지었다. 그 결과 현재 초당 2,000개, 연 550억 개의 블록을 만들 수 있게 됐다. 파이낸셜타임스(FT)는 "레고는 시장에서 거래되는 플라스틱 가격보다도 싸게 블록을 만든다"고 전했다.

그렇다고 신기술을 멀리하는 것은 아니다. 요르겐 비 크누스토르프 레고 최고경영자(CEO)는 "고객들이 3차원(3D) 프린터로 레고를 자체 제작할 수 있는 시스템을 만들 것"이라고 말했다. 다른 완구업체는 3D 프린터를 자신의 제품을 불법 복제할 수 있는 '위기'로 인식했지만, 레고는 맞춤형 레고를 갖고 싶어 하는 성인시장을 공략할 기회로 본 것이다.

지난해 장난감시장 규모는 북미는 감소, 유럽은 정체, 아시아만 소폭 증가 추세를 보였으나 레고는 전 지역에서 매출이 증가했다. 레고는 연례보고서에서 "가치 있는 제품은 어디서든 잘 팔린다"고 강조했다.

자료: 한국경제신문, 2014년 3월 5일

9.1 글로벌 목표시장 설정

1. 글로벌 목표시장 선정의 체크리스트

시장세분화 분석 후 얼마나 많은 시장 또는 어느 시장에 어떻게 접근할 것인가를 결정하는 전략과정이 목표시장 결정(target marketing)이다. 목표시장 결정은 세분시장의 고객 및 경쟁 그리고 제반 경영여건 등을 평가하여 자사에 가장 잘 맞는 시장을 선택하는 것이다. 목표시장을 선정한 후에는 어떠한 진입방법으로 그 시장을 공략할 것인가를 결정해야 하며, 그 다음 시장을 어떻게 확장해 나아갈 것인가를 결정해야 한다. 글로벌시장 진입과 확장에 대하여는 제6장에서 구체적으로 설명하였다. 여기서는 목표시장 선정과 포지셔닝에 대하여 구체적으로 논의하도록 한다.

그림 9-1 ▎ 브랜드 가치 순위

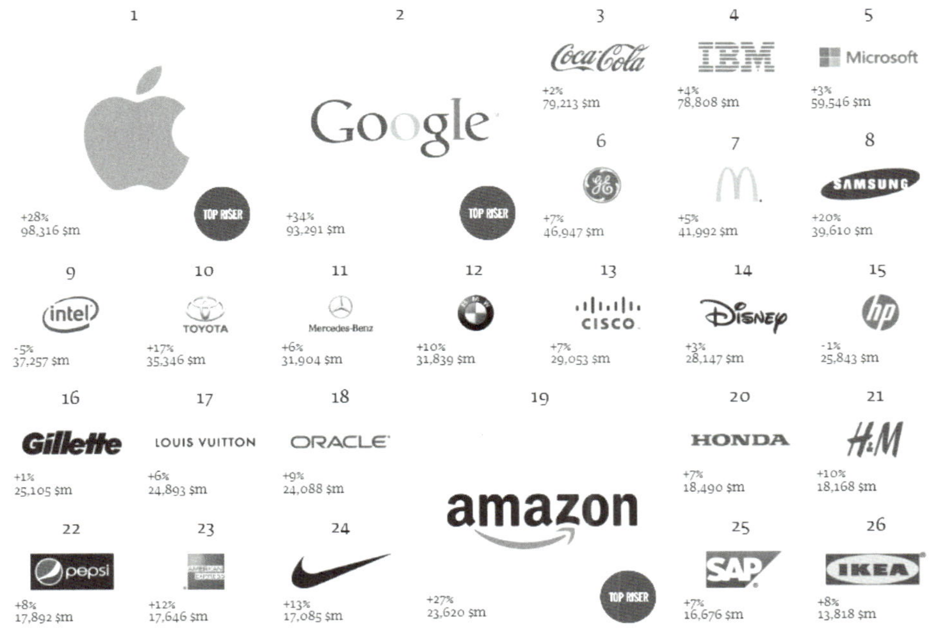

* %: change in Brand Value/$m: Brand Value

자료: http://www.interbrand.com/ko/best-global-brands/2013/Best-Global-Brands-2013-Brand-View.aspx

대부분의 글로벌기업은 나름대로의 강력한 자원을 보유하고 있다. 글로벌기업들은 강력한 무기, 즉 하이머(S. Hymer)가 주장하는 기업 특유의 자산(firm-specific knowledge)을 보유하고 있다. 이를 구체적으로 살펴보면 다음과 같다.

- **풍부한 재무능력**: 세계 여러 금융기관으로부터 자금을 조달하고 운영할 수 있는 능력과 글로벌기업 스스로 프로젝트 금융(project financing)을 수행할 수 있는 능력
- **강력한 브랜드 파워**: 글로벌고객이 인지하는 글로벌기업의 브랜드 자산가치가 막대함
- **체질화된 마케팅능력**: 영업이나 매출에 국한한 것이 아니라 마케팅전략 및 시스템이 기본으로 갖추어진 기업 자체의 능력
- **고도의 첨단기술**: 지속적인 연구개발 투자로 축적한 상용화 가능한 기술
- **뛰어난 제품능력**: 표준화의 노력에 의한 원가절감과 차별적 우위성을 갖춘 제품력
- **경영 노하우**: 경영전략, 구조, 시스템을 지속적으로 변화하고 혁신할 수 있는 능력
- **글로벌 인적자원**: 언어, 지식, 열정을 고루 갖춘 인적자원

글로벌기업은 이상과 같은 능력을 바탕으로 전 세계시장을 대상으로 시장기회만 있으면 진출하려고 할 것이다. 즉 시장, 원부자재 조달, 노동, 자본 등을 원활히 운영할 수 있는 곳이라면 진출하여 마케팅 기회요인을 활용하려 할 것이다. 이러한 글로벌기업들이 목표시장을 선정함에 있어 기본적으로 고려하게 되는 사항은 다음과 같다.

(1) 시장잠재성(market potentiality)

기본적으로 잠재적인 세분시장의 규모와 성장성을 검토하게 된다. 이는 자사의 마케팅 노력을 토대로 자사가 충분한 수익을 거둘 수 있는 잠재적 시장을 찾는 것이다. 또한 제품수명주기(product life cycle)상 제품의 위치가 시장이 유지되거나 발전하여 수익을 유지할 수 있는 위치에 있어야 시장잠재성이 높다고 할 수 있다. 최근 베트남 시장에 많은 기업들이 진출하는 이유 역시 시장의 잠재성과 선점효과를 누리고자 하는 기업의 전략적 선택이라고 할 수 있다. 우리나라 기업들도 그동안 미국과 유럽에 편중되던 해외직접투자를 최근 들어 중국을 중심으로 집중시키고 있다.

(2) 시장침투가능성(vulnerability of competitors)

시장침투가능성은 세분시장의 진입비용에 달려 있다. 진입 절차, 제도, 규제 등이 엄격한 경우에는 그 시장에 대한 선호 정도가 떨어진다. 많은 국가에서 자국 산업의 보호를 목적으로 100% 단독투자를 암묵적 또는 명시적으로 규제하고 있다. 또한 다른 글로벌 경쟁자나 현지의 경쟁자들보다 시장에 잘 침투할 수 있는 가능성이 있어야 한다.

시장에 진입하는 시점에는 진입비용이 상대적으로 낮으나, 시장진입 후에 진입비용이 상대적으로 높아지는지의 여부도 살펴보아야 한다. 특정 해외시장에 진입한 이후에 외국인투자제도의 변화 또는 시장의 변화로 진입비용이 높아지는 경우에는 선점효과를 누릴 수도 있다.

시장이 형성되어 안정을 찾는 기간 동안에 경쟁자의 지속적 진입이 예상되므로 이에 대한 대비도 하여야 한다. 즉, 경쟁자들은 기존 경쟁자, 신참자, 대체재, 구매자, 공급자 등 도처에 있다. 그러므로 자사의 능력으로 시장을 침투하여 방어할 수 있는 세분시장을 선정하여야 한다. 그러기 위해서는 자사의 현지시장을 확보하고 유지할 수 있는 차별적 우위 개발에 노력하여야 한다.

(3) 투입자원능력(input resource availability)

자사의 경영목표와 인적자원, 재무자원, 기술, 원자재 등의 가용성을 고려하여 세분시장을 선정하여야 한다. 즉, 그 시장에 참여할 수 있는 나름대로의 경쟁우위(competitive advantage)가 있어야 한다.

(4) 규모(scale)

세분시장에서 자사가 얻을 수 있는 시장점유율, 예상매출액, 이익 그리고 그 세분시장에 참여함으로써 얻게 되는 기업이미지 등의 수익(benefit)과 시장의 안정성, 경쟁가능성 등의 비용(cost)을 주도면밀하게 분석하여야 한다.

(5) 보상(reward)

세분시장에서 얻을 가능성이 있는 마진, 가격경쟁력, 투자수익률 등을 체계적으로 고려하여야 한다.

▌표 9-1▐ 글로벌 목표시장 선정 시 체크리스트

시장 특성	체크리스트 항목	스케일 (1: 매우 불량 5: 매우 양호)	가중치
시장잠재성	시장규모	1 2 3 4 5	
	시장성장성	1 2 3 4 5	
	라이프사이클의 길이	1 2 3 4 5	
시장침투가능성	시장진입비용	1 2 3 4 5	
	설립 소요기간	1 2 3 4 5	
	상대적 취약성	1 2 3 4 5	
	제품의 차별성	1 2 3 4 5	
투입자원능력	소요 투자액의 가용성	1 2 3 4 5	
	원자재 가용성	1 2 3 4 5	
	필요 기술 가용성	1 2 3 4 5	
규모	시장점유율 확보가능성	1 2 3 4 5	
	경쟁의 가능성	1 2 3 4 5	
	경험곡선의 중요성	1 2 3 4 5	
보상	마진크기	1 2 3 4 5	
	가격 경쟁력	1 2 3 4 5	
	투자수익률	1 2 3 4 5	
위험	시장과 경쟁구조의 안정성	1 2 3 4 5	
	실패의 가능성	1 2 3 4 5	
	특허보장성	1 2 3 4 5	
	기술변화율	1 2 3 4 5	
경영능력과 조화	소요 투자의 확보	1 2 3 4 5	
	물적 유통체제의 확보	1 2 3 4 5	
	마케팅능력 확보	1 2 3 4 5	
	소요 서비스 확보	1 2 3 4 5	
	경영능력과 경험 보유	1 2 3 4 5	

(6) 위험(risks)

시장과 경쟁의 안정성, 특허의 유지가능성, 기술변화의 가능성 등의 위험요인을 고려하여 판단하여야 한다.

(7) 경영능력과의 조화(harmony with management capabilities)

자사의 경영능력, 즉 맥킨지(Mckinsey)의 7S(Strategy, Structure, System, Shared Values, Skill, Staff, Style)가 세분시장에 접근하기 위하여 충분히 보유되고 조화를 이루고 있는지를 판단하여야 한다. 특히 이러한 요인을 마케팅, 유통, 서비스 측면에서 살펴보아야 한다.

시장세분화에서 선정된 시장별로 [표 9-1]과 같은 체크리스트를 이용하여 목표시장을 선정하면 편리하다. 물론 여기에 제시된 요인은 일반적인 것이므로 산업, 기업 및 프로젝트의 성격에 따라 요인을 적절히 변경하여 이용하여야 한다.

사례 "팔리는 건 SPA 아니면 명품" … '잘 나가던' 후부·콕스 등 잇단 퇴출

통신업체에 다니는 송하나 대리(29)는 쇼핑을 하는 원칙이 있다. 원피스나 재킷 등 일상에서 입는 옷은 '자라'나 'H&M' 등 패스트 패션이라 불리는 해외 제조·직매형 의류(SPA)매장에서 산다. 대신 가방이나 구두는 명품브랜드를 골라 산다. "옷값 지출을 줄여 가방이나 구두처럼 오래 사용하는 물품을 구매하는 것"이라고 그녀는 말했다.

지난해 사업 중단한 국내 브랜드

업체부도 · 폐업

블루미스티, 해리스톤, 프라이언, 옴브루노, 가나레포츠, 가나스포르띠바, 페이지플린, KYJ골프, 라일앤스코트, 잔디로골프

브랜드 운영 중단

쉐인진, 콕스, 후부, 서티데이즈마켓, 윈디클럽, 쟌피엘, 니나리치맨, 시슬리맨, 파리게이츠캐주얼, 까스텔바작, 데레쿠니, 그레이스콘티넨탈, 칼리아, CMT, 에피타프, 헤지스스포츠, 웍앤톡, 피크퍼포먼스, 앙드레김골프, 벤호건, 트레비스, 리틀브랜, 언더우드스쿨, 티니위니키즈, 베이직엘르, 톰과제리, 미치코런던키즈, 바디팝

자료: 한국패션협회

입지 좁아지는 중가 패션

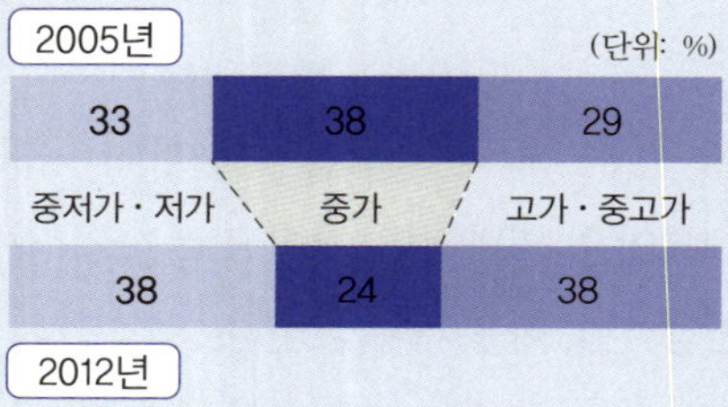

자료: MPI · 한국패션산업연구원

■ 소비에 '중간'은 없다

SPA의 한국 상륙 이후 가장 큰 변화는 소비자의 의류 구매패턴이 달라졌다는 것이다. 박성경 이랜드그룹 부회장은 "요즘 소비자는 명품으로 포인트를 주고 패션은 SPA를 입는다"고 말했다. 철저히 싼 제품을 사든지, 아니면 아주 고급스러운 브랜드를 구매하든지 둘 중 하나라는 것이다.

SPA와 명품으로 소비자가 쏠리면서 '중간지대'인 중가(中價) 의류시장은 무너지고 있다. 패션 컨설팅업체 MPI가 국내 패션시장의 가격대별 판매비중을 분석한 결과 중가 상품 비중은 2005년 38%에서 2012년 24%로 급감했다. 대신 고가 · 중고가 상품이 29%에서 38%로, 저가 · 중저가는 33%에서 38%로 늘었다. 송 대리는 "백화점 옷은 비싸고 인터넷이나 전통시장 의류는 신뢰도가 떨어지는데 SPA에서 옷을 사면 이런 단점이 동시에 해결된다"고 말했다. 품질 대비 가격을 꼼꼼히 따져 만족감이 큰 제품을 구매하는 '가치소비' 흐름에 맞는다는 이야기다.

■ 위기의 중견업체

SPA로 소비자는 웃지만 토종 패션업체들은 울상이다. 연간 35조 원 규모인 국내 패션시장은 2~3년 전부터 성장률이 연 1~2% 선으로 뚝 떨어졌다. 이런 상황에서 유니클로, 자라, H&M이 급성장했다는 것은 그만큼 국내 업체가 고전하고 있다는 의미다.

사실 SPA와 상품이 겹치는 캐주얼과 여성복은 거의 '멘붕'상태다. 지난해 고별 세일을 끝으로 사라진 제일모직 '후부'의 경우 끈질긴 자구 노력에도 불구하고 SPA에 무릎을 꿇은 사례다. 1999년 선보인 후부는 힙합 열풍이 절정에 달한 2001년에는 매출 400억 원대의 인기 브랜드였다.

힙합 인기가 주춤해지자 제일모직은 2004년부터 2012년까지 네 차례에 걸쳐 '영 스트리트 캐주얼', '스포츠 캐주얼', '어번 스트리트 캐주얼' 등으로 브랜드 컨셉을 전면 개편했다. 브랜드의 저력을 되살리기 위해 연구개발(R&D)역량을 쏟아부은 것이다. 하지만 "SPA로 빠져나가는 젊은층을 잡기가 현실적으로 어렵다"는 판단 아래 지난해 전격적으로 사업 중단을 결정했다.

한 중견 의류업체의 임원은 "2010년쯤부터 캐주얼이 안 팔리기 시작하더니 1~2년 뒤엔 여성복 매출도 뚝뚝 떨어지기 시작했다"고 말했다. "매출이 줄다 보니 투자 여력도 없어져 2~3년간 신규 브랜드 출시는 엄두도 못냈지만 같은 기간 해외 SPA는 급성장했다"

고 말했다.

■ **대기업조차 'SPA 쇼크'**

한국패션협회에 따르면 지난해 사업을 중단한 국내 브랜드는 38개에 달했다. '윈디클럽', '까스텔바작', '페이지플린', '쉐인진' 등 캐주얼브랜드부터 '해리스톤', '옴브루노' 등 남성복, '가나스포르띠바', '데레쿠니' 등 여성복에 이르기까지 전방위적이다. '리틀브랜', '톰과제리' 등 아동복과 'KYJ골프', '잔디로골프', '앙드레김골프' 등 토종 골프웨어도 운영을 멈췄다. 굿컴퍼니, 가나레포츠, 동의인터내셔날 등 중견업체는 부도로 문을 닫았다.

대기업도 예외가 아니다. LG패션은 매출감소로 창고에 쌓인 재고를 줄이느라 안간힘을 쓰며 한 해를 보냈다. 이랜드, 신세계인터내셔날, LS네트웍스 등도 저수익브랜드를 줄줄이 정리했다. 중견 여성복 분야의 강자인 패션그룹형지와 세정그룹은 쇼핑몰 인수 등을 통해 자체 유통망 강화에 나섰다. 제일모직 패션부문은 삼성에버랜드로 자리를 옮겨 새출발했다. 최현호 MPI 대표는 "해외 패션브랜드의 한국 진출이 본격화되면서 토종브랜드가 설 자리가 좁아지고 있다"며 "SPA처럼 시장을 적극적으로 창출하는 능력을 키워야 한다"고 강조했다.

자료: 한국경제신문, 2014년 1월 23일

2. 목표시장 선정전략 대안

그림 9-2 ▌ 글로벌 시장세분화 고려요인

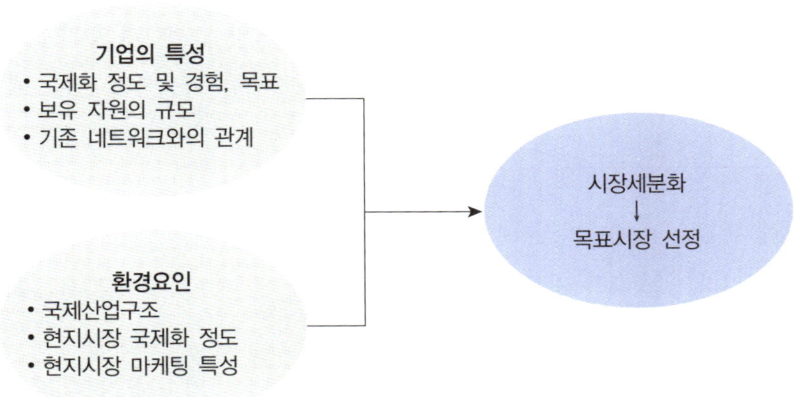

앞서 살펴보았던 목표시장 선정의 일반적인 체크리스트는 기업 특유의 지식이 확고히 마련된 글로벌기업이 목표시장을 선정하는 경우 고려해야 할 현지시장의 특성

만을 반영한 것이다. 이러한 글로벌기업들이 시장세분화를 하여 여러 개로 나누어진 시장에서 자사에게 적합한 시장을 선정할 수 있는 목표시장 전략은 다음과 같이 분류해 볼 수 있다.

(1) 단일시장 집중전략(single segment concentration strategy)

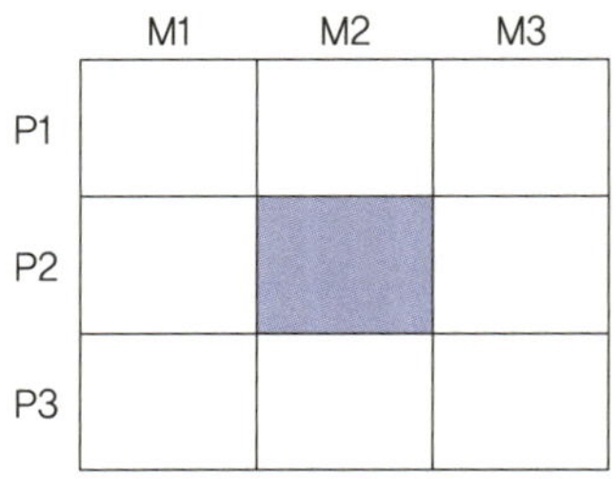

* M: Market / P: Product

단일 세분시장만을 선택하여 마케팅 노력을 집중하는 형태이다. 기업의 자원이 극히 한정적이고, 경쟁사의 능력과 비교하여 상대적으로 모두 열위에 있는 경우 특정 하나의 시장에만 모든 노력을 집중하는 전략방안이다. 또는 단일시장 집중전략을 초기에 이용하고 향후 다른 세분시장으로의 확장을 위한 출발점으로 고려하는 경우의 전략이다.

(2) 제품중심 전문화전략(product specialization strategy)

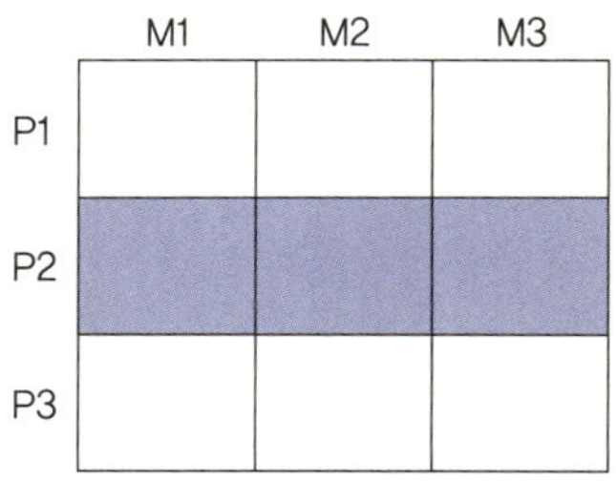

기업이 특정 제품에 한정하여 생산함으로써 전문화를 하고 시장의 다양한 고객을 대상으로 하는 경우이다. 기술적으로 고도의 수준이며 부가가치가 높은 경우에 이러한 전략방안을 이용하게 된다. 예를 들어 냉장고 제조업체가 정부, 기업, 개인 등을 대상으로 판매를 하는 경우가 이에 해당된다. 이 경우에 M1, M2, M3에 똑같은 마케팅믹스전략으로 접근하였다면 시장세분화전략을 이용하고 있는 것이 아니다. 즉, 제품 전문화전략을 취하는 경우에는 오히려 세분시장별로 다른 마케팅 노력을 하여야 한다.

여기서 문제는 제품 전문화를 취하는 대부분의 기업은 기술집약적이고 생산에는 전문화가 되어 있지만, 마케팅능력이 제한되어 있는 경향이 있다는 것이다. 그러므로 다시 한 번 강조하고자 하는 것은 제품 전문화를 취하는 경우에는 그에 상응하는 마케팅 전문화가 동시에 이루어져야 한다는 점이다.

(3) 시장 전문화전략(market specialization strategy)

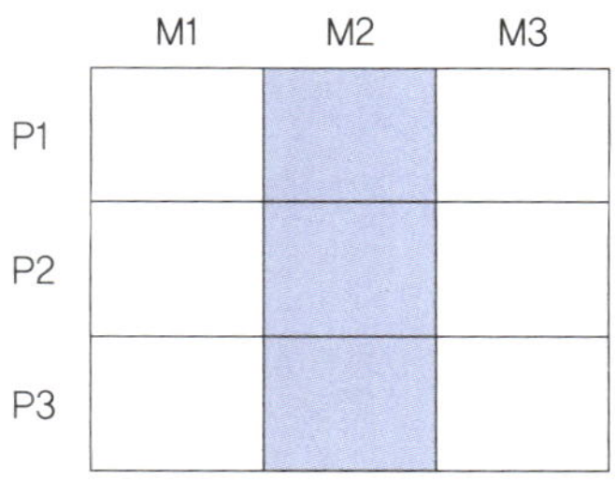

기업이 특정 고객집단만을 대상으로 여러 제품을 제공함으로써 특정 세분시장의 다양한 욕구를 충족시키고자 하는 전략방안이다. 그러나 이 경우의 제품은 상호 관련된 제품속성을 가지고 있으며, 설비 또는 자본집약적 산업의 경우가 대부분이다.

예를 들어 정밀기계, 화학제품, 의약제품 등이 이에 해당된다. 시장의 경쟁이 심화되어 여러 세분시장을 공략하는 것보다 특정 세분시장에 집중하여 전문화하는 것이 더욱 효율적이라는 전제에서 이러한 전략방안을 취하게 된다. 그러나 특정 시장만을 대상으로 하기 때문에 그 시장의 급격한 변화가 있을 경우에 그만큼의 위험을 감수하여야 한다. 하지만 장기적인 관점에서는 이러한 전략방안이 자원을 분산시켜서 전문성을 살리지 못하는 것보다 효과적이라는 것이 지배적인 견해이다.

(4) 선별적 목표시장전략(selective target marketing strategy)

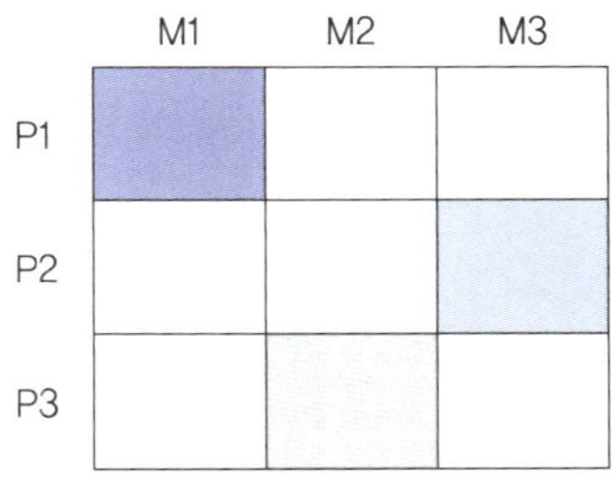

제품별로 가장 매력적인 세분시장을 선정하여 각 세분시장별로 서로 다른 믹스전략을 취하여 접근하는 방법의 전략이다. 즉 제품별·시장별 포트폴리오(portfolio)를 기업의 전략과 이익의 흐름 등을 고려하여 적용하는 방안이다.

(5) 비차별적 목표시장전략(undifferentiated target marekting strategy)

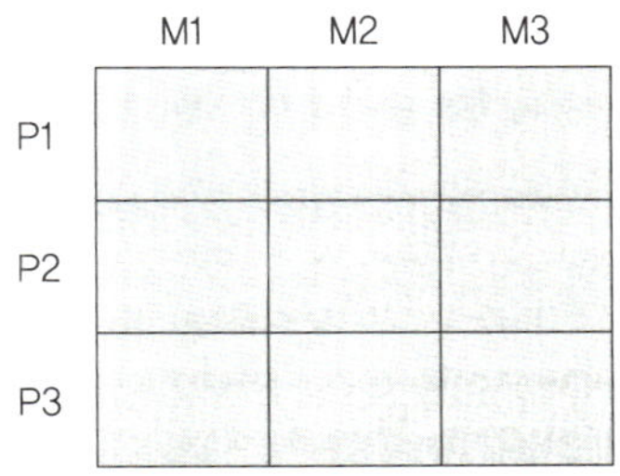

시장세분화를 하였으나 모든 시장에서 상대적인 우위를 보유하고 있는 경우, 전체 시장을 대상으로 다양한 제품을 통하여 접근하고자 하는 전략방안이다. 시장이 독과점상태에 있어서 경쟁자와 묵시적 합의가 이루어져 있거나, 기술적으로 첨단 제품군을

보유하고 있어 독점적 우위(monopolistic advantage)가 이루어져 규모의 경제효과를 누리고자 하는 선도적 기업이 이용할 수 있는 전략방안이다.

3. 산업국제화 정도에 따른 목표시장 선정전략

지금까지는 글로벌기업의 시장세분화와 목표시장 선정에 대하여 살펴보았다. 그러나 아직 글로벌기업 단계까지 발전되지 않은 국내기업이 해외로 진출하는 경우 목표시장을 선정함에 있어서는 기업의 전략적 측면과 더불어 국제산업구조의 특성, 현지시장의 국제화 정도 및 유통, 애프터서비스, 원산지효과 등의 제반 글로벌 마케팅 특성인 환경요인을 고려하여야 한다.

다워와 프로스트(Dawar & Frost, 1999)는 자사의 자산 특성과 산업의 국제화 정도를 고려하여 [그림 9-3]과 같은 글로벌 목표시장 선정의 방향을 부분적으로 제시하고 있다.[1] 부분적이라 한 이유는 다워와 프로스트는 글로벌기업이 국내시장을 진입하는 경우 국내기업이 취할 수 있는 전략적 대안을 제시한 것이기 때문이다. 그러나 기업이 보유하고 있는 자산 특성이 해외로 이전할 수 있는 경우 역시 목표시장 선정의 방향을 설명하고 있다.

그림 9-3 ▌ 다워와 프로스트(1999)의 글로벌기업에 대한 현지기업의 대응전략

산업의 국제화 정도		기업의 경쟁력(기업 특유의 지식): 국내시장지향	기업의 경쟁력(기업 특유의 지식): 해외 이전가능
	높음	**회피전략** • 국내시장에서 가치사슬 강화 • 글로벌기업과 합작투자 • 글로벌기업에게 매각	**전면경쟁전략** • 글로벌기업과 경쟁할 수 있는 능력 강화 • 글로벌 틈새시장 공략
	낮음	**방어전략** • 산업국제화 대비 경영능력 강화 • 국내의 신시장 선점 확보	**확장전략** • 국내시장과 유사한 시장으로 진입

1) Niraj Dawar and Tony Frost, "Competing with Giants: Survival Strategies for Local Companies in Emerging Market," *Harvard Business Review*, March-April, 1999, #99203.

다워와 프로스트가 제시하는 글로벌기업이 국내시장에 진입하여 오는 경우 현지기업이 취할 수 있는 전략적 대안을 설명하면 다음과 같다.

(1) 회피전략

산업의 국제화 정도가 높아 글로벌기업이 전 세계시장에서 경쟁력을 발휘할 수 있는 상황이다. 그러나 국내기업은 그동안 쌓아놓은 기업능력이 국내시장에 한정될 경우 취할 수 있는 전략 대안이다.

- 글로벌기업의 내수시장 진출과 무관하게 나름대로의 가치사슬고리를 더욱 강화하여 국내시장에 적합한 마케팅프로그램을 실행한다. 글로벌기업의 제품 및 마케팅프로그램은 일반적으로 표준화된 것이므로 국내고객의 욕구를 충족시킬 수 있는 차별적 우위를 강화하는 것이다.
- 글로벌기업과 합작투자를 수행한다. 글로벌기업은 막강한 능력을 갖추고 있지만 국내기업은 국내환경에 대한 노하우가 많다. 따라서 상호 간에 이득이 되는 합작투자를 수행할 수 있다.
- 글로벌기업에게 매각한다. 가장 소극적인 방법이고, 수익성도 없는 대안이다. 우리나라의 IMF 경제위기 시기에 정부가 기업들에게 외환 확보를 목적으로 매각을 종용한 일이 있었다. 결국 많은 시장을 외국계기업에게 내어주는 결과가 되었다.

(2) 방어전략

산업의 국제화가 문화구속적인 산업 특성으로 아직 낮은 수준에 있으며 자사의 기업자산이 국내시장에 국한된 경우의 대응전략이다.

- 앞으로 산업이 점차 국제화가 이루어질 것에 대비하여 경영능력을 글로벌화하도록 강화시키는 전략을 수행한다.
- 국내 신시장으로 확장함으로써 글로벌기업의 진입에 대한 진입장벽을 설정하도록 노력한다.

다음 두 가지 대응전략은 기업이 그동안 축적하여 온 기업 경쟁력이 해외로 이전할 수 있도록 강화된 경우, 즉 해외로 진출하는 경우의 목표시장 선정의 방향이다.

(3) 전면경쟁전략

산업의 국제화 정도가 높고, 자사의 능력도 해외로 이전할 수 있는 경우에 해당하는 전략이다. 특히, 문화구속력이 없는 가전제품, 디지털제품, 자동차 등이 이에 속할 수 있다. 이 전략방안은 우리나라의 대기업인 삼성, LG 등이 그동안 추진하여 온 전략이다.

- 글로벌기업과 대응할 수 있을 정도로 글로벌기업의 핵심적 능력, 재무능력, 제품력, 기술력, 마케팅 및 경영 노하우, 인적자원 등을 강화하는 전략방안이다.
- 글로벌기업과 경쟁하기에는 역부족이기 때문에 글로벌기업이 목표로 하고 있지 않은 틈새시장을 공략하는 방안이다. 1980년대 초반 우리나라의 가전업체는 저가시장을 틈새시장으로 하여 미국시장을 공략한 바 있었다. 그러나 이 경우에는 제품이미지가 저가로 고착되어 차후 고가시장이나 고품질시장으로 이전하기에 매우 어려운 측면이 있다.

(4) 확장전략

산업의 국제화 정도가 낮으며 자사가 보유한 자산도 해외로 이전할 가능성이 높은 경우 선택할 수 있는 전략 대안이다. 자사는 그동안 국내시장을 어느 정도 석권하고 성공을 거둔 노하우가 있다. 그러므로 국내시장과 비슷한 해외시장을 선정하여 그 시장으로 진출하는 방안이다. 즉, 고객의 문화, 라이프스타일 등이 유사한 시장으로 진출하는 것이다. 이 경우 고객의 제품수용과 확산의 정도를 면밀히 검토하여 접근할 필요가 있다. 글로벌 제품의 수용과 확산은 제10장에서 자세히 다루도록 한다.

9.2 글로벌 포지셔닝

1. 글로벌 포지셔닝의 개념과 분류

시장세분화 이후 선정된 목표시장에서 고객의 뇌리에 자사 상품의 강점을 강하게 심어 주는 마케팅활동인 포지셔닝을 수행하게 된다. 포지셔닝은 고급 주얼리 하면 까르띠에가 연상되듯이 자사의 잠재고객에게 자사의 강점을 오래 기억할 수 있도록 각인시키는 전략방안이다. 즉, 자사 제품의 전달개념을 개발하고, 개발된 개념을 시장에 전개하는 활동을 의미한다. 그 개념이 제품의 속성에서 비롯된 것일수록 고객의 머릿속에 오래 남게 된다.

제품 포지셔닝(product positioning)이란 제품을 특정 시장에 소구하기 위한 기본적 개념(concept)을 개발하고 강화시키고자 하는 마케팅 의사결정과 활동을 의미한다. 제품 포지셔닝을 위하여 가장 중요한 것은 고객들이 어떻게 인지(perception)하고 있는가이다. 즉 여러 경쟁브랜드 중에서 우리 제품 및 서비스에 대한 고객의 머릿속 상태를 파악하는 것이다. 또한 포지셔닝분석에 의하여 자사브랜드와 강력하게 경쟁이 되고 있는 경쟁브랜드를 파악하여 대응전략을 마련할 수도 있다.

글로벌 포지셔닝을 개념적으로 분류하여 제시한 예로는 키간(W. J. Keegan)이 제시하는 고기술 포지셔닝과 고감성 포지셔닝을 들 수 있다.[2)]

(1) 고기술 포지셔닝(high-tech positioning)

퍼스널컴퓨터, 비디오, 음향장비, 자동차 등은 고기술 포지셔닝에 영향을 받는 제품들이다. 고기술 포지셔닝은 기술중심 제품 포지셔닝(technical product positioning), 특수속성 제품 포지셔닝(special-interest product positioning), 과시형 제품 포지셔닝(demonstrable product positioning)의 세 가지 유형으로 분류될 수 있다.

1) 기술중심 제품 포지셔닝(technical product positioning)

컴퓨터, 의약품과 의료장비, 의료서비스, 금융서비스, 컨설팅, 교육프로그램 등은 구입자의 욕구가 특화되어 있고 고도의 제품기술이 요구되는 제품의 포지셔닝이다. 이러한 제품의 포지셔닝은 제품의 정보제공에 초점을 맞추고, 고객들과의 의사소통이 원활해야 하며, 기술의 독특한 특성이 강조되어야만 한다.

2) Warren J. Keegan, *Global Marketing*, 4th ed., John Wiley, 1999.

2) 특수속성 제품 포지셔닝(special-interest product positioning)

사용자의 특수속성에 초점을 맞춘 제품들로서 사용자들의 경험과 그들의 애로사항을 해결해주는 제품속성을 가진 제품들의 포지셔닝이다. 사용자들의 공통의 언어와 상징을 강조하는 마케팅활동이 요구된다.

3) 과시형 제품 포지셔닝(demonstrable product positioning)

구매자들의 개성과 특성을 잘 표현하는 데 초점을 맞추는 제품들로서 품위, 편리성 등의 이용가치와 소유가치를 강조하는 마케팅활동이 요구된다.

그림 9-4 ▌ Hyatt의 특별서비스

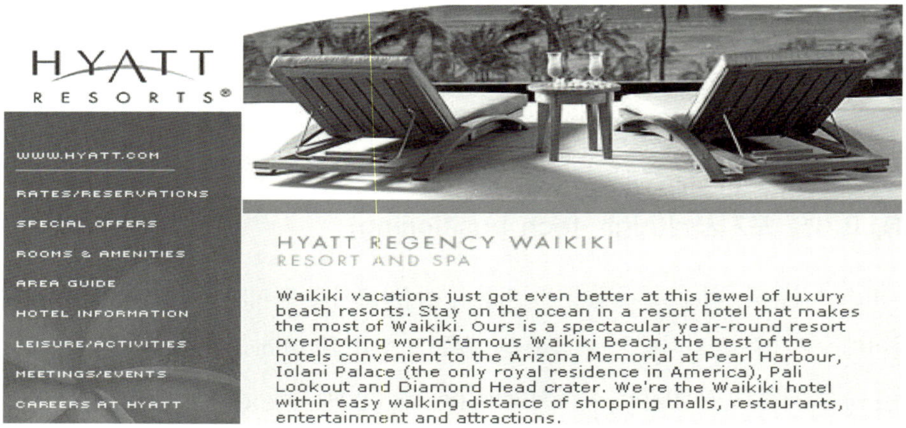

(2) 고감성 포지셔닝(high-touch positioning)[3)]

고감성 포지셔닝은 고기술 제품보다 특징적인 정보제공은 덜 강조하게 되는 반면, 제품의 이미지 측면은 더 크게 강조하는 마케팅활동이 필요한 제품들이다. 고감성 제품 구매자들의 특징은 부, 물질주의, 낭만 등의 주제와 관련된 공통의 언어와 상징들을 공유하고 있다는 점이다. 고감성 제품은 일상 문제해결 제품 포지셔닝, 글로벌 제품 포지셔닝, 공통주제 제품 포지셔닝의 세 가지로 분류할 수 있다.

3) 고감성 포지셔닝과 관련하여 『체험마케팅』(번트 슈미트, 세종서적, 2002) 및 제7장의 VALS 등의 글로벌 세분화에 대한 학습을 추천함.

1) 문제해결 제품 포지셔닝(products positioning to solve a common problem)

이 범주에 속한 제품들은 '삶의 작은 순간'을 만족시키기 의한 편익을 제공한다. 야외 카페에서 한 잔의 커피를 마시는 광고나 해변에서 하루의 갈증을 간단한 음료수로 해소하는 광고는 일상생활을 풍요롭게 해주는 편익을 제공하는 제품임을 강조하는 것들이다.

2) 글로벌 제품 포지셔닝(global village products positioning)

향수, 디자이너 패션, 위스키 그리고 피자 등은 범세계적으로 포지셔닝된 제품의 예이다. 향수와 패션은 종종 사회적 지위를 높이는 고품질의 고가 제품으로 널리 인식되고 있다.

이러한 글로벌 제품은 범세계적인 시장에서 원산지효과를 이용하여 범세계적인 호소를 할 수 있다. '미국'적인 리바이스, 말보로, '일본'적인 스시, '이탈리아'적인 피자, 스파게티 등과 같은 제품은 그들의 원산지이미지로 한 나라의 제품범주를 넘어 세계 곳곳 어디에서나 찾아볼 수 있게 되었다.

가전제품에 있어서 소니는 일본 품질을 자랑하는 것과 같은 의미의 이름으로 통하며, 자동차에 있어서 메르세데스 벤츠는 전설적인 독일 기술을 현시화시키고 있어 다른 제품에도 확산효과(spillover effect)를 주기도 한다.

3) 공통주제 제품 포지셔닝(products positioning to use universal themes)

잘사는 것 또는 좋은 지위에 있는 이미지를 고무시키는 물질주의, 강한 개성과 자기희생을 포함하는 주제를 이용하는 영웅주의 또는 여가, 유희, 구애, 사랑 등의 이미지를 이용하는 제품들이다. 이에 속한 제품들 중에는 고기술 또는 고감성 제품의 이미지를 동시에 이용하고 있는 경우도 있다.

2. 포지셔닝 맵

포지셔닝 맵(positioning map) 또는 인지도 맵(perception map)이라고도 하는데, 이는 고객들이 특정 제품과 경쟁제품들에 대하여 상대적으로 평가하고 지각하고 있는 것을 형상화한 것이다. 하우스만 마케팅연구소(Hausman Marketing Research)는 포지셔닝 맵은 경쟁관계에서 기업의 포지션을 보여주고, 고객이 자사브랜드와 다른 경쟁브랜드를 어떻게 생각하는지에 대한 이해를 돕기 위해 사용된다. 또한 포지셔닝 맵으로부터 잠재적인 신제품을 확인하므로 효과적인 경쟁전략·커뮤니케이션전략·브랜드전략을 세우는 데 도움을 줄 수 있다고 설명하였다. 일반적으로 포지셔닝 맵은 두 개의 차원으로 그린다.

[그림 9-5]는 자동차 산업의 포지셔닝 상태를 도표로 표시한 것이다. 포지셔닝 맵상 토요타와 포드는 경쟁관계에 있으며, 벤츠와 제규어 역시 상호 경쟁관계에 있다. 본 그림은 자동차 소유주의 권위의식(prestigious to own)과 금융효과성(financial effectiveness)이라는 두 속성에 의하여 작성된 것이므로 두 경쟁관계의 브랜드가 서로 다른 포지셔닝을 찾기 위해서는 다른 변수를 이용하여 상호 차별화를 모색해야 한다. 특히 신제품 개발의 경우, 목표시장의 고객이 가장 원하는 제품 특성을 반영할 수 있도록 제품을 포지셔닝하여야 한다. 즉 포지셔닝을 개발하고 유지·강화하기 위해서 고객들에게 제품의 경쟁력을 지속적으로 소구하는 활동이 이루어져야 한다.

제품에 대한 소비자들의 인지도를 분석하기 위하여는 우선적으로 경쟁브랜드와의 관계를 파악해야 한다. 같은 제품군에 속하더라도 직접적인 경쟁관계에 있는지 아닌지를 평가해야 한다. 경쟁브랜드를 확인한 후에는 고객들이 특정 제품을 선택하는 경우 어떠한 평가기준(또는 제품의 속성)을 중시하여 판단하는가를 파악해야 한다. 주로 많이 사용하는 평가기준은 제품의 속성과 관련한 가격, 품질, 성능, 디자인, 스타일, 서비스, 용도 등이다. 그 다음은 고객조사를 통하여 고객들의 제품 평가요소들에 대한 경쟁브랜드별 상대적 중요도를 측정하여 브랜드 선호도를 평가하게 된다.

그림 9-5 ▌ 글로벌 자동차브랜드의 포지셔닝 맵

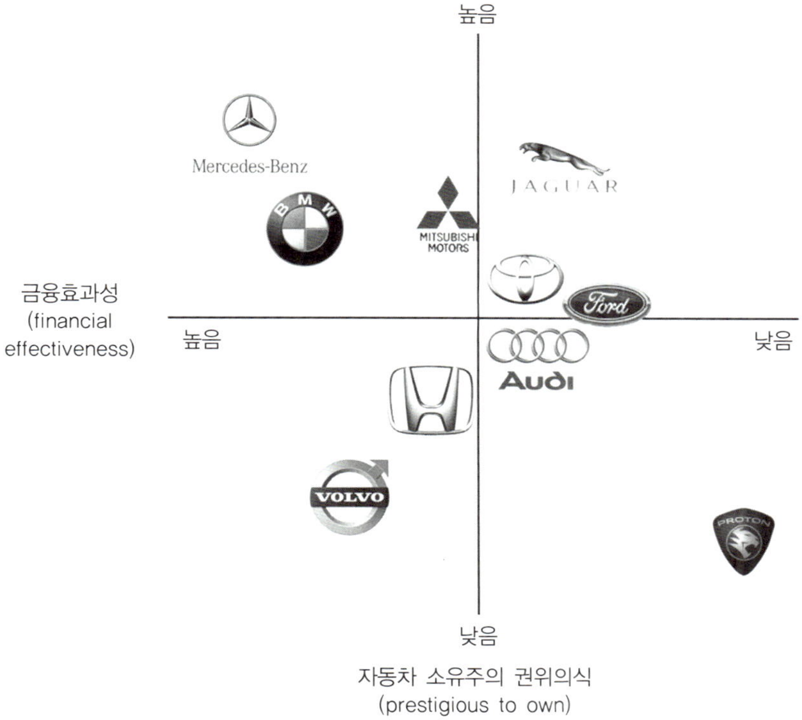

즉 포지셔닝을 구성하는 요소는 경쟁(Competition), 고객(Customer), 기업(Company)의 3C로 구성된다. 또한 마케팅의 가장 중요한 전략은 STP(Segmentation, Targeting, Positioning)이다. 3C와 STP는 마케팅의 핵심 전략요소가 된다.

3. 포지셔닝과 마케팅믹스

포지셔닝을 수행함으로써 고객의 마음속에 자사 제품에 대한 우호적인 개념을 형성하면 마케팅 담당자가 구체적인 세분시장에 접근하는 데 도움을 준다. 즉, 기업은 효과적인 제품 포지셔닝을 통하여 마케팅믹스 문제를 해결할 수 있다.

제품・가격・유통・촉진의 최적 조합을 추구하는 마케팅믹스 문제는 제품 포지셔닝전략의 전술적인 세부사항으로 이루어지는 것이다. 그러므로 전술 수행에 앞서 포지셔닝전략이 체계적으로 이루어져야 함은 자명하다. 예컨대, 고품질 포지셔닝을 구축하고자 하는 경우 고품질의 제품개발과 고가격의 설정, 고품격의 매장과 유통의 전문화 등과 고품격과 고품질을 강조하는 촉진방안을 마련하여 일관된 이미지를 형성하고 강화할 수 있다. 포지셔닝의 개념을 개발한 후 이를 수행에 옮기기 위하여는 [그림 9-6]과 같은 애로점분석을 통하여 믹스전략과 연결하여야 한다.

그림 9-6 마케팅믹스의 주요 결정사항

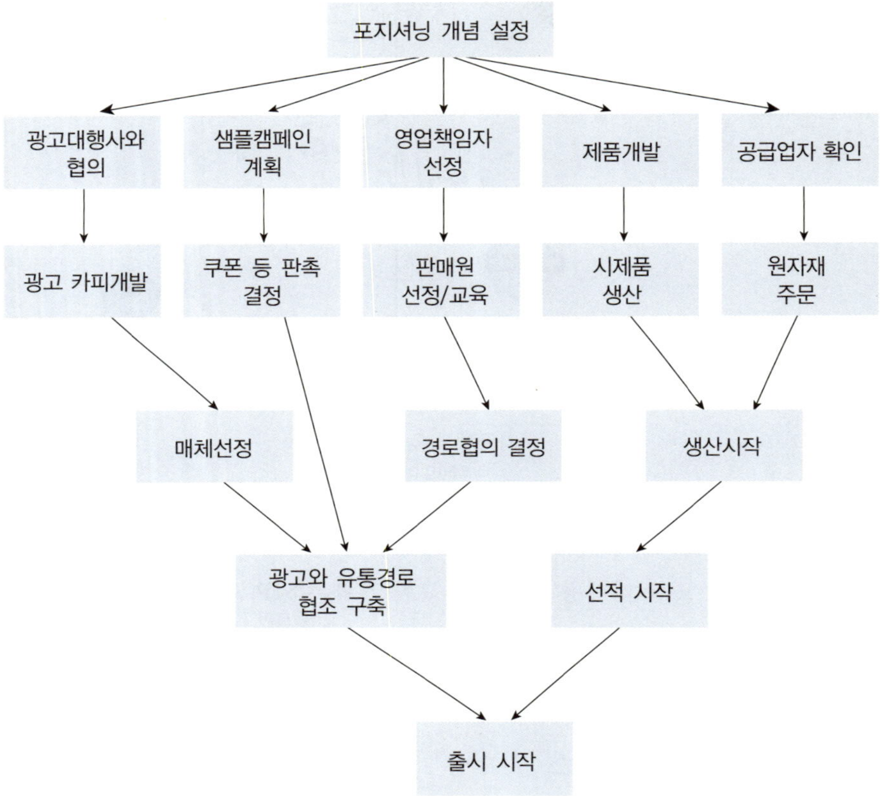

위의 그림은 포지셔닝 개념이 설정된 후 마케팅믹스의 주요 의사결정사항을 예로 제시한 것이다. 만약 어떠한 애로 경로(marketing critical path) 중 한 가지라도 포지셔닝에서 설정된 개념과 일관되지 않는다면 출시를 보류하고 시정하여야 한다. 그렇지 않고 그냥 출시한다면 추후 막대한 손실 또는 수업료를 내야 할 것이다.

학습과제

1. 글로벌 시장세분화의 사례를 찾아 제시하시오.

2. 글로벌 목표시장 설정 시 고려해야 할 사항은 어떠한 것이 있는지 제시하시오.

3. 글로벌 제품 포지셔닝의 사례와 포지셔닝 맵을 제시하시오.

4. 글로벌 STP전략 수립을 위한 조사방법에 대하여 설명하시오.

5. 글로벌 제품이 되기 위한 조건을 제시하시오.

Harvard Business School 추천사례

Global Market Segmentation:

1. Microsoft Corp.: The Introduction of Microsoft Works
마이크로소프트는 세계 여러 나라 시장에 접근하기 위하여 새로운 소프트웨어 제품을 어떻게 디자인해야 할 것인가를 결정해야 한다.

2. Samsung in China

Global Positioning:

3. Dictaphone: Exec Picocasette Portable Dictation Recorder, Executive Summary
Dictaphone은 소형카세트인 picocassette를 개발하기 위하여 일본의 JVC와 협력관계를 형성하여 글로벌시장에 새로운 포지셔닝을 기획한다.

4. Smithfield Foods, Inc.
육가공 식품업체인 Smithfield는 제품 포지셔닝을 위한 계획을 수립하고 있다.

5. The Black & Decker Corp.: Compact Power
–Innovation in the Cordless Professional Drill and Driver market
Black & Decker Corp.는 무선 강력드릴 개발을 함에 있어 엔지니어링팀과 마케팅팀의 협력으로 단시간 내에 시장점유를 높일 수 있는 방안을 마련 중이다.

Part 4

글로벌 마케팅믹스전략

Global Marketing

제10장 글로벌 제품결정

제11장 글로벌 가격결정

제12장 글로벌 유통전략

제13장 글로벌 촉진전략

10 Chapter 글로벌 제품결정

학습목표

- 글로벌 제품이 되기 위한 조건에 대하여 알아본다.
- 글로벌 제품의 표준화와 현지화에 대하여 논의한다.
- 글로벌시장에서의 제품수명주기의 중요성에 대하여 알아본다.
- 글로벌브랜드의 확립방안에 대하여 논의한다.
- 글로벌 제품의 원산지효과에 대하여 알아본다.
- 글로벌 제품의 고객수용과 확산에 대하여 논의한다.

도입사례 IoT가 바꾸는 생활: 화장실서 볼일만 봐도 체중 · 건강정보 출력 … 낯익은 사람 만나면 스마트 안경에 정보 척척

2020년 12월 21일 월요일 오전 7시. 직장인 김성혜 씨(34)는 베개에서 들려오는 기분 좋은 알람소리에 잠에서 깼다. 일어나 기지개를 켜자 침실 커튼이 저절로 열린다. 손목에 찬 밴드로 커피머신과 토스터기를 작동시킨 뒤 욕실로 갔다. 샤워룸에 들어서는 순간 적당한 온도로 데워진 물이 내려온다. 수온 자동조절시스템이 사계절과 가족 개개인에 맞춰 알맞은 온도를 찾아준다. 양치질하면서 거울에 표시되는 오늘의 날씨와 일정, 뉴스를 확인했다. 화장실에 다녀오니 건강정보가 거울에 나타난다. 변기가 소변과 체중, 체지방 등을 분석해 건강상태를 알려준다. 불과 5~6년 뒤 사물인터넷(IoT)기술이 바꿔놓을 우리의 일상이다.

■ 무인자동차시대

김씨는 1주일에 두 번 출근한다. IoT기술 확산에 따라 대부분 기업이 재택근무제를 채택하고 있다. 이에 따라 교통량이 줄어든 데다 교통량 자동제어시스템이 도입돼 출근길 교통지옥은 옛날 얘기가 됐다. 한겨울이지만 자동차 문을 열자마자 김씨는 따뜻한 기운을 느낀다. 김씨가 현관문을 나선 순간 자동으로 자동차가 먼저 예열을 하고 있어서다. 김씨가 운전석에 앉아 가장 먼저 하는 일은 '자동운전모드' 버튼을 누르는 것. 목적지는 이미 스마트폰을 통해 회사로 맞춰 놓았다. 회사로 가는 길에 운전대를 잡을 일도 없고 가속페달이나 브레이크페달을 밟을 일도 없다. 스스로 움직이는 '무인 자동차'이기 때문이다.

무인운전자동차가 팔리기 시작한 이후 음주운전, 졸음운전, 부주의 등 사람의 잘못으로 발생할 수 있는 사고의 95%가 줄었다. 직접 운전할 필요가 없기 때문에 장애인과 거동이 불편한 노인의 이동권도 높아졌다. 자동차에 장착된 컴퓨터가 도시의 혼잡도와 목적지까지의 거리를 분석해 가장 빠른 길로 주행하기 때문에 시간은 물론 연료도 절약한다. 운전할 필요가 없는 김씨는 회사에서 발표할 회의자료를 훑어본다. 30분 만에 회사 입구에 도착하자 '주차 모드' 버튼을 누른 뒤 내린다. 자동차는 지하주차장에 있는 지정석까지 알아서 찾아간다.

■ 웨어러블기기 · 3D프린터 확산

오전 9시 사무실에 도착했다. 집중해서 회의자료를 살펴보는데 밴드에 '회의 10분 전'이란 알람이 뜬다. 손목에 찬 밴드는 반지처럼 항상 차고 다닌다. 모든 사람의 필수품이 된 지 오래다. 일정과 각종 알람 메시지를 전해주기 때문이다. 사고가 나 몸을 움직일 수 없거나 신체에 이상 증상이 있을 땐 신고와 함께 내 위치를 정확하게 전달해준다.

오전 11시 미국 뉴욕과 프랑스 파리 사무실에 있는 동료 직원들과 3차원(3D) 입체영상(홀로그램) 화상회의를 시작했다. 마치 옆에 앉아 회의하는 것처럼 생생하다. 회의를 마치려는데 뉴욕에서 근무하는 제임스가 생일선물을 보내줬다. 선물은 스마트폰 케이스 3D프린터 설계도. 제임스는 평소 알고 지내던 디자이너에게 특별히 부탁해 받은 것이라고 했다. 설계도를 3D프린터로 보내 출력하니 마음에 쏙 드는 멋진 케이스가 나왔다. 3D프린터 영향으로 '소품종 대량생산'시대가 저물고 '다품종 개인생산'시대가 열렸다. 필요한 물건은 설계도만 있으면 쇼핑몰에 가지 않고도 당장 인쇄해서 사용할 수 있다.

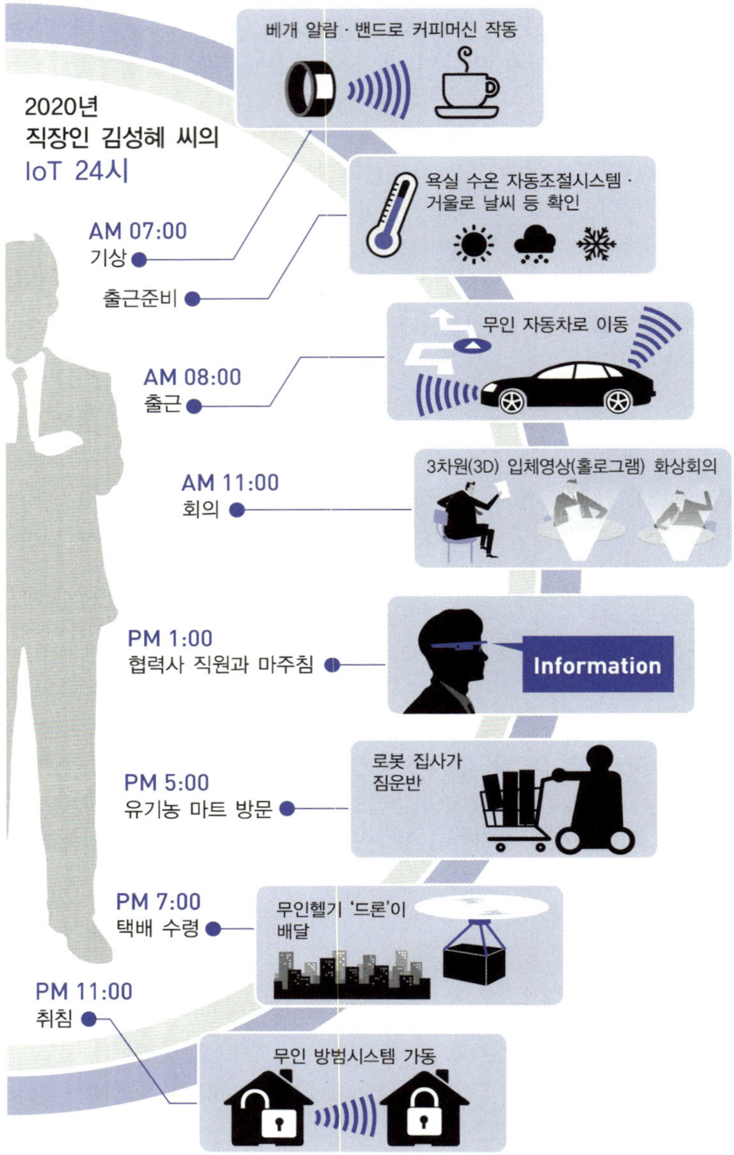

■ **스마트 안경 · 로봇 대중화**

오후 1시 점심 식사를 마치고 사무실로 돌아가는 길에 낯익은 사람과 마주쳤다. 언제 어디서 봤는지 기억나지 않았다. 하지만 당황할 필요가 없다. 스마트 안경이 친절하게 알려주기 때문이다. '정지석. 온정보시스템 차장. 2019년 9월 10일 저녁 식사.' 지난해 메모해뒀던 협력사 직원이었다. 반가운 표정으로 인사를 나누었다.

오후 5시 집에 도착해 로봇 집사를 데리고 집 근처 유기농 마트에 갔다. 지난해 구입한 로봇은 제법 쓸 데가 많다. 무거운 물건을 옮기거나, 자동차를 수리하거나, 화초를 가꾸는 등 집안일을 도와준다. 구매목록은 따로 작성할 필요가 없다. 냉장고가 떨어진 식품을, 세탁기가 세제를 사야 할 때를 알아서 밴드로 전송해준다. 설정을 바꾸면 떨어진 식품이나 물품을 스스로 온라인쇼핑몰에서 주문하기도 한다. 집으로 돌아가는 길에 욕조에 따뜻한 물을 받아두라고 메시지를 보낸다. 집에 도착하자 로봇은 사온 물품을 정리한 뒤 전기 충전을 하기 시작한다.

오후 7시 반신욕을 마치고 나오자 오전에 주문한 택배가 10분 내 도착한다는 메시지가 밴드에 표시됐다. 잠시 후 베란다에 작은 무인 헬기 '드론'이 나타나 살포시 택배를 내려두고 간다. 하늘에 드론들이 수시로 왔다갔다 하지만 충돌사고가 난 적은 없다. 드론들이 서로의 위치를 확인해 각기 다른 비행경로로 이동하기 때문이다. 마트에서 사온 간단한 요리를 먹으며 집 방범상태를 최고로 설정했다.

오후 11시 잠들기 전 김씨는 침대에 누워 태블릿PC로 책을 본다. 10분이 지나지 않아 스르르 눈이 감겨온다. 태블릿PC는 사용자의 눈을 인식해 실내조명을 끈다. 다음날, 김씨는 베개에서 들려오는 기분 좋은 알람소리에 잠에서 깼다.

자료: 한국경제신문, 2014년 3월 27일

10.1 제품 패러다임의 변화

제품은 크게 유형제품(tangible product)과 무형제품(intangible product)으로 구분한다. 유형제품과 무형제품의 속성 차이는 크게 4가지 범주에서 분석할 수 있다. 유형제품은 가시성을 갖고 있어서 보거나 만질 수 있으나 무형제품은 보이지 않는 무형성의 특징을 가지고 있다. 또한 유형제품은 생산과 소비를 분리시켜 제품을 표준화하여 생산하고 재고를 저장할 수 있는 반면, 무형제품은 생산과 소비가 동시에 일어남으로 재고를 가질 수 없고 소비자나 다른 소비자가 생산에 관여하므로 유형제품에 영향을 주어 제품은 이질성을 갖게 된다. 최근 서비스산업의 발달로 무형제품이 증가하고 있는데, 무형제품은 유형제품과 다른 특징을 갖고 있기 때문에 4P전략에 있어 더 세밀한 전략이 필요하다.

표 10-1 유형제품과 무형제품의 특징

유형제품(tangible product)	무형제품(intangible product)
유형성	무형성
표준성	이질성
분리성	비분리성
비소멸성	소멸성

조셉 파인 2세(B. Joseph Pine, Jr.)와 제임스 길모어(J. Gilmore)는 『Harvard Business Review』의 "체험경제학을 환영하며"라는 논문을 통해서 제품(product)의 경제적 가치 진보의 4단계를 범용품(commodity), 공산품/제조품(goods), 서비스

표 10-2 제품의 경제적 가치 진보의 4단계

단계	범주	예
1단계	범용품(commodity)	원두
2단계	공산품/제조품(goods)	맥심 커피믹스(+브랜드 등)
3단계	서비스(service)	학교 앞 커피숍의 아메리카노(+서비스)
4단계	체험(experience)	스타벅스의 아메리카노(+체험)

(service), 체험(experience)이라고 설명하면서 단계가 올라갈수록 소비자의 제품에 대한 지불가격과 기업이 소비자에게 부여할 수 있는 제품가격이 상승한다고 설명하였다.

슈미트(B. H. Schmitt) 교수는 그의 저서 『체험마케팅(experience marketing)』을 통해서 과거 특징과 효익(feature & benefit)이 주류였던 시대에서 벗어나 요즘은 상품과 독특한 서비스 그리고 이벤트를 통해 상품과 브랜드이미지를 증가시키는 체험마케팅과 감성마케팅이 중요해지고 있다고 설명하고 있다. 슈미트 교수는 체험마케팅을 감각(sense)마케팅, 감성(feeling)마케팅, 인지(think)마케팅, 행동(act)마케팅, 관계(relate)마케팅의 5개의 범주로 설명하면서 고객체험의 유형을 [표 10-3]과 같이 설명하고 있다.

표 10-3 슈미트 교수의 체험마케팅의 틀: 고객 체험의 유형 5가지

감각(sense)마케팅	시각, 청각, 후각, 미각, 촉각
감성(feeling)마케팅	즐거움, 자부심
인지(think)마케팅	지성에 호소
행동(act)마케팅	육체적 체험 및 라이프스타일
관계(relate)마케팅	감각마케팅+감성, 인지, 행동

10.2 글로벌 제품의 기본적 속성과 조건

제품은 글로벌 마케팅 담당자가 마케팅믹스계획을 수립할 때 제일 먼저 고려하게 되는 변수이다. 제품은 핵심제품, 유형제품, 확장제품의 세 가지 차원으로 분류하여 그 특성을 살펴볼 수 있다.

1. 글로벌 핵심제품

핵심제품(core products)은 고객들이 심리적으로 인지하고 추구하는 내재적 혜택을 말하는 것으로 제품의 외형적 혜택을 의미하는 것은 아니다. 예를 들어 핸드폰이 제공하는 핵심속성은 시간절약, 장소의 이동, 정보, 사랑, 돈 등이 된다. 단순히 언제, 어디서나, 누구나(when, where, who) 전화를 건다는 자체는 통신시설의 외형적 속성이다. 화장품은 아름다움, 컴퓨터는 보조기억장치 등의 핵심속성이 있다. 제품 포지셔닝은 이러한 핵심제품의 속성에 초점을 맞출 때 성공의 가능성이 크다. 더 나아가 기업이 추구하는 사업정의(business definitions) 역시 핵심제품의 속성을 반영하는 것이라면 더더욱 성공가능성이 크다.

그림 10-1 ▌ 핵심제품속성에 맞춘 기업의 사업정의

글로벌기업들의 경우를 예로 들어 보면 다음과 같다. 레브론(Revlon)은 우리 기업은 화장품을 파는 것이 아니라 라이프스타일, 자기노출 그리고 꿈과 희망을 팔고 있다고 한다. 디즈니(Disney) 역시 테마파크를 운영하는 것이 아니라 환상과 엔터테인먼트를 제공하고 있다고 하고 있으며, 월마트(Wal-mart)는 단순 창고형 할인매장이 아니라 제품과 서비스에 가치를 부여하는 역할을 하며, 제록스(Xerox)는 복사기, 복합기, 팩스 등의 사무용품을 파는 것이 아니라 기업에게 생산성 향상을 제공하는 사업을 하며, 스코트(Scotts)는 비료나 씨앗을 파는 회사가 아니라 푸르고 건강한 정원을 팔고 있다고 한다. 홈데포(Home Depot)는 공구를 파는 것이 아니라 주택 소유자들의 문제를 해결해주는 컨설팅을 하고 있다고 한다. 이들 예에서 보듯이 핵심제품은 글로벌시장의 시각에서 볼 때, 문화적 속성이 유사한 국가 시장에서는 어디에서든지 적용될 수 있는 핵심속성을 대상으로 하여 제품을 표준화시킬 수 있는 기반이 된다.

또한 제품의 내재적 속성인 핵심제품을 사업영역으로 구성하는 것은 단순히 고객의 환심을 끌기 위한 것이 아니라 기업운영 자체를 바꾸어 놓고 늘 변화하고 혁신할 수 있는 기반을 제공할 수 있다. 이들이 소위 글로벌기업으로 나아갈 수 있는 기본적 소양이 여기에서부터 이루어진 것이라고 볼 수 있다.

2. 글로벌 유형제품

핵심기능을 유형화한 것이 유형제품(tangible products)이다. 스타일, 색, 브랜드, 포장, 디자인, 크기, 품질 등의 핵심속성을 소구(appeal)하는 방향대로 형상화해 가는 과정이다. 즉, 유형의 제품이 되면서 비로소 제품의 모양을 갖추게 된다.

색상, 스타일, 디자인, 브랜드 등은 현지시장의 문화적 속성에 구속을 받는 부분이다. 그러므로 현지국의 문화·사회·역사 등을 면밀히 검토하여 유형화하도록 노력해야 한다. 예컨대 중국인들이 선호하는 색상은 빨간색으로 제품이나 광고에 빨간색을 사용해야 호감을 얻을 수 있다. 오리온의 초코파이는 중국시장에서 하오펑요우(好朋友, 좋은 친구)라는 브랜드명으로 바꾸고 포장도 빨간색으로 현지화하여 성공적인 시장공략을 할 수 있었다.

3. 글로벌 확장제품

핵심제품이 유형화하면서 제품의 형상을 띠기는 하지만 제품으로 완성된 것은 아니다. 방향성, 신속성, 규모 등을 갖춰야만 제품으로 확장될 수 있다. 즉 경쟁제품 보다 더 잘 고객에게 접근할 수 있는 방향성을 부여해야 하고, 경쟁제품보다 더 신속하게 고객에게 전달될 수 있어야 하며, 대량으로 판매될 수 있도록 체제를 갖추어야만 제품으로 서서히 완성되는 것이다. 좀 더 효과적으로 고객에게 다가가기 위한 장착 및 운송배달, 고객에게 신뢰성을 주기 위한 애프터서비스와 보증, 신용제공 등이 이에 속한다.

월마트는 운송의 혁신적 변화를 모색하기 위하여 창고를 없애고, 제품을 운송차량에서 직접 매장으로 연결하고 관리·통제할 수 있도록 인공위성을 이용한 유통체제를 갖추어 경쟁사인 케이마트(K-mart)보다 물류비용을 50% 이상 절감할 수 있었다.

글로벌기업이 현지시장에 확장하는 경우 가장 애로사항으로 생각하는 것은 애프터서비스와 신용제공이다. 국가마다 현지환경에 차이가 있으며, 애프터서비스시스템을 갖추는 것은 제품생산만큼이나 막대한 투자가 들어가는 것이기 때문에 이를 꺼려 글로벌브랜드로서의 이미지와 제품력만을 믿고 현지시장에 들어가 실패한 사례가 많다. LG전자는 인도시장에서 애프터서비스를 인도시장 전역에 확대하여 실시함으로써 시장을 석권한 반면, 소니와 파나소닉은 제품력과 브랜드이미지만 믿고 애프터서비스를 갖추지 못하여 인도시장 내에서 상대적 열세를 면하지 못하고 있다.

핵심제품에서 확장제품(augmented products)으로 갈수록 현지시장의 문화적 특성과 고객의 구매행위가 이질적이기 때문에 제품속성을 표준화하기 힘들어진다. 한편, 유형 또는 확장제품의 속성이 많이 추가될수록 제품으로 인한 부가가치는 그만큼 더 늘어나게 된다. 즉 유형의 제품에 서비스의 기능이 추가되면 될수록 제품의 부가가치가 높아진다.

그림 10-2 ▌ 글로벌 제품의 세 가지 차원

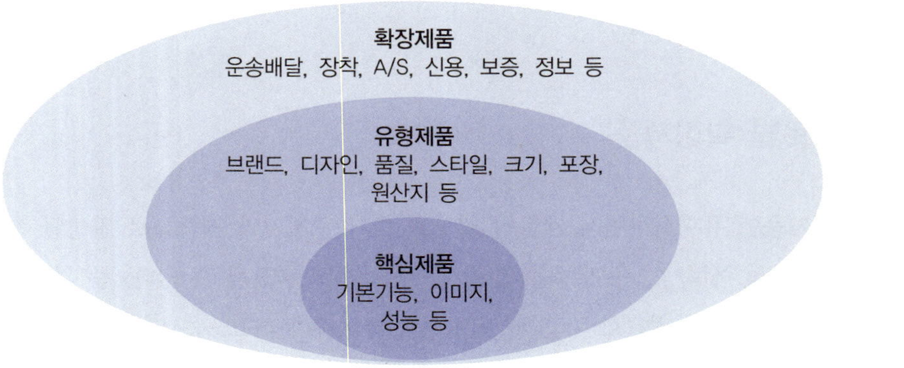

컨설팅, 교육, 신용 등의 서비스도 제품에 포함된다. 서비스의 일반적인 성격은 만지

거나 시험할 수 없는 무형성(intangibility), 저장·보관이 어렵다는 소멸성(perishability), 고객이 동일한 서비스를 구매하더라도 동일한 서비스가 제공되지 않는 이질성(heterogeneity), 생산과 소비를 분리할 수 없는 비분리성(inseparability)이다. 그러나 이러한 서비스의 제약조건을 극복하는 경우 성공적인 서비스가 될 수 있다. 예를 들면 신용카드, 인터넷통신서비스 등이 이에 해당된다. 위와 같은 서비스의 특성 때문에 핵심제품으로서의 전문성, 유형제품으로서의 브랜드, 확장제품으로서의 애프터서비스가 확보될 수 있어야 글로벌 서비스 제품이 될 수 있다. 글로벌 서비스 제품을 제공하는 대표적인 경영컨설팅회사인 맥킨지(Mckinsey)는 내부의 전문성을 갖추기 위하여 유능한 인재와 지식경영시스템을 확보하고 있다. 또한 브랜드이미지를 갖추기 위하여 PGA골프 등에 후원을 하는가 하면, 애프터서비스를 통한 고객유지에 힘쓰고 있다.

글로벌 제품이 되기 위해서는 현지시장에 공통적으로 적용될 수 있는 고도의 추가적인 서비스가 제공되어야만 한다. 즉 품질, 내구성과 같은 기본적 기능은 물론이고 이미지, 유통, 사후서비스 등의 확장제품으로 제품속성이 넓어져야만 글로벌화를 할 수 있는 기반이 형성된다. 정리하면, 제품이란 기본적 요구나 필요성을 충족시켜 줄 수 있는 것으로 시장에 출시되어 소비자의 관심이나 취득, 사용 또는 소비의 대상이 될 수 있는 것을 의미한다. 이러한 제품에는 유형재화는 물론 서비스, 사람, 장소, 조직, 아이디어 등이 모두 포함되며, 제품에 추가적인 속성이 더해질수록 부가가치가 더욱 커진다.

지금까지 제품의 기본적 속성에 대하여 살펴보았다. 그렇다면 글로벌 제품이 되기 위한 조건은 제품의 기본적 속성에 근거해 볼 때 어떠해야 할지를 살펴보도록 하자.

첫째, 글로벌 제품이 되기 위해서는 핵심제품의 속성이 문화적 구속력(culture-unbound)이 없는 것으로 규정되어야 한다. 즉 사랑, 우정, 아름다움, 고귀함, 깨끗함, 즐거움, 도전 등의 체험적 요소로서 여러 국가에 공통으로 적용될 수 있는 개념을 핵심으로 하는 제품을 개발해야 한다.

둘째, 유형화 과정에서 현지시장에 적응하여야 하는 부분과 표준화하는 부분을 구분하여 제품을 구성해야 한다. 외적 구성은 현지적응의 용이성을 감안하여 스타일, 색상 등을 고려해야 하지만, 브랜드·품질 등은 글로벌 표준화를 모색할 수 있도록 구성해야 한다. 그러나 품질유지를 위하여 지속적인 현지적응의 노력을 해야 할 것이다. 또한 제품이 국내시장에서 성공하였다 하더라도 현지시장의 기후, 인프라 등으로 불량이 발생할 소지가 있으므로, 이를 지속적으로 개선하는 프로그램이 요구된다. 앞서 제시되었던 오리온 초코파이의 경우, 중국시장의 유통경로가 국내시장보다 길다는 점을 염두에 두어 제품 변질가능성을 배제하기 위하여 원료와 초코파이 코팅을 개선하여 성공을 거두었다. LG전자의 경우도 인도시장의 더운 날씨와 먼지로 인한 콘센트 파열을 방지하기 위한 지속적인 연구개발을 통하여 현지시장을 석권할 수 있었다.

셋째, 현지에 유통시스템, 애프터서비스시스템, 신용시스템을 갖추는 것이 기본이다. 그러나 비용과 현지적응의 애로가 발생할 소지가 있다면, 현지에 제대로 시스템을 갖춘 파트너를 통한 네트워크를 이용하는 것도 바람직한 방안이라고 사료된다. 화장품회사인 콜마(Kolmar)는 한국, 일본, 미국 등에서 자회사를 통해 제품을 생산하지만 유통, 애프터서비스 등은 아웃소싱에 의존하고 있다.

사례 롯데리아 · BBQ "치밥으로 베트남 입맛 사로잡았죠"

베트남 하노이 시내에 있는 롯데리아 로열시티점에서 고객들이 줄을 서서 주문 순서를 기다리고 있다.

"한국에선 치맥(치킨+맥주)이지만 베트남에선 치밥(치킨+밥)입니다."

지난달 31일 베트남 하노이 시내에 있는 롯데리아 로열시티점. 고객들은 대부분 주문대 앞에서 "껌 티카"를 외쳤다. 껌 티카는 베트남어로 밥을 뜻하는 '껌'과 닭고기 요리를 의미하는 '티카'를 합친 말로 베트남 최고 인기 세트메뉴이다. 김동진 롯데리아 하노이

지점장은 "식사 때마다 밥이나 쌀국수를 먹는 베트남 사람들에게 맞춘 특화 메뉴를 개발해 쏠쏠한 재미를 보고 있다"고 말했다. 롯데리아는 껌 티카 덕에 올해 초부터 베트남 내 1등 패스트푸드 브랜드로 자리 잡았다. 2004년 일본 롯데리아 베트남 법인을 인수한 지 9년 만이다. CJ 뚜레쥬르도 지난해부터 베트남 베이커리시장에서 선두를 지키고 있고 BBQ는 2010년 베트남 내 최대 치킨 전문 프랜차이즈가 됐다.

베트남 패스트푸드 점포수 (단위: 개)

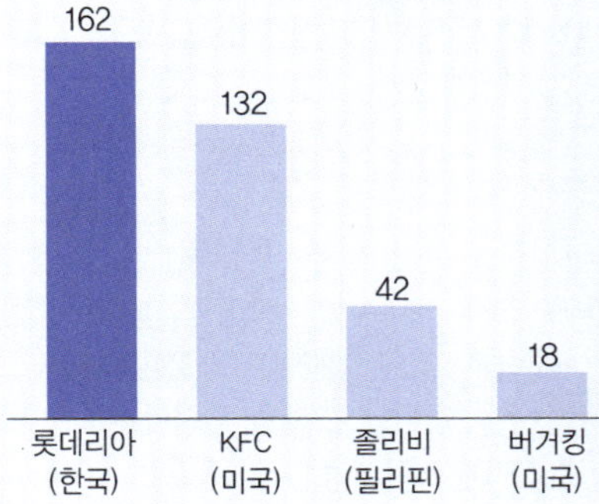

베트남 베이커리 점포수 (단위: 개)

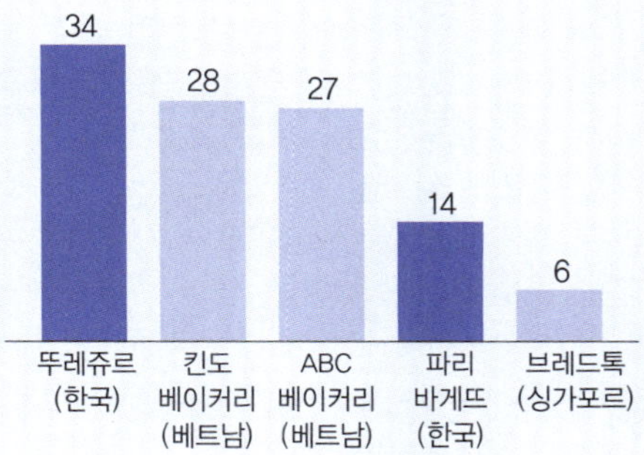

※ 2013년 8월말 기준

■ 특화 메뉴로 '식품 한류' 일으켜

롯데리아는 밥 없이는 못 사는 베트남 사람들의 입맛을 사로잡는 데 주력했다. 껌 티카 외에 국내 매장에선 생소한 라이스 메뉴 개발에 집중한 게 주효했다. 밥과 수프를 세트로 묶은 '라이스 수프', 밥과 햄버거스테이크를 결합한 '비프 라이스'가 롯데리아가 만든 대표적 베트남 스타일의 메뉴다.

롯데리아는 "경쟁업체 KFC에는 없고 롯데리아에만 있는 메뉴"라고 홍보하며 매년 40% 이상씩 베트남 매출을 늘렸다. 작년 말까지 KFC에 뒤졌던 매장수도 지난 8월 말 162개로 늘렸다. 지난달 말 시장점유율도 45.8%로 끌어올려 KFC와 격차를 8%포인트 이상으로 벌렸다. 강형희 롯데리아 베트남 법인장은 "베트남은 35세 이하 인구 비중이 70%가 넘어 입맛에 맞는 메뉴만 개발하면 매출이 확 늘어날 수 있는 매력적인 시장"이라고 말했다.

BBQ도 2006년 베트남에 진출한 뒤 꾸준히 특화 메뉴 개발에 힘을 쏟았다. 국내에서 통용되는 '프라이드 반, 양념 반' 공식을 깨고 롯데리아처럼 치킨과 밥 중심의 맞춤형 세트를 내놓았다. 치킨과 볶음밥에 감자튀김, 샐러드 등을 한꺼번에 제공하는 세트메뉴로 대박을 터뜨렸다. 프라이드 일변도에서 벗어나 구이 치킨 메뉴를 늘렸고, 베트남 사람들이 좋아하는 야채를 튀김가루에 섞은 '야채 치킨'도 선보였다.

우길제 BBQ 베트남 법인장은 "30여 명의 연구진이 베트남 사람들의 입맛에 맞는 메뉴를 개발하기 위해 최선을 다하고 있다"며 "베트남에서 성공한 메뉴를 다른 동남아 국가에도 확대 적용하는 추세"라고 설명했다.

■ 현지화마케팅으로 승부

뚜레쥬르는 베트남의 국민 교통수단인 오토바이로 재미를 봤다. 매장을 찾는 고객이 오토바이 주차에 많은 시간을 허비하는 점에 착안, 진출 초기인 2007년부터 '오토바이 발레파킹'을 시작했다. 다른 외식매장에선 별도 유료 주차장에 오토바이를 세워야 하는데 그 번거로움을 덜어주면 손님을 많이 끌 수 있을 것으로 판단했다. 또 빵을 많이 먹는 프랑스의 식민지였던 베트남 사람들에게 맛있는 빵뿐 아니라 좋은 서비스까지 제공하면 경쟁업체들과 차별화할 수 있을 것으로 생각했다. 예상은 적중했다. 오토바이도 대신 세워주고 매장에 들어서자마자 "뚜레쥬르 신짜오(안녕하세요)"라고 직원들이 인사하자 "뚜레쥬르에 가면 대접받는다"는 입소문이 났다.

하노이에서 만난 앤디 민피 씨는 "고급스러운 분위기 덕에 뚜레쥬르는 젊은층 사이에 데이트 명소로 각광받고 있다"고 말했다.

뚜레쥬르는 베트남 토종업체 일색이던 베이커리시장을 조금씩 장악하더니 작년 말 처음으로 시장점유율 1위 자리를 꿰찼다. 빵 판매량도 늘어 베트남의 매장당 매출은 한국 매장의 2.5배를 넘어섰다. 남영현 CJ푸드빌 동남아시아 담당은 "예전엔 베트남에서 점포를 열 때 건물주를 만나 한참 뚜레쥬르에 대해 설명해야 했지만 요즘엔 대형상가나 쇼핑몰이 생길 때마다 건물주들이 입점해 달라고 부탁한다"며 "베트남에서 뿌리를 내리는 한국 유통업체가 갈수록 늘고 있다"고 전했다.

자료: 한국경제신문, 2013년 9월 4일

10.3 글로벌 제품의 표준화와 현지화

표준화의 가장 큰 장점은 원가절감이다. 특히 글로벌시장을 공략하는 글로벌기업들이 가장 중점으로 생각하는 것이 얼마만큼 표준화시킬 것인가와 표준화된 제품 및 경영 프로세스가 적용될 수 있는 시장이 어디에 있는가 하는 것이다. 이러한 표준화는 시장동질화 가설에 근거를 두고, 어느 시장이나 그 제품을 대표하는 수요가 존재할 것이라는 논리에 의한 것이다.

현지의 환경여건과 고객의 욕구가 유사한 경우에는 당연히 표준화를 모색해야 하지만, 이질적인 경우에는 현지화를 고려해야 한다. 즉, 문화적 구속력이 큰 제품이거나 기후, 교통, 통신, 방송 등의 현지 환경요소에 차이가 있는 경우에는 현지화를 고려해야 한다.

그림 10-3 ▌ 글로벌 제품의 표준화와 현지화

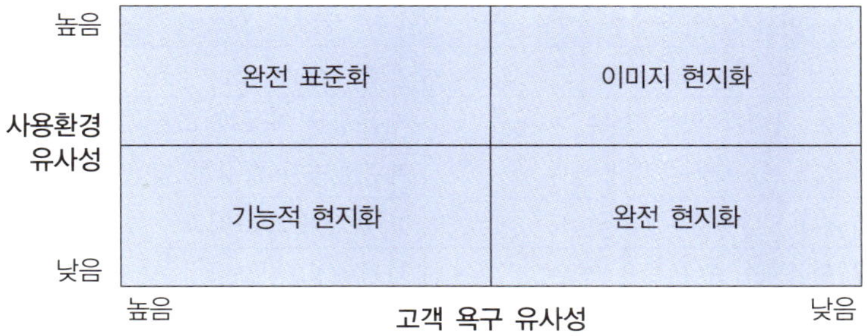

현지화를 한다는 것은 제품의 원자재, 품질, 스타일, 색상, 브랜드, 광고 등의 제반 마케팅프로그램을 현지화의 대상으로 한다는 것이다. 110V와 220V를 겸용할 수 있는 전압기의 변화를 통한 글로벌 제품화는 비교적 비용이 크게 들지 않지만 많은 현지시장에서 수요의 증가를 얻을 수 있다. 그러나 비용과 위험이 많이 발생하는 브랜드의 변화, 품질의 변화 등은 현지시장의 수요 민감도를 면밀히 분석하여 현지화를 모색해야 한다.

[그림 10-3]에서 보는 바와 같이 사용환경의 유사성과 고객 욕구의 유사성에 따라 현지화는 기능적 현지화, 이미지 현지화, 완전 현지화로 구분할 수 있다. 기능적 현지화는 현지 사용환경의 특수성에 의하여 현지화를 고려해야 하며, 이미지 현지화는 현지의 문화적 특수성으로 인하여 고객 욕구가 상이하기 때문에 현지적응을 모색해야 한다. 먼저 현지환경의 차이로 고려해야 할 기능적 현지화 범주를 제시해 보면 [표 10-4]와 같다.

기능적 현지화는 제품 및 생산과정의 변경, 즉 단순화, 자동화, 형상화, 내구성 강화, 가격변화, 글로벌 범적용성 확보 등을 통하여 이루어진다. 앞서 언급한 것처럼 현지화를 통하여 어느 정도의 수요를 창출할 것이며 시장을 선도할 수 있는가를 고려하여 현지화에 임해야 한다.

이미지 현지화는 사용환경은 유사하지만 고객의 욕구가 상이하여 새로운 이미지를 정립할 필요가 있는 경우에 실시되는 현지화전략이다. 제품, 기업 및 제조 원산지에 대한 이미지가 현지화의 주요 대상이 된다. 이미 글로벌브랜드로 자리 잡은 제품이라 하더라도 현지고객에 맞는 마케팅프로그램을 구사하거나 유통시스템, 애프터서비스 등 고객의 불편을 초래할 수 있는 부분은 적극적으로 현지화함으로써 기존의 강력한

표 10-4 현지환경 특수성에 따른 기능적 현지화[1)]

현지환경의 특수성	글로벌 제품의 기능적 현지화 범주
기술수준이 낮은 경우	제품 단순화
노동생산성이 차이가 있는 경우	제품생산 자동화 또는 수동화
문맹수준 높고, 언어가 다양한 경우	제품설명서 형상화 및 단순화
소득이 비교적 낮은 경우	'제품가격 스트레스'[2)] 범위 조정
이자율 및 인플레이션이 높은 경우	가격조정, 지불방법 및 시기의 조정
유지·보수의 요구가 높은 경우	제품의 내구성 강화
기후적 조건이 열악한 경우	제품 기후적응성(내습성, 내분진성 등) 강화
고객의 자민족성	제품브랜드 강화 및 신뢰성 구축
현지 표준 규제	제품 수정 또는 글로벌 범적용성 강화
인프라수준	제품 수정 또는 글로벌 범적용성 강화

브랜드이미지를 유지해 나아갈 수 있다. P&G는 제품별 마케팅전략을 구사하는 기업이다. Ivory, Max Factor, Vidal Sassoon, Tide처럼 세제, 샴푸, 비누 등의 제품브랜드를 강화하는 마케팅을 해외시장에 소개하고 있다. 그러나 우리나라 고객들은 제품브랜드보다 기업브랜드를 더욱 선호하는 경향이 있음을 확인하고 기업이미지 제고를 위한 노력을 강화하고 있다.

아직 글로벌브랜드로서 자리 잡지 못한 제품은 제품의 글로벌화 가능성을 감안하여 초기 진출시장에서 강력한 이미지를 구축해야만 다음 시장을 공략할 수 있는 기반이 조성될 수 있다.

현지시장의 소비문화의 특수성을 확인하고, 이에 적합한 마케팅프로그램을 입안하여 적극적인 노력을 해야 한다. 한 조사에 의하면 소비자가 선호하는 색은 제품별·국별로 크게 차이가 나타난다. 자동차의 경우 [표 10-5]에서 보듯이 우리나라는 회색, 일본과 독일은 흰색, 미국, 캐나다 및 유럽 국가들은 빨간색을 선호하는 것으로 조사되었다.[3)]

1) D. Robinson, "The Challenges of the Underdeveloped National Markets," *Journal of Marketing*, October, 1961, pp.275-281 일부 수정.
2) 가격 스트레스란 고객들이 구매 여부를 결정할 때 스트레스를 받는 가격범위(제11장 참고)
3) http://mspark.howon.ac.kr

표 10-5 국별 승용차의 선호 색상

(단위: %)

국별 \ 색상	흰색	은색	회색	녹색	검정색	빨간색	파란색	기타
한국	39.5	9.4	41.2	6.3	6.5	6.5	6.6	
일본	52.5	10.4	15.5	2.1	11.4	8.1	·	
미국	16.7	1.9	`	25.9	20.4	25.9	9.3	
독일	20.5	18.3	7.9	16.0	18.3	14.6	12.5	
프랑스	5.9	5.9	17.6	4.4	3.0	60.6	5.6	
이탈리아	11.5	`	3.8	19.2	3.8	53.8	7.7	
영국	`	9.1	`	20.0	20.0	50.0	10.0	
캐나다	18.8	12.5	`	18.8	`	31.3	18.8	

사례 색상을 바꾸면 매출이 늘어난다?

초콜릿의 경우 제품에 새로운 색을 적용하자마자 매출액이 3배나 뛰었다. 애플사가 5가지 색상의 제품을 발표했을 때도 뚜렷한 가격차가 벌어졌다. 가장 인기 있는 블루베리색 컴퓨터는 포도색보다 50달러, 딸기색보다는 1백 달러나 비싸게 팔렸다.

『컬러 비즈니스』의 저자이자 마케팅그룹 사장 겸 색상컨설턴트와 심리치료전문가인 쿠퍼는 소비자들의 제품 선택과정에서 색상이 얼마나 결정적인 영향을 미치는 요소인지를 다각도로 분석했다. 제품에 대한 첫인상의 60%가 색상에 의해 결정되며, 로맨틱한 색은 핑크, 친근함은 노랑, 순결은 흰색이라는 기초적인 개념부터 코카콜라, 코닥필름, 세븐업 등 대기업이 브랜드와 상품을 색으로 어필한 사례를 제시하고 있다.

또한 지역이나 국가별 선호색도 따로 있다. 사막지역에서는 반사율이 높고 시원한 색을 선호한다고 한다. 라틴계 국가에서는 장례식에 입는 보라색 옷을 평소에는 입지 않는다.

앞으로 유행할 컬러는 뭘까? 개인적인 취향이 다르겠지만 21세기에도 숲과 이끼가 연상되는 그린 계통, 깊이가 느껴지는 빨간색의 인기는 시들지 않을 것이라고 예상한다.

자료: 미미 쿠퍼·앨린 매튜 지음, 안진환 옮김, 컬러 비즈니스-Color Smart, 오늘의 책, 2002.

이미지 현지화를 위한 방안은 색상 이외에도 스타일, 브랜드, 포장 등의 유형제품속성의 현지화와 더불어 애프터서비스, 유통 등의 확장제품속성의 현지화가 있다. 그중에서도 가장 강력한 것은 제품 품질과 기능을 기반으로 한 글로벌브랜드 이미지를 강화하는 것이다. 글로벌브랜드에 대하여는 절을 달리하여 논의하기로 한다.

10.4 글로벌브랜드

브랜드는 상표로 혼용하여 쓰기도 하는데, 이 두 개념은 큰 차이를 갖고 있다. 상표는 단지 다른 제품과 구별되는 이름 정도로 쓰이는 반면, 브랜드는 자산가치를 가진 고객의 충성도를 유도하는 마케팅의 도구로 인식된다. 브랜드의 목적은 제품개념의 강점을 살려 경쟁사의 제품과 차별화를 모색하고, 고객에게 인지도를 높이고자 함에 있다. 글로벌시장에서 브랜드와 관련하여 의사결정하여야 할 점은 다음과 같다.

- 브랜드제품으로 할 것인가, 저렴함을 근간으로 한 무상표(non-brand)제품으로 할 것인가?
- 브랜드제품으로 하는 경우 인지도가 높은 유통업자의 사적 브랜드(private brand)로 할 것인가, 주문자부착상표(OEM)로 할 것인가, 아니면 제조업자 고유 제품브랜드로 할 것인가?
- 제조업자 자체브랜드로 하는 경우 단일브랜드로 할 것인가, 복합브랜드로 할 것인가?
- 다수의 해외시장을 공략하는 경우 글로벌브랜드로 할 것인가, 현지브랜드로 할 것인가?

그림 10-4 ▍ 글로벌시장의 브랜드 의사결정

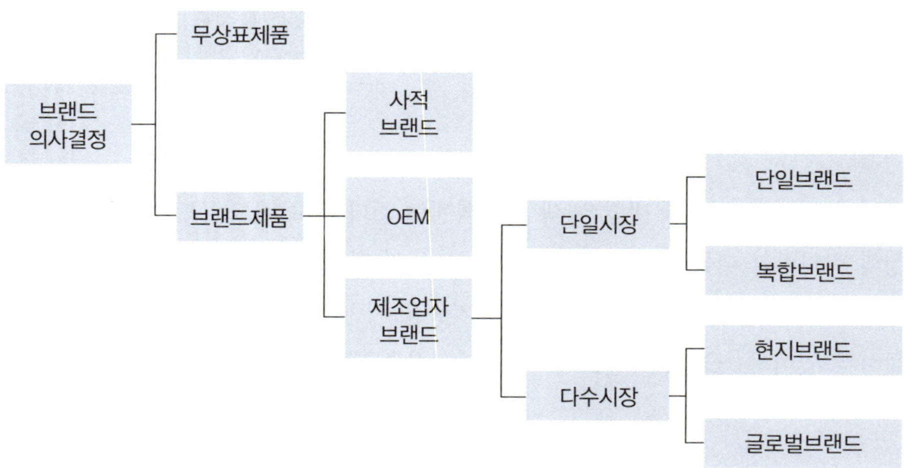

• 글로벌브랜드로서의 제약요건인 원산지효과는 어떻게 극복하고, 글로벌브랜드가 되기 위한 조건은 무엇인가?

그림 10-5 ▌ 2014년 글로벌브랜드 가치 순위

	Brand	Category	Brand value 2014 $M	Brand contribution	Brand value % change 2014 vs 2013	Rank change
1	Google	Technology	158,843	3	40%	1
2		Technology	147,880	4	-20%	-1
3	IBM	Technology	107,541	4	-4%	0
4	Microsoft	Technology	90,185	4	29%	3
5		Fast Food	85,706	4	-5%	-1
6	Coca-Cola	Soft Drinks	80,683	4	3%	-1
7	VISA	Credit Card	79,197	4	41%	2
8	at&t	Telecoms	77,883	3	3%	-2
9	Marlboro	Tobacco	67,341	3	-3%	-1
10	amazon.com	Retail	64,255	3	41%	4
11	verizon	Telecoms	63,460	3	20%	1
12		Conglomerate	56,685	2	2%	-1
13		Regional Banks	54,262	3	14%	0
14	Tencent 腾讯	Technology	53,615	4	97%	7
15	中国移动	Telecoms	49,899	3	-10%	-5
16		Logistics	47,738	4	12%	-1
17	ICBC 中国工商银行	Regional Banks	42,101	2	2%	-1
18		Credit Card	39,497	3	42%	2
19	SAP	Technology	36,390	2	6%	0
20	vodafone	Telecoms	36,277	3	-9%	-3
21	facebook	Technology	35,740	4	68%	10
22	Walmart	Retail	35,325	2	-2%	-4
23	Disney	Entertainment	34,538	4	44%	3
24		Credit Card	34,430	4	46%	4
25	Baidu 百度	Technology	29,768	4	46%	8

자료: BRANDZ™ Top 25 Most Valuable Global Brands 2014.

1. 브랜드제품 vs. 무상표제품

어떠한 제품이나 제조되고 나면 사람이 태어난 것과 마찬가지로 이름이 붙는다. 브랜드제품이란 고객에게 인지될 수 있도록 마케팅, 포장, 촉진 등의 노력이 부가된 제품을 의미한다. 이와 대조되는 무상표(non-brand)제품은 고객에게 특별한 인지도를 주지 않아도 되는 제품, 즉 농산물, 광산물 등이거나 마케팅 노력을 부가하지 않은 제품을 의미한다. 요즈음은 농수산물도 마케팅 노력에 의하여 브랜드제품화되고 있다. 브랜드제품을 만드는 노력은 그 반대급부로서 장기로 부가가치가 훨씬 클 때 이루어진다.

[그림 10-5]에서 볼 수 있듯이 BRANDZ™에서 발표한 2014년 글로벌브랜드 가치 순위에 의하면 브랜드 가치가 가장 높은 기업은 구글로 브랜드 가치는 1,588억 달러이다. 삼성은 29위로 브랜드 가치는 259억 달러로 나타났다. 글로벌브랜드가 되기 위해서는 막대한 투자와 노력이 필요하겠지만, 글로벌 네트워크와 연계하거나 글로벌 유통업체의 창구를 이용하는 등의 브랜드제품이 될 수 있는 글로벌 마케팅계획을 우선적으로 수립할 필요가 있다. 특히 우리나라가 과거 신발, 가발, 가방 등에 경쟁적 우위가 있었지만 브랜드제품으로 만들려는 추가적인 노력이 부족하여 후발국에게 우위요인을 빼앗긴 것도 브랜드에 대한 인식이 적었기 때문으로 판단된다. 생산이나 기술에 집착하다 보면 브랜드에 대한 인식이 적어지기 일쑤인데 이러한 미시안적인 사고를 탈피해야 한다. 글로벌브랜드가 되기 위한 조건에 대하여는 후술하기로 한다.

2. 사적 브랜드, OEM 및 제조업자 브랜드

사적 브랜드(private brand)는 제조업자 브랜드(manufacturer's own brand)가 아닌 유통업체(월마트와 같은 대형소매점)나 시장이미지가 좋은 업체의 상표를 부착하는 경우를 의미한다. 사적 브랜드를 수용하는 업체, 특히 유통업체의 입장에서 사적 브랜드의 장점은 두 가지로 집약할 수 있다. 첫째, 보다 더 많은 마진을 얻을 수 있다는 점이다. 제품가격의 상당부분을 유통업체 마진으로 보면, 사적 브랜드를 수용함으로써 얻는 마진은 유통업체의 입장에서는 매력적인 것임에 틀림이 없다. 더욱이 계약에 의하여 구매하기 때문에 좋은 품질의 제품을 비교적 저렴한 가격으로 구입할 수 있다. 둘째, 사적 브랜드의 제품을 보유함으로써 고객이미지를 제고할 수 있다는 점 역시 유통업체가 누리는 장점이 된다. 특히 다수의 소매점을 가진 유통업체의 경우 자체 브랜드의 제품을 보유함으로써 유명 제조업체의 제품과 동시에 진열하고 판촉을 강화함으로써 당당히 경쟁할 수 있다는 장점이 있다.

한편 사적 브랜드는 제조업자의 입장에서 보면 시장에 대한 접근력이나 통제력이 될 수밖에 없기 때문에 대체로 위협이 되는 요인이다. 더욱이 유통업체가 제품구입선을 변경할 수 있기 때문에 가격에 대한 통제력이 없다. 그렇지만 사적 브랜드를 활용하여 마케팅활동을 전개할 능력과 자금이 없거나, 유통업체의 체인망을 이용함으로써 매출을 증대할 목적이 있는 경우 사적 브랜드를 이용하게 된다. 제조업자는 가능하면 자체 브랜드를 이용함으로써 장기적인 수익은 물론 이미지 개선에 주력해야 하고, 지속적인 기술적 우위를 보유하여 유통업체와의 협상력을 키워나가야 한다.

주문자부착상표로 번역되는 OEM(Originally Equipped Manufacturing) 브랜드란 상호 보완되는 제품 또는 부품의 제조업자들이 동시에 브랜드를 같이 이용함으로써 브랜드 확장을 하고자 하는 경우에 이용된다. PC에 마이크로소프트와 인텔이 자사의 브랜드를 공동으로 활용하려는 것은 상호브랜드(co-brand)의 예라고 할 수 있다. 그러나 보완적 제품 또는 부품이 최종제품에 현저한 우위요소가 있어야 OEM관계가 유지되어 브랜드를 동시에 이용하게 되며, 그렇지 못한 경우에는 부품제조업자가 하청업자로 전락하여 브랜드 부착조차 못하는 경우가 빈번하다.

사례 롯데마트가 롯데푸드에 분노한 까닭은?

롯데그룹 내 유통기업과 제조기업 간 협력체제에 균열이 생기고 있다. 롯데그룹 내 제조업 계열사가 롯데마트 등 계열 유통업체를 제치고 라이벌 유통업체와 손을 잡는 일이 벌어지고 있다. 롯데푸드가 이마트와 함께 '프리미엄 스마트 분유'를 개발, 14일부터 판매하기로 한 것이 대표적이다. 프리미엄 스마트 분유는 롯데푸드가 이마트에만 납품하는 이마트 전용 상품이다. 이마트와 롯데식품 계열사가 제휴한 것은 이번이 처음이다.

롯데마트는 이마트가 상품개발에 착수하기 3개월 전인 지난해 8월 롯데푸드에 자체브랜드(PB) 분유 개발을 제안했지만 일부 조건이 맞지 않아 일정을 연기했다. 롯데마트가 원하는 가격에 납품할 수 있을지 불투명하다는 것이 이유였다. 당시는 가격 연동제에 따른 원유가격 인상을 앞둔 시점이었다. 롯데마트는 올 1월 롯데푸드에 분유 개발을 다시 제안, 오는 7월 판매를 시작하기로 했다. 그러던 중 롯데푸드가 이미 이마트와 분유를 개발 중이며 6월 중 판매에 들어갈 것이라는 사실이 알려졌다. 이 소식을 접한 노병용 사장 등 롯데마트 경영진은 격노한 것으로 알려졌다. 롯데마트에 사전 통보도 없이 이마트와 손잡은 것을 일종의 '배신'으로 본 것이다. 롯데마트는 롯데푸드 측에 분유 생산시점을 앞당겨 달라고 요구한 것으로 전해졌다. 결국 롯데마트는 롯데푸드와 함께 만든 '귀한 산양분유'를 계획보다 한 달가량 앞당겨 오는 19일부터 판매하기로 했다.

이와 관련, 롯데 유통기업과 제조기업 간 관계가 예전같지 않다는 분석이 업계에서 나오고 있다. 지난해 6월에는 롯데제과가 과자 신제품 '듀페' 마케팅 행사를 GS슈퍼마켓과 함께 열었다. 롯데의 한 식품 계열사 관계자는 "그룹 내 유통업체들이 계열사라는 점을 앞세워 가격을 낮춰 달라는 등의 요구를 할 때도 있다"며 "계열사와의 관계보다 각 사의 이익을 중시하는 분위기"라고 전했다.

자료: 한국경제신문, 2014년 6월 13일

3. 단일브랜드 vs. 복합브랜드

단일브랜드(single brand 또는 family brand)는 고객에게 품질과 성능에 있어 신뢰성을 주기 위하여 동일한 브랜드를 이용하는 방법이다. 복합브랜드(multiple brand)는 이와 대조적으로 한 제품라인의 제품마다 별도의 브랜드를 부여함으로써 서로 다른 이미지를 형성하게 하는 방법이다. 구매자의 구매형태가 고관여(high involvement)인 경우에는 단일브랜드를 이용하여 신뢰성을 갖추도록 해야 하며, 그 반대로 일상적으로 구매하는 저관여(low involvement)인 경우에는 제품마다 차별적인 이미지를 부여하는 서로 다른 복합브랜드를 이용하는 경우가 많다. 대부분의 전자제품, 자동차, 의약품 등의 품질과 기능이 중요한 속성인 제품은 단일브랜드를 이용하지만 라면, 껌 등의 기호성 제품은 복합브랜드를 이용하는 경우가 많다.

4. 현지브랜드 vs. 글로벌브랜드

현지시장마다 다른 브랜드를 사용할 것인지 동일한 브랜드를 사용할 것인지를 결정하여야 한다. 현지시장마다 문화가 다르기는 하지만 될 수 있는 대로 유사한 측면을 찾아 동일한 브랜드를 이용하는 것이 비용이나 이미지 형성에 효율적이다. 만약 글로벌시장 전체에 하나의 브랜드를 적용하기 힘든 경우에는 지역으로 구분하여 사용하는 것도 한 방법이다. 특히 제품의 품질이나 성능이 뛰어난 경우에는 글로벌브랜드를 한 가지로 통일하여 사용함으로써 강한 이미지를 형성하는 것이 바람직하다.

글로벌브랜드의 예로는 코카콜라(Coca-Cola), 비자(Visa), 다이크로소프트(Microsoft) 등이 있다. 그러나 글로벌기업들 역시 한 가지의 글로벌브랜드를 이용하는 것이 아니라 현지브랜드를 복합하여 이용하고 있다. 심지어는 단일시장 내에서도 다수의 복합브랜드를 이용하고 있기도 하다.[4] 글로벌브랜드에 대하여는 다음에서 자세히 다루도록 한다.

현지브랜드이든 글로벌브랜드이든 해당 국가에 상표등록을 하여야 한다. 국가마다 법적 규제와 보호장치가 서로 다르기 때문에 사전 검토에 의하여 상표권 등록을 하여야 한다. 참고로 상표권과 관련한 협정은 산업자산보호협정(industrial convention for the protection of industrial property)과 마드리드협정(the Madrid agreement for the international registration of trademark)이 있다.

5. 원산지효과와 국가경쟁력

글로벌 마케팅에서 브랜드와 관련하여 간과하지 못할 중요한 문제 중의 하나는 외국제품에 대한 소비자들의 고정관념이다. 외국제품에 대하여 소비자들이 나타내는 고정관념 및 태도를 원산지효과라 한다. 해외에서 수입되는 모든 제품 및 부품에는 원산지를 표시하도록 규정하고 있다. 이러한 원산지효과는 해외시장에서 호의적으로 혹은 불리하게 작용한다. 즉, 특정 제품에 대한 각국 소비자들의 선호도는 제품의 품질과 더불어 제품이 생산 또는 공급된 원산지의 이미지에 의해 큰 영향을 받는다. 그러나 최근 들어 글로벌기업들이 아시아 또는 남미국가에서 철저한 품질관리를 통한 생산과 아웃소싱을 하고 있기 때문에 원산지효과가 과거에 비하여 낮아지는 경향이 있다.

4) B. V. Boz and C. R. Patton, "The future of consumer branding as seen from the picture today," *Journal of Consumer Marketing*, Vol.12, No.4, 1995, pp.20–41.

원산지효과는 단순히 생산국가의 제품이미지가 낮은 것에만 기인하지 않으며, 국가에 대한 평가지표에도 영향을 많이 받는다. 국제경영개발원(IMD)은 국별 국가경쟁력 순위를 발표하는데 이 순위는 각 나라 제품의 원산지효과에 영향을 주게 된다. 그러므로 기업은 기업 나름대로 제품차별화와 브랜드이미지 강화를 통한 마케팅능력을 더욱 강화하고, 정부는 기업과 경제를 도와주는 주체인 만큼 그 본연의 역할을 충실히 수행함으로써 대외 이미지 개선을 통해 원산지효과에서 불이익을 당하지 않도록 하여야 한다.

6. 글로벌브랜드가 되기 위한 조건

글로벌브랜드의 매력은 표준화를 통한 규모의 경제효과와 원가절감이다. 애플(Apple)이나 비자(Visa)는 글로벌브랜드전략을 채택하여 여러 나라에 현지브랜드를 사용하여 광고할 필요가 없기 때문에 막대한 비용절감의 효과를 누리고 있다.

하지만 글로벌브랜드가 된다는 것은 그리 쉬운 것이 아니다. 글로벌브랜드 창출의 애로사항은 다음과 같다. 첫째, 하나의 광고 에이전트에 의존하기에는 너무 위험도가 크며, 국가마다 언어관습이 차이가 날 수 있다. 같은 언어를 사용하더라도 문화적 배경에 의하여 해석이 서로 다를 수 있다. 둘째, 브랜드를 개발하는 담당팀이 글로벌브랜드를 창출하기 위하여 고려해야 할 사항과 자료가 너무 많다는 것도 글로벌브랜드를 창출하는 데 장애요인이 된다. 셋째, 같은 글로벌브랜드라도 국가마다 수용되는 브랜드 인지도에 차이가 있을 수 있다. 혼다의 경우 미국에서는 품질과 신뢰성으로, 일본에서는 속도·역동성·젊음으로 고객들에게 이미지가 형성되어 있다. 즉 글로벌 제품이라 하더라도 국가마다의 경쟁상황과 고객 인지도에 따라 포지셔닝이 다르게 형성되는 것이 일반적이다. 그러나 글로벌브랜드가 되기 위한 노력을 체계적으로 수행한다면 성공의 여지가 다분히 있다고 판단된다.

글로벌브랜드가 되기 위한 조건을 제시하면 다음과 같다.

첫째, 이러한 글로벌브랜드 창출의 애로사항을 극복하기 위해서는 글로벌브랜드 담당부서를 별도로 구성하여 운영할 필요가 있다. 글로벌브랜드 담당부서는 비교문화적 시각을 가진 리더십과 창의성을 바탕으로 일련의 체계적 계획에 의하여 수행할 수

있는 조직력과 인적자원으로 구성되어야 한다.[5)]

그림 10-6 ▌ 제품의 글로벌 수준

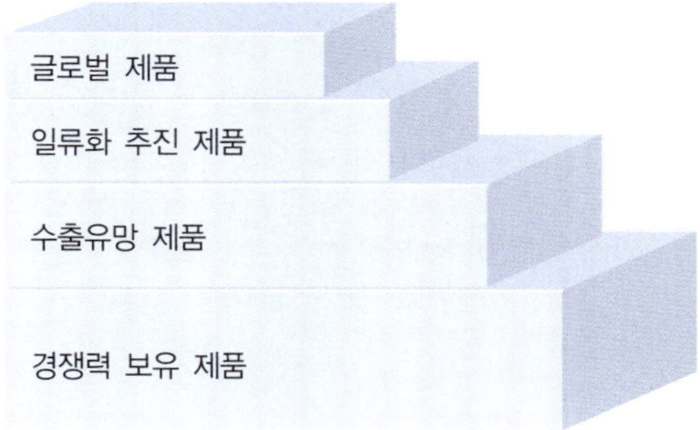

둘째, 글로벌브랜드는 제품이미지에 의해서만 형성되는 것이 아니고 기업이미지, 국가이미지가 통합되어 형성된다. 기업과 정부의 상호 협력에 의하여 글로벌브랜드를 창출하고 정착시킬 수 있도록 노력하여야 한다. 우선 국가산업을 구분하여 경쟁력 보유 제품, 수출유망 제품, 일류화 추진 제품, 글로벌 제품으로 엄격히 선별하여 구분하고, 장기적인 관점에서 경쟁력 보유 제품은 수출유망제품으로, 일류화 제품은 글로벌 제품으로 육성할 수 있도록 적극적인 노력과 지원을 하여야 한다.

셋째, 글로벌브랜드를 보유한 제품들의 성공요인을 파악하여 벤치마킹할 필요가 있다. 포터(M. E. Porter) 교수의 연구에 의하면, 이들 글로벌 제품은 대부분이 특정 국가와 기업 및 지역(예: 할리우드, 실리콘밸리 등)에 몰려 산업 클러스터를 형성하고 있으며 국내시장, 연관 산업 기반 및 치열한 경쟁 등에 의해서 글로벌 제품으로 성공할 수 있었다.

넷째, 장기적인 마케팅 노력이 요구된다. 특히 한 국가에서 성공한 제품이 문화구속력이 있는 제품인 경우에는 유사한 문화권으로 먼저 확산하여 지속적인 마케팅 노력과 투자를 하여야 한다. 대부분의 글로벌브랜드 제품은 그 역사가 길다는 점을 염두에 두어야 한다.

5) David A. Aaker and Erich Joachimsthaler, "The Lure of Global Branding," *Harvard Business Review,* Nov.-Dec., 1999, pp.137-144.

사례 기업브랜드 사용료 수입 들춰보니 … 2,711억 '짭짤한' LG, 한 푼도 안 받은 현대차

SAMSUNG, LG, SK, POSCO, KUMHO….

국내 주요 기업의 영문명이다. 동시에 글로벌시장에 제품을 알리는 브랜드로 쓰인다. 브랜드 가치는 해당 기업의 경쟁력과 직결된다. 이 때문에 최근 주요 기업들은 브랜드 관리를 강화하는 추세다. 주요 대기업들은 각 그룹의 브랜드를 쓰면서 얼마나 돈을 지급할까?

주요 그룹 가운데 브랜드값이 가장 비싼 곳은 LG다. LG그룹은 2003년 지주회사체제로 전환하면서 LG전자와 LG화학이 갖고 있던 브랜드 소유권을 ㈜LG로 넘겼다. 지주사인 ㈜LG는 2005년부터 그룹 내 계열사로부터 브랜드 사용료를 받기 시작했다. 사용료는 계열사 매출의 0.2%씩이다. 이렇게 받은 돈이 2011년 2,649억 원, 지난해 2,711억 원이었다.

SK그룹도 브랜드 이름값이 비싼 편이다. SK는 3년 단위로 모든 계열사 및 합작법인들로부터 매출의 0.2%씩 브랜드 사용료를 받는다. 지주회사인 SK㈜가 계열사로부터 받은 브랜드 사용료는 2011년 1,430억 원, 2012년 2,106억 원에 달했다.

반면 현대자동차그룹은 국내 계열사로부터 별도 브랜드 사용료를 받지 않고 있다. 다만 미국법인 등 일부 해외법인들로부터 브랜드 사용료와 기술사용료 등의 명목으로 매출의 1% 남짓을 받는다.

주요 그룹 브랜드 사용료 (단위: 억 원)

*( ) 안은 브랜드 소유자, 사용료는 2012년 기준
자료: 각 그룹

삼성그룹은 삼성전자, 삼성생명, 삼성물산 등의 19개사가 'SAMSUNG' 브랜드를 공동소유하는 독특한 구조를 갖고 있다. 예를 들어 보안서비스 계열사 에스원은 'SAMSUNG' 브랜드를 사용하지 않지만 명함에 'SAMSUNG'을 넣으면 일정액을 19개사에 내야 한다. 삼성그룹 관계자는 "실제로 다른 계열사로부터 걷는 브랜드 수수료는 연 10억 원 정도에 불과하다"고 설명했다. 삼성그룹은 대신 르노삼성이라는 '다른 주머니'를 차고 있다. 삼성은 자동차산업에서 발을 뺀 2000년 르노그룹과 10년간 브랜드 사용계약을 맺었다. 2010년 이 계약을 2020년까지 연장했다. 계약 조건은 르노삼성이 'SAMSUNG'

브랜드를 사용하는 대가로 매출의 0.8%를 내는 것이다. 적자를 내면 사용료를 받지 않는 단서조항을 달았다. 작년의 경우 르노삼성은 매출(3조 6,552억 원)의 0.8%인 292억 원을 삼성에 줘야 했지만 영업손실(1,720억 원)을 기록해 실제로는 한 푼도 지급하지 않았다.

4대 그룹 이외에 브랜드 사용료를 받는 기업은 늘어나는 추세다. 포스코는 작년 7월 'POSCO'라는 브랜드를 사용하는 포스코건설, 포스코에너지 등 18개 계열사와 매출의 0.1~0.2%를 사용료로 받는 계약을 맺었다. 두산그룹도 지난해 10월 지주사인 ㈜두산이 두산중공업 등 계열사로부터 브랜드 사용료를 받는 계약을 체결했다.

브랜드 사용료를 놓고 분쟁을 겪는 기업도 있다. 금호아시아나그룹이 대표적이다. 2010년 박삼구 금호아시아나 회장과 동생 박찬구 금호석유화학 회장이 경영권 다툼을 벌이는 과정에서 브랜드 사용료를 두고 갈등을 빚었다. 그룹 지주회사격인 금호산업이 계열사로부터 매출의 0.2%를 브랜드 사용료로 거뒀는데 경영권 다툼 이후 금호석유화학이 사용료를 내지 않고 있다.

자료: 한국경제신문, 2013년 5월 2일

10.5 글로벌시장에서의 제품수명주기

1. Father-Son 제품수명주기

제품수명주기의 기본개념은 단일 제품의 변화는 물론이고 산업 전체의 변화, 특정 제품기술 변화에 대하여도 설명력이 있다. 특히 제품기술의 변화에 대한 부-자 제품수명주기(Father-Son PLC)의 개념은 기업의 연구개발 및 투자 의사결정에 도움을 주는 논리이다.[6] 새로운 기술의 제품이 출현하는 경우 기존의 제품수명주기는 급격히 추락하는 양상을 보이게 되어 제품으로의 수명이 끝나게 된다. 복사기의 경우 카본식(Carbon)-디아조식(Diazo)-제로그라피식(Xerography)으로 발전하면서 기존방식의 복사기는 시장에서 자취를 감추게 되었다. 이러한 제품수명주기의 극점을 연결한 직선을 기술변화선이라고 하는데, 기술변화선의 기울기가 높을수록 기술변화의 속도가 빠르기 때문에 제품수명주기가 빨라진다. 반대로 기술변화선의 기울기가 완만한 경우에

6) E. T. Popper and B. D. Buskirk, "Technology life cycles in industrial markets," *Industrial Marketing Management*, Vol.21, 1992, pp.99-109.

는 기술변화가 빠르지 않기 때문에 마케팅프로그램이 성공적으로 적용되고 있다고 할 수 있다.

그림 10-7 | Father-Son PLC

Father-Son PLC 벤치마킹

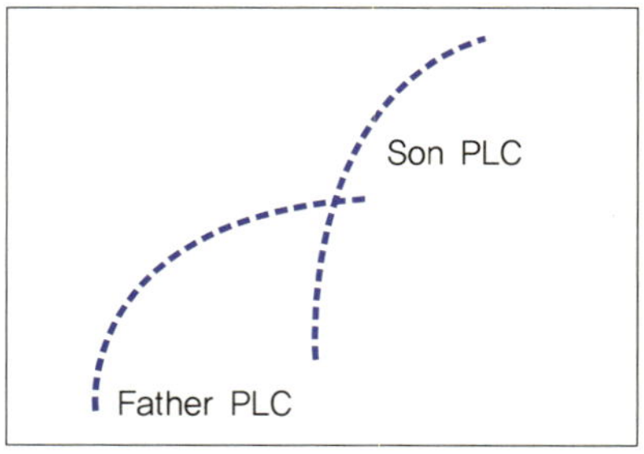

제품기술선도국의 제품 변화에 따른 시장상황의 변화를 포착할 수 있다.

복사기의 Father-Son PLC

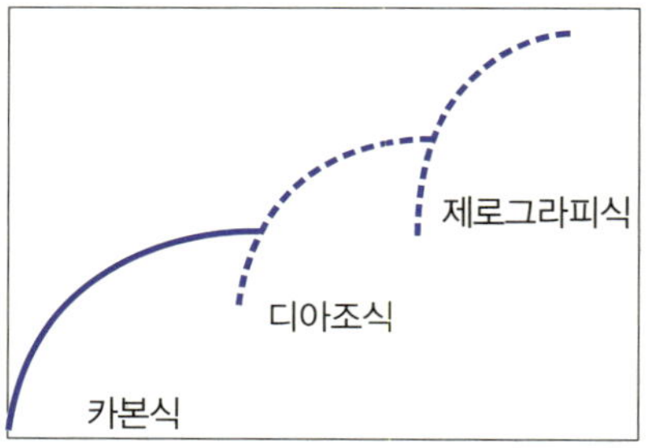

칼슨복사기에 대응하여 제록스는 제로그라피 방식의 복사기(건식 복사기)를 세계 최초로 상용화하여 시장변화를 이끌었다.

2. 글로벌 제품수명주기

1966년에 하버드대학의 버논과 웰스(Vernon & Wells)에 의하여 기존의 고전적 무역이론의 한계를 극복하고자 제시된 제품수명주기 모형은 기술을 모방하는 데 걸리는 시차(imitation lag)와 제품의 수명주기를 설명하는 시장의 변화, 즉 도입-성장-성숙-쇠퇴의 순환곡선(cycle)의 개념을 더하여 실증적 연구로 제시된 논리이다. 이는 수출입과 해외직접투자의 시점을 설명하고 예측하며, 제품이 국가 간에 어떻게 도입되어 성장하고 쇠퇴하는지를 보여준다.

버논(Vernon)에 의하면 신제품의 도입기에는 신제품을 개발한 기업의 독점적 우위 또는 제품차별화 때문에 이 제품에 대한 수요의 가격탄력성이 비교적 작고 생산입지

그림 10-8 ▌ 기술선도국과 모방국의 제품수명주기

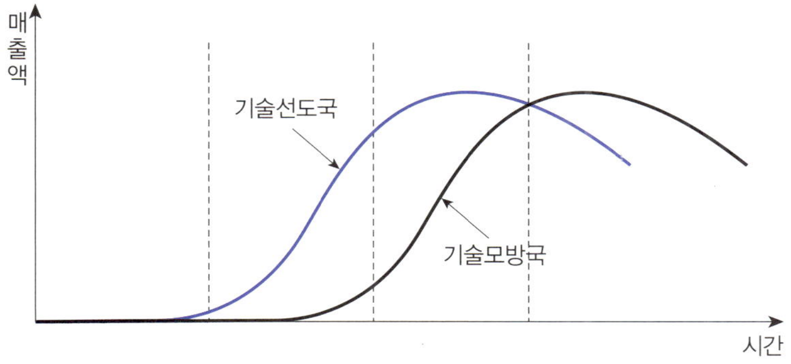

에 따른 비용차이가 크지 않으므로 기업은 국내에서 생산입지를 선택하게 된다. 대량생산이 가능해지지만 동시에 경쟁기업이 등장하고 수요의 가격탄력성이 커짐에 따라 성장기에 접어들게 되고 제품차별화에 노력하게 된다. 또한 기업의 생산비에 대한 관심도 높아져 규모의 경제실현과 경영능력의 제고가 기업의 성패를 좌우하는 가장 중요한 요소가 되며, 더 이상의 차별화를 할 수 없게 되고 국내 경쟁이 안정을 찾게 되면서 성숙기에 접어들게 된다. 성숙기에는 제품생산이 표준화되며 생산기술의 개발도 거의 한계점에 이르게 된다. 따라서 시장정보나 경영기술보다는 생산비가 기업의 최대 관심사로 되어 생산입지는 입금이 낮은 개도국으로 이전하게 되어 궁극적으로는 해외 자회사로부터의 역수입이 일어나게 된다. 이 과정에서 해외직접투자는 다음 두 경우에 일어난다.

- 기술개발국의 첨단 제품력을 바탕으로 후진국 시장을 선점하려는 공격적인 투자 목적으로 발생하게 되며, 이는 기술개발국의 도입기에 이루어지게 된다.
- 제품이 성숙기로 접어들면서 원가절감의 목적과 국내시장을 보호하려는 방어적인 목적으로 후진국에 투자를 하게 되는데 이는 기술개발국의 성숙기에 발생하게 된다.

이렇게 볼 때 제품수명주기 모형은 무역과 직접투자를 해외시장 이용과 같은 과정으로 평가하고 있다는 점과 기술모방과 시간이라는 변수를 도입한 동태적인 이론이라는 점에서 큰 의의가 있다고 하겠다. 하지만 도입기에 접어들자마자 전 세계시장에 동시다발적으로 투자하는 사례를 설명할 수 없으며, 시간이라는 개념을 객관적으로 측정하기 곤란하다는 이론적인 한계를 갖고 있다.

여러 시장에 걸친 제품수명주기의 형태는 제품 포트폴리오와 연결시켜 [표 10-6]과 같은 이상적인 전략을 제시할 수 있다.[7)]

표 10-6 PLC별 제품 포트폴리오전략

특징	도입기	성장기	성숙기	쇠퇴기
판매	낮음	고성장	저성장	쇠퇴
원가	높음	평균	낮음	낮음
이익	손해	점점 높아짐	높음	감소
고객	혁신층	조기수용자	중기수용자	최후수용자
경쟁자	소수	증가	다수 → 감소	감소
마케팅목표	제품인지와 사용구매 창출	시장점유율 최대화	기존점유율 유지, 이윤극대화	비용절감, 수확
제품	기본형태의 제품	제품 확장, 서비스, 품질보증 도입	브랜드와 모델의 다양화	경쟁력 없는 제품의 단계적 철수
가격	고가격	저가격	경쟁사에 대응할 수 있는 가격	저가격
유통	선택적 유통	집중적 유통	더 많은 집중적 유통	선택적 유통
광고	조기구매자와 중간상에게 제품인지도 구축	소비자 대중에게 인지도와 관심 구축	브랜드 차별화와 편의를 강조	핵심적인 충성고객을 유지할 정도의 수준으로 줄임
판촉	사용구매를 유도하기 위한 강력한 판촉	수요의 급성장에 따라 판촉비용 감소	자사브랜드로 전환을 촉구하기 위한 판촉 증가	최소수준으로 감소

자료: 마케팅전략연구소(http://www.msrkorea.co.kr/b/column/191)

3. 제품수명주기의 유용성과 한계

제품수명주기의 개념은 제품에 대한 의사결정과 전략 수립에 많은 유용성을 제시하고 있다. 단계별로 도입기에는 신제품의 고객에 대한 인지도를 높이기 위한 이미지

7) 포트폴리오의 분석방법으로는 BCG, Mckinsey, ADL, DPM, PIMS 등의 방법이 있다. 이에 대하여는 일반 마케팅 책을 참고하기 바란다.
P. McNamme, "Competitive analysis using matrix displays," *Long Range Planning,* Vol.17, 1984, pp.98-114.

제고전략을 수행하여야 하고, 성장기에는 경쟁사가 나타나기 시작하기 때문에 이에 대한 방어전략으로서 차별적 기능을 첨부하는 전략방향을 수립하여야 한다. 또한 성숙기에는 더 이상의 차별화 요인을 찾기 힘들며 경쟁사도 더 이상 나타나지 않는 경향이 있으므로 가능한 원가절감에 주력하여야 한다. 성숙기를 지나면 쇠퇴기가 올 것을 대비하여 새로운 기능을 추가한 제품을 소개함으로써 성장-성숙기를 지속할 수 있도록 하여야 한다. 이처럼 여러 가지의 의사결정을 할 수 있는 대안을 제시하는 것이 제품수명주기임에도 불구하고 나름대로의 한계점을 내포하고 있다. 제품수명주기 개념의 한계점은 다음과 같다.

(1) 전략방향의 오도

제품수명주기 개념을 잘못 적용하여 전략방향을 제대로 정하지 못하는 경우가 있다. 제품수명주기의 변화는 마케팅믹스의 종속변수이지 그 자체가 움직이는 것은 아니다. 즉, 마케팅프로그램과 독립되어 움직이는 독립변수가 아니기 때문에 제품수명주기의 변화는 마케팅프로그램에 의하여 충분히 변화가능하다는 점을 인식하여야 한다.[8] 제품 매출이 감소하는 경우 섣불리 쇠퇴기에 들어간 제품이라는 결론을 내려서는 안 된다. 오히려 마케팅 노력을 더하여 도약할 수 있는 계기를 마련하여야 할 상황일 수도 있다. 즉, 제품 개선, 재포지셔닝, 새로운 고객탐색, 촉진 강화 등의 방안을 검토하여야 한다.

(2) 일시적 유행

모든 제품이 전통적인 제품수명주기를 따르는 것은 아니다. 일시적 유행으로 고객에게 파고들어가기도 하고 갑작스럽게 침체되기도 하는 경향이 있다. 이러한 일시적 유행은 방송효과에 의하여 어느 정도 지속되다가 사라지는 경향이 있으며, 기업은 이러한 유행이 얼마나 지속될지 예측하기 어렵다. 일시적 유행은 제품이 성장기에서 갑자기 쇠퇴기를 맞게 할 수도 있다.

8) N. K. Djalla and S. Yuspeh, "Forget the product life concept," *Harvard Business Review*, Jan.-Feb., 1976, pp.102-112.

(3) 예측력 저조

제품수명주기의 X축은 시간을 나타나는데 다음 단계로 넘어가는 시기를 정확히 측정하기가 힘들다는 단점이 있다. 즉, 성장기 중에도 매출의 증감이 있을 수 있기 때문에 전체적인 시장의 상황과 제품 매출변화 원인을 파악하기 전에는 어느 단계에 있는지 어떻게 변화될지 예측하기 힘들다. 예를 들어 성장기에서 성숙기로 넘어가는 기간은 5년 정도 걸렸지만 성숙기에서 쇠퇴기는 1년 만에 겪을 수도 있다.

이와 같은 제품수명주기의 한계점에도 불구하고 그 유용성이 더욱 크기 때문에 제품수명주기의 개념은 글로벌 마케팅전략의 수립에 있어 중요한 몫을 차지하고 있다.

학습과제

1. 글로벌 제품 중 하나를 택하여 그 제품의 핵심, 유형, 확장제품이 어떻게 구성되었는지 제시해 보시오.

2. 글로벌기업의 단일브랜드와 복합브랜드 사례를 제시해 보시오.

3. Father-Son PLC의 사례를 제시해 보시오.

4. 글로벌 신제품이 되기 위한 조건표를 제시해 보시오.

5. 글로벌브랜드의 의사결정요인에는 어떠한 것이 있는지 제시해 보시오.

Harvard Business School 추천사례

1 Gillette Indonesia

Gillette Indonesia는 1996년도 마켓계획을 수정하여 제품믹스와 시장개척의 방안을 모색하고 있다.

2 NIKE, Inc. in the 1990s (C)

1998년 NIKE의 매출과 이익률이 저조하게 나타나자, 근본적인 마케팅전략을 검토하고 있다. Adidas와의 경쟁을 위하여 어떠한 대안이 있을까?

3 Pepsi Blue

Pepsico는 새로운 디자인의 Pepsi를 개발하여 Coca-Cola의 아성을 글로벌시장에서 무너뜨리고자 노력하고 있다. 포장의 새로운 디자인에 대한 전략방안을 어떻게 수립하고 있는지 알아보기로 한다.

4 Procter & Gamble: Always Russia

P&G는 급성장하는 러시아시장에서 자사의 브랜드이미지를 구축하기 위하여 여러 마케팅대안을 검토하고 있다.

5 The Lure of Global Branding

글로벌브랜드 구축의 성공·실패요인에 대하여 살펴본다.

11 Chapter 글로벌 가격결정

학습목표

- 글로벌시장 환경변화에 따른 가격결정방안에 대하여 학습한다.
- 글로벌기업의 가격전략에는 어떤 것들이 있는지 학습한다.
- 이전가격이란 무엇이며, 이전가격결정방법은 어떻게 이루어지는지 알아본다.
- 글로벌 가격상승에 대한 전략방안에는 어떠한 것이 있는지 알아본다.

도입사례 ○───◉ 두 배 비싼 커피 '럭셔리 스타벅스' 한국 온다

스타벅스가 한국에 앞서 2011년 영국에 먼저 선보인 '스타벅스 리저브'의 모습

스타벅스가 미국, 일본 등 몇 개 국가에서만 운영하고 있는 럭셔리 매장인 '스타벅스 리저브'를 서울 압구정동에 연다. 스타벅스 리저브는 고객이 현장에서 선택한 원두를 커피로 내려 마실 수 있는 게 특징이며 일반매장에 비해 가격이 두세 배 비싸다.

CJ푸드빌의 투썸플레이스도 이달 초 서울 신사동에 럭셔리 매장을 열었다. 지난해 문을 연 탐앤탐스의 '더 칼립소' 등과 함께 커피 전문점의 고급화 경쟁이 뜨거워질 전망이다.

스타벅스는 오는 18일 리저브 매장을 공개하기로 하고 커피 전문가들에게 최근 초청장을 발송했다. 스타벅스는 이르면 이달 말 매장을 정식 개장할 방침이다. 올해 5~6개의 리저브 매장을 국내에 더 낼 것이라고 밝혔다.

스타벅스의 일반매장은 전 세계에 1만 9,200개에 달하지만 리저브 매장은 500곳에 불과하다. 파나마, 카메룬 등 해외 유명 커피 산지의 최고급 원두로 커피를 만든다. 고객이 원두를 선택하면 현장에서 갈아 커피를 만들어준다. 바리스타는 고객을 1대1로 맡아 원두의 특성과 제조과정 등을 설명해준다.

커피 전문점 고급화 경쟁

	스타벅스	투썸플레이스	탐앤탐스
이름	리저브	가로수길점	더 칼립소
개장	2014년 3월 18일	2014년 3월 7일	2013년 5월
특징	40개국의 고급 원두	타르트 등 디저트 강화	싱글오리진 원두
출점계획	5~6개	미정	없음

자료: 각 사

리저브 매장에는 한 번에 한 잔의 커피만 뽑아내는 고급 에스프레소 머신인 '클로버시스템'이 설치돼 있다.

자료: 스타벅스 홈페이지(http://www.istarbucks.co.kr/Coffee/reserve_info.asp#his_0)

커피 가격은 일반매장에 비해 두세 배 비싸다. 작년 미국 스타벅스 리저브 매장에서 가장 비싸게 팔린 커피는 '게이샤' 품종의 원두로 만든 '코스타리카 핀카 파밀레라'였다. 그란데 사이즈(473mL) 한 잔이 7달러로 일반매장에 비해 3.2배 비싸게 팔렸다. 국가 간 커피 가격에 차이가 있지만 국내 리저브 매장에서 파는 커피 한 잔 값은 1만 원 안팎이 될 것으로 보인다. 스타벅스 관계자는 "스타벅스 글로벌에서 벌이는 고급화전략의 일환으로 한국에 리저브 매장을 내는 것"이라고 밝혔다.

커피 전문점들이 고급화 매장 경쟁에 뛰어든 것은 국내 커피시장이 포화상태에 이르면서 차별화를 시도하려는 전략으로 분석된다. 커피 전문점 창업 트렌드를 분석하는 fc창업코리아의 강병오 대표는 "미국 등에선 원두 고유의 맛을 살린 커피가 인기를 끌고 있다"며 "고급화 경쟁은 결국 커피 맛의 싸움으로 귀결될 것"이라고 말했다.

자료: 한국경제신문, 2014년 3월 3일

11.1 글로벌 가격결정요소

글로벌 마케팅에 있어 가격결정은 매우 어렵고 복잡한 의사결정과정의 하나이다. 다른 마케팅프로그램보다 가격이 소비자들의 구매에 미치는 영향력이 매우 크며, 글로벌시장의 환율변동은 가격에 큰 영향을 미치게 되므로 글로벌 마케팅에서 가격결정은 매우 중요한 의미를 지니고 있다.

글로벌 가격은 원가를 보상하는 최저가격(minimum price/the floor price)과 경쟁제품들의 가격과 고객의 지불능력에 기초한 최대가격(maximum price/the ceiling price) 사이에서 최적가격(optimum price)이 결정된다. 물론 전략적인 차원에서 규모의 경제를 이루는 가격으로도 결정할 수 있다. 즉, 가격은 기본적으로 고객, 경쟁, 원가, 전략에 의하여 결정된다.

1. 고객

고객들은 제품을 평가함에 있어 글로벌브랜드로서의 가치, 심리적 만족 기여도, 경쟁제품과의 기능적 비교 등을 통하여 나름대로의 가격에 대한 태도를 형성한다. 고객의 제품 가격에 대한 반응은 크게 다음의 네 가지로 나타난다.

- Too Cheap Price: 너무 싸서 진품 여부 또는 품질에 의심이 간다.
- Relatively Cheap: 비교적 싸서 구입할 만하다.
- Too High Price: 너무 비싸서 구입할 엄두가 나지 않는다.
- Relatively High: 비싸지만 구입할 만하다.

고객들의 가격에 대한 반응을 조사하면 [그림 11-1]과 같이 표시될 수 있다. Too Cheap는 너무 싸서 품질에 의심이 가고, 진품 여부에도 의심이 가는 경우로 구매를 하지 않을 가능성이 있다. Too Cheap에 대한 고객반응은 도표에서 보는 바와 같이 가격이 높아짐에 따라 우측으로 하향 곡선을 그리게 된다. Relatively Cheap은 비교적 싸기 때문에 구매한다는 고객들의 반응으로 가격이 상승함에 따라 하향 경직적인 곡선을 그리게

그림 11-1 ▌ 가격에 대한 고객반응

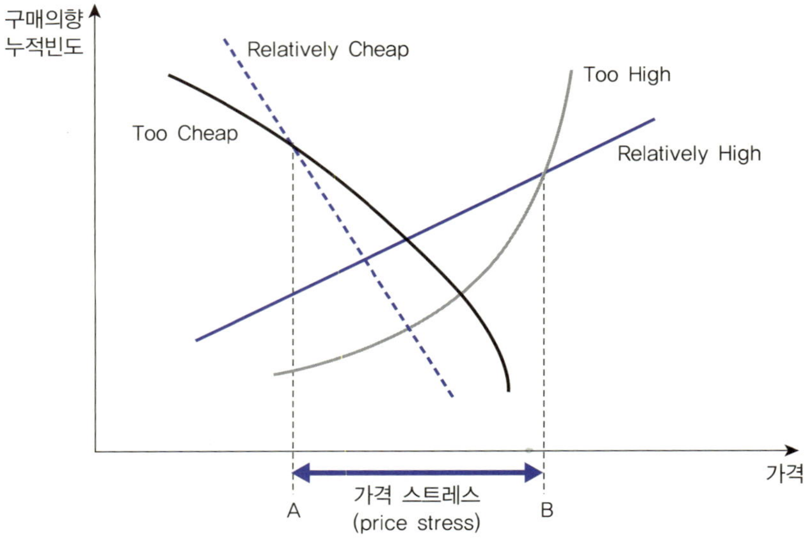

된다. Too Cheap곡선과 Relatively Cheap곡선이 만나는 점(A) 이하의 가격에서는 고객반응이 부정적이기 때문에 가격 형성이 이루어질 수 없게 된다.

Too High는 너무 비싸서 살 엄두가 나지 않는 가격으로 고객들은 구매를 꺼리게 되며 가격이 하락함에 따라 Too High 곡선은 좌측 하향 곡선을 그리게 된다. 또한 Relatively High는 비교적 비싸지만 상황에 따라서는 구매할 수 있음을 나타낸다. Relatively High곡선은 가격이 하락함에 따라 경직적으로 좌측 하향하는 경향이 나타나게 된다. Too High곡선과 Relatively High곡선이 만나는 점(B)보다 더 높은 가격에서는 고객들은 비싸다는 인식으로 구매를 기피하게 된다. 실제로 가격은 A와 B 사이에서 결정되며, A와 B 사이의 가격변동폭을 가격 스트레스(price stress)라 한다.

글로벌 제품으로 브랜드이미지가 강하게 되면, 가격 스트레스의 폭이 소폭으로 줄어들게 된다. 글로벌브랜드로 완전히 자리 잡은 제품은 여러 국가에 걸쳐 표준화된 가격을 형성하여도 고객으로부터 커다란 거부반응이 없을 수 있다. 단지 그 국가의 소득수준이 구매를 충족시킬 수 있을 만큼 증가되어야 함은 당연하다. 우리나라에 피자, 햄버거 등의 패스트푸드가 급증한 것은 소득 10,000달러 시대가 시작되었던 1990년대 중반부터이다. 글로벌 제품의 가격을 결정하는 기업의 자율성을 확보하기 위해서는 가격에 대한 소비자들의 가격 스트레스폭, 즉 가격탄력성을 가능한 한 낮추는 방안을 모색하는 것이 필요하다.

글로벌 제품의 가격탄력성을 줄이기 위한 방안으로 네이글(Nagle, 1987)은 다음과 같은 방법을 제시하고 있다.[1)]

- 제품의 차별성을 강화한다.
- 고객들의 인지된 품질수준을 높인다.
- 고객들이 대체품과 비교할 수 없도록 제품의 이미지를 강화한다.
- 여러 기능적·감성적 소구를 통하여 상대적 비교를 어렵게 한다.
- '글로벌브랜드'로서의 이미지를 강화한다.
- 고객 혜택의 수준을 높인다.
- 제품가격보다 부품이나 소모품의 가격을 높게 책정한다.
- 원가요인의 일부를 다른 업체나 기관에게 이전한다.
- 제품이나 서비스를 저장 또는 보관하지 못하도록 한다.
- 할인판매, 행사판매 등의 기간을 통하여 가격 스트레스를 조정한다.

2. 경쟁

해외시장에 진입하여 제일 먼저 부딪히는 것이 경쟁제품이다. 다른 글로벌기업들의 제품은 물론이고, 현지기업들의 제품 역시 커다란 경쟁대상이 된다.

(1) 글로벌 경쟁기업 제품과의 경쟁

글로벌 경쟁기업의 제품을 대상으로 가격을 책정하는 경우에는 다음의 측면을 고려해야 한다.

- 경쟁제품보다 차별적 우위성을 확보하고 있으며, 그 차별적 우위성이 가격에 반영되고 있는가?
- 경쟁제품보다 어떻게 하면 낮은 가격으로 시장을 확브할 수 있는가?
- 시장을 확보할 수 있는 가격전략에는 어떠한 것이 있는가?

---

1) T. T. Nagle, *The Strategies and Tactics of Pricing*, Prentice Hall, 1987.

1) 초기고가전략(market skimming strategy)

초기고가전략은 제품의 차별성이 높은 경우 초기에 높은 가격을 책정하여 구매집단 중에서 제일 '알짜(skim the cream)고객'을 대상으로 마케팅을 전개하는 방법이다. 이러한 경우 목표시장인 초기구매고객의 특성은 제품과 관련한 정보에 늘 관심을 갖고 있는 정보추구자(information seeker)들이며 중간 이상의 소득수준을 가진 특정 지역·국가 시장의 특수 구매집단이다. 초기고가전략은 적은 세분시장을 목표로 높은 가격을 책정함으로써 판매단위당 높은 이익마진을 실현하는 것이 목적이며, 점차 세분시장이 늘어나고 경쟁자가 출현하면서 가격을 낮추는 전략이다.

글로벌기업이 이처럼 초기고가전략을 사용하는 경우는 자사의 제품이 시장 내에서 독점적 지위를 갖고 있거나 제품수명주기의 도입기에 해당하는 제품일 경우이다. 즉 특정 지역 또는 국가 시장에서 제품의 차별성이 뛰어나서 단기적으로 경쟁자가 추적해 올 때까지의 기간 동안 최대한의 마진을 얻으면서 수요의 최상위층에만 목표로 함으로써 전략적으로 제품의 이미지를 제고하고자 하는 경우에 사용한다.

사례 웰빙 재료에 고가전략 … 프리미엄 김밥 뜬다

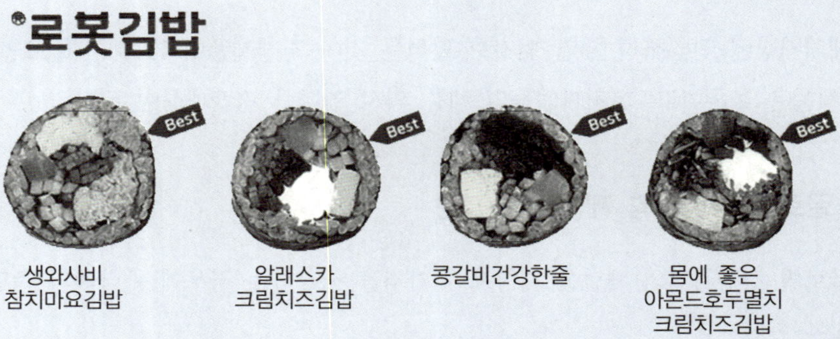

서울 서초구 반포동 '치킨타운' 뒤쪽에 있는 김밥전문점 '누들뽀'는 이면도로변의 33㎡(약 10평)짜리 소형 점포다. 점포가 작아 지나다니는 사람들이 유심히 보지 않으면 지나치기 십상이다. 이 자리는 원래 온갖 종류의 외식점들이 망해나가던 곳이었다. 거기에 다이어트 김밥 전문점 누들뽀가 들어서면서 사람들의 왕래가 잦아지기 시작했다. 하루 150여 명이 들르는 맛집으로 변모한 것이다. 이 점포에서 판매하는 김밥은 1인분에 3,500~4,000원으로 약간 비싼 편이지만 젊은 여성들의 발길을 붙잡고 있다.

■ **프리미엄 김밥이 시장을 주도**

최근 프리미엄 김밥이 뜨고 있다. 1,000원짜리 김밥이 시장을 지배하던 트렌드에서 벗어나 식재료를 고급화, 가격을 올려 받는 프리미엄 김밥이 시장의 판도를 바꿔나가고 있다. 종전의 김밥 전문점에서 한 줄 1,000원짜리 김밥은 일종의 미끼상품이었다. 김밥만 싸게 팔고 나머지 분식 메뉴로 이익을 내서 점포를 꾸려나가는 방식이었다.

그러나 최근에 등장한 프리미엄 김밥집들은 김밥 자체가 주력 메뉴 역할을 한다. 김밥을 중심으로 메뉴가 재편된 것이다. 김밥에 들어가는 속재료는 프리미엄 김밥과 저가 김밥을 구별하는 핵심포인트이다. 프리미엄 김밥이 등장한 것은 1,000원짜리 김밥의 맛과 품질이 소비자들의 눈높이를 따라가지 못한 게 첫 번째 원인이다. 프리미엄 김밥이 잇따라 등장하면서 품질과 원가가 함께 올라간 것이다.

누들뽀에서 판매하는 다이어트 김밥의 특징은 건강을 위해 최대한 칼로리를 낮추는 것이다. 꼬마김밥형태로 만들어 밥의 양을 줄이고 모든 김밥 자료를 끓는 물에 데친다. 김밥 재료를 살균하는 목적도 있지만 햄이나 기타 재료에 있는 기름기를 빼서 맛을 담백하게 하려는 목적도 있다. 일반김밥의 칼로리가 한 줄에 450~500㎉인 데 반해 다이어트 김밥은 250㎉ 정도다. 이 점포에서는 샐러드김밥, 매운참치김밥, 고추김밥 등 8가지 김밥 메뉴와 튀김, 누들떡볶이, 별난떡볶이 등 분식류도 함께 판매하고 있다. 김태주 점장(28)은 "고급 김밥은 주로 여성 고객들이 누들떡볶이와 함께 세트 메뉴로 구매하는 경우가 많다"고 말했다.

■ **웰빙 재료 앞세워 고가전략으로 승부**

'죠스떡볶이'로 유명한 죠스푸드도 '바르다 김선생'이라는 프리미엄 김밥 브랜드를 내놓았다. 밥이 70% 이상인 기존의 김밥과 달리 속재료가 김밥의 30% 이상을 차지할 만큼 속이 꽉 찬 김밥이란 특징을 지니고 있다. 기본적인 메뉴인 바른 김밥(2,900원)부터 햄·튀김·크림치즈·매운제육쌈·불고기·참치·진미 김밥 등 8가지 종류의 김밥을 판매하고 있다. 기존의 김밥집보다 짠맛이 덜한 저염 김밥으로 건강한 식재료를 승부수로 내걸었다. 국내산 햅쌀과 남해 청정지역 김, 저염햄, 무항생제 달걀, 백단무지, 수제 참기름 등 식재료를 차별화해 프리미엄 김밥시장을 주도하고 있다. 메뉴 가격은 2,900원부터 4,500원까지다. 덮밥과 만두를 부대 메뉴로 판매한다. 나상균 죠스푸드 대표는 "매달 10개 이상 가맹계약이 이뤄지고 있어 연말까지는 가맹점이 100호점을 돌파할 수 있을 것"이라고 내다봤다.

부산 용호동에서 출발한 '고봉민 김밥'은 푸짐한 재료를 아낌없이 넣은 1,000원짜리 김밥 명소로 이름을 날리다가 프리미엄 김밥 브랜드로 성장한 사례다. 바싹 튀긴 돈가스가 입 안에서 씹히는 돈가스김밥 외에 매운 김밥, 떡갈비김밥, 새우김밥 등 독특한 김밥 메뉴가 특징이다. 김밥 가격은 3,000~3,500원으로 김밥 외에 돈가스, 덮밥, 분식 메뉴 20여 가지도 판매한다.

서울 이태원에서 유명해진 '로봇김밥'은 김밥을 먹고 로봇처럼 튼튼해지라는 뜻에서 붙인 상호다. 쌀밥 대신 현미밥을 사용하고, 단무지도 저염식으로 만든다. 햄 대신 수제소시지를 쓰고 참치마요네즈에는 생고추냉이를 넣어 짠맛을 줄였다. 가격은 3,500~4,500원 사이이다. 떡볶이, 돈가스 등 분식류도 판매한다.

'킴팝'은 사과김밥, 구운 닭가슴살김밥, 한우고기김밥, 오징어튀김김밥, 베이컨으로 감싼 게맛살김밥, 볶은양파김밥 등 특이한 김밥으로 유명하다. 모듬김밥이 1만 5,000원으로 웬만한 식당의 점심값보다 훨씬 비싸다.

강병오 중앙대 겸임교수(창업학 박사)는 "분식집에서 가장 간단하게 허기를 때울 수 있는 메뉴가 김밥이었다면 프리미엄 김밥은 식사 대용으로 충분한 건강 먹거리로 변신하고 있다"며 "기존의 1,000~2,000원짜리 저가 김밥들도 영향을 받지 않을 수 없어 김밥 시장에 지각변동이 일어날 가능성이 적지 않다"고 평가했다.

자료: 한국경제신문, 2014년 7월 28일

2) 시장침투가격전략(penetrating pricing strategy)

기업의 전략적 목표가 수익보다는 시장 확보에 있어 단기간 내에 높은 시장점유율을 달성하려고 가격을 가능한 한 낮게 책정하는 방법을 침투가격전략이라고 한다. 대체로 다음과 같은 조건이 있는 경우에 시장침투가격전략이 적합하다.

- 현지시장수요의 가격탄력성이 높은 경우
- 생산이나 판매 면에서 규모의 경제가 중요하게 작용하는 경우
- 소비자의 제품 확산도(제품이 보급되는 속도)가 높거나 현지소비자의 소득이 낮은 경우
- 경쟁사가 모방상품을 시장에 내어놓을 가능성이 높은 경우

일본의 기업들은 신기술에 의한 우수한 제품이라도 새로운 세분시장에 진입하는 경우, 항상 시장침투가격전략을 구사한다. 장기적인 관점을 가지고 시장진입에 우선 목적을 두고 시장을 선점하여 시장점유율을 확보한다는 것이다. 그들은 일정시간이 흘러 소비자들이 그들의 제품에 익숙해지고 시장점유율에 있어 선도자가 되면 오히려 가격을 높임으로써 뒤늦게 진입하는 제품과 차별화를 취하는 전략을 구사함으로써 고급화된 이미지를 구축하고 있다. 물론, 일본이 글로벌시장에서 이러한 전략을 사용할 수 있는 것은 기본적으로 그들의 제품이 기술적으로 매우 우수하기 때문이다.

(2) 현지기업 제품과의 경쟁

현지기업은 글로벌기업이 갖고 있지 못한 나름대로의 장점이 있다. 오랜 기간에 걸쳐 확고한 기반을 구축한 공급 및 유통 네트워크, 애프터서비스시스템, 현지고객의 욕구와 필요에 맞는 제품능력 등이 그것이다. 현지기업 제품과 경쟁하기 위해서는 기본적으로 현지의 마케팅능력을 강화하여 현지기업들보다 우위성을 갖도록 해야 하는 것은 자명하다. 그러나 단기적으로는 시장점유율을 확보하면서 가격을 유지(market holding price)할 수 있는 전략방안을 모색해야 한다.

1) 시장유지가격전략(market holding pricing strategy)

시장유지가격전략은 기존의 시장점유율을 지속적으로 유지하고자 하는 기업의 전략이다. 글로벌시장에 존재하는 불확실한 무수한 환경들로 인해 환경변화에 능동적이지 못한 기업들은 시장점유율이 하락하게 된다. 새로운 경쟁기업이 진입하거나, 현지 경쟁기업이 새로운 판촉전략을 구사하여 소비자들을 유인하거나, 자체기업의 제품원가의 변동 등 가격변동사항이 발생했을 때 기존의 시장점유율을 지키기 위해 전략적인 가격전략을 구사하여야 한다.

글로벌기업은 이러한 상황에서 환율변동 또는 세분시장의 포트폴리오전략을 통하여 시장을 유지할 수 있는 가격전략을 펼칠 수 있다. 예를 들어 미국시장에 진출한 기업의 경우, 달러화가 평가절상된다면 단기적으로는 매출이익이 발생하겠지만 장기적으로는 가격의 상승요인이 되어 미국시장에서의 수요가 급격히 하락하게 되므로 시장점유율도 자연히 하락하게 된다. 이때에 결제통화를 달러화에서 다른 통화로 변경함으로써 가격을 낮추어 시장점유율을 유지할 수도 있다.

3. 원가

(1) 원가가산가격(cost-plus pricing)

제품가격을 책정함에 있어 원가는 가장 기본적 요소이므로 원가에 이익을 가산하는 원가가산가격결정(cost-plus pricing)은 가장 기본적인 방법으로서 제품생산원가에 부대비용 및 기업이 원하는 마진을 더해 가격을 결정하는 전략이다. 이러한 가격결정전략은 쉽고 용이하며 단순하다는 장점이 있지만, 시장환경이나 경쟁환경을 고려하지 않은 것이기 때문에 거의 대부분이 시장환경에 적합하지 않다. 즉, 이러한 방법은 지극히 산술적인 방법인 것이다. 일반적으로 원가가산에 의한 가격결정은 다음의 4단계를 거치게 된다.

- 수요의 가격탄력성을 고려하여 높은 가격을 수용하는 비유동적 수요 파악
- 예상되는 매출규모에 대한 고정・변동비용의 측정, 제품적응비용도 포함
- 마케팅프로그램 관련 모든 비용 고려
- 가장 높은 마진을 제공해 주는 가격 선정

그림 11-2 ▌ 미국기업과 일본기업의 가격결정방식

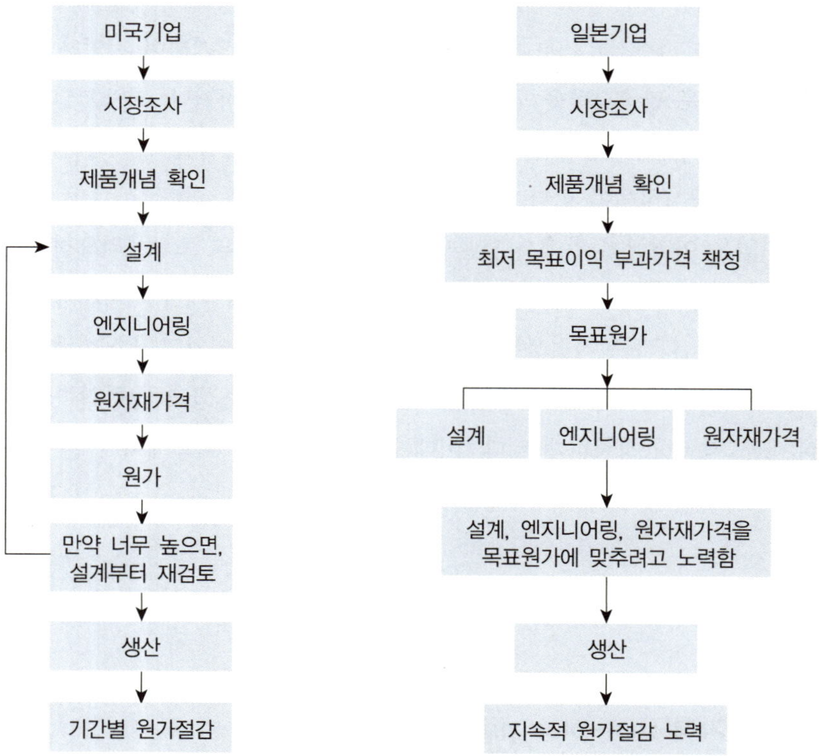

자료: Michael Robert, *Strategy Pure and Simple: How Winning CEOs Outthink Theirs Competition*, McGraw-Hill, Inc., 1998.

같은 원가가산방법이라 할지라도 제품개발부터 생산까지의 프로세스를 효율화함으로써 더 낮은 원가로 같은 제품을 만들 수 있도록 노력해야 한다. 일본기업의 경우 목표가격을 먼저 책정함으로써 원가절감의 노력으로 가격을 낮추는 방법을 취하여 성공을 거둔 경우가 많다. 1980년대 중반 일본의 소니(Sony)가 포터블 콤팩트디스크를 개발하였을 때 판매단위당 비용은 600달러를 넘어섰다. 그러나 이 가격으로는 미국을 비롯한 전 세계 어느 시장에도 경쟁력을 가질 수 없었기 때문에 그들은 판매단위당 비용을 300달러로 정하고(target cost), 가격결정의 목적을 시장침투(penetration)로 하여 대량생산을 통한 규모의 경제로 이를 달성하고자 하였다. 소니가 취한 이러한 가격결정방식은 대부분 일본기업이 낮은 비용을 유지하는 전형적인 가격결정방식이다.

(2) 국제 원가상승 대응방안

글로벌시장에 제품을 소구하려 할 경우에는 자연히 운송비나 통관비용, 보험료 등이 추가되는데 원가에 부대비용을 포함시키는 것처럼 위와 같은 관련 비용들이 추가되어 자연스럽게 가격이 상승하게 되는 것을 원가상승효과(cost escalation)라 한다.

그런데 이러한 부대비용으로 인한 원가상승효과는 글로벌기업들에게 가격을 인상시켜 그 상승폭만큼의 경쟁력 저하를 유발시키므로 원가상승효과가 존재할 경우에는 적극적으로 대응책들을 고려할 필요가 있다. 국제 원가상승요인이 발생한 경우 기업이 고려할 수 있는 대안은 다음과 같다.

1) 수출보류 및 납기연장

국내시장을 충분히 확보하고 있고 수출로 인하여 이익이 감소하게 되는 경우 수출을 강행하는 것보다 국내시장 판매중심체제로 전환하거나 납기를 연장하도록 노력한다.

2) 한계비용중심으로 가격협상

구매업자와의 계약은 일반적으로 원가상승요인이 있는 경우 이를 반영하는 규정을 삽입하게 된다. 가격인상분과 그 폭을 정확히 상대방이 이해할 수 있도록 설득하여 가격협상을 하도록 한다.

3) 가격경쟁력 강화

단기적으로는 가격 및 납기협상에 의하는 것이 바람직하지만, 근본적으로는 가격 경쟁력을 강화할 수 있도록 제조과정의 비효율성을 제거하는 등 원가절감 노력을 하여야 한다.

4) 제품 경쟁력 강화

가격 경쟁력은 현지상황의 변화에 따라 유효성이 상실될 가능성이 많다. 장기적이지만 더욱 강력한 대책은 브랜드 가치를 제고하여 차별적 우위성을 확보하고 마케팅 능력을 배양하여 기본적인 경쟁력을 확보하는 것이다.

5) 해외생산 기반 구축

원가상승요인을 단기간에 흡수할 수 없는 경우에는 생산요소(예: 원료, 인건비)가 저렴한 국가로 생산공장을 이전한 후 현지에서 제품을 생산함으로써 비용절감을 도모하는 전략적 대안을 마련할 수 있다.

4. 기타 가격전략

(1) 단수가격(odd price)

제품의 판매가격에 단수를 붙임으로써 매가에 대한 고객의 가격수용도를 높이는 가격전략을 말한다. 예를 들어 제품의 가격을 1,000원, 10,000원, 100,000원으로 하지 않고 995원, 9,999원, 99,999원으로 책정함으로써 절대적 가격차이는 적지만 가격자릿수 하나가 줄기 때문에 소비자가 저렴하다고 느끼는 심리를 활용한 가격전략이다. 국내 백화점들은 의류제품의 약 80% 정도를 단수가격을 활용하여 책정하고 있는데 이러한 방법을 통해 20%의 매출액 상승효과를 보았다고 한다.

단수가격은 특히 마트나 백화점, 인터넷쇼핑 등에서 쉽게 볼 수 있는데, 단수가격전략이 남발되다 보니 몇몇 기업에서는 '역단수가격전략'을 사용하기도 한다. 역단수가격은 제품을 5만 1,000원이나 103만 원처럼 딱 떨어지는 가격에 1,000원이나 몇

천 원 또는 몇 만 원을 더 책정하는 방식이다. 이 전략은 기존 단수가격에 식상한 소비자에게 제품에 대한 신뢰감과 기대품질을 증가시킬 수 있는 장점을 갖고 있다.

그림 11-3 ▌ 단수가격제도

(2) 유인가격(loss leader)

고객을 유치하기 위하여 일부 제품의 가격을 아주 낮게 일시적으로 책정하는 전략을 말한다. 이때 낮은 가격으로 고객을 유인하는 제품을 미끼상품, 유인상품, 특수상

그림 11-4 ▌ 유인가격의 예: 맥도날드의 '행복의 나라'

품이라고 부른다. 마트와 백화점 등에서 손님을 유인할 목적으로 잘 알려진 제품을 저렴한 가격으로 판매하여 마트 내 다른 제품의 매출을 증가시키고 자기 상점의 가격이 저렴함을 인식시키려는 전략이다.

맥도날드의 경우 '행복의 나라'라는 프로모션을 통하여 몇몇 제품을 아주 낮은 가격으로 판매함으로써 감소하고 있는 고객을 증가시키고 프로모션 제품 이외의 다른 제품의 매출증가를 가져왔다.

유인가격정책은 때로는 제품을 아주 낮은 가격(100원, 10원 등)이나 무료로 제공하기도 하는데, 맥도날드는 2014년 6월 전국 매장에서 50만 잔의 커피를 무료로 제공하는 '프리커피데이'를 오전에 개최하였다. 이날 맥도날드에서 무료 커피를 마신 사람 중 50% 이상이 맥머핀을 추가로 구매했다고 한다.

(3) 준거가격(reference price)

소비자가 제품의 실제가격을 평가하기 위하여 이용하는 표준가격(standard price)을 통칭하는 가격이다. 준거가격으로는 공정가격, 제품 구매 시 빈번하게 지불된 가격, 최근 구매 시 지불한 가격, 예정가격, 낮은 가격 문턱, 자주 구매하는 상표가격, 유사상품의 가격, 미래 기대가격, 지각된 가격, 열망가격, 시장가격, 역사적 가격 등이 있다.

준거가격은 크게 외적 준거가격(external reference price)과 내적 준거가격(internal reference price)으로 나눌 수 있다. 외적 준거가격은 제조업체나 유통업체가 프로모션을 위해 책정하는 다양한 수단의 비교가격으로 광고, 카탈로그, 소비자가격 지침들을 통해 광고된 가격과 판매자의 과거 가격 비교, 광고된 가격과 권장 소매가격 비교, 광고된 가격과 경쟁 소매점포의 가격 비교의 방식을 통해 이루어진다. 내적 준거가격은 소비자의 경험에 의해 형성되는 가격으로 어떤 특정 가격일 수도 있지만 특정 가격의 범위(price range)일 수도 있는데, 내적 준거가격은 외적 준거가격을 평가하는 기준이 되고 소비자들의 가격예측, 가격판단, 구매선택에 큰 영향을 준다.

준거가격은 제품의 할인판매에 전략적으로 많이 사용된다. 기업들은 할인가격을 제시할 때, 외적 준거가격을 제시함으로써 가격할인폭을 크게 지각하도록 유도하여 가격할인의 효과를 극대화한다. 준거가격이 포함된 할인광고는 준거가격이 없는 광고

보다 소비자들로 하여금 더 크게 할인을 받았다고 지각하게 만들어 매출액을 증가시킨다. 인터넷쇼핑에서 터무니없이 높은 준거가격을 제시하고 큰 폭의 할인율을 적용한 판매가격을 제시하는 것은 준거가격을 활용한 가격정책의 대표적인 예이다.

신제품의 경우 준거가격이 형성되어 있지 않다. 이 경우 소비자들은 기존제품 대비 얼마나 새로운 기능과 편익을 제공하는지에 따라 기존제품과 비교하여 신제품의 준거가격을 형성한다.

(4) 유보가격(reservation price)

소비자가 어떤 상품에 지불할 용의가 있는 가장 높은 가격을 나타내며, 제품의 가격이 유보가격 이상으로 책정되면 제품이 비싸다고 인식하여 구매를 유보하게 된다.

(5) 최저수용가격(lowest acceptable price)

소비자가 품질을 의심하지 않고 구매할 수 있는 최저가격을 최저수용가격이라고 하며, 제품의 가격이 최저수용가격 이하로 책정될 경우 소비자는 제품의 품질을 의심하게 된다.

(6) 로스 어버전(loss aversion)

소비자들이 제품을 구매할 때 얻는 이익보다 구매하지 않음으로써 얻는 손실에 더 민감하게 반응하는 현상을 나타낸다. 이는 소비자가 이익과 손실의 객관적 크기를 떠나서 가격인하보다 인상에 더 민감해지는 심리적 반응을 나타내기도 한다.

(7) 베버의 법칙(Weber's law)

처음 자극의 크기에 따라 다음 자극의 크기가 일정비율 이상 되어야만 반응을 보이는 현상으로, 예를 들어 이마트에서 우유 반값 행사를 경험한 소비자들은 비슷한 할인행사를 하는 제품에 대해 저렴하다는 느낌을 받지 못한다.

(8) 가격-품질 연상효과(price-quality association effect)

대체적으로 제품의 가격이 높으면 품질도 좋을 것이라고 생각하는 현상으로 제품의 사용 후에도 제품의 품질에 대한 평가가 어려운 제품(교육, 의료, 헬스장 개인강습 등)의 경우 가격이 높아질수록 제품의 예상 품질을 높게 인식하는 경우가 있다. 가격-품질 연상효과로 인하여 몇몇 제품군과 사치재의 경우 가격이 인상되면 오히려 매출이 증가하는 현상이 일어난다.

사례 애매한 책값 1만 3,800원의 비밀

서울 광화문 교보문고. 사람들이 모여 있는 외국소설 코너에 쌓인 책가격을 확인해 봤다. 1만 3,800원, 1만 5,000원, 1만 4,800원, 1만 2,000원. 매대에 놓여 있는 35종의 책 중 정가 1만 3,800원짜리 책은 모두 11종. 12종의 책이 1만 5,000원이었고, 1만 3,800원인 책이 그 다음으로 많았다. 서점에서 책을 고르고 있던 대학생 유현미(22) 씨는 "1만 4,800원은 1만 5,000원보다 싸게 보이는 효과를 노린 것 같지만, 지금 보니 1만 3,800원은 굉장히 애매한 가격인 것 같다"고 말했다.

여자 없는 남자들
12,420원

메이드 인 공장
11,700원

도쿄기담집
11,700원

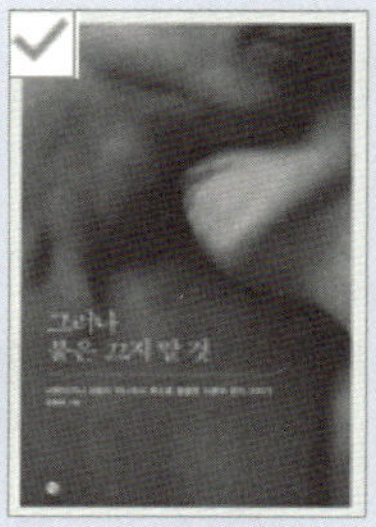

그러나 불을 끄지 말 것
12,150원

유씨의 말처럼 애매하기 그지없는 1만 3,800원. 왜 출판사는 1만 3,800원짜리 책을 내놓는 것일까? 기자가 만나본 출판업계 사람들은 책값 책정과정의 비밀을 정확히 밝히는 것을 꺼렸다. 이름만 들으면 알 만한 유명 출판사 마케팅 과장의 말이다. "우리나라 책가격을 의외로 비싸다고 생각하는 사람들이 많습니다. '책값이 비싸다'고 생각한 사람이 과반수가 넘었어요." 이 출판사에서는 작년에 리서치회사에 의뢰해 책값과 소비자 심리에 대한 여론조사를 했다.

대한출판문화협회가 지난 2009년 조사한 자료에 따르더라도 책값이 일반물가에 비해 '비싸다'고 생각하는 사람은 45.4%로 거의 과반에 달하는 것으로 드러났다. 그러나 전 세계적인 베스트셀러 『해리포터와 죽음의 성물』 가격을 비교해 보면, 양장본의 경우에는 우리나라 책값이 미국이나 일본, 영국에 비해 오히려 싸다. 2011년 미국의 평균 책값은 페이퍼백스(문고판)의 경우 12.68달러(약 1만 3,000원), 하드커버는 14.4달러(약 1만 5,000원)이다. 작년 우리나라 평균 책값은 대한출판문화협회(회장 고영수)의 조사결과 1만 4,678원이다.

1만 3,800원이라는 애매한 책값은 책값이 '비싸다'고 생각하는 사람이 과반에 육박하는 현실에서 나온 고육지책으로 보인다. 한 온라인서점 마케팅 담당자 조씨는 "책 읽는 사람은 매우 적고, 그나마 읽는 사람도 책이 비싸다고 생각하니, 최대한 싸게 보이도록 하는 게 서점 입장에서는 관건"이라며 "1만 3,800원이라는 책값의 가장 큰 비밀은 이런 마케팅전략에 있을 것"이라고 추측했다.

'단수가격'이라는 가격정책이 있다. 반올림된 숫자보다 아주 조금 낮은 숫자로 매겨진 가격을 '단수가격'이라고 하는데, 이것이 심리적으로 훨씬 더 싼 느낌을 준다는 것이다. 예를 들어 5,000원짜리 물건보다 4,900원짜리 물건이 더 싸게 느껴지는 현상이다.

한때 90원, 900원, 9,000원으로 끝나는 가격이 유통업계에서 유행했던 이유다. 온라인서점 마케팅 담당자 조씨는 "이제는 소비자들이 오히려 900원이라는 가격에 속지 않는다"고 말했다. "4,900원짜리 책을 5,000원짜리라고 보거든요. 그래서 출판업계에서도 그렇고 온라인서점에서도 그렇고 조금 더 싸게 보이려는 가격을 많이 선택해요."

1만 3,800원은 1만 5,000원보다는 적지만, 단수가격이라는 느낌은 별로 들지 않는다. 출판사 경영 20년인 한 출판사 대표는 "2만 원보다 1만 8,000원, 3만 원보다 2만 7,000원을 많이 선택하는 것 같다"며 "오히려 책값에 9가 들어가는 경우는 잘 없다"고 했다. 그는 "책값이 노골적으로 가격마케팅전략을 따르고 있다는 뉘앙스를 주지 않으려는 게 업계의 분위기"라고 분석했다.

자료: 주간조선, 2014년 6월 13일

11.2 글로벌환경에서의 가격결정

글로벌 마케팅에 있어 가격결정은 국내시장에서 마케팅활동을 전개할 때와 다른 점이 있다. 즉 고려해야 할 환경요인이 매우 많다. 현지시장의 인플레이션, 환율의 평가절하와 평가절상, 정부의 통제 및 지원, 경쟁자의 행동, 시장수요의 변동 등과 같은 요인들은 상호 복합적으로 연계되어 나타나는 경향이 있어 체계적인 접근이 요구된다.

1. 인플레이션 및 환율변동에서의 가격결정

인플레이션 및 환율변동과 관련하여 글로벌시장가격을 결정할 때에는 현지시장별로 인플레이션의 변화율에 상당한 차이가 있다는 점을 고려해야만 가격변동으로 인한 적자를 미연에 방지할 수 있다. 특히, 원자재의 가격이 제품가격보다 급속히 상승한다든가 현지국 정부가 인플레이션을 억제하기 위하여 강력한 가격통제를 할 가능성이 있는 현지시장에 대해서는 인플레이션을 반드시 고려해야 한다.

일반적으로 물가상승률이 높은 나라일수록 강력한 가격통제를 하고 있기 때문에 외국인기업은 가격을 능동적인 전략수단으로 활용하기 곤란해진다. 물가상승률이 높을 것으로 판단되는 현지시장의 경우에는 판매가격을 물가상승과 연계하여 결정해야 한다. 또한 계약이 체결된 후 많은 시간이 지나서 대금결제가 이루어지는 경우에는 물가상승 위험을 보전할 수 있도록 계약에 가격인상조항을 삽입하는 것이 바람직하다.

해외시장가격을 결정할 때에는 현지국 통화와 주요 외국통화 사이의 환율변동도 고려해야 한다. 현지국 통화의 환율이 어떻게 변동하느냐에 따라서 제품의 생산원가, 운송비 및 판매가격에 유리 또는 불리하게 작용할 수 있다. 그러므로 환율변동요인을 감안해 계약을 하고, 헤징이나 선물환의 방법도 모색해야 한다.[2)]

2. 이전가격(transfer pricing)

글로벌 마케팅에서 의미하는 이전가격(transfer pricing)이란 글로벌기업집단 내의 본사 또는 자회사 간에 내부거래(intra-company transaction)되는 제품과 서비스에 적용되는 가격을 의미한다. 이상적인 이전가격은 개별 자회사들의 이익을 극대화하면서 동시에 기업 전체의 이익을 극대화하는 것이겠지만, 글로벌기업 전체 차원에서 이익을 극대화할 수 있다면 개별 자회사들에게 발생되는 약간의 손실은 감수할 수 있다. 대개 이전가격은 특정 자회사의 경쟁력 확보 또는 절세의 목적으로 이용된다.

---

2) S. T. Cavusgil, "Unravelling the mystique of export pricing," *Business Horizon,* Vol.33, No. 3, 1988, pp.54-63.

표 11-1 이전가격의 예시

		제조 자회사(A국)	판매 자회사(B국)	본사 차원
저마진정책	매출	1,400	2,000	2,000
	매출원가	1,000	1,400	1,000
	매출이익	**400**	**600**	**1,000**
	영업비용	100	100	200
	세전이익	**300**	**500**	**800**
	제세금	75	250	325
	순이익	**225**	**250**	**475**
고마진정책	매출	1,700	2,000	2,000
	매출원가	1,000	1,700	1,000
	매출이익	**700**	**300**	**1,000**
	영업비용	100	100	200
	세전이익	**600**	**200**	**800**
	제세금	150	100	250
	순이익	**450**	**100**	**550**

[표 11-1]에서 보는 바와 같이 A국의 세율이 25%이고 B국의 경우 50%인 경우 글로벌기업 전체 차원에서 보면 제조 자회사와 판매 자회사 간의 이전가격을 1,700원으로 책정하는 고마진정책이 유리하다. 그러나 판매 자회사의 경쟁력은 상대적으로 낮아지게 된다.

글로벌기업의 이전가격결정방법은 세 가지로 구분할 수 있다.

(1) 제조원가기준 이전가격(transfer at cost)

글로벌기업 내의 모든 자회사에게 직접제조원가(direct cost)를 기준으로 제품을 이전하도록 하는 것이다. 제조원가기준 이전가격은 가장 낮은 원가를 기준으로 결정하게 되므로 개별 자회사들은 외부 공급자로부터 받을 수 있는 가격보다는 물론 훨씬 저렴하게 물품을 조달할 수 있다.

그러나 제품사업본부의 경우에는 그만큼 수익률이 떨어지게 되어 운영성과가 낮아지므로 자회사 간의 이전거래를 꺼리게 되고, 마찰이 발생할 우려가 있다. 즉 내부거래보다 외부거래를 선호하게 될 수 있으므로 전사적 차원에서 각별한 배려를 하는 전략이 요구된다.

(2) 외부시장가격과 동일한 이전가격(transfer at arm's length)

제조원가기준 이전가격과 극단적으로 상대적인 방법으로 제품사업본부가 외부거래에 적용되는 가격과 동일하게 이전가격을 책정하는 것이다. 이 방법을 채택할 경우, 제품사업본부로서는 외부거래와 내부거래에 관계없이 동일한 가격으로 판매되므로 불만의 소지가 없다. 더욱이 내부거래의 경우 대금결제가 확실하기 때문에 제품사업

표 11-2 국별 이전가격 규제 및 벌과금[3)]

국가	국제거래에 대한 자료제출의무	벌과금
호주	법인세신고 시 자료제출 요구	일반벌과금: 10%, 25%, 50% 가산세
브라질	자료가 불충할 경우, 최고 과세액이 산출되는 이전가격방법을 적용할 수 있음	일반벌과금: 10~200%의 가산세
캐나다	법인세신고 시 자료제출 요구	이전가격 벌과금: 총가격(소득)조정액의 10%
덴마크	관련 법규는 단지 자료제출을 장려하고 있으나, 실질적으로는 자료제출을 준비해야 함	일반벌과금: 의도적인 불성실신고 또는 과실의 경우 200%의 가산세
프랑스	세무조사 개시 후 과세당국의 요청 시 60일 이내에 자료를 제출해야 하므로 실질적으로 자료제출이 요구되는 것으로 보아야 함	이전가격 벌과금: 자료제출이 불충분하다고 판단될 경우 FF 50,000
독일	자료제출이 없을 경우, 광범위한 설문에 응해야 함	해당 규정이 없음
일본	규정상 요구되지는 않으나 세무조사 시 대비하여 준비하는 것이 유리	일반벌과금: 10~40%의 가산세와 연 14.6%의 체납세
한국	법인세신고 시 이전가격 산출방법과 그 방법의 선택이유 및 국외특수관계자의 요약거래손익명세서를 제출해야 함, 세무조사 시 과세당국의 요청이 있을 경우 최고 120일 이내에 제출해야 함	자료제출 요구일로부터 최고 120일 이내에 자료가 제출되지 않을 경우 그 이후 제출된 자료는 무효화함, 30,000,000원의 과태료 부과 및 이자를 포함하여 70% 이상의 벌과금
멕시코	법인세 신고 시 공인회계사에 의해 자료제출 준비 여부를 진술토록 요구	일반벌과금: 세금조정액의 50~100%
미국	최적방법(best method) 적용을 밝히는 의무를 납세자에게 부담	이전가격 벌과금: 소득조정금액이 일정액을 초과하거나 신고이전가격이 일정한 정상가격범위를 벗어날 경우 20 또는 40%의 가산세
영국	법인세신고 시 자료제출 요구	일반벌과금: 의무불이행(자료제출이 불충분할 경우) 최고 100%

3) William Dodge, 성공적인 글로벌 이전가격을 위하여, http://taxnet.co.kr 재인용

본부는 외부의 신용거래 위험을 회피할 수도 있다.

그러나 내부거래만 이루어지는 특정 제품의 경우에는 이전가격 책정이라는 문제가 발생하게 된다. 이 경우에는 절충에 의하여 임의적 가격을 책정하게 될 수밖에 없다. 또한 외부거래가 있는 제품이라 할지라도 일반적으로 수출가격은 국내 시장가격보다 낮은 경향이 있고, 국내시장과 해외시장에서의 수급조건은 다르기 때문에 제품사업본부가 내부거래의 이전가격을 국내 판매가격과 동일하게 책정해야 한다는 논리는 항상 성립될 수가 없지만, 이전가격을 기업체 외부거래가격과 다른 수출업체에게서 받는 가격과 동일하게 하는 것이 세계적인 추세이다.[4)]

(3) 원가가산 이전가격(transfer at cost plus)

중간적인 방법으로 제품사업부와 영업사업부(또는 자회사)와의 이익을 분할(split)하는 방법이다. 원가가산 이전가격은 제품사업부와 영업사업부가 제품원가, 고정비, 적정 이익률 등 기업 전체의 상황에 맞추어 특정 기준을 정해 그 기준에 따라 이전가격이 결정되는 것이다. 이 경우 실제 기준이 상황에 따라 변화되어야 하는 번거로움은 있으나, 조직 간의 불협화음을 조정하는 것보다 상대적으로 관리비용이 적게 든다는 장점도 있다.

내부거래를 통하여 관세 및 제세금을 절세할 수 있으며 생산과 영업의 효율성을 통하여 현지에서의 경쟁력을 강화할 수 있다는 커다란 장점이 있는 반면, 이전가격의 문제로 인하여 생산과 영업의 불협화음이 있을 수도 있다. 가장 좋은 이전가격결정방법은 ① 기업의 전체이익을 증대시키고, ② 사업본부 간의 자발적 협력을 촉진시키며, ③ 이전가격문제의 해결에 들어가는 시간낭비를 감소시키고, ④ 회계처리부담을 최소한으로 만드는 것이어야 한다.

그러나 미국과 호주 등 여러 국가에서 이전가격에 대한 강력한 규제가 생기면서 글로벌기업들이 긴장하고 있는 실정이다.

---

4) J. P. Fraedrich and C. R. Bateman, "Transfer pricing by multinational marketer: risky business," *Business Horizon*, Vol.39, No.1, 1996, pp.17-22.

3. 관세 및 무역장벽

기업의 비용과 이익은 수입관세율에 의해서도 영향을 받는다. 기본적으로 관세는 제품가격에 산입되기 때문에 현지국의 제품에 비하여 가격 경쟁력이 상대적으로 떨어지게 되는 요인이 된다. 그러나 글로벌이미지와 품질을 바탕으로 관세로 인한 고가격을 흡수할 수 있다.

또한 관세율과 이전가격과도 긴밀한 관계가 있다. 관세율이 높으면 높을수록 이전가격을 낮추는 것이 바람직하다. 그러나 특정국의 관세와 세율은 이전가격에 대해 항상 같은 영향력을 행사하지는 않는다.

예를 들어 특정 나라가 높은 수입관세를 매김과 동시에 낮은 소득세율을 표방한다면 투자기업은 가격결정에 있어 어려움이 존재한다. 즉, 높은 수입관세는 이전가격을 낮추는 요인으로 작용하지만 낮은 소득세율은 이전가격을 높이는 요인으로 작용하기 때문이다. 이처럼 각국별로 존재하는 관세 등의 무역장벽은 투자기업의 가격결정에 커다란 제한요인이 된다.

4. 덤핑

덤핑은 글로벌 가격결정전략에 있어서 매우 중요하게 다루어지는 이슈이다. 덤핑이란 특정 제품이 원산지가격 또는 수출국의 시장가격보다 낮은 가격으로 해외시장에서 판매되어 해당 산업에 현저한 피해가 발생되는 경우의 가격을 의미한다. 기업들은 경쟁기업보다 가격 경쟁력을 가지기 위해 덤핑을 전략적으로 구사하기도 한다. 그러나 덤핑은 WTO에 의해 불공정행위로 규제되고 있기 때문에 기업들은 반덤핑관세를 부과하는 지역 및 국가에 대해서는 저가전략을 적용하는 것을 지양해야 하며, 시장별로 반덤핑관세 여부와 정도에 대한 가격 측면의 대응책을 고려해야 한다. 덤핑판정을 받지 않도록 제품을 차별화하는 것이 가장 효과적인 것이나, 만약 덤핑조사가 이루어지는 경우에는 동업계가 정부와 협조하여 판정기간을 늘리면서 체계적이고 설득력 있는 대응책을 마련해야 한다.

5. 현지정부의 통제 및 지원

글로벌시장에서 가격을 결정하는 경우 현지정부의 산업정책과 가격정책을 고려해야 한다. 정부에 따라서는 경쟁을 강력히 조장하기도 하고, 카르텔과 같은 담합행위를 묵시적으로 허용하기도 한다. 또한 공정거래법, 반트러스트법 등의 가격 관련 법규를 얼마나 강력히 제정하고 집행하느냐는 정부에 따라 차이가 있다. 대체적으로 선진국일수록 경쟁을 유도하기 위한 정책과 법률행위가 강력해진다.

국가에 따라서는 차별적 가격통제도 이루어진다. 특정 산업, 특정 제품 또는 특정 부품에 한정시켜 가격통제를 하기도 한다. 현지국의 국산화를 유도하기 위하여 수입제품과 국산제품의 가격에 차등을 두고자 높은 세금을 책정하기도 한다.

학습과제

1. 현지국의 인플레이션에 의한 가격변동에 대한 대응방안은 어떠한 것이 있는지 설명하시오.

2. 이전가격결정 시 고려해야 할 사항은 어떠한 것이 있는지 설명하시오.

3. 덤핑가격을 제시할 경우 대응방안에는 어떠한 것이 있는지 설명하시오.

4. 비용상승요인을 어떻게 흡수할 것인지 설명하시오.

5. 기업의 유인가격 사례에는 어떠한 것이 있는지 제시하시오.

Harvard Business School 추천사례

1 Case of the Tangled Transfer Price

Universal Data Corp.는 전사적인 차원에서 이익을 최대화할 수 있는 가격을 책정하기 위하여 유럽의 자회사 담당자들과 협의하고 있다. 즉 창의적인 이전가격결정방안을 모색하고 있다.

2 Control with Fairness in Transfer Pricing

경쟁, 협조, 통합, 단합이라는 네 가지 명제를 달성할 수 있고, 합리적인 이전가격을 수립하기 위하여 경영진과 현지 경영 담당자들이 고민하고 있다.

3 Imedia Corp.: The Pricing Decision

Imedia의 최고경영자인 Efi Arazi는 케이블 TV의 가격 책정을 위하여 여러 전략적 요인을 고려하고 있다.

4 Pricing for Profit: The UK Credit Card Industry in the Late 1980s (A)

영국의 신용카드회사들의 가격결정방법과 그 타당성에 대하여 논의하고자 한다.

12 Chapter 글로벌 유통전략

학습목표

- 글로벌 유통의 외부요인과 내부요인에 대하여 학습한다.
- 산업재의 유통구조를 이해한다.
- 효과적 유통관리를 위한 방안에 대하여 학습한다.
- 글로벌기업의 현지시골시장(rural market) 유통전략에 대해 학습한다.
- 글로벌 SCM(Supply Chain Management)에 대하여 학습한다.

도입사례 ◉ **글로벌 유통 공룡 … 온라인시장 개벽 오나**

올해 유통업계 화두 중 하나는 세계 최대 온라인 유통 공룡 아마존의 국내시장 진출 여부와 그 향방이다. 아마존은 이미 2012년 한국에 지사를 설립한 후 국내 정보기술(IT)업체를 대상으로 클라우드 서비스를 시작했다. 하지만 최근 들어 아마존닷컴 등 다양한 서비스의 국내 런칭을 준비하는 수순을 밟고 있는 징후가 여기저기서 포착되고 있다.

수년 전부터 아마존의 한국 서비스 진출은 소문만 무성했다. 그러다가 본격적인 움직임이 포착된 것은 2013년 5월 한국법인을 설립하면서부터다. 더불어 아마존은 올 1월 한국법인 대표로 염동훈 전 구글코리아 대표를 선임했고 솔루션 설계, 지역영업 담당, 전문 기술영업, 고객관리 담당 등 각 분야별 한국 전문가 채용에 나섰다. 유통업계 관계자에 따르면 최근 아마존 고위 인사가 한국을 방문해 협력사들을 접촉하고 간 사실도 알려졌다. 업계는 아마존 서비스가 가까운 시일 내에 본격적으로 한국에 상륙할 것을 기정사실로 받아들이고 있다. 다만 다양한 사업모델을 갖춘 만큼 국내에 어떤 형태로 어떤 서비스를 선보일지에 대해서는 의견이 분분하다.

아마존닷컴은 당일 배송, 최저가격 비교, 세계 최대 셀러 네트워크, 사용 편의성, 디지털 콘텐츠 등으로 무장하고 있다. 업계에서는 아마존의 국내 초기 진출이 아마존닷컴을 통한 해외직구매시장을 겨냥할 것이라는 관측이 많다. 최근 급팽창하고 있는 국내 소비자의 '해외직접구매(이하 직구)'시장이 크게 확대되고 있는 점이 그 근거다. 실제로 지난해 말 미국 유통업체들이 블랙프라이데이(추수감사절 다음날)와 복싱데이(크리스마스 다음날)에 맞춰 실시한 대규모 할인행사에 아마존은 한국 소비자의 직구로 대박을 쳤다.

지난해 1~11월 관세청이 집계한 국내 해외직구는 980만 건, 9억 1,100만 달러어치(약 9,600억 원어치)에 달했다. 통상 관세청에 잡히지 않은 소액 구매까지 감안한다면 실제 시장은 2배 정도일 것으로 추정된다. 만일 아마존이 한국어 쇼핑몰을 오픈한다면 해외직구규모는 수조 원에 달할 것으로 보인다.

한편, 반대로 해외 소비자가 한국 상품을 온라인쇼핑하는 '역직구'의 창구를 만들기 위해 아마존이 역할을 찾는다는 전망도 있다. 아마존은 기본적으로 오픈마켓이므로 좋은 셀러를 많이 확보하는 게 중요한데, 한국의 셀러들은 더 발굴하고 판매를 늘릴 잠재성이 충분하다는 것이다. 최근 중국인을 비롯한 외국인들이 한국 뷰티상품과 패션상품을 한국의 오픈마켓에서 직접 사는 사례가 늘면서 외국인 대상 판매량이 급속히 증가하고 있다. 유통업계에서는 올해 오픈마켓을 통한 외국인들의 상품 구입금액이 5,000억 원 규모로 커질 것이라고 내다봤다. 실제로 아마존은 국내 쇼핑몰 호스팅업체인 카페24와 국내 셀러의 해외진출을 위해 지난해 11월 제휴했다. 한국 온라인브랜드의 영미권 진출 활성화를 위한 다양한 협력체제를 구축해 나간다는 계획이다.

정부의 해외 온라인쇼핑몰에 대한 규제 정비 움직임도 아마존의 국내 진출을 뒷받침하는 배경 중 하나다. 정부는 아마존·이베이와 같은 해외 온라인쇼핑몰에서 국내 카드 사용과 원화 결제가 가능하도록 해외기업의 국내 등록요건을 완화하는 등 규제 정비에 나섰다. 해외직구의 최대 걸림돌로 작용했던 결제문제가 해결되면 아마존의 본격적인 영업이 가능해진다.

반면 이미 오픈마켓시장이 성숙기에 접어들어 경쟁이 치열하고 내수시장이 크지 않은 한국에 아마존이 굳이 진출할지 의문을 품는 의견도 만만치 않다. 국내 소비자의 해외직구 매출은 시장 전체로 봤을 때 아직 미미한 편이며, 아마존이 한국 서비스를 시작하더라도 성장에는 한계가 있다는 것이다. 또한 아시아에서 이미 일본·중국에 진출해 있기 때문에 테스트베드(시험대)로서도 한국시장의 역할은 불분명하다. 게다가 일본·중국처럼 독자적으로 진출했을 때 대규모 물류센터와 시스템을 갖춰야 하는데, 여기에 드는 천문학적인 투자비용을 감수해야 한다. 아마존으로서는 이처럼 큰 리스크를 감수하면서까지 한국시장에 진출할 매력이 없다는 뜻이다.

이재석 카페24 대표는 "아마존은 한국 온라인쇼핑시장 진출로 얻는 것은 작은 반면 실패할 가능성이 있다"며 "그래도 만일 진출한다면 독자적인 서비스보다 기존 오픈마켓을 인수하거나 합작형태가 될 것"이라고 전망했다. 물류와 온라인쇼핑몰을 갖추고 있는 CJ·GS 등 대기업과 합작하거나 인터파크·11번가 등을 인수할 가능성도 제기된다.

이와 비슷한 형태의 한국 진출은 이미 이베이 사례가 있다. 이베이는 2009년 국내 온라인마켓 점유율 1, 2위인 옥션과 지마켓을 인수했다. 이에 앞서 2007년부터 국내 소비자의 해외직구를 돕는 '이베이쇼핑' 서비스를 시작했다. 해외에서 유통되는 아이템의 구매 관련 정보를 한글로 제공하고 대한통운의 해외물류시스템을 확보해 옥션 회원들이 미국 이베이에서 거래되는 물품을 복잡한 절차 없이 국내에서도 쉽게 구매할 수 있도록 한 것이다. 또한 이베이코리아의 GEP(Global Export Platform)는 G마켓에서 판매 중인 상품을 그대로 이베이에서 판매할 수 있는 해외수출 대행서비스를 활성화했다. 2010년에는 해외 온라인쇼핑몰의 강점인 가격비교서비스 '어바웃'을 런칭하기도 했다. 국내 최대 종합쇼핑 검색사이트를 내세웠지만 최근 경영 악화를 이유로 서비스를 종료했다. 즉 아마존이 한국에 진출하더라도 기존 이베이 진출로 여러 가지 시도가 선행됐기 때문에 유통업계에서 우려하듯이 온라인쇼핑업계에 큰 충격을 가져오지는 않을 것이라는 얘기다.

하지만 아마존의 강점인 콘텐츠 분야에서는 이야기가 달라진다. 현재의 업계 상황과 아마존의 포지션을 모두 감안할 때 아마존의 한국 진출은 앱스토어·전자책·클라우드 등 IT서비스, 디지털 콘텐츠 유통 등 온라인사업을 우선 진행할 것이라는 전망에 무게가 실린다. 이를 위해 국내 출판업체들과 이미 접촉을 시작한 것으로 전해진다.

미국에서처럼 전자책 리더기 '킨들파이어'나 스마트폰인 '아마존 폰'을 공짜에 가깝게 시장에 배포해 전자책시장으로 소비자를 끌어들인 뒤 이를 기반으로 온라인 종합쇼핑몰사업에 나설 것이란 전망도 힘을 얻는다. 책이나 음악은 일반상품에 비해 단기간에 가입자를 늘리는 데 용이하다. 국내에서 모바일쇼핑이 해마다 급증하는 사실도 이 전략에 설득력을 보탠다. 아마존은 2000년 일본시장에 진출할 때도 전자책으로 침투한 후 종합쇼핑몰로 큰 수익을 낸 바 있다. 아마존은 이후 일본 내 가장 큰 온라인서점으로 부상했으며 현지 강자인 라쿠텐과 함께 온라인쇼핑의 양대 강자로 자리 잡았다. 현재 일본 온라인쇼핑 고객의 62%가 아마존을 방문하고 있다. 한국에서 전자책은 여러 가지 이유로 소비자들의 외면을 받았다. 전자책 리더기의 보급률이 낮고 서적 콘텐츠가 제한적이기 때문이다. 아마존의 일본시장 진출에서 이미 성공이 검증됐던 킨들파이어 혹은 아마존폰 중심의 사업모델은 한국 콘텐츠 유통에 커다란 변혁을 가져올 수 있다. 아마존은 일본 진출 1년 만에 전자책시장에서 38.3%의 점유율을 차지했다.

현재까지 아마존의 한국 진출과 관련해 확실히 밝혀진 내용은 아무것도 없다. 이런 가운데 콘텐츠 중심의 진출이 이뤄진다면 출판업계, 음원시장, 영상업체, 게임업체가 영향권에 포함될 것으로 보인다. 전문가들은 1단계가 성공하면 우려와 실패가능성이 제기됐던 종합 온라인쇼핑몰도 장기적으로 추진될 것으로 내다보고 있다.

※ 아마존: 1995년 온라인 서적을 공급하며 등장한 아마존은 현재 온라인에서 구매할 수 있는 모든 제품을 판매하는 거대한 규모의 디지털시장으로 변모했다. 아마존은 단순히 온라인 유통만 강점인 게 아니라 전자책 등 콘텐츠로 무장하고 있으며 IT기기, 앱스토어 등 종합 IT 플랫폼으로 진화했기 따문에 그 저력은 가히 위협적이라고 할 수 있다. 아마존은 미국 현지에서 게임개발은 물론 드라마까지 제작하는 등 다양한 분야에 손을 뻗치고 있다. 2012년 매출이 65조 원을 기록할 정도로 막대한 돈을 벌어들이고 있으며 수익 중 절반가량은 해외 12개국에서 올리고 있다.

자료: 한경비지니스, 2014년 2월 24일

12.1 글로벌 유통의 의사결정요인

유통은 제조업자로부터 생산된 제품이 도매상과 소매상을 거쳐 소비자에 전달되는 전 과정을 나타낸다. 최근 기술과 교통의 발달로 전통적 유통방식에 비해 유통경로가 단순해지고 있으며 홈쇼핑, 인터넷쇼핑몰, 모바일쇼핑 등이 급속하게 성장하고 있다. 이러한 유통은 소비자가 편리한 장소에서 제품을 구매할 수 있는 장소효용성(place utility)과 소비자가 필요한 시기에 제품을 구매하는 시간효용성(time utility), 소비자가 사용하기 적당한 양과 상태로 가공·포장하여 제공하는 형태효용성(form utility), 마지막으로 제품에 대한 지식, 사용방법, 주의사항 등에 대한 지식을 제공하는 정보효용성(information utility)을 제공한다.

유통산업은 크게 도매상, 소매상, 물적 유통기구로 분류할 수 있다. 소매상은 크게 점포소매상과 무점포소매상으로 분류되는데, 점포소매상에는 편의점, 슈퍼마켓, 할인점, 회원제 창고형 소매점, 백화점, 카테고리킬러 등이 있고, 무점포소매상에는 방문판매, TV 홈쇼핑, 인터넷 홈쇼핑, 모바일쇼핑, 자동판매기, 통신판매 등이 있다.

최근 들어 글로벌 마케팅 분야에서 핵심적인 부분이 되고 있는 유통경로에 관한 문제는 현지국마다 특유의 경로를 형성하고 있어 마케팅프로그램 중에서 가장 관리가 어려운 부분이다. 더욱이 물적 유통에 관한 글로벌시장 접근에 대한 문제는 체계적인 계획과 분석이 요구되는 분야이기도 하다. 다음 [표 12-1]에서와 같이 유통이 소매가격에서 차지하는 비중은 적게는 15%에서 많게는 40%에 해당할 정도로 매우 크다.[1]

표 12-1 유통이 소매가격에서 차지하는 비중

(단위: %)

	자동차	소프트웨어	석유	컴퓨터	식품
원부자재	45	10	53	40	26
완제품 생산	40	65	19	30	33
유통	**15**	**25**	**28**	**30**	**41**

1) C. B. Bucklin, et al., "Are you tough enough to manage your channels?," *The Mckinsey Quarterly,* No.1, 1996, pp.105-114.

점차 정보처리기술이 발전하면서 유통의 주문과 송장처리를 동시에 하고 재고부담 없이 경영하는 JIT(just-in-time), 더 나아가 글로벌 SCM 등의 방법이 지속적으로 개발되고 있다. 또한 케이블 TV쇼핑, 인터넷쇼핑 등의 통신을 이용한 유통은 기존의 유통 방식에서 탈피하는 모습을 보이고 있다.

그림 12-1 ▎ 글로벌 유통 시 고려요인

외부요인	고객	제품	경쟁	정부규제

	의사결정요인	고려사항
내부요인	유통구조결정	• 유통경로의 넓이 • 유통경로의 길이 • 유통경로의 통합
	유통경로관리	• 중간상의 선정 • 유통계약 • 동기부여 및 통제
	로지스틱스관리	• 주문, 저장, 보관, 운송, 재고, 포장, 보험 • 물류시스템관리

1980년대부터 도입된 편의점, 창고형 할인점 등은 브랜드이미지와 규모의 경제효과를 바탕으로 기존의 유통개념을 변화시키고 있다. 글로벌 마케팅에 있어 이러한 유통의 변화는 체계적인 분석과 시스템의 도입을 요구하고 있다. 즉, 글로벌 유통과 관련하여 고려하여야 할 변수가 그만큼 많아지고 있음을 의미한다.

12.2 글로벌 유통 의사결정의 외부요인

1. 고객 특성

단순히 수출하는 경우에 수출업자는 운송과 보험에 국한한 유통과정만을 관여하게 되며 수입업자가 도소매상의 역할을 하게 되어 현지의 유통에 관한 제반 의사결정을 수행하게 되지만, 수입상이 수출업자에게는 고객이 되므로 이들의 특성과 욕구를 고려해야 한다. 적극적인 수출단계에 있는 기업은 현지의 유통에 관한 제반 의사결정을 체계화하여야 한다. 글로벌기업의 경우에는 범세계적인 차원에서의 고객을 고려한 유통관리와 물적 유통관리를 수행해야 한다. 즉, 고객 또는 최종소비자는 어떠한 유통채널을 구성하더라도 항상 고려해야 할 중요한 변수이다. 현지시장의 수요의 크기, 유통기간, 지리적 분포, 구매태도, 유통형태 선호도, 사용패턴, 사회간접시설 등은 유통결정에 있어 고려해야 할 요소이다.

2. 제품 특성

제품 특성에 따라 유통경로도 달라진다. 일반적으로 소비재 제품의 경우에는 소비자의 수가 많고, 지리적으로 분포되어 있으며, 일회 구입량이 적고, 구매태도, 선호도, 사용패턴이 다양하다. 그러므로 소비재 제품의 유통경로는 산업재 제품의 유통경로보다 복잡하고 긴 경향이 있다.

가격이 저렴하고 회전율이 높은 제품의 경우에는 집중적인 유통망을 형성해야 하며, 반대로 품위를 중시하는 제품의 경우에는 광범위한 유통망은 필요하지 않고 비교적 유통경로를 짧게 하는 전문점 형태의 유통이 적합하다.

화학, 철강, 시멘트와 같은 부피가 크거나 중량이 많은 산업재의 경우에는 운송, 보관, 보험 등이 물적 유통관리 및 경로결정에 중요한 변수가 된다.

사례 화장품 방문판매, 쇠락하고 있는데 … LG생활건강, 방판인력 20% 늘린 까닭

방판 카운셀러수 (단위: 만 명)

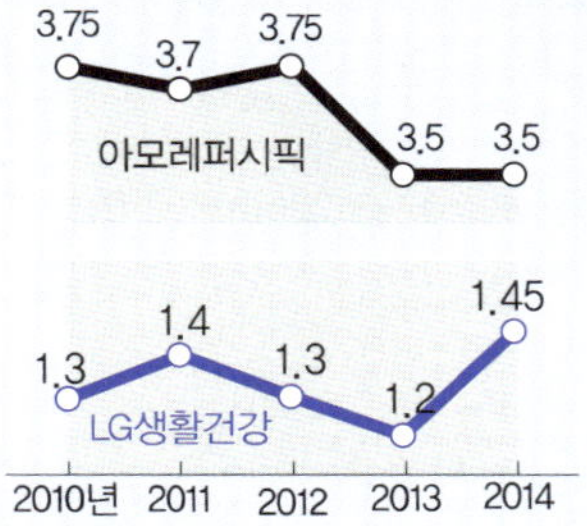

• 2014년 5월 말 기준

변화하는 유통채널

	2003년	2012년
1위	방문판매 (33%)	백화점 (24%)
2위	화장품 전문점 (23%)	방문판매 (21%)
3위	백화점 (14%)	인터넷 (18%)
4위	인터넷 (10%)	브랜드숍 (14%)

화장품업계 2위인 LG생활건강이 올 들어 방문판매원(카운셀러)을 20% 이상 늘렸다. 방문판매가 쇠락해가는 유통채널로 여겨지는 상황에서 관련 인력을 대폭 충원한 것이어서 배경이 주목된다.

28일 업계에 따르면 LG생활건강은 올 들어 방판 카운셀러 2,500명을 새로 뽑았다. 이 회사 방판인력은 지난해 말 1만 2,000명에서 현재 1만 4,500명으로 5개월 만에 20.8% 급증했다. 업계 1위 아모레퍼시픽의 카운셀러수가 2012년 3만 7,000여 명에서 지금은 3만 5,000명으로 줄어든 것과는 대조적이다.

LG생활건강의 방판 카운셀러는 2011년 1만 4,000명을 정점으로 해마다 1,000명씩 감소해왔다. 이번에 새로 확보한 2,500명은 모두 화장품 방판경험이 전혀 없는 '새내기'들이다. 화장품업계 관계자들은 "위축된 시장상황을 고려하면 이런 대규모 충원은 의외"라고 말했다.

국내 화장품시장에서 방판의 입지는 급격히 위축되고 있다. 아모레퍼시픽의 화장품 매출 중 방판 비중은 2009년 40.2%에서 지난해 21.4%로 반토막 났고, LG생활건강은 32.4%에서 10% 정도로 3분의 1 수준까지 떨어졌다. 소비자들의 화장품 구매경로가 백화점, 인터넷, 면세점 등으로 다양해진 데다 '더페이스샵', '이니스프리' 같은 중저가 화장품 전문점이 폭발적으로 성장해 방판 수요를 잠식했기 때문이다.

하지만 LG생활건강 측은 "방판시장이 과거보다 어려워진 건 맞지만 여전히 중요한 유통채널"이라며 "신규 카운셀러에 대한 교육과 인센티브를 강화해 방판 매출을 끌어올릴 것"이라고 강조했다. 방판시장에서 '오휘'나 '후' 같은 고가 프리미엄 브랜드를 판매하기 때문에 쉽게 포기할 수 없다는 것이다.

LG생활건강은 지난해 태스크포스(TF)를 구성해 기존방판과 차별된 새로운 방판모델도 개발하고 있다. 그 결과 나온 것이 최근 일부 지역에서 시범운영 중인 이른바 '제2방판'이다. 카운셀러가 고객을 찾아가기만 하는 기존방식과 달리 제2방판은 카운셀러들의 사무실에 화장품 체험공간을 갖춰 소비자와의 접점을 늘리고 있는 것이 특징이다.

하지만 전문가들은 방판채널의 전망에 대해선 대체로 부정적이다. 방판을 주력 유통채널로 삼아온 화진, 생그린, 사임당, 미애부, 김정문알로에 등 중견 화장품업체들은 지난해 매출이 전년 대비 일제히 감소했다. 매출감소폭도 10~30% 정도로 컸다.

최민주 현대증권 연구원은 "최근 화장품 방판의 마이너스 성장폭이 다소 줄어들긴 했으나 과거처럼 큰 성장을 이뤄내긴 힘들 것"이라고 말했다. 젊은 신규고객이 잘 유입되지 않기 때문에 기존 충성고객을 상대로 매출을 끌어올려 '현상유지'하는 수준에 그칠 것이란 분석이다.

자료: 한국경제신문, 2014년 5월 29일

3. 경쟁

기업은 유통전략 수립 시 경쟁제품이나 대체제품의 유통경로를 분석할 필요가 있다. 소비자들은 비교구매가 용이하고 정보를 쉽게 얻을 수 있기 때문에 유사제품들이 모여 있는 전문점과 같은 점포들을 선호하는 경향이 있다. 더욱이 현지 또는 글로벌 경쟁자들이 대형 유통채널과 계약에 의하여 진입장벽을 설정하고 있을 수도 있다. 현지의 복잡한 유통경로는 새로운 진입에 커다란 장애요인이 되기도 한다. 일본의 복잡한 유통경로가 그 예가 될 수 있다.

[그림 12-2]와 [그림 12-3]을 통해 미국과 일본의 자동차 부품이 제조업자에서 최종소비자에게 이르는 과정을 비교해보면 미국에 비해 일본의 유통구조가 매우 복잡함을 알 수 있다.[2)]

그림 12-2 ▌ 미국의 자동차 부품 유통구조

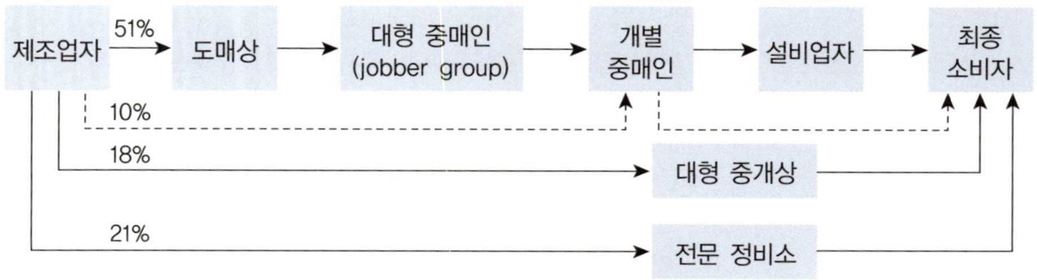

2) P. R. Cateora, *International Marketing*, 8th ed., Irwin, 1993, p.432.

그림 12-3 ▌ 일본의 자동차 부품 유통구조

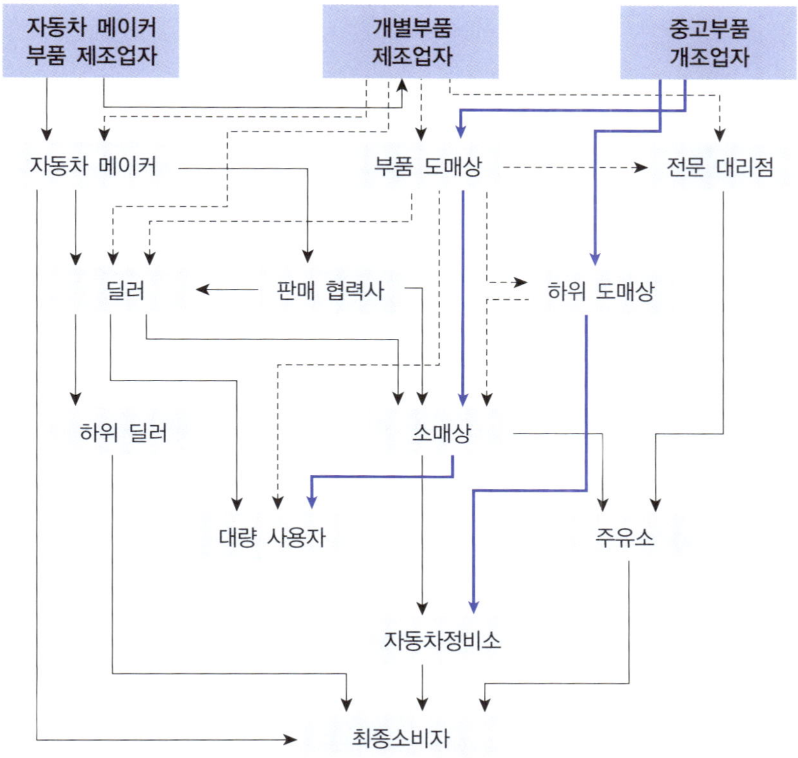

4. 정부규제

국가에 따라서는 특정 제품의 유통채널을 규제하고 있다. 예를 들어 스웨덴, 핀란드, 미국에서는 주류판매를 정부직영판매점에서만 할 수 있도록 하고 있으며, 영국의 경우 밤 12시 이후 소매점의 주류판매를 금지하고 있다.

방문판매나 다단계판매와 같이 선의의 피해자가 발생할 우려가 있는 유통경로에 대하여는 정부가 적극적으로 규제하는 추세이다. 유럽의 불공정거래위원회에서는 수출경쟁을 억제하기 위하여 유통의 포괄범위를 로마조약에 의하여 제한하고 있다.[3)]

3) 로마조약을 모태로 하는 유럽연합은 역내 국가들 간에 자본과 노동의 자유로운 이동, 공동투자정책, 사회복지에 대한 조정과 합리화 등을 목표로 하고 경제적 측면에서 관세동맹 이상의 공동시장을 추구하고자 했으나, 실제로 로마조약 발효 정확히 10년 후인 1968년에서야 회원국들 간에 관세가 완전히 철폐됨으로써 관세동맹 실현, 대외 공동관세율 적용이 실시되었다.

12.3 글로벌 유통 의사결정의 내부요인

1. 유통구조의 결정

일반적으로 유통구조를 형성하기 위해서는 유통경로의 넓이(channel width; market coverage), 유통경로의 길이(channel length), 유통의 통합전략 등을 고려해야 한다. 우선 어느 정도 넓은 시장을 포괄할 것인가를 결정하고 이에 맞는 유통구조를 형성해야 한다.

(1) 유통경로의 넓이(channel width: market coverage)

시장포괄범위에 따라 유통경로의 범위, 즉 넓이가 결정되는데 그 종류는 다음의 세 가지로 구분될 수 있다.

- 집중적 시장포괄(intensive coverage): 광범위한 제품시장을 포괄하기 위하여 여러 종류의 유통구조를 택하는 방법이다. 유통구조도 다양하고 유통경로에 참여하는 중간상의 수가 많게 된다.
- 선택적 시장포괄(selective coverage): 목표로 하는 세분시장이 제한되어 있는 경우 이에 적합한 유통경로만을 선택적으로 이용하는 방법이다.

그림 12-4 ▌ 제품 특성에 따른 유통경로전략

	유통경로의 넓이		
	집중적 시장포괄	선택적 시장포괄	배타적 시장포괄
제품형태	편의품	↔	전문품
PLC단계	성숙기 제품	↔	도입기 제품
제품가격	저가	↔	고가
상표충성도	비교적 낮음	↔	충성도 매우 높음
구매빈도	높음	↔	낮음
제품 특유성	낮음	↔	높음
구매상황	셀프서비스	↔	전문 인적판매
기술적 복잡성	낮음	↔	높음
서비스 정도	제한적	↔	고도의 서비스

• 배타적 시장포괄(exclusive coverage): 하나의 유통경로만을 선택하여 이용하는 방법이다.

(2) 글로벌 소비재의 유통경로의 길이(channel length)

제품의 종류에 따라 유통경로의 길이가 달라지는데, 소비재의 경우에는 유통경로의 길이가 산업재에 비해 상대적으로 길다. 또한 제품의 역사가 길수록 유통경로의 길이가 길어지는 경향이 있다.

그림 12-5 ▎ 글로벌 소비재의 유통구조[4)]

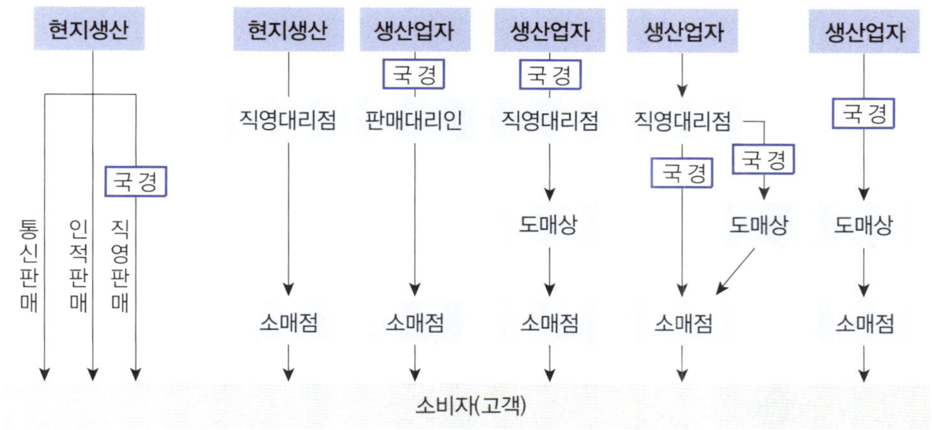

글로벌 소매는 크게 현지생산에 의한 판매와 수출입거래에 의한 판매로 구분할 수 있다. 현지생산의 경우에는 직접통신이나 인적판매를 통한 경우와 현지에 직영대리점 또는 직영소매점을 통한 판매가 있다. 이 경우는 해외직접투자가 이루어져 현지에서 경영을 하므로 유통, 제품, 가격, 촉진의 마케팅 제반의 노력을 현지시장의 여건에 맞게 실행하여 그만큼 얻을 수 있는 이익이 커지는 장점이 있다.

글로벌 소매기업이라 할지라도 현지에서 생산하지 않는 경우에는 수출입거래에 의존할 수밖에 없는데, 이 경우는 최종고객에까지 제품이 전달되는 경로가 매우 다양하

4) W. J. Keegan, *Global Marketing Management, 5th ed.* (Englewood Cliffs, N.J.: Prentice Hall, 1995), p.542. 일부 수정

게 형성될 수 있다. 경로가 길면 길수록, 복잡하면 복잡할수록 그만큼 경로 간의 갈등의 소지도 많고 이익창출가능성과 통제가능성이 떨어지는 것은 당연하다.

(3) 글로벌 소매기업의 사업전개의 유형

글로벌 소매란 국경을 넘어 행해지는 모든 형태의 소매활동을 말한다. 시장을 범세계적으로 확장하면서 이익을 증대시키려는 목적으로 일종의 교역의 형태로서 이루어지는 글로벌 소매는 최근에 나타난 것은 아니다. 이미 1920년대에 뉴욕의 보석상들은 영국을 비롯한 유럽과 아프리카, 아시아 등의 산지에 유통망을 조직하였다.

그러나 이러한 글로벌 소매는 자국 내에서의 소매활동과는 매우 다른 위험요소를 안고 있다. 이미 유통구조가 정착된 문화·사회·정치적 환경이 다른 해외시장에 진입하여 성공하기란 매우 어렵고 큰 위험이 존재하고 있다. 그러나 위험이 큰 만큼 기회요인도 존재한다. 기업이 시장 내 시장선도자로서의 역할을 수행하고자 한다면 분명히 진입시장 내에서 잠재적인 기회를 발견할 수 있을 것이다.

기본적으로 소매업자가 소비자에게 제공하는 유인은 크게 두 가지이다. 첫 번째는 적정가격에 맞는 제품 구색능력이다. 그리고 두 번째는 자사가 제공하고자 하는 제품을 소비자에게 빨리 적시에 적당한 가격으로 제공하고자 하는 제반 부대환경 조성(주차장, 매장위치, 고객서비스의 정도, 매장 내 동선구성)능력이다. 때문에 이 두 가지를 자사의 능력에 맞춰 합리적으로 조정하여 기존의 유통구조가 가지고 있지 못한 틈새시장을 공략하여 소비자의 욕구를 충족시킨다면 자국시장보다 큰 이익을 창출할 수 있다. 이것이 곧 글로벌기업이 위험을 무릅쓰면서 해외시장에 진출하는 가장 큰 이유가 되는 것이다.

소매기업의 국제화는 1960년대에 미국의 소매기업인 울워스(Woolworth)와 시어스(Sears)가 주변국을 중심으로 전개한 사례에서 볼 수 있다. 그러나 1970년대 접어들면서는 유럽의 소매기업이 주변국은 물론 아시아지역까지 사업을 전개했다. 1970년대 말에는 미국의 소매시장으로 역수입하는 현상이 나타났다. 유럽 소매기업의 해외진출이 급속히 진전된 이유는 유럽에서 생성·비롯된 하이퍼마켓 등 소매업태가 해외에서도 충분히 적용될 것으로 판단했기 때문이다. 또한 식료품과 의류품 분야의 상품은 품질과 브랜드이미지를 가지고 있어 해외시장 개척의 여지가 많았으며, 프랑스와 이탈리아 등이 대규모 소매점포의 발전을 엄격하게 규제하고 있어 대규모 소매기업의 발전을 자국 외의 해외시장에서 추구했기 때문으로 생각된다.

해외진출과 경영전략에 사용되는 비용과 경영관리수준(control level)에 따라 소매기업 글로벌화의 유형을 다음의 세 가지로 분류할 수 있다.[5)]

1) 자민족중심의 글로벌 소매기업(the cautious internationalists)

문화와 언어 등의 마케팅환경이 자국의 마케팅환경과 유사한 국가에서 사업을 전개하는 형태로 대부분의 글로벌 소매기업이 이에 속한다. 직접 출점하거나 현지기업을 완전매수하는 진출전략을 사용하기 때문에 많은 투자와 고도의 경영관리가 요구된다. 여기에 속한 소매기업은 외국에서의 경영경험이 적고, 새롭게 개발된 마케팅 노하우(판매시스템, 경영방식)를 통하여 현지국 시장에 진출하기 위해서 국제화를 도모하고 있는 것이 특징이다.

제Ⅰ그룹에 속한 소매기업의 이점은 문화와 언어 등의 마케팅환경이 자국시장과 유사하여 고객의 욕구 파악, 제품정책, 재무관리, 노무관리 등의 면에서 리스크가 상대적으로 적다는 것이다. 따라서 이들 소매기업의 국제화는 가장 안전하고 신중한 국제마케팅의 초보단계인 자민족중심(ethnocentric)의 경영이라 할 수 있다. 예를 들면 많은 영국 소매기업의 미국 진출, 스웨덴 소매기업인 이케아(IKEA)의 해외진출, 호주의 콜스(Coles)가 뉴질랜드로 진출한 사례가 이에 속한다. 영국 소매기업의 해외진출 지역을 보면 해외점포의 65%가 미국에 집중되어 있으며, 해외점포 중 85%가 영어권에 위치하고 있다.

2) 글로벌 소매기업(the emboldened internationalists)

여러 나라에 출점하는 소매기업으로 자국시장과 지리적·문화적으로 차이가 있는 시장이라 할지라도 자신들의 마케팅 및 경영 노하우를 바탕으로 현지국에 직접투자하거나 기업매수 등으로 국제화를 시도한다. 이 그룹에 속한 대부분의 소매기업은 일반적으로 국제적인 거래와 글로벌 마케팅에 관한 경험이 많다. 제Ⅰ그룹의 소매기업이 국제사업을 전개하는 경우 자국시장의 마케팅환경과 유사한 국가·지역으로 사업

5) 김형수(일본 중앙대 기업연구소), 유럽 소매기업의 글로벌 마케팅 전략: 국제 사업 전개의 유형과 해외 출점 정책을 중심으로, 유통채널, 1998. 7. 수정·보완

전개를 펼치는 반면, 제Ⅱ그룹의 소매기업이 국제사업전개를 하는 경우는 이러한 요인을 중요시하지 않는다. 이 그룹에 속한 전형적인 예는 월마트와 까르푸이다. 월마트는 남미, 중국, 일본 등의 국가에, 까르푸는 브라질, 중국, 미국 등의 국가에 출점하여 세계 1위와 2위의 소매업체로 위상을 떨치고 있다.

3) 글로벌 프랜차이즈 소매기업(the aggressive internationalists)

프랜차이즈를 통하여 글로벌화를 추진하는 소매기업들로서 다수의 국가・지역에 적극적으로 출점하고 있다. 이 그룹에 속한 소매기업은 자국시장에서 자사의 경영방식과 마케팅을 해외에 이전하는 프랜차이즈체제를 통하여 표준화된 제품과 통합화된 경영으로서의 시너지효과를 통하여 글로벌 마케팅을 구사하는 기업들이다. 미국의 토이저러스(Toys R Us), 맥도날드(Mcdonald), 버거킹(Burger King), KFC 등이 이에 속한다.

기존의 글로벌 소매업체들은 인터넷마케팅을 구사하는 이베이(e-Bay), 아마존(Amazon) 등의 온라인 소매업체들에게 일부 제품범주와 거래를 빼앗기고 있는 실정이다.[6)]

사례

한국서 57만 원 핸드백 美선 38만 원, 배송료・관세 더해도 '직구'가 더 싸니…

내수 활성화를 위해 '직구족'을 잡아야 한다는 목소리가 나오는 것은 그들이 불황에도 돈을 쓸 의지가 있는 소비자이기 때문이다. 바꿔 말하면 이들에게 국내시장은 지갑을 꺼낼 매력이 없다는 얘기다. 문제는 직구가 더욱 확대될 때다. 경제 전체로 보면 내수시장이 잠식될 수 있다. 이준협 현대경제연구원 연구위원은 "직구족이 늘어나는 요인을 제대로 파악해야 이들의 소비를 국내로 불러들일 수 있다"고 말했다.

■ **Cheap(싼 가격)**

국내 소비자들이 직구에 눈을 돌리는 가장 큰 이유는 가격이다. 한국경제신문이 국내 소비자가 선호하는 제품의 해외 온라인가격을 국내 공식가격과 비교한 결과 가격이 절반 이하인 제품도 있었다. 9일 원・달러 환율을 기준으로 국내에서 54만 8,000원인 트루릴리전 청바지는 미국 노드스트롬에서 246.56달러(약 26만 2,069원)에 판매되고 있다. 토리버치 로빈슨 미니백은 국내가보다 31.9% 싼 365달러(약 38만 7,959원)에 살 수 있다.

---

6) 박재기, e-비즈니스의 핵심: 인터넷 마케팅, 형설출판사, 2004.

블랙프라이데이 기간에 구입하면 나이키, 아식스, 뉴발란스 등 유명 브랜드제품을 60~80%까지 할인받을 수 있다. 화장품브랜드인 메이크업포에버 아쿠아섀도 가격은 한국 판매가의 65%인 20달러(약 2만 1,258원)이다. 블랙프라이데이 때는 2개에 10달러에 판매됐다. 주로 미국 브랜드가 저렴하다. 하지만 삼성전자, 다이슨, 부가부 등 다국적 제품도 미국이 단연 싸다. 삼성전자 32인치 LED TV(UN32EH4003F)는 한국 인터넷 최저가가 51만 4,990원이다. 아마존에서는 237.99달러(약 25만 2,960원)에 살 수 있다. 다이슨 무선 청소기(DC 35)도 국내 공식가격이 59만 8,000원이지만, 아마존에서는 절반도 안 되는 263달러(약 27만 9,543원)에 판매한다.

황정미 대한상공회의소 유통산업정책실 과장은 "미국은 전 세계 대표시장이기 때문에 글로벌브랜드들도 상대적으로 가격을 낮게 책정한다"며 "유통단계에서 경쟁이 치열한 것이 소매가격을 낮추는 요인"이라고 설명했다.

미국뿐 아니다. 최근 국내 소비자가 직구를 하기 시작한 유럽도 마찬가지다. 국내에서 네스프레소 아르페지오 캡슐 커피는 개당 900원이다. 하지만 네스프레소 독일 온라인몰에서 구입하면 43.7% 저렴한 0.35유로(약 506원)이다.

■ Various(다양한 상품)

상품이 다양한 것 역시 직구를 선호하는 이유다. 우선 한국에는 출시되지 않은 브랜드 상품을 구입할 수 있다. 한국에 이미 진출한 브랜드라 하더라도 국내에서 살 수 없는 제품도 많다. 예컨대 스티브 잡스가 생전에 즐겨 신었던 신발로 알려진 스포츠브랜드 뉴발란스의 경우 'ME421BB1', 'M481V3' 등 일부 제품은 한국 매장에서 살 수 없다. 허경옥 성신여대 생활문화소비자학과 교수는 "소비자들의 기호가 점차 다양해지면서 남들과는 다른 제품을 쓰길 원하는 것도 직구가 늘고 있는 요인 중 하나"라고 설명했다.

■ Reliable(정품이라는 믿음)

위조제품(짝퉁) 구입에 대한 걱정이 상대적으로 덜한 것도 직구의 매력이다. 한국에서는 일단 유행하기 시작하면 각종 짝퉁제품이 판을 친다. 유명 오픈마켓이나 소셜커머스에서 짝퉁을 병행수입제품으로 속여 판매하다 적발된 일도 적지 않다. 최근 아웃도어브랜드 '캐나다구스'가 유행하자 짝퉁제품이 잇따라 나왔다. 이런 분위기 탓에 정품인데도 병행수입제품에 대한 신뢰가 낮은 편이다.

■ Easy(손쉬운 주문)

주문도 쉽다. 한국에서 직구가 늘어나자 건강기능식품 온라인몰 아이허브 등은 한국 신용카드 결제를 허용하고 한국어서비스를 제공하고 있다. 한국으로의 배송이 어려운 경우에는 몰테일, 위메프박스 등 배송대행업체를 이용하면 된다. 현재 포털사이트 네이버에 등록된 배송대행업체만 252개에 달한다. 이들 업체가 운영하는 현지 물류창고 주소로 배송을 신청하면 업체들이 제품 무게에 따라 수수료를 받고 한국으로 상품을 보내준다. 구입부터 배송까지 모든 과정을 대신해주는 구매대행업체도 1,000여 개가 등록돼 있다.

자료: 한국경제신문, 2014년 1월 10일

(4) 글로벌 산업재의 유통경로

산업재의 경우 소비재에 비해 경로가 짧은 '판매 – 중간상 – 구매'의 형태를 취하게 된다. 현지생산을 하는 경우, 즉 글로벌기업의 해외직접투자가 이루어진 경우에는 제반 마케팅 의사결정을 직접 수행하여 고객에게 판매하거나 중간상을 거쳐 고객에게 이르는 유통경로를 택할 수 있다. 수출을 통해 해외로 제품을 판매하는 생산업체는 일반적으로 도매업을 주로 하는 직수입업체에게 제품을 판매하거나, 대리인 또는 수입상에게 판매하는 두 가지 방법을 조정하여 병행할 수 있다. 이러한 다양한 형태의 유통경로는 국가마다 매우 상이하므로 유통파트너 선정, 관리 및 통합 시 고려해야 한다.

그림 12-6 글로벌 산업재의 유통경로

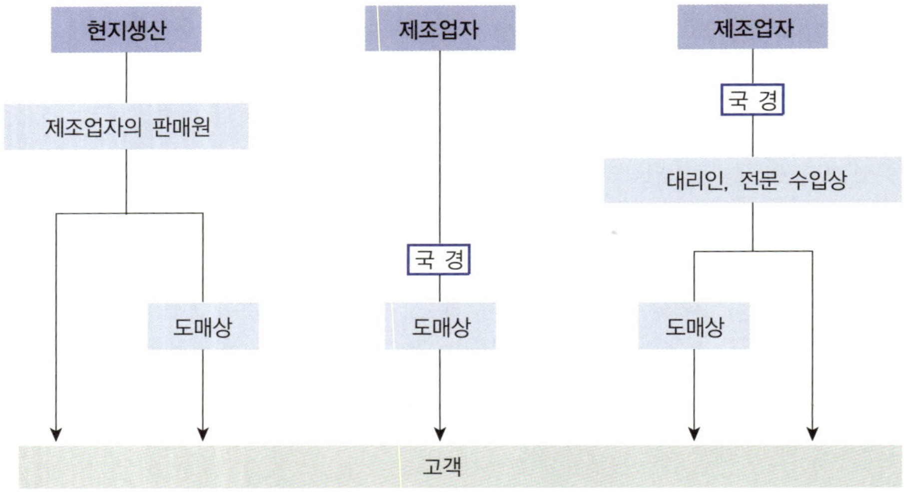

(5) 글로벌기업의 현지 시골시장(rural market) 유통전략[7)]

글로벌기업의 해외시장 진출 시 종종 본국보다 열악한 환경의 현지시장에 진출하는 경우가 많다. 특히 시골시장(rural market)의 유통은 글로벌기업이 유통전략 수립

7) Harvard Business Review Korea, "THE GLOBE UNLOCKING THE WEALTH IN RURAL MARKETS," June, 2014, pp.130–131의 내용의 일부를 정리한 것임.

시 고심하는 시장이다. Harvard Business Review는 현지 시골시장에서 성공한 몇몇 기업의 유통전략을 다음과 같이 소개하였다.

현명한 기업들은 새로운 소비자보다는 유통채널을 발굴하는 것에 초점을 맞춘다. 일반적으로 기업들은 유통망을 시골로 확장하기 위해 보유 공급망 확장, 터미널 집중 방식, 현지 영향력자 모델, 발로 뛰는 마을 기업가 모델, 다른 네트워크와 협력 혹은 편승하는 전략을 사용하고 있다. 각 전략의 장·단점은 [표 12-2]에 정리되어 있다.

표 12-2 시골시장 유통전략의 장·단점

접근방식	장점	단점
보유 공급망 확장	• 실행이 쉬움 • 새로운 유통채널을 개척할 필요가 없음 • 빠르게 런칭 가능함	• 기존 네트워크에서 추가적인 투자가 필요함 • 유통에 대한 기존의 이슈가 남아 있음 • 점진적 접근
터미널 집중 방식 (hub-and-spoke)	• 유통채널구조에서 유연한 선택이 가능 • 수요를 한데 모아 다양한 상품에 대한 재고를 보유할 수 있음	• 추가적인 투자가 필요함
현지 영향력자 모델	• 기존 네트워크에 의존성이 거의 없음 • 신뢰와 지역에 관련 있는 요소를 활용 • 소매상들이 확장개념의 브랜드 홍보대사가 됨	• 생산성 확보까지 시간이 걸림 • 잠재적 유통채널의 갈등이 일어날 수 있은 • 기업의 브랜드나 운영에 관한 내용을 잘못 전달하는 경우가 없도록 신중히 모니터링하고 지원해야 함
'발로 뛰는' 마을 기업가 모델	• 최대한 깊게 관여함 • 입소문에 민감한 시장에서 충성도를 형성 • 장기계획으로 접근	• 높은 수준의 미세관리가 필요함 • 대규모 운영은 어려움 • 인재 찾기에 어려움
다른 네트워크와 협력 혹은 편승하기	• 적은 투자: 고정비 부담 • 지역시장에 초기제품을 홍보할 때 적절	• 목적이 희석될 수 있음 • 파트너사의 목표와 회사의 목표가 일치할 수 있도록 해야 함 • 장기적인 선택지는 아님

시골시장에서 성공한 기업들은 유통에 있어 다면적 전략을 선택했다. ITC는 충분한 유통 인프라를 갖추고 있으나 전통적인 유통업자들이 제품을 판매하기 어려운 인구 1만~2만 명의 시골에서는 지역의 특색에 맞게 한정된 종류의 물품을 취급하는 소

규모 하위 유통업자에게 유통을 위탁한다. 도로시설은 좋으나 인구가 적은 시골(5,000~10,000명)에서는 유통업자를 배제하고 소형트럭을 이용해서 소매업자에게 직접 배송한다. 소매업자들이 모바일기기를 통해 지역 고객에게 필요한 적절한 양의 물품을 주문하면 소형트럭은 1주일에 3번까지 정기적으로 물품을 배송한다.

인구규모가 더 작고 접근이 쉽지 않은 마이크로마켓(micromarket, 비포장도로로 연결된 인구 5,000명 미만의 시골)은 이륜차나 삼륜차로 제품을 배송한다. 배송운전기사는 소형 ITC 상품들을 키오스크(kiosks)로 일주일에 수차례 배송한다. 이렇게 ITC는 원거리 지역까지 자사 제품을 노출시켜서 잠재 수요를 확대했다.

인도의 가장 큰 자동차 생산업체인 타타모터스(TATA Motors)는 인구 10만 명 이상의 도시와 준도시지역에 중점을 둔 기존딜러망을 확대하기 위해 2개의 간접채널을 추가했다. 2010년 이후 타타모터스는 지역주민들을 고용하고 훈련시켜 '타타모터스 마을 상담사(gram mitras)'로 만들었다. 이들은 기존딜러들의 영업팀을 대신해서 고객을 상담하고 구매를 유도한 대가로 판매수수료를 받는다. 또한 이와 유사하게 타타모터스는 지역의 주유소 업주들과 파트너십을 맺었다. 업주들은 주유소 고객을 딜러에게 소개하고 대가로 수수료를 받았다. 이러한 방법으로 딜러를 통한 직접채널을 보완해서 타타모터스의 소형사용차(SCV: Small Commercial Vehicles)의 매출이 20% 증가했다. 6개 주에서 시험운영을 한 뒤 이 프로그램을 전국으로 확대한 결과 시골시장에서 연간 7만 대를 추가로 판매해 5억 달러의 매출을 기대하고 있다.

2. 글로벌 유통경로의 관리

(1) 글로벌 유통업체의 선정

기본적인 유통구조를 결정한 후 글로벌 마케팅 담당자는 향후 자사의 제품을 다룰 유통업체를 선정하여야 한다. 효과적으로 유통업체를 선정하기 위해서는 사전에 기준을 마련하는 것이 바람직하다.[8] 가중치는 분석자의 주관에 의하여 부여하되, 마케팅 노하우와 고객과의 관계는 상대적으로 높은 가중치를 부여하는 것이 바람직하다. 산업

8) B. Toyne and P. G. Walters, *Global Marketing Management: A strategic perspective,* 2nd ed., Allyn and Bacon, 1993, p.520.

재의 경우에는 제품의 보완성, 기술적 노하우 등이 상대적으로 더 중요한 요인이 된다. 또한 첨단기술 제품의 경우에는 재무건전성, 마케팅 노하우, 기업이미지, 기술적 노하우, 대정부관계, 글로벌 마케팅 경험 등이 상대적으로 높은 가중치를 부여받는다.

(2) 글로벌 유통계약

글로벌 마케팅 담당자는 유통업체를 선정한 후 글로벌시장에 제품을 판매하기 위한 계약을 해야 한다. 최종계약을 하기 전에 유통업체를 방문하여 관찰해 보는 것이 현명하다. 계약 자체는 비교적 단순하며, 일반적으로 다음의 사항이 계약서에 명시된다.[9]

- 계약 당사자의 회사명과 주소
- 계약의 발효일자 및 계약기간
- 계약의 연장과 종료에 관한 조항
- 판매시장 포괄지역
- 제품 및 판매조건
- 할인조항 및 수수료의 지급방법 및 변경에 관한 조항
- 환율변동 및 재판매가격에 대한 규정
- 유사 또는 경쟁제품 판매 금지조항
- 특허 또는 등록상표 및 가격에 대한 책임 명시
- 계약의 양도 여부 및 제한조항
- 분쟁 발생 시 법률조정 시행 국가

기본적으로 유통업체가 자사 제품을 판매함으로써 좋은 성과를 나타내어 계약관계가 지속되는 것이 가장 바람직하다. 그러나 성과가 좋지 못할 경우, 기존의 유통업체를 이용한다는 것은 상호 간에 바람직하지 못하므로 계약의 해지 또는 만료를 타진해야 한다. 다만 계약의 해지 또는 만료에 대한 규정(사전 서면통보)을 명시하여 상호 간의 마찰을 방지할 수 있도록 준비해야 한다.

9) S. Jain, *International Marketing Management,* South-Western College Publishing, 1996, p.523.

(3) 동기부여 및 통제

글로벌 마케팅에서 유통은 실제로 판매가 이루어지는 주체의 역할을 하기 때문에 효과적으로 유통활동이 이루어지도록 해야 한다. 그러나 지리적·문화적으로 거리가 있는 유통현장의 다양한 유통채널에 동기부여요인을 제공하기란 쉬운 일이 아니다. 더욱이 자회사체제로 되어 있는 유통경로가 아닌 경우의 유통업체는 독립된 기업이므로 그들 나름대로의 목표를 달성하고자 한다. 유통업체의 목표가 제조업자의 목표와 동일한 경우라면 문제가 되지 않지만, 다른 경우에는 자사의 유통 역할을 올바로 수행할 수 있도록 동기부여방안을 제공하고 적절한 통제를 해야 한다.

동기부여의 방법은 여러 가지가 있을 수 있지만 크게 금전적인 동기부여와 심리적인 동기부여로 구분해 볼 수 있다. 그러나 제일 중요한 것은 유통업체가 요구하는 동기부여의 수단을 제공하는 것이므로, 글로벌 유통경로들과 의사소통을 할 수 있는 전담 담당자를 배정하여 관리하는 것이 바람직하다. 동기부여와 더불어 유통업체의 성과를 평가하고 조정할 필요가 있다. 유통업체의 평가항목인 매출회전율, 매출성장률, 촉진활동 등을 기간별로 분석하여 그 원인을 파악해야 한다.

3. 글로벌 물적 유통관리

일반적으로 물적 유통(physical distribution)이라 함은 생산에서 글로벌시장의 제품 및 서비스의 흐름을 의미하는 비교적 좁은 개념이다. 그러나 글로벌 마케팅에서는 제품생산에 필요한 원료의 확보에서부터 생산된 제품을 해외시장에 인도할 때까지의 모든 관련된 활동을 의미하는 좀 더 포괄적인 개념인 로지스틱스(logistics)관리로 이해하는 것이 타당하다.[10] 이러한 로지스틱스의 개념에서 보면, 글로벌기업이 원자재의 효율적 조달, 생산, 주문, 운송, 보관, 재고 등의 요인들을 고려하여 제품을 목표시장에 가장 효율적으로 유통할 수 있는 방안을 모색하고 관리하는 활동이 로지스틱스라고 할 수 있다. 다음은 제품생산 이후 현지시장까지 공급되는 과정을 물적 유통에 초점을 맞추어 설명한 것이다.

10) 병참, 조달 등으로 번역되지만 충분한 의미를 제공하지 못하여 원어대로 씀

(1) 수출입절차

일반적인 주문관리의 절차는 수출입절차와 동일하며 [그림 12-7]과 같이 도식화할 수 있다.[11)]

그림 12-7 ▌ 수출입절차

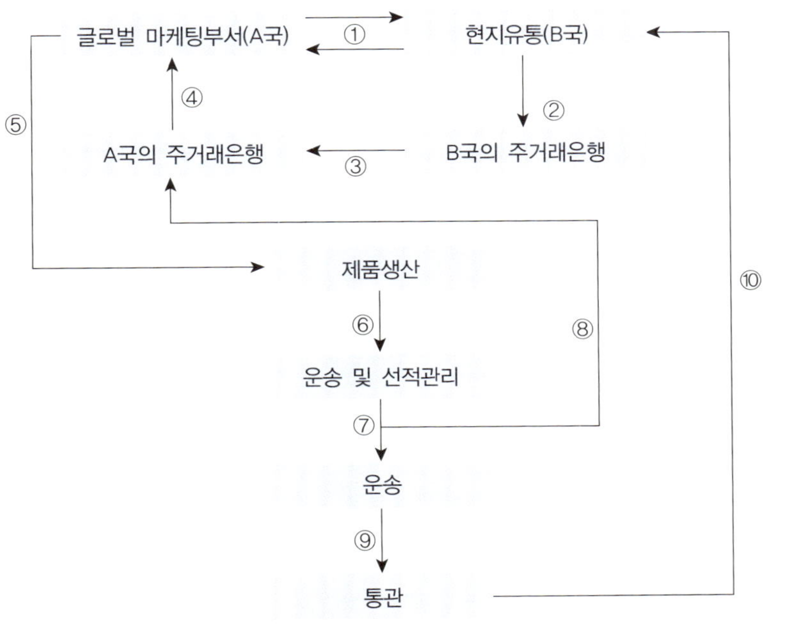

① 유통업자와 계약이 이루어지고 나면, 유통업자로부터 구매요청서(inquiry)가 오거나 판매제의서(sales proposal)를 제조업자의 글로벌 마케팅부서에서 보내게 된다. 주문요청에 의거하여 카탈로그와 가격표(price list)를 마케팅부서에서 보내게 되고, 이를 검토한 유통업자는 가격협상을 거쳐 견적서(pro forma invoice)를 요구하게 된다. 이에 의거하여 마케팅부서에서는 견적서를 현지시장의 유통업자에게 보내고, 유통업자는 구매주문(purchase order)을 하게 된다. 이로써 실질적인 주문이 완료된다.

11) G. Albaum, J. Strandskov and Laurence Dowd, *International Marketing and Export Management,* Addison Wesley, 1994, pp.419-440.

② 유통업자는 자신의 거래은행에서 신용장(L/C: Letter of Credit)을 발급받게 되는데, 그동안의 거래실적에 따라 신용한도와 발급수수료가 다를 수 있다. 그만큼 유통업자에게 부담이 되는 것이므로 유통업자 선정 시 재무능력을 검토해야 한다.

③ 거래은행은 수출을 하는 마케팅부서의 거래은행에 신용장을 송부하게 된다.

④ 신용장을 받은 은행은 즉시 수출업자인 마케팅부서에게 신용장이 도래하였음을 통보하게 된다.

⑤ 마케팅부서는 재고를 파악하고 추가분을 생산부서에게 생산 의뢰한다.

⑥ 유통업자에게 전달할 제품 준비가 완료되면, 국내운송 및 선적에 필요한 서류, 제품 검사결과 등을 준비한다. 이때 기본적으로 필요한 서류는 수출허가서, 선적업자의 수출신고서, 상업송장, 선적서류, 해상보험서류, 영사송장, 원산지증명서, 검사결과표, 선적항 입고서 등이다.

⑦ 제품을 운송 및 선적업자(freight forwarding company)가 선적하여 현지의 유통업자에게 보낸다.

⑧ 선적서류와 신용장을 근거로 마케팅부서(수출업자)의 거래은행은 결제를 하게 된다. 이때 절차수수료와 기타 제비용을 제하고 나머지를 지급받게 되는데, 이를 네고(nego)과정이라고 한다.

⑨ 유통업자(수입업자)는 세관에 관세를 지급하고 제품을 인수하게 된다.

(2) 운송관리

운송수단에는 내륙, 해상, 항공, 철도, 파이프라인 등의 다양한 방법이 있으며 운송수단을 선정할 경우에는 비용, 운송기간, 안전성, 거래빈도, 물품의 가치, 운송수단의 가용성을 검토하여야 한다. 대부분의 경우 전문 운송업자(freight forwarders)의 대행서비스를 받게 되는데, 이들 운송업자는 수출입거래에 있어 운송에 관련된 서류 준비, 저장 등의 서비스를 제공하고 있기 때문에 전문적이고 경험 있는 운송업체를 선정하는 것이 바람직하다. 글로벌 거래에 있어 가장 보편적으로 사용되고 있는 것은 컨테이너를 이용한 운송인데, 최근 전자태그(RFID: Radio Frequency Identification) 및 USN(Ubiquitous Sensor Network)을 국제적으로 이용하고 있다.

(3) 재고관리

재고관리의 기본적인 목적은 글로벌시장 수요에 맞추고, 유통채널에 있어 제품의 흐름을 원활히 하기 위한 것이다. 재고를 보유함으로써 재고유지비용, 환율변동인 물가변동 등의 금융비용 및 진부화되는 기회비용 등이 있는 반면, 재고가 없어 수요를 충당하지 못하게 되는 손실비용이 있다. 그러므로 체계적이고 분석적인 재고관리에 의하여 적정재고를 유지하여야 한다. 적정재고를 유지하기 위해서는 주문주기와 서비스수준의 두 가지 요인을 고려하여야 한다. 주문주기(order cycle time)는 운송방법과 운송기간에 따라 달라지므로 운송방법의 효율화, 재고창고의 위치, 정보처리시스템의 이용으로 주문주기와 관련한 제비용을 절감할 수 있다. 또한 고객에 대한 서비스수준(customer service level)은 고객의 주문에 제대로 대응하는 체제를 의미하는 것으로 고객의 수요를 정확히 예측하여 적정재고를 보유하도록 노력해야 한다.

12.4 글로벌 유통경로의 통합: SCM 활용

유통경로는 경로 구성원 간의 물량, 시간, 품질, 서비스 등에 있어서 의사결정 차이로 갈등이 발생할 수 있으며, 조정이 불가능한 경우 막대한 손실을 입을 가능성이 있다. 그렇기 때문에 글로벌기업은 유통경로를 가능한 한 통합하여 운영하고자 한다. 유통경로를 통합운영하는 방법은 크게 세 가지로 나누어 볼 수 있다.

첫째, 유통경로 구성원 간의 전략적 제휴를 통한 강력한 네트워크를 구성하는 것이다. 이는 추가적인 투자 없이 제휴관계를 형성하여 네트워크로서의 힘을 이용하는 것인데, 수익의 배분 및 네트워크의 유지를 위한 기여도 등으로 갈등의 소지가 남아 있다. 둘째, 소유에 의한 유통경로의 내부화이다. 내부화를 함으로써 거래에서 발생될 수 있는 비용 및 위험, 즉 거래비용(transaction costs)을 줄일 수 있는 반면, 내부화를 하기 위한 투자비용이 크다는 단점이 있다. 셋째, 시스템에 의한 유통경로의 통합으로 이른바 공급사슬관리(SCM: Supply Chain Management)를 이용함으로써 경로 구성원 간의 통합적인 의사결정이 이루어지도록 하는 방법이다.

SCM(Supply Chain Management)은 고객가치를 제고할 목적으로 공급체인 내 업체들 간에 협력적인 업무운영체제를 구축하는 '상생전략(win-win strategy)'이라 할 수 있다. 즉, 제품개발에서 최종판매에 이르는 공급체인의 업체들이 협력하여 정보를 공유하고 시장변화에 적시에 대응할 수 있는 체제를 구축하는 전략이다.[12] 또한 SCM은 공급체인상의 관련 기업들이 정보공유를 통해 시장성공가능성을 제고하면서 손실을 최소화하는 'win-win'전략이며 SCM을 통해 잠재적으로는 산업 내에 강력한 네트워크가 형성되고, 또한 SCM이 미래 기업 간 협력적 사업모델의 원형으로 진전될 가능성이 높다고 할 수 있다.

기업이 제품판매에 성공하기 위해서는 전후방 관련 기업들 간의 협력을 통한 비용절감과 함께 시장대응력의 강화가 필요하다. 기업들은 시장변화에 따른 재고변동폭을 줄이고자 끊임없이 판매와 생산체제를 조정·연계하는 노력을 전개해 왔으나 생산량과 판매량 간에는 여전히 차이가 발생하고 있다. 따라서 이러한 차이를 최소화하고 시장기회를 신속히 포착하기 위해 최근 기업들은 같은 공급체인 내에 있는 부품업체, 제조업체, 유통업체가 협력하여 판매, 생산, 물류, 지원기능을 재구축하고 있다.

SCM은 소위 '불휩효과(bullwhip effect)[13]'를 제거하기 위함인데, 불휩효과는 ① 각 업체가 독자적으로 수요예측을 행하고, ② 업체들이 주문 즉시 발주가 아니고 여러 주문을 모아 일괄 발주를 행하고, ③ 가격정책으로 발주량이 변동하고, ④ 재고부족을 염려해 가수요가 발생하므로 나타나는 현상이다. 이러한 불휩효과를 통제하는 방안으로는 ① 정보의 공유, ② 기업 간 재고, 가격, 수송정책의 협의·조정, ③ 비용절감과 리드타임 단축과 같은 성과 개선활동이 있다. 이러한 불휩효과를 통제하는 기법들을 요약하면 [표 12-3]과 같다.

현재의 SCM은 최종단계 직전 수준인 업체 간 정보공유능력을 확보하는 체제를 구축하는 것에 초점이 맞추어져 있다. 1960~1970년대에는 창고처리 및 수송을 신속하게 하여 주문처리시간을 단축하는 데 초점을 두었고, 1970~1980년대에는 정보기술을 활용하여 수송, 제조, 구매, 주문관리기능을 포함하여 합리화하는 로지스틱(logistic)

---

12) 미국 MIT대학의 SCM프로그램에 따르면, SCM은 "고객에게 제품과 서비스를 제공할 목적으로 구매, 생산, 유통기능을 과정(process)지향적이며 통합적인 개념으로 접근하는 방식"을 가리킨다.

13) 불휩효과란 수요량과 발주량 간의 격차가 유통업체보다는 제조업체, 제조업체보다는 공급업체, 즉 공급체인상의 상류업체로 갈수록 더욱 크게 발생하는 현상을 말한다.

표 12-3 불휩효과를 통제하는 기법

원인	주요 해결기법	주요 활용기업
수요예측	• POS(판매시점) 자료 공유 • EDI/인터넷 활용 • VMI[14] 활용	P&G, 3M, Wal-Mart, Motorola, Texas Instruments, Apple, Dell
주문일괄처리	• EDI/인터넷 • 로지스틱 아웃소싱	GE, P&G
가격안정화	• EDLP(Everyday Low Price)정책 • 활동기준원가(ABC)	식품업체
제품가수요	재고량 추정을 주문이 아닌 과거 자료에 기초하여 결정함	GM, Texas Instruments, Hewlett-Packard

자료: H. L. Lee, V. Padmanabhan, Scungjin Whang, "The Bullwhip Effect in Supply Chains," *Sloan Management Review*, Spring, 1997, p.99.

활동이 이루어졌다. 여기까지는 자사에만 국한된 활동이었으며, 공급체인상에 있는 상류기업(부품공급업체)에게 구매정보를 일방적으로 전달하는 정도였다.

그러나 현재는 최종고객까지 포함하여 공급체인상의 업체들이 수요·구매정보 등을 상호 공유하는 단계까지 와 있으며, 향후에는 제품의 기획, 개발, 제조, 마케팅 등 모든 기능을 관련 기업들이 협력적으로 수행하는 단계로 발전할 것으로 예상된다. 이 단계에 이르면 일종의 가상기업의 형태가 될 것으로 예상된다.

표 12-4 SCM의 발전과정

시기	1960~1970년대	1970~1980년대	1990년대	2000년대 이후
구축 초점	• 창고처리 • 수송	로지스틱기능(제조, 판매, 유통 포함)	• 공급체인 내 업체 간 판매정보의 공유 • 1차 공급업체를 대상으로 한 협력체제 구축	• 공급체인 내 업체 간 제조·판매·구매 등 전 경영기능에서의 협력체제 구축 • 가상기업형태 구축
구축 범위	회사 내 단위 기능부서	전사	자사+1차 공급업체	SCM 내 모든 기업

SCM이 지향하는 것은 특정한 경영기능을 대상으로 하는 '부분 최적화'가 아닌 모

14) VMI(Vendor Managed Inventory: 공급자주도형 재고관리): 예를 들어, 제조업체가 제품을 공급하는 유통업체의 재고정보에 직접 접근함으로써 공급제품의 재고를 대신 관리해 주는 방법

든 경영기능을 대상으로 하는 '전사 최적화'이다. 그러므로 SCM을 구축하려면 최고경영자의 적극적인 참여하에 전사적 차원의 기능 간 조정과 통합 노력이 요구되며, 그 과정에서 새로운 기술 및 인력개발 등이 필요하다. 이러한 SCM의 구축에는 [그림 12-8]과 같이 8단계가 필요하다.15)

그림 12-8 ▎ SCM 구축단계

1. 준비	경영층을 중심으로 필요성을 인식하고 SCM 구축의 예상효과를 검토
2. 기업 비전 수립	SCM 구축의 기본방향을 제시하는 자사의 경쟁환경, 핵심능력, 비전 등을 설정 또는 재강화하는 단계
3. SCM 구축방향 설정	기업 비전/전략에 따라 공급체인의 변신방향을 설정하는 단계로서 동종 산업과의 비교, 자사내 지원활동 평가 등의 작업을 수행
4. SCM 모델 설계	구축할 SCM의 미래 모습을 설계
5. SCM 모델 재검토	이전 4단계의 모델이 기업의 가치를 강화할 수 있는 혁신이 될 수 있도록 재검토하여 수정
6. SCM 모델 확정	현재의 공급체인활동을 분석하여 미래 모델을 확정
7. 시뮬레이션	미래 모델의 시뮬레이션을 통해 이행계획을 수립하고 시범과제를 준비
8. 실행 및 평가	실제 구축에 들어가며 성과 측정지표를 개발 · 평가

15) 자세한 내용은 Fred A. Kuglin, *Customer-Centered Supply Chain Management: A Link-by-Link Guide*, 1998 참조

학습과제

1. 글로벌 유통경로를 효과적으로 관리할 수 있는 방안을 제시하시오.

2. 미국과 일본 그리고 우리나라의 자동차 유통경로를 비교하고, 그 특징과 장·단점을 제시해 보시오.

3. 시골시장 유통전략의 장·단점은 무엇인가?

4. 글로벌 유통의 의사결정요인에는 어떠한 것이 있는지 제시해 보시오.

5. SCM의 도입에 따른 기업 내부의 전제조건과 성공요인을 제시해 보시오.

Harvard Business School 추천사례

1 ASIMCO: The Alliance Brewing Group

ASIMCO는 대규모 중국 투자를 하고 있는 부품 제조회사로서 새로이 유통체계에 대한 투자를 할 것인가를 결정하고자 한다.

2 Loctite Corp.: International Distribution

Loctite Corp.는 홍콩의 독립유통업자에 대한 불만이 팽배해지자 새로운 파트너를 물색하고 있다.

3 Pioneer Hi-Bred International, Inc.: Supply Management

새로이 도입한 SCM체제에서 생산과 유통 간의 갈등요인이 발생하여 이를 해결하고자 한다.

4 Polaroid Corp.: European Distribution System

유럽전역에 분산되어 있는 유통망과 물류체제를 다시 정비하고자 노력하고 있다.

13 Chapter 글로벌 촉진전략

학습목표

- 글로벌 촉진의 개념을 이해하고, 글로벌 촉진의 성공요인을 안다.
- IMC의 개념과 특징을 학습한다.
- 글로벌 광고의 전략방안과 표준화 및 현지화에 대하여 학습한다.
- 기타의 글로벌 촉진수단에 대하여 알아본다.

도입사례 ◦—— ◉ 변화된 브랜드 역할: 마케팅 커뮤니케이션 성공방안

"마케팅이라고 하면 기존에는 TV광고를 많이 떠올렸습니다. 마케팅 커뮤니케이션은 광고가 소비자에게 전달하는 메시지라고 할 수 있습니다. 경영의 많은 분야가 바뀌고 있지만 요즘에는 특히 마케팅 커뮤니케이션이 많이 바뀌고 있습니다. 저는 브랜드에 목소리를 주는 것이 새로운 마케팅 커뮤니케이션이라고 정의합니다." – 이경미 서울대 경영대학 교수

다음은 서울대 경영대학 최고경영자과정(AMP) 가을학기, 이경미 서울대 경영대학 교수의 강의내용 일부를 요약하여 정리한 것이다.

■ 마케팅 방어형 소비자를 공략하는 방법

기존의 마케팅 커뮤니케이션 모델은 마케터(기업)가 소비자에게 일방적으로 메시지를 전달하는 것이다. 마케터는 브랜드 메시지를 만들고, 그 메시지를 낮은 비용으로 효과적으로 전달하는 것이 임무다. 소비자는 그 정보를 수동적으로 받아들이는 역할을 한다.

"기존 모델에서 기업이 소비자와 할 수 있는 소통은 '제품이 좋다'는 잘 준비된 정보를 주는 겁니다. 그런데 어렸을 때부터 이런 정보에 지속적으로 노출된 소비자일수록 방어태세가 생깁니다. '기업이 나에게 뭘 팔려고 하는구나' 하면서 경계심이 들죠. 소비자는 TV드라마를 보기 위해 광고가 끼어드는 걸 참아주는 거지 광고 자체를 보려고 하는 건 아닙니다."

마케팅 저항단계

저항 ↑

방어형(저항 높음)
나는 숨어 있는 상업적 의도를 경계한다. 마케터들의 말을 듣기보다는 합리적으로 의사결정하기 위해 노력한다. 주의를 기울이지 않으면 마케터들에게 당할 수 있다.

무관심형(저항 보통)
나는 마케팅 자극에 대해 무관심한 편이다. 광고를 주의 깊게 보지도 않고 일부러 보지 않으려고 노력하지도 않는다.

오픈형(저항 낮음)
나는 최대한 단순하게 정보를 받아들이려고 노력한다. 뒷면에 속셈이 있다고 경계하기보다 긍정적인 방향으로 평가하려 한다.

SK마케팅앤컴퍼니는 소비자의 마케팅 저항 정도를 3단계로 나눴다. 정보를 단순하게 받아들이는 '오픈형', 마케팅 자극에 큰 반응을 보이지 않는 '무관심형', 마케팅에 숨어 있는 상업적 의도를 경계하는 '방어형' 등이다.

"상품별로는 증권이나 빵집, 피자 등에 소비자가 오픈형이 되고 디지털카메라나 은행에는 무관심형이 대부분이라고 합니다. 신용카드, 이동통신, 휴대폰, 보험 등에 대해 소비자가 특히 방어형이 된다니까 마케터들의 고민도 더 커지고 있죠. 연령별로는 젊은 세대일수록 더 방어형이 많다고 합니다. 시장조사업체인 닐슨글로벌이 2011년 조사해보니 세계 소비자의 53%가 TV광고를 전혀 신뢰하지 않

는다는 결과도 나왔습니다."

■ 소비자에게 '경험'을 제공하라

마케팅모델의 변화

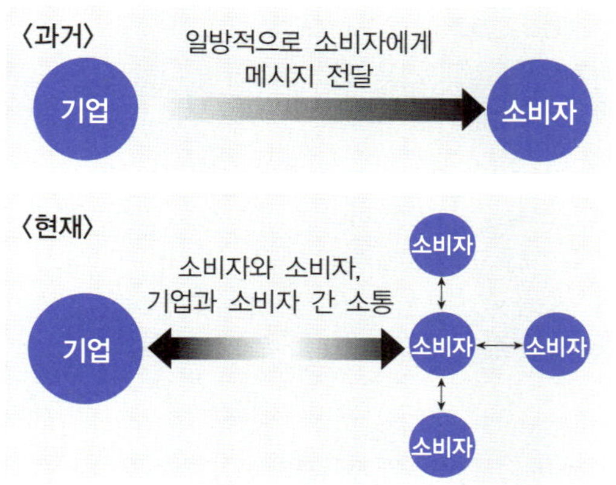

소비자들이 일방적인 마케팅에 방어적으로 변하는 대신 소셜미디어와 정보통신기술(ICT)의 발달에 힘입어 참여형으로 바뀌고 있다는 것이 이 교수의 분석이다. 그 예로 나이키의 '나이키+' 제품군을 들었다.

"나이키-시계는 위성위치확인시스템(GPS)을 달아 착용자가 조깅한 구간을 분석해 줍니다. 전체 뛴 거리부터 구간별 평균 속도까지 기록이 되니 운동성과 측정기능만 해도 만보계와는 차원이 다릅니다. 게다가 이 기록을 페이스북 같은 소셜네트워크서비스(SNS)에 실시간으로 올릴 수 있도록 했습니다. 페이스북 친구들에게 '나 오늘 이렇게 운동했다'를 보여줄 수 있게 되는 겁니다. 소비자에게 제품을 사용하면서 새로운 경험을 하게 해주고, 이 경험을 다른 잠재적인 소비자들과 공유하게 되면서 자연스럽게 제품의 브랜드를 만드는 데 참여하게 됩니다. 특히 소비자와 소비자가 대화를 하면서 제품 사용경험이 더욱 확대됩니다."

소비자가 참여형으로 바뀌면서 마케터의 역할은 정보를 제공하는 것이 아니라 소비자에게 체험기회를 제공하는 것으로 바뀌고 있다. 체험과 참여를 통해 기업이 전달하고자 하는 메시지의 수용성을 극대화하는 것이다.

■ 브랜드를 동반자 · 조력자로 설정하라

"브랜드와 소비자의 관계는 점점 사회적 관계와 비슷해지고 있습니다. 친구나 동반자, 조력자가 되는 겁니다. 마케터들이 소비자를 '우리 제품을 사는 사람'이 아니라 '마음을 얻고 싶은 사람'으로 대하는 방향으로 전략을 짜고 있습니다. 이렇게 '관계'로 접근할 때 얻을 수 있는 결과가 브랜드에 대한 '애착'입니다. 제품을 가격과 품질로 비교하는 이성적인 관계가 아니라 감정적이고 정서적으로 대하게 되는 것이 모든 브랜드관리자들이 바라는 결과죠. 소비자가 우리 브랜드를 사랑하기 때문에 경쟁사 제품을 사지 않는 단계입니다."

"팬택의 베가6는 제품의 속성만을 강조했습니다. 고객에게 최초의 풀HD 스마트폰을 사야 하는 이유를 준 겁니다. 그런데 최초의 문제는 뭘까요? 영원하지 않다는 거죠. 몇 주 뒤 LG전자가 풀HD 스마트폰을 내놨습니다. 언론과 블로거들이 두 스마트폰의 속성을 샅샅이 비교분석해 내놓기 시작합니다. 우리 기업이 기술적인 우위를 갖고 있을 때는 최초 마케팅도 괜찮습니다. 그러나 경쟁자도 신제품을 내놓는다는 것이 속성중심 마케팅 커뮤니케이션의 문제입니다. 그러나 '관계마케팅'은 어떨까요? 친구관계에서 내 친구가 좀 못한다고 바로 관계를 끊지는 않죠. 내가 좋아하는 브랜드가 한두 달 늦게 제품을 내놓아도 기다려줄 수 있습니다."

■ 일관된 메시지를 제시하라

그렇다면 어떻게 관계를 형성할 것인가? 이 교수는 ① 메시지는 일관돼야 한다, ② 브랜드에 인격(사람)을 부여하라의 두 가지 전략을 제시했다.

"세계 최대 브랜드 컨설팅회사 중 하나인 랜더어소시에이츠의 창업자 월터 랜더는 '제품은 공장에서 만들어지지만 브랜드는 소비자의 머리에서 창조된다'고 했습니다. 그 말처럼 마케팅 커뮤니케이션의 궁극적인 목적은 소비자가 갖고 있는 브랜드에 대한 기억에 접근하는 겁니다. 핵심은 항상 일관된 메시지를 가져야 한다는 겁니다. 사람의 기억에 뭔가를 심는 게 어렵기 때문입니다. 한 사람이 하루 동안 노출되는 브랜드 또는 광고 관련 메시지가 5,000개라고 합니다."

일관된 메시지를 전달하는 방법은 방법은 무엇일까? 이 교수는 제품이 소비자가 만나는 모든 접점에서 같은 이야기를 해야 한다고 강조했다.

"많은 사람이 애플이라고 하면 창의적이라는 생각을 합니다. 애플 제품이 좋아서일까요? 물론 그렇기도 할 겁니다. 그런데 애플은 1976년 창업할 때부터 '애플은 창의적'이라는 메시지를 소비자들에게 일관되게 보내고 있습니다. 광고모델도 앨프리드 히치콕이나 알베르트 아인슈타인, 지미 헨드릭스 등 인류 역사상 가장 창의적인 사람들을 등장시켰습니다. 심지어 애플스토어의 서비스 창구에는 '지니어스 바'라는 이름을 붙였습니다. 서비스센터도 소비자와 만나는 접점이기 때문에 매체로 본 거예요."

▪ 브랜드를 의인화하라

그 다음은 브랜드에 어떤 메시지를 담을 것인가의 문제다. 단순하게 제품의 속성을 강조하는 시대는 지났기 때문에 개성을 부여하는 것이 마케터의 과제로 부상하고 있다.

"개성이라는 건 사람에게 쓰는 말이죠. 제품에 사람의 성격을 부여하는 게 바로 개성입니다. 여기서 오해하지 말아야 할 부분은 제품의 속성도 중요하다는 겁니다. 제품의 명확한 특징을 바탕으로 브랜드에 일관적인 개성을 만들 때 강한 브랜드가 됩니다. 앞으로 나오는 광고들을 자세히 보시면 그런 추세를 보실 수 있을 겁니다."

브랜드를 사람처럼 제시할 때 장점은 제품이 소비자의 자아를 표현하는 수단으로 활용된다는 점, 그리고 제품을 쉽게 차별화할 수 있다는 점 등이다. 그리고 궁극적으로 소비자가 브랜드에 애착을 갖게 하는 효과가 있다.

"그렇다면 소비자의 실제 모습을 보여주는 '현실적 자아'와 소비자가 바라는 모습을 나타내는 '이상적 자아' 가운데 제품이 어떤 자아를 표현하도록 하는 것이 효과적일까요? 많은 사람이 이상적 자아가 좋다고 믿어왔습니다. 최근 연구는 '상황에 따라 다르다'는 결론을 내고 있습니다. 그리고 소비자가 제품에 많이 관여할수록 브랜드가 현실적 자아를 반영할 때 애착이 커진다는 의견이 유력합니다. 스마트폰은 아침에 스마트폰 알람으로 잠을 깨고 침대에서 스마트폰으로 뉴스를 보면서 잠이 들 정도로 관여도가 높죠. 이런 제품일수록 너무 이상적인 이미지를 보여주면 진정성이 떨어질 수 있다는 겁니다."

소비자의 어떤 자아를 브랜드에 반영할 것인가

현실적 자아 (소비자의 실제 모습)	VS	이상적 자아 (소비자가 바라는 모습)

- 소비자가 제품을 자주, 많이 쓸수록 소비자는 제품이 자신과 가깝다고 느낀다.
- 제품의 브랜드가 소비자의 현실적 자아를 반영할 때 브랜드 애착이 높아진다.

LG 옵티머스G는 광고 카피로 '나는 당신입니다'를 선택했고, 삼성전자 갤럭시는 '라이프 컴패니언(삶의 조력자)'을 제시했다.

"이 제품들은 스마트폰에 현재 소비자의 자아를 반영하면서 동시에 이상적인 자아에 도달하는 조력자 내지는 동반자로도 제시했습니다. 이 브랜드가 나를 이끌어주는 것처럼 내가 원하는 삶을 가질 수 있다는 '성장성'을 메시지로 담은 것이죠. 앞으로도 마케터들은 브랜드에 차별화된 이미지를 담기 위해 끊임없이 노력할 겁니다. 여러분의 회사도 치열한 고민을 하시기 바랍니다."

자료: 한국경제신문, 2014년 1월 17일

13.1 촉진의 개념과 수단

1. 촉진의 개념

글로벌 마케팅에 있어서 촉진(promotion)은 대상으로 하는 목표시장 고객으로부터 기업이나 제품에 대한 호의적인 반응(motion)을 얻기 위하여 행해지는 커뮤니케이션 활동을 의미한다. 즉, 고객의 구매행동(motion)이 발생하게끔 강화시키는 활동(proactivating)이다. 촉진(promotion)은 고객과의 커뮤니케이션 과정이라는 측면에서 볼 때, 다음과 같은 그림에 의하여 좀 더 자세히 설명할 수 있다.

그림 13-1 커뮤니케이션 과정

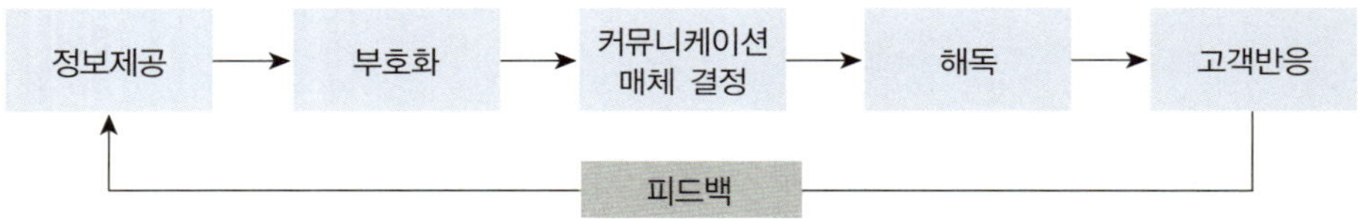

(1) 정보제공(encoder)

정보제공자는 글로벌 마케팅을 수행하는 기업이다. 고객에게 전하고자 하는 특정 메시지를 정보로 제공하게 된다. 글로벌기업이 전달하고자 하는 특정 메시지는 기업 이미지 제고를 위한 메시지, 제품 포지셔닝을 위한 메시지의 두 가지가 있다. 정보제공은 글로벌기업의 마케팅활동이 되며, 정보제공에 있어 고려할 사항은 커뮤니케이션 목표, 목표시장(target audience), 메시지의 명확화이다.

(2) 부호화(encoding)

전달할 내용을 시각, 청각, 언어·비언어적 부호나 상징으로 표현하는 것으로 ① 메시지 내용(정보제공자인 기업의 뜻대로 고객이 반응하도록 만들기 위해 사용되는 포지셔닝 개념, 아이디어, 주제 등), ② 메시지 구조(광고문안; copyright, 모델 등의 메시지의 구성), ③ 메시지 양식(음성, 화상, 동영상, 애니메이션 등 전달내용을 표현하기 위한 수단)을 고려해야 한다. 글로벌 마케팅에 있어서 부호화의 과정은 가장 중요하다. 제품의 강점을 포지셔닝하여야 하며, 글로벌고객의 사회문화적 속성을 반영하여 표준화할 것인지 현지화할 것인지를 결정해야 하기 때문이다.

(3) 커뮤니케이션 매체(communication media)

목표고객 및 촉진목표에 따라 촉진수단을 결정한다. 촉진수단에는 광고, 홍보, 판촉, 인적판매, 인터넷 등이 있는데, 현지시장에서 촉진수단의 가용성, 효과와 비용을 고려하여 결정해야 한다. 글로벌 촉진수단에 대하여는 좀 더 자세히 후술하도록 한다.

(4) 해독(decoding)

촉진수단에 의하여 전달된 메시지나 부호나 상징을 경험이나 지식에 근거하여 인지하고 이해하여 해독하는 과정이다. 문화와 라이프스타일의 변화에 따라 기존에 가지고 있던 제품이미지나 기능을 강화 또는 변경할 수 있도록 노력해야 한다. 리바이스의 청바지는 강하고 질기다는 기존개념을 패션제품으로서의 청바지로 변경하려고 노력하고 있다.

(5) 고객의 반응

문화적 배경, 개성, 라이프스타일에 따라 반응이 나타나게 된다. 고객의 반응은 다음의 세 가지로 나타날 수 있다.

- 메시지에 담긴 정보에 따라 제품을 인지 및 제품에 대한 지식 획득
- 제품 지식에 기초한 제품에 대한 선호 여부 결정
- 선호 여부에 따라 제품구매의도 여부 결정

고객의 일반적인 반응이 일어나는 절차는 주의(attention) – 흥미(interests) – 욕구(desire) – 내적 결정(mind) – 구매행동(action)의 5단계로 형성되어 있다. 고객 특성과 제품의 인지 정도에 따라 반응을 유발시킬 수 있는 촉진계획을 수립하여야 한다.

(6) 피드백(feedback)

의도한 정보 및 메시지가 고객에게 제대로 전달되어 예상한 반응이 일어나고 있는가, 즉 촉진효과를 검토하고 보완하는 활동이다. 이는 차기 촉진활동의 방향 설정에 중요한 역할을 하므로 중요한 과정이다.

2. 촉진수단

지금까지 보편적으로 이용된 마케팅의 촉진수단(promotion tools)은 광고, 홍보, 인적판매, 판촉, 인터넷, PPL, 포장, 매장진열 등의 기타 촉진으로 구별할 수 있다.

다음은 주요 마케팅 촉진방법의 특징이다.

(1) 광고(advertising)

광고의 근본적인 목적은 고객 설득, 이미지 강화, 기억 환기를 통하여 구매를 독려하는 데 있다. 광고란 광고주(sponsor)가 대가를 지불하고 제품, 서비스, 아이디어 등에 관련한 메시지를 신문, 잡지, 라디오, TV, 인터넷 등의 매체를 통해 목표고객에게 널리 알리고 구매행동이 유발되도록 자극하는 형태의 촉진활동을 의미한다. 광고와 홍보의 차이점은 홍보는 매체가 일방적으로 정보를 제공하는 것이라면, 광고는 광고주가 촉진의 대가를 지불한다는 점에 있다.

그림 13-2 | 글로벌 광고회사 순위(2010년)

(단위: 달러, 매출총이익)

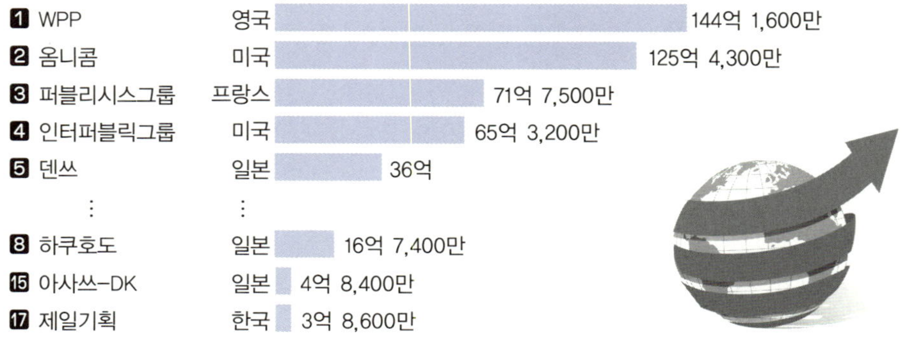

글로벌 광고를 수행함에 있어 기업은 주로 광고의 기획 및 제작을 대행하는 광고대행사를 이용하게 된다. 광고대행사를 선택함에 있어 기획력과 제작능력을 고려함은 물론이고, 광고를 표준화하는 경우 글로벌 네트워크를 보유한 광고대행사를 선택하는 것이 바람직하다.

(2) 인적판매(personal selling)

판매자가 예상구매자와 직접 대면에 의하여 정보와 제품의 강점을 제시하는 것으로, 특히 산업재마케팅의 경우에는 기술과 마케팅능력을 겸비한 인적판매가 중요하다. 글로벌 마케팅을 전개하는 초기에는 인적판매로부터 시작되는 것이 일반적이다. 글로벌 매너와 외국어 구사능력, 글로벌 마케팅능력을 겸비한 인적자원을 지속적으로 배양하는 것은 기업의 커다란 자산이 될 수 있다. 삼성을 비롯한 글로벌기업은 기본적인 능력을 겸비한 MBA 출신을 채용하여 수 년간의 교육과 훈련을 통하여 글로벌 인적자원을 양성하고 있다.

(3) 홍보(public relations)

기업이 소비자가 속해 있는 지역사회나 단체 등과 긍정적인 관계를 개발하는 방식으로 기업이미지를 제고하여 자사제품을 촉진하거나, 언론매체가 시청자들에게 정보제공의 목적으로 객관적인 메시지를 제공하는 것을 홍보라고 한다. 홍보와 광고의 차이는 기업이 매체에게 비용을 지불하지 않는다는 것과 매체 스스로가 뉴스 또는 기사 형태의 객관적인 정보를 제공한다는 것이다. 글로벌기업이 적극적으로 추진할 수 있는 홍보는 현지국의 지역사회활동에 참여하거나 각종 행사를 후원함으로써 대외이미지를 개선해 나가는 것이다. P&G가 한국에서 주부를 대상으로 각종 교육프로그램을 실시하는 것이 한 예라 할 수 있다.

(4) 판매촉진(sales promotion: 판촉)

이벤트, 행사, 쿠폰 및 경품 등의 판촉물 제공 등의 활동을 통하여 고객과 유통업자의 수요를 자극하는 방법을 의미한다. 판매촉진은 인적판매 및 광고의 효과를 증폭시킬 수 있으며, 고객의 반복구매나 우호적인 반응을 유도할 수 있는 장점이 있다.

(5) 인터넷 및 스마트폰

인터넷을 통한 배너광고, 경품행사 등을 수행할 수 있다. 사이트를 이용한 촉진뿐 아니라 애플리케이션 등 모바일 단말기를 이용한 촉진활동도 가능하다. 디지털시대로 접어들면서 아날로그형의 촉진보다 더 효과적이고 효율적인 인터넷 촉진이 각광을 받고 있다.[1)]

(6) PPL(product placement: 제품간접광고)

임베디드마케팅(embedded marketing)이나 끼워팔기마케팅(tie in sale marketing)과 같은 간접광고의 종류 중 하나이다. 협의의 개념으로는 영화나 드라마 속의 소품으로 등장하는 협찬을 통한 방법을 나타내며, 광의의 개념으로는 브랜드 이름이 보이는 브랜드 노출 이외에도 업체의 브랜드 로고나 이미지, 이용효익, 점포 등을 노출시켜 무의식중에 소비자가 이를 인식하게 하여 제품을 홍보하는 방식을 나타낸다.

간접광고(PPL)를 처음 시도한 것은 1945년 미국의 워너브라더스의 영화 〈Mildred Pierce〉로 영화의 주인공인 존 크로포드가 버번 위스키를 마시는 장면에서 상표를 노출시켰다. 1982년 〈ET〉에서는 주인공 엘리엇이 허쉬사의 초코볼 'Reese's Pieces'를 바닥에 하나씩 떨어트리는 장면이 등장했으며, 지구음식에 익숙하지 못한 ET가 유일하게 좋아하는 음식이 'Reese's Pieces'로 설정되었다. 이후 이 초코볼의 매출은 영화 개봉 3개월 만에 66% 상승했다. 원래 스티븐 스필버그 감독은 허쉬사의 경쟁사인 M&M의 초코볼을 영화에 사용하려고 했으나 간접광고의 효과에 대해 인지하고 있지 못하던 M&M 측에서 이를 거부한 것으로 알려지고 있다.

간접광고(PPL)의 종류는 의도적인 연출을 통해 단서를 제공하는 소품으로 광고할 제품을 등장시키거나 연기자의 대사나 실제 사용으로 제품을 노출시키는 온 셋 배치(on set placement)와 의도적으로 두드러지게 제품이나 브랜드를 노출시키는 것이 아니라 자연스러운 요소로 비교적 짧은 시간 동안 제품을 노출시키는 크리에이티브 배

1) 박재기, e-비즈니스의 핵심: 인터넷 마케팅, 형설출판사, 2004.

치(creative placement)로 분류할 수 있다.

그림 13-3 ▌ 영화 〈ET〉 속 PPL

간접광고(PPL)의 장점으로는 제품의 수용성 증가, 프로그램 몰입을 통한 브랜드 인지도 제고를 들 수 있으며, 영화나 프로그램이 해외로 수출될 경우 글로벌시장의 마케팅에도 효과적일 수 있다. 반면 PPL이 영화나 프로그램과 어우러지지 않을 경우 소비자가 제품에 대한 거부감을 갖게 될 수 있고, 극의 몰입을 방해하거나 예술의 순수성에 대한 침입이라는 부정적 인식을 통해 제품에 대한 부정적 이미지를 가져올 수 있다는 단점이 있다.

(7) 기타

기타의 촉진방법으로는 포장(packaging), 진열효과(shelf impact) 등이 있으며 구매시점에 고객의 구매의사결정에 큰 영향을 준다.

이상의 촉진수단을 마케팅 상황에 따른 효과로 고려하면 [그림 13-4]로 정리할 수 있다.

그림 13-4 ▌ 제품과 시장에 따른 촉진수단[2)]

<table>
<tr><td rowspan="4">구분 / %</td><td>주의</td><td>관심</td><td>확신</td><td>구매</td></tr>
<tr><td colspan="4">저관여제품(저가) → 고관여제품(고가)</td></tr>
<tr><td colspan="4">시장크기(大) → 시장크기(小)</td></tr>
<tr><td>도입기</td><td>성장기</td><td>성숙기</td><td>쇠퇴기</td></tr>
<tr><td>10</td><td>PS(인적판매)</td><td rowspan="3">PS</td><td rowspan="4">PS</td><td rowspan="7">PS</td></tr>
<tr><td>20</td><td rowspan="4">Ad(광고)</td></tr>
<tr><td>30</td></tr>
<tr><td>40</td><td rowspan="3">Ad</td></tr>
<tr><td>50</td><td rowspan="3">Ad</td></tr>
<tr><td>60</td><td>SP(판매촉진)</td></tr>
<tr><td>70</td><td rowspan="4">PR(홍보)</td><td rowspan="3">SP</td></tr>
<tr><td>80</td><td rowspan="2">SP</td><td>Ad</td></tr>
<tr><td>90</td><td>SP</td></tr>
<tr><td>100</td><td>PR</td><td>PR</td><td>PR</td></tr>
</table>

- 고객의 구매과정에서의 인지활동변화를 중심으로 볼 때, 주의(attention)에서 구매행위로 이전되어 감에 따라 인적 정보원천인 인적판매나 판촉은 그 상대적 중요성이 양의 상관관계를 갖는 데 반해 비인적 정보원천인 광고나 홍보는 대체로 음의 상관관계를 갖는다.
- 저관여제품일수록 매체광고가 효과적이며, 고관여제품일수록 인적판매가 더 효과적이다.
- 시장크기가 클수록 광고, 홍보, 판촉이 효과적이다.
- 제품수명주기의 도입기에는 광고와 홍보가 효과적이며, 쇠퇴기로 접어들수록 인적판매가 더 효과적이다.

2) 반병길, 국제마케팅, 박영사, 1994, p.561.

글로벌 마케팅의 경우에도 일반적인 촉진의 방법이 적용되지만, 현지시장과 글로벌 차원에서의 마케팅전략을 고려하여 지역·국가 시장별로 촉진믹스를 결정해야 한다.

또한 제품이 제품수명주기(PLC)상 어디에 위치해 있는지에 따라 촉진방법이 달라질 수 있는데 제품이 도입기에 있는 경우 많은 소비자가 제품에 대해 충분이 인식하고 있지 않기 때문에 많은 소비자에게 제품의 존재를 널리 인식시킬 필요성이 있으므로 대중매체를 통한 광고와 PR이 효과적이다. 최근 들어 SNS를 활용한 구전마케팅을 통해 신제품을 홍보하는 방식을 기업에서 많이 사용하고 있다. 성숙기에는 소비자들이 이미 제품이나 브랜드에 대해 인지하고 있을 가능성이 높아 광고나 PR보다는 인적판매나 매장 내 프로모션을 통한 설득과 판매촉진이 효과적이다. 쇠퇴기에는 이미 소비자들이 충분히 제품에 대해 인지하고 제품 관련 정보를 갖고 있을 확률이 크며 지속적으로 매출이 줄어들 가능성이 높으므로 촉진수단의 활용을 자제하는 것이 기업의 수익성 유지에 도움이 된다고 볼 수 있다. 하지만 기업의 전략상 쇠퇴기에 있는 제품의 매출액 상승을 위해서 새로운 효익이나 포지션을 강조하는 광고를 통하여, 제품의 위치를 다시 쇠퇴기에서 성장기나 성숙기로 변화시킬 수 있다. 박카스의 경우 성숙기를 넘어 쇠퇴기에 접어든 제품을 1999년 '젊음, 지킬 것은 지킨다'는 TV광고를 통해 젊은 소비자를 타깃으로 한 리포지셔닝전략에 성공했다.

3. IMC(Integrated Marketing Communication: 통합적 마케팅 커뮤니케이션)

시장환경이 변화함에 따라 대량마케팅(mass marketing)과 대량커뮤니케이션이 더 이상 효과적인 촉진방법이 되지 못하게 되면서 커뮤니케이션요소들이 통합된 IMC (Integrated Marketing Communication), 즉 통합적 마케팅 커뮤니케이션이 등장하게 되었다.

IMC는 전통적 방식인 비대면 ATL(Above The Line)과 대면광고인 BTL(Below The Line)을 결합한 마케팅기법이다. ATL에는 4대 매체인 TV·라디오·신문·잡지와 뉴미디어인 인터넷과 케이블이 있으며, BTL은 대면광고로 판매지원, 유통지원, 샘플링 등이 있다. 즉 IMC마케팅이란 ATL이나 BTL 중 몇 개의 수단을 선택하여 촉진하는 것이 아니라 여러 가지 채널을 동원하여 동시다발적으로 고객과 커뮤니케이션하는 방법이라고 할 수 있다.

미국의 광고대행사협회(AAAA: American Association of Advertising Agencies)는 1989년 다음과 같이 IMC를 정의하였다.

IMC는 광고, DM, 판매촉진, PR 등 다양한 커뮤니케이션 수단들의 전략적인 역할을 비교·검토하고, 분명한 메시지를 결합함으로써 명확성, 일관성, 커뮤니케이션 효과를 극대화하기 위한 커뮤니케이션 과정이다.
A concept of marketing communication planning that recognizes the added value of a comprehensive plan that evaluates the strategic roles of a variety of communication disciplines - for example, general advertising, direct response, sales promotion, and PR - and combines them to provide clarity, consistency and maximum communication impact through the seamless integration discrete messages.

미국 노스웨스턴대학의 슐츠(D. F. Schultz) 교수는 IMC를 '고객 또는 잠재적 고객에게 노출되는 제품과 서비스에 관련된 모든 정보의 출처를 관리하는 과정으로, 소비자로 하여금 자사의 브랜드를 구매하도록 하고 고객의 충성심을 유지시키는 것'이라고 했다. 이를 달성하기 위해 광고, PR, 구매 그리고 커뮤니케이션 등 이전에 분리된 것으로 보았던 다양한 방법을 하나의 전체적인 마케팅 커뮤니케이션으로 접근하는 새로운 커뮤니케이션 방법이라고 정의하였다.

이러한 IMC는 다음과 같이 세 가지 특징을 갖고 있다.[3]

- 고객의 태도보다는 즉각적인 행위를 중요하게 생각한다. 어떤 제품이나 브랜드에 대한 정적인 태도가 아니라 제품과 브랜드와 관련하여 실제로 어떤 형태의 구매행위를 보이느냐에 중점을 둔다. 예를 들어 "어떤 고객이 비누를 10번 구매할 때 우리 브랜드 비누는 몇 번 구매하는가, 소매점에서 소량으로 구매하는가, 대형매장에서 대량으로 구매하는가, 쿠폰과 할인 등 프로모션에 적극적인가 아니면 가격에 관계없이 구매하는가"와 같은 질문을 통해 타 브랜드와 차별화를 모색하는 것이다.

3) http://blog.naver.com/justalive/220111753344

- 소비자들의 브랜드 접점을 관리하는 것이다. 오늘날의 소비자들은 단순히 대중광고 하나만을 통해서 브랜드를 인지하는 것이 아니라 인터넷, 이벤트, 입소문, PPL, 스포츠마케팅, 모바일, 게임, 캐릭터 등 다양한 매체와 메시지를 통해 브랜드를 접촉한다. 그런데 이런 각 매체들은 각기 특징이 있기에 성공적인 IMC를 실시하기 위해서는 창의적이며 효율적인 브랜드 접점관리가 필요한 것이다.
- 일괄적인 커뮤니케이션이 아닌 고객별로 차별적인 커뮤니케이션을 지향한다. 대표적으로 충성고객과 비사용자에 대한 커뮤니케이션을 달리한다. 예를 들어 충성고객에게는 신제품에 대한 사용기회나 이벤트 초대 등을 통해 관계 강화전략을 구사하는 것이 좋다. 반면 비사용자에게는 적극적으로 브랜드를 홍보하여 인지도와 호감도를 올리는 것이 제품홍보에 더 효과적일 것이다. 이렇듯 IMC는 고객별로 세분화하여 각 고객에 가장 적합한 차별적인 커뮤니케이션을 하는 것이다.

그림 13-5 ▌ IMC마케팅전략

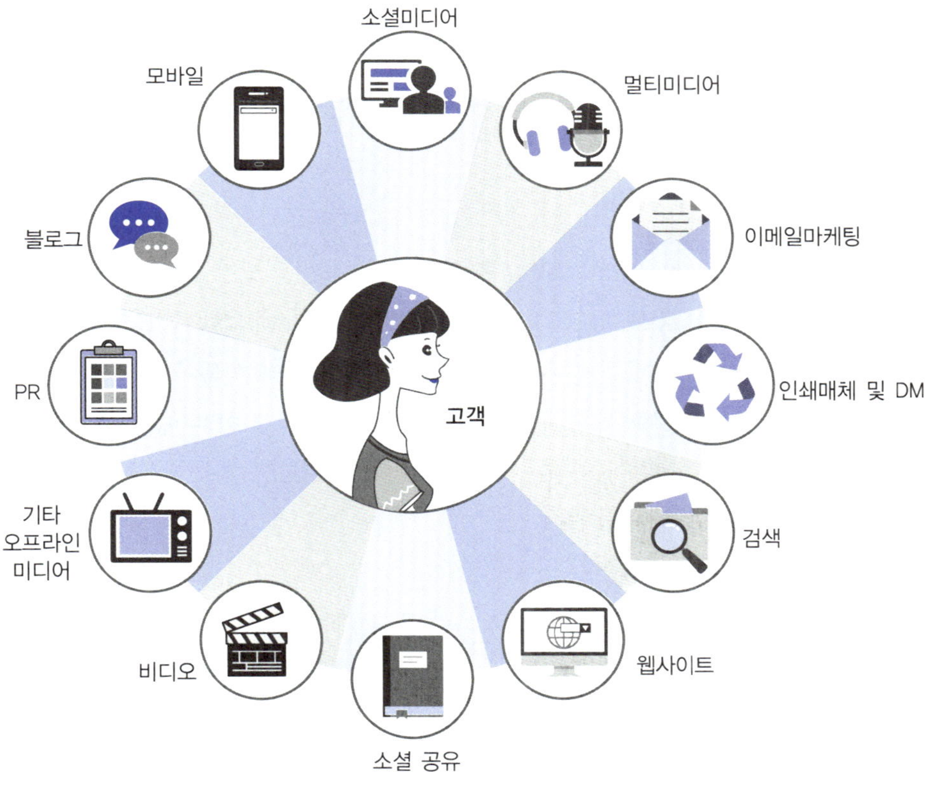

13.2 글로벌 광고

1. 글로벌 광고의 장애요인

글로벌 광고의 목적은 기업의 긍정적인 이미지를 유지하고 제품에 대한 인지도를 강화함으로써 마케팅 경쟁력을 확보하는 데 있다. 그러나 현지국들의 문화, 법, 제도, 언어 등의 차이로 정보제공자와 수용자, 즉 글로벌기업과 고객과의 의사소통문제를 고려하여야 한다. 글로벌 광고를 수행함에 있어 장애요인은 다음과 같다.

(1) 매체의 가용성 및 적합성 결여

매체의 가용성이나 적합성 결여로 인하여 메시지가 목표고객에게 도달하지 못할 수도 있다. 특정 제품 예를 들어 담배나 술과 같은 경우에는 대부분의 선진국에서는 광고가 법적으로 허용되지 않거나 규제가 많다. 국가의 인프라가 열악한 국가의 경우에는 적합한 매체가 부족한 경우도 많다.

(2) 메시지 해독의 차이

메시지가 목표고객에게까지 도달하더라도, 발송자가 의도한 대로 목표고객이 메시지를 이해하지 못할 수도 있고, 오해할 수도 있고, 달리 해석할 수도 있다. 메시지의 잘못된 번역, 방언, 은어, 기술용어 사용 등으로 수신자의 해독이 빗나갈 수도 있다. 또한 문화적 차이 때문에 목표고객의 가치관, 규범 등의 차이로 메시지가 다른 방향으로 해독될 수도 있다.

(3) 촉진효과의 차이

기업이 의도한 대로 메시지가 목표고객에게까지 도달했을 뿐만 아니라 해석되었음에도, 기업이 바라는 반응이 유발되지 않을 수도 있다. 매체에 대한 현지국의 인지도나 선호도의 차이로 인해 충분한 촉진효과를 기대할 수 없는 경우도 많다. 중국, 러시아, 인도 등은 지역적 차이가 커서 대중매체에 의한 효과는 일부 지역에서만 유효하기도 하다.

(4) 현지시장의 자료 가용성

특히 후진국의 목표시장에 대한 자료 부족은 글로벌 광고에 있어서 커다란 장애요인이다. 글로벌 마케팅관리자는 현지시장의 소득분포, 연령분포, 유통구조와 유통관습 등에 대한 제반 정보를 숙지하고 있어야 하며, 또한 이러한 정보가 시대적·환경적 요인에 따라 변화할 수도 있음을 명심해야 한다.

(5) 광고비용

광고비용은 국가마다 차이를 보이고 있으며, 기업의 협상능력에 따라서도 차이가 있다. 선진국의 경우 광고방송에 대한 수요는 급증하고 있으나 상업방송의 시간을 제한하고 있기 때문에 광고시간의 부족현상이 발생되고 있으며, 광고비는 더욱 증가되고 있는 실정이다.

글로벌 광고의 장애는 제품에 대한 현지고객들의 평가, 판단, 이해의 기준이 다르기 때문에 발생한다. 즉 글로벌 광고를 수행함에 있어서는 현지고객의 역사적·문화적 배경과 구매심리적 변화과정 등을 면밀히 검토해야만 한다.

2. 글로벌 광고의 성공요인

글로벌 광고가 성공적으로 이루어지기 위해서는 다음의 몇 가지 사항들에 대하여 고려하고 이에 적절히 대응해야 한다.

(1) 현지의 문화환경

글로벌 광고는 전략과 개발에 있어 현지국의 상황을 충분히 반영하여야 한다. 즉, 현지국 언어, 풍속, 사상, 관습, 기호, 정서, 심성, 생활환경, 금기사항(taboo) 등을 충분히 검토해야 한다. 글로벌기업은 마케팅의 표준화를 추구하는 것이 기본전략이겠으나, 글로벌 광고가 성공을 거두기 위해서는 현지국의 역사·문화·환경을 올바로 인식해야 한다. 예를 들어 종교적 관념으로 광고에 제약이 되는 경우가 있다. 페루에서는 자주색을 광고에 사용하는 것을 금기시하며, 이집트에서는 악어를 광고에 사용하지 못한다. 동양권에 서양의 음식이 소개되는 경우 문화적 차이로 확산시간이 오래 걸릴 수 있다. 일본에서 인스턴트커피, 홍콩에서 치즈가 소비자에게 익숙하게 소비될 때까지 많은 시간이 소요되었다.

(2) 적절한 광고매체의 선정

광고매체의 종류는 크게 신문, 잡지 등의 인쇄매체와 라디오, TV 등의 시청각매체, 우편광고·전화광고·전단광고 등의 직접매체광고 그리고 옥외광고, 카탈로그, 인터넷 광고 등이 있다. 광고매체를 선정하기 위해서는 목표시장의 고객들이 어떤 매체를 선호하고 있는가를 조사하여 매체에 대한 이용도, 매체의 특성, 매체의 전파영역 등의 장·단점을 분석하여야 한다. 또한 매체를 선택할 때에는 매체이용의 효과를 감안, 매체 간의 상호 보완적인 관계를 고려하여 필요한 매체를 효율적으로 조합하여야 한다.

표 13-1 광고매체별 장·단점

광고매체	장점	단점
신문	• 광범위한 노출 가능 • 크기, 색, 시기, 표적의 융통성 • 관심 독자의 자발적 노출 • 총광고비용이 비교적 저렴 • 장문의 광고문안 전달 가능	• 대부분의 광고가 읽히지 않고 지나감 • 젊은 계층은 무관심함 • 광고비 상승이 빠른 편임 • 표적의 선별능력이 비교적 적음
TV	• 창의성 발휘 가능 • 색상, 시기, 방법, 표적의 융통성 • 매우 광범위한 노출 • 반복광고 용이 • 제품 정보제공 용이	• 광고시간 짧음 • 광고비의 부담이 매우 큼 • 다른 광고와 경쟁 • 반복이 없으면 쉽게 잊혀짐

라디오	• 광고 제작 및 집행이 신속 • 표적 선별능력이 강함 • 청소년, 직장인, 운전기사 등 특정 계층에 유리 • 반복광고 용이	• 관심도 상대적으로 낮음 • 특정 방송의 경우 청취자수 적음 • 다른 광고와 경쟁 심함 • 반복이 없으면 쉽게 잊혀짐
잡지	• 표적 선별능력 강함 • 잡지의 수명이 비교적 장기간 • 품위 있는 이미지 제공 가능	• 노출당 비용(CPM) 높음 • 기획에서 노출까지 장기간 소요 • 독자층이 제한되어 있음
직접매체	• 목표고객에게 직접 도달 • 시기 선정의 용이성 • 효과 측정 용이함 • 다양한 내용 제공 가능	• 노출당 비용(CPM) 높음 • 잠재고객명단의 관리 및 유지비용 • 우편광고, 전단광고, 전화광고 등의 이미지가 다소 부정적임
옥외광고	• 광범위한 계층에 저비용으로 노출 • 기억을 강화하는 수단 • 색, 빛 등을 활용 가능	• 간단한 메시지만 전달가능 • 효과의 측정 어려움 • 부정적인 이미지 줄 수 있음
인터넷	• 목표집단 도달 정확성이 높음 • 고객과의 상호 커뮤니케이션이 높아 피드백과 거래가 용이함 • 세분화된 고객에게 맞춤형 광고 제공이 가능함 • 광고비용이 저렴함 • 광고효과 측정이 용이함 • 시공간의 한계 극복 • 멀티미디어 활용 가능	• 제한된 침입성(인터넷 사용자에 한함) • 낮은 도달률(특정 사이트에 방문해야 함) • 낮은 신뢰도 • 개인 프라이버시 침해가능성

(3) 현지 광고규제

광고에 대한 규제는 전 세계 어디에서나 찾아볼 수 있으며, 각국은 경제·정치·사회·문화 등의 환경변화에 따라 광고량, 광고매체, 제품의 종류, 가격구조, 광고의 내용에 대한 여러 가지 형태의 법적 규제를 시행하고 있다. 이러한 규제조치를 위반할 경우에는 경쟁사, 정부 또는 소비자단체로부터의 거센 반발과 함께 소송을 당하게 되기도 한다. 쿠웨이트나 독일의 경우 평일 광고시간을 규정하고 있으며, 담배·초콜릿·어린이 대상 특정 제품 등의 광고는 허용되지 않는 국가도 있다. 비교광고의 경우 직접적인 비교는 할 수 없으나 제품의 속성과 관련된 비교는 가능한 경우가 대부분이다. 우리나라의 경우에도 제품속성 한 가지를 대상으로 비교광고를 할 수 있도록 규정이 변경되었다.

사례 사람보다 컴퓨터가 많이 본 벤츠 광고

■ 57%는 프로그램 자동 클릭 … 온라인 광고시장 규모 논란

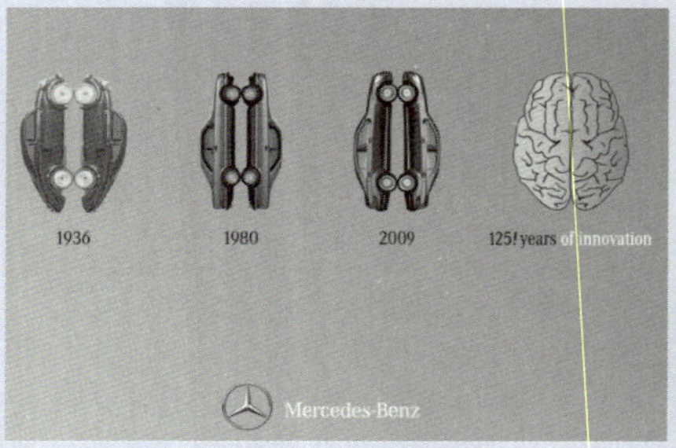

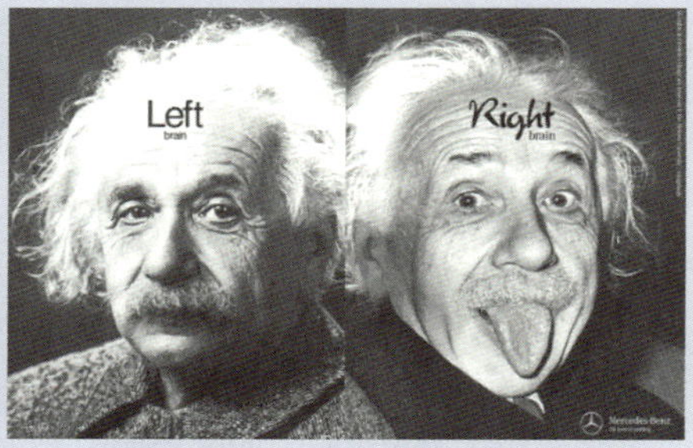

메르세데스 벤츠의 온라인 광고가 사람보다는 컴퓨터프로그램에 더 많이 노출됐다는 분석이 나왔다고 파이낸셜타임스(FT)가 26일(현지시간) 보도했다. 벤츠 광고를 본 사람수(트래픽)가 알려진 것보다 과장됐다는 뜻이다. 1,200억 달러 규모에 이르는 것으로 알려진 글로벌 온라인 광고시장 규모의 적정성 논란이 거세질 전망이다.

FT에 따르면 온라인 광고분석업체 텔레메트리가 총 36만 5,000건에 달하는 메르세데스 벤츠의 온라인 광고 샘플을 분석한 결과 57%가 사람이 아닌 자동화 컴퓨터프로그램에 노출된 것으로 나타났다.

FT는 "온라인 광고 집행을 맡은 로켓퓨얼이 메르세데스 벤츠의 광고를 잠재고객이 자주 찾는 사이트가 아닌 사기성 웹사이트에 게재해 트래픽만 높이는 눈속임을 벌였다"고 지적했다. 메르세데스 벤츠 측은 이에 대해 "문제가 된 광고는 전체 광고의 6%며 로켓퓨얼은 이 부분에 대해 광고 집행비를 전액 반납했다"고 설명했다. FT는 사람이 온라인 광고를 직접 클릭해 보는 것처럼 속이는 자동화기술 등 사기수법이 진화하고 있다고 지적했다.

온라인 광고의 효용성에 대한 논란이 계속되자 구글은 지난달 온라인 광고효과가 실제 매출로 연결되는지 증명하는 테스트 작업에 착수했다.

자료: 한국경제신문, 2014년 5월 28일

광고에 대한 규제가 점차 강화됨에 따라 광고업계는 나름대로의 규제대응전략을 수립하려는 움직임을 보이고 있다. 그 대표적인 대응전략은 바로 광고업계가 자체적인 규율과 지침을 만들어 이를 지키려 노력하는 것이다. 즉, 광고의 자율규제라 할 수 있다. 최근에는 광고업계와 소비자단체가 서로 협력하여 광고윤리규정을 공동작성하거나 공동감시하는 방법 등도 사용되고 있다.

표 13-2 한국과 미국의 광고규제 및 조치

구분	한국	미국
규제	• 오인시킬 우려가 있는 부정 표시, 광고 • 사실을 은폐하거나 기만적인 방법으로 속이거나 속일 우려가 있는 표시, 광고 • 비교광고 • 객관적으로 인정된 근거가 없는 내용으로 표시하는 광고 • 유인 또는 과장광고	• 기만적이거나 허위광고 (deceptive or false) • 불공정광고(unfair) • 미실증광고(insubstantial) • 유인 혹은 교환광고(bait or switch) • 비교광고(comparision)
조치	• 고의 또는 과실 여부를 불문 사실 여부 또는 진실 여부에 대한 입증책임 • 정정광고 • 시정권고 • 시정명령 • 고발 • 이의신청 • 불공정거래행위 중지 • 계약조항 취소 • 법률위반사실 공표 • 과징금	• 협의에 의한 자발적 중지 (voluntary compliance) • 재발을 방지하는 동의명령 (consent order) • 중지명령서의 발부 (cease and desist order) • 실증책임(substantiation) • 정정광고(corrective) • 금지명령(injunction) • 법개정을 통한 권한확보 (trade regulation rules)

13.3 글로벌 광고의 표준화와 현지화

글로벌 마케팅관리자는 글로벌 광고전략을 실행함에 있어 전 세계시장에 똑같이 적용될 수 있는 표준화전략과 목표대상 시장에 맞도록 개별국가 시장마다 각기 다른 차별적인 광고를 전달하는 현지화전략 중에서 하나를 선택해야 한다. 이를 위해 기업의 글로벌 개입수준과 글로벌이미지, 광고메시지의 개발비용, 광고대행사와의 관계, 활용가능한 광고매체 등 여러 가지 요인들을 종합적으로 고려하여 신중하게 결정할 필요가 있다.[4] 그리고 표준화전략과 현지화전략은 지정학적 위치에 따라서가 아니라, 각 시장이 가지고 있는 고유 특성에 따라 결정되어야 한다.

4) 이장로, 국제마케팅, 무역경영사, 1994, p.365.

1. 글로벌 광고의 표준화

글로벌 광고의 표준화는 정보통신의 발달로 세계시장의 동질화가 가속화되면서 그 활용가능성이 증대되고 있다. 글로벌 촉진의 표준화로 인한 가장 큰 장점은 글로벌 이미지를 구축할 수 있으며, 관리 통제 및 조정의 제비용이 절감된다는 것이다. 그 밖에도 다음과 같은 장점이 있다.

- 촉진프로그램 기획 등을 효과적으로 실시할 수 있으며, 객관적인 글로벌 광고효과를 비교분석할 수 있다.
- 제품의 혁신 속도가 빨라지고 있는 상황에서 제품이 동시에 출시되는 경우 글로벌 표준화가 필수적으로 요구된다.
- 특정 국가 시장, 특히 선진국 시장에서 성공한 광고는 다른 국가 시장에서도 성공할 가능성이 높다.
- 위성 TV(satellite TV), 인터넷 등을 활용하여 표준화된 글로벌 광고를 하는 경우 효과가 클 수 있다.

2. 글로벌 광고의 현지화

같은 제품의 속성과 기능을 제시하더라도 각국의 문화, 역사 등의 차이로 고객들의 구매행동이 상이하게 나타날 수 있다. 또한 라이프스타일, 소득수준, 시장구조 등의 경제적 또는 사회·문화적 여건의 차이로 소비자들이 요구하거나 인지하는 제품의 특징과 물리적 속성은 다를 수 있다.

해당 제품을 선호하고 구매하고자 하는 마음을 유발하도록 잠재고객들에게 정보를 전달하고 설득하는 것이 광고이다. 즉, 광고는 고객의 구매욕구를 자극시키는 활동이므로 고객의 심리적 상황을 충분히 이해해야 한다. 고객의 심리적 변화는 그들이 속한 문화, 사회, 역사적 변화, 라이프스타일, 개성 등에 의하여 형성되는 것이다. 현지 고객에 적합한 광고가 되지 못하면 글로벌 광고로서의 역할을 수행하지 못하게 되는 것은 당연하다.

글로벌 광고전략을 실행하는 데 있어서 표준화전략만을 고집할 경우 특정 시장에서의 접근성은 낮아질 수 있다는 약점이 있다. 실제로 글로벌 광고시장에서 완전히 표준화된 광고는 거의 없다. 대부분의 광고는 지역 특성을 감안하여 약간씩의 현지화 전략을 적용하고 있다.

13.4 글로벌 광고계획 수립

1. 글로벌 광고기획과 제작(art direction)

광고의 기획과 제작은 고객 및 경쟁에 대한 체계적인 분석과 창조적인 표현능력에 의하여 좌우된다. 광고의 기획은 고객과 경쟁을 분석하여 제품 및 기업의 포지셔닝 개념을 확립하고, 광고의 시기 · 기간 · 횟수 · 예산 등을 관리하는 활동이다. 광고의 제작은 포지셔닝 개념에 따라 감각적인 표현을 하는 것으로, 유머 · 섹스 · 만화 · 모델 · 공포 등의 표현방법을 구상하여 형상화하는 작업을 의미한다. 광고 기획은 마케팅의 제반 전략적인 능력이 요구되며, 광고 제작에는 창의성과 예술성이 요구된다. 예를 들어 오리온의 '정(情)'이라는 개념은 광고를 기획하는 과정에서 도출된 것이다. 이러한 포지셔닝 개념은 제품과 관련한 속성, 다시 말해 제품을 사용하는 과정에서 고객이 느끼거나 얻게 되는 효익을 주로 사용하게 된다.

글로벌 광고를 기획함에 있어서도 제품을 철저히 분석하고, 고객들이 쉽게 공유할 수 있는 보편적이면서 강렬한 이미지를 줄 수 있는 개념을 설정하여야 한다. 물론 경쟁사들과 차별화된 개념을 이용하여야 하는 것은 당연하다. 광고는 반복 노출을 통하여 고객에게 정보를 제공하고, 이미지를 강화하고, 기억을 회상할 수 있도록 하여 구매를 독려하는 것이다. 그러므로 광고효과를 효율적이고 효과적으로 배가시킬 수 있도록 시기와 기간 및 횟수를 책정하여야 한다.

광고 기획에서 가장 중요한 것은 광고효과가 최대한 발생될 수 있도록 예산을 책정하고 광고비를 사용하는 것이다. 광고예산을 산정하는 방법에는 재무상태기준, 매출액비율, 경쟁기준, 촉진목표기준이 있다.

재무상태기준이란 기업의 재무상태에 따라 가능한 범위 내에서 광고예산을 책정하는 것이다. 이 방법에 의하여 예산을 책정하는 하는 경우 기업의 재무상태가 양호한 경우에는 큰 지장이 없으나, 재무상태가 안 좋은 경우에는 제일 먼저 광고예산을 삭감하게 될 우려가 있다. 광고예산을 삭감하여 광고를 하지 못하면 매출액은 더욱 줄어들어 수익성이 악화되어 재무상태가 더욱 안 좋아지는 악순환에 빠질 우려가 있다.

표 13-3 광고예산 책정방법

재무상태기준	기업의 재무상태에 따라 가능한 범위 내에서 광고예산을 세우는 방법
매출액비율	현재 또는 예상 매출액의 일정비율로 유지하거나 단위당 가격의 일정비율로 정하는 방법
경쟁기준	경쟁브랜드의 촉진비용 규모와 동등하게 예산을 결정하여 균형을 이루는 방법
촉진목표기준	촉진에 관한 목표를 정하고 목표를 달성하기 위한 과업을 결정하고 수행하는 데 필요한 경비를 예산으로 정하는 방법

매출액비율은 매출액기준으로 광고예산을 책정하는 것으로 전략적으로 시장을 확대하거나 새로운 신규시장으로 확장하려는 경우에는 그 전략을 반영하기 힘들다는 문제점이 있다.

경쟁기준은 경쟁제품의 광고비 지출과 비교하여 예산을 책정하는 방법인데, 경쟁자를 견제하는 의미는 있겠으나 경쟁자와 광고전쟁이 일어날 우려가 있다.

촉진목표기준은 전략적인 관점에서 목표고객에게 어느 정도 노출시킬 것이며 구매유도효과를 어느 정도 얻을 것인가를 목표로 하여 예산을 책정하는 것이다. 가장 바람직한 방법으로 재무상태, 경쟁, 매출효과 등을 같이 고려하여 책정한다면 이상적인 방법이 될 수 있다.

글로벌 광고의 제작에는 고도의 예술성과 창의성이 발휘되어야 한다. 또한 국가별 문화적 특성을 고려하여 거부반응을 일으킬 수 있는 표현은 삼가야 할 것이다. 광고주나 광고대행사의 자기판단기준(self-reference criteria)에 의하여 광고 제작 표현기준을 삼는 것은 문제 발생의 소지가 많다. 특히 광고를 현지화하는 경우에는 현지의 문화적 특성을 고려해야 한다. 아름다움, 즐거움, 반가움 등의 기본적 심리는 같지만 판단기준은 문화적 차이에 따라 다른 것이 일반적이다.

사례 리복(Reebok)의 연도별 광고목표

리복의 신제품 운동화 출시 후 광고목표는 다음과 같다.

① 캐주얼 운동화를 필요로 하는 2천만 여성 소비자의 20%가 리복의 패션 운동화가 있다는 사실을 알게 한다. 대상은 15세에서 49세 사이의 여성으로 45달러의 운동화를 구입하는 데 부담이 없는 여성들이다.

② 리복 신발을 알고 있는 여성들의 50%에게 리복 신발은 값이 비싼 고급 품질의 신발이며 신발 윗부분은 부드러운 가죽으로 되어 있고 신발 색상이 다양하며 특정 소매점에서만 구입할 수 있다는 사실을 인지시킨다.

③ 리복을 알고 있는 여성들의 50%에게 리복은 아주 품질이 좋고, 편안하며 스타일이 뛰어나고 값어치가 있다는 것을 확신시킨다.

④ 리복을 확신하고 있는 50%의 여성들에게 리복 운동화를 한번 신어봤으면 하는 욕구를 생기게 한다.

⑤ 리복을 신어봤으면 하는 욕구를 가진 주부 가운데 50% 여성들이 실제로 리복 소매점에 가서 리복 신발을 구입하도록 한다.

2. 글로벌 광고문안(copy writing)

글로벌 광고 기획과 제작에 있어 가장 중요한 것 중 하나는 적합한 광고내용을 개발하여 선택하는 일이다. 각 시장별로 독특한 특성을 지니고 있으므로 소구 포인트와 메시지를 개발할 필요가 있다. 더욱이 광고의 표준화전략을 수행하는 경우에는 단일 메시지를 통하여 여러 시장에 전달될 수 있도록 하여야 한다. 현지화전략을 취하는 경우에는 현지시장의 특정 세분시장에 맞는 광고문안과 메시지를 개발해야 한다. 효과적인 광고 메시지의 개발에 따른 광고 제작의 원칙과 방법 등의 기술적 문제는 근본적으로 모든 국가에서 대동소이하다고 볼 수 있다.

광고문안을 번역하는 것은 광고계에서 굉장한 논쟁의 대상이 되어 왔다. 광고문안은 가능한 한 짧아야 하며 속어나 관용적인 표현을 사용해서는 안 된다. 왜냐하면 다른 언어로 그러한 메시지를 옮기게 되면 항상 더 많은 공간을 차지하기 때문이다. 그래서 시각적 표현방식, 사진, 삽화 등을 적절히 포함시키는 것이 바람직하며 그러한 것들의 사용이 증가하고 있다.

디지털시대로 접어들면서 시각적이고, 동영상을 이용한 광고가 보편화되고 있다. 문맹률이 높은 나라에서는 의사전달에 어려움을 겪게 되는데 시각적인 표현방식은 이를 극복할 유용한 커뮤니케이션 방법이다.

광고 언어를 번역할 경우에는 그 내용이 현지언어의 발음, 어감 등으로 보아 전혀 다른 뜻으로 해석될 수 있는 가능성은 없는지 점검해야 한다. 예를 들어 펩시의 광고 문구인 'Come alive'는 아시아판에서 무덤에서 조상들을 되살아나게 하려는 부름으로 잘못 이해되었다.[5)]

그리고 포드사의 트럭 Fiera는 스페인어로 '추잡하고 늙은 여자'라는 뜻으로 해석되며, 제너럴모터스의 광고문안 중 Body라는 단어는 프랑스에서 '시체'라는 뜻으로 잘못 번역되어 큰 문제가 되었다. 아메리칸모터스의 Matador는 푸에르토리코에서 '살인자'라는 의미로 해석되는 우를 범한 적도 있다. 이와 같은 언어전달의 실수가 발견될 때에는 즉각 시정조치해야 한다.

3. 광고매체의 선택

광고 메시지가 결정되면 이것을 전달할 광고매체를 선정하여야 하는데, 광고매체란 광고에 의해서 영향을 받게 되리라고 기대되는 개인 혹은 집단에게 광고물과 광고 메시지를 전달하는 매개물 또는 운반수단을 의미하는 것으로 신문·잡지·TV·라디오·옥외간판·인터넷 등이 있다.

국가마다 정치, 사회문화, 경제적인 특성과 사정이 각기 다르기 때문에 한 국가 시장에서의 광고매체 선정이 다른 국가 시장에서도 그대로 적용되는 경우는 매우 드물다. 광고매체의 가용성도 국가마다 차이가 있다. 또한 어떤 국가는 정부가 특정 제품이나 특정 내용에 대한 광고매체를 규제하는 경우도 있다.

글로벌 광고매체를 선정하는 경우 고려해야 할 요인은 다음과 같다.

(1) 광고비용

광고비용은 나라마다 다소의 차이를 보이고 있으며, 기업의 협상능력에 따라서도 차이가 있다. 선진국의 경우 방송광고에 대한 수요는 급증하고 있으나 상업방송의 시간

5) Warren J. Keegn, *Global Marketing Management*, Prentice Hall International INC, pp.564-565.

을 제한하고 있기 때문에 이로 인하여 광고시간의 부족현상이 생겨나고 있으며, 이에 따라 이들 국가의 광고비는 더욱 증가하고 있다. 대개의 경우 1,000명의 고객에게 광고가 노출되도록 하는 데 소요되는 광고비인 CPM(cost per thousand impression)을 광고비 비교기준으로 사용하고 있다.

(2) 광고범위

광고의 범위란 어느 정도의 세분화된 시장에 어느 정도의 차별화된 광고 메시지를 전달할 것인가에 관한 문제이다. 광고의 도달(reach)과 충분성(richness)이 어느 정도로 효과적인가의 문제이다.

효과를 높이기 위해서는 시장을 그 특성에 따라 가능한 한 최대로 세분화하고, 세분시장마다 각기 다른 광고매체를 이용하여 차별적인 메시지를 전달하는 것이 좋은 방법이라고 할 수 있다. 매체의 선정은 [표 13-4]의 도달, 노출, 비중, 연속성, 비용 등을 고려하여 선정해야 한다.

표 13-4 광고매체 선정기준

도달	목표소비자 중 몇 %가 광고 메시지에 일정기간 동안 한 번 이상 노출되는가?
노출빈도	목표청중이 일정기간 동안 광고 메시지에 노출되는 평균횟수는 얼마인가?
비중	일정기간 동안 어느 정도의 광고를 해야 하는가?
연속성	광고의 시간적 관리집중모델로 할 것인가, 파동모델로 할 것인가?
비용	광고예산을 효율적 · 효과적으로 매체별로 어떻게 배분할 것인가?

(3) 고객정보

앞서 언급한 대로 목표시장에 대한 자료 부족은 글로벌 광고에 있어서 커다란 장애요인이다. 현지시장 고객의 소득, 연령분포, 유통구조와 유통관습 등에 관한 제반 정보를 분석해야 하며, 시대적 · 환경적 요인에 따라 변화되는 양상도 고려해야 한다.

13.5 글로벌 홍보

어느 기업이나 고객, 금융기관, 피고용자, 정부, 일반대중 등과 공중관계(public relations)를 맺고 있다. 기업의 입장에서 이러한 공중관계에 영향력을 행사한다는 것은 매우 중요한 일이다. 예를 들어, 금융기관과의 우호적인 관계를 형성하고 있는 기업은 자금조달의 용이성을 발휘할 수 있다.

공중관계는 홍보, 공장견학, 주주총회 등의 방법을 이용하여 우호적인 기업이미지를 형성하는 데 도움을 준다. 1970년대 중반 에너지위기가 있었을 때, 모빌(Mobil)은 제품광고를 대폭적으로 줄이는 대신 홍보활동을 적극적으로 전개함으로써 에너지위기의 근본적인 원인이 석유수출국기구(OPEC)에 있음을 강조하면서 고객과 정부의 규제를 피할 수 있었다.

홍보는 광고와 달리 매체에 대한 비용지불이 없다는 특징이 있다. 물론 관련 당사자의 업무비용은 다르지만, 기업이 바라는 반응이나 제품이미지와 무관한 메시지가 일반대중에게 전달될 수 있다는 점에서 광고와는 차이가 있다. 즉, 홍보의 경우에는 기업이 촉진활동에 대한 직접적인 통제력이 없다. 심지어는 부정적인 반응을 불러일

그림 13-6 기업의 공중관계(public relations)

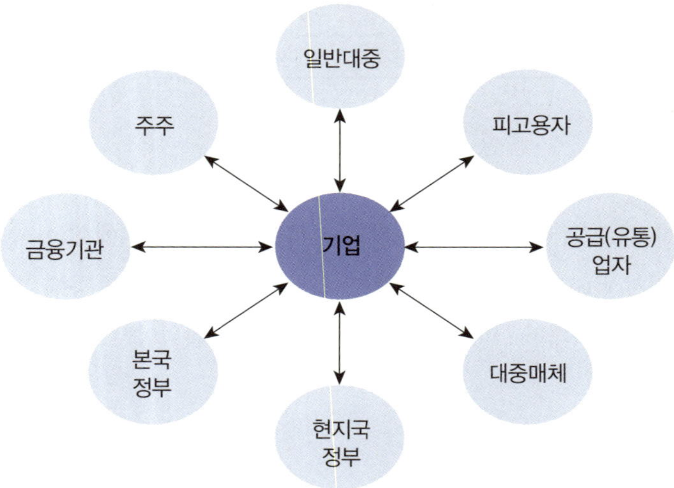

으키는 홍보가 될 수 있다. 예를 들어, 인도의 보팔(Bhopal)에서 유니온 카바이드(Union Carbide)의 유독가스 유출사고와 폭파사건이 뉴스와 그 회사제품의 위험성이 담긴 기획물들로 보도된 것은 분명 그 기업에 치명적인 타격을 준 홍보가 된다.

글로벌기업이 외국시장에 진입하는 경우, 대중매체에 제품이나 기업에 대한 홍보를 하거나 전문학회를 통한 세미나를 함으로써 사전에 우호적인 이미지를 형성할 수 있다. 이와는 반대로 1999년도 벨기에에서 코카콜라에 유해성분이 있다는 보도라든가, 이탈리아 와인에는 메틸알코올 성분이 함유되어 있다는 등의 보도는 현지시장에서 치명적인 손실을 입힐 수 있다. 즉, 글로벌기업은 바람직한 공중관계를 형성함으로써 시장지위를 높여 나갈 수 있도록 내부에 전문 홍보요원을 양성하여 관리할 필요가 있다.

13.6 글로벌 판매촉진

판매촉진은 촉진수단 중에서 가장 단기적인 효과가 있지만, 고객의 주의를 집중시키고 구매동기를 제공하는 수단의 하나이다. 판매촉진수단은 문화나 시장 특성에 따라 효과가 다르게 나타나며, 각종 규제의 대상이 되기도 하기 때문에 주의를 기울여야 한다. 미국에서는 잘 통용되고 있는 쿠폰은 우리나라에서는 효과가 거의 없는 것으로 나타나고 있다.

사용되고 있는 판매촉진의 수단은 매우 다양하다. 가격할인(reduce the price) 쿠폰, 할인판매, 물량할인 등은 구매시점에 제공되는 할인혜택들이다. 또 다른 형태의 판매촉진수단은 추가적 가치(adds value)를 제공하는 것으로 보너스 팩, 무료샘플, 유사제품 구매쿠폰 등을 제공하는 방법이다. 고객에게 제공되는 판촉수단 이외에 무료시음이나 무료시사회와 같은 이벤트 촉진(event promotion), 유통업자 또는 내부구성원에게 제공되는 내부고객 판촉(staff promotions)도 있다.

글로벌시장에 판촉을 적용하는 경우 생각해 볼 문제는 다음과 같다.

첫째, 현지시장의 특성과 문화를 검토해야 한다. 일반적으로 소득이 낮거나 실용성을 강조하는 문화를 지닌 소비자들에게 판매촉진의 방법이 효과적이다. 우리나라에서는 쿠폰보다 경품과 상품권이 효과가 높은 반면, 미국의 경우에는 그 반대현상이 나타나고 있다.

둘째, 현지국의 정부 정책 및 법률을 검토하여야 한다. 현지국의 소비자를 보호하고 시장왜곡 또는 기만행위를 막기 위하여 몇몇 판촉방식을 제한하는 국가들이 존재한다.

셋째, 판촉활동은 소매상과 중간 유통업자들을 개입시켜야 하는데, 그들로부터 협조를 얻을 수 있는 유인책이 마련되어야 한다. 이 경우 실수요자들을 대상으로 한 푸시전략(push strategy)이 될 수 있기 때문에 인지도가 비교적 낮거나 글로벌 제품이 아닌 경우 이용하게 된다. 패스트푸드점의 장난감, 퍼즐 등과 같이 구매시점에 경품이나 선물을 주거나 이벤트를 하는 경우 시행에 대한 협조뿐 아니라 비용분담에 대한 협조도 얻어야 하기 때문에 검증된 판촉활동의 자료를 제시할 수 있어야 한다.

그림 13-7 ▌ 판매촉진의 Push전략과 Pull전략

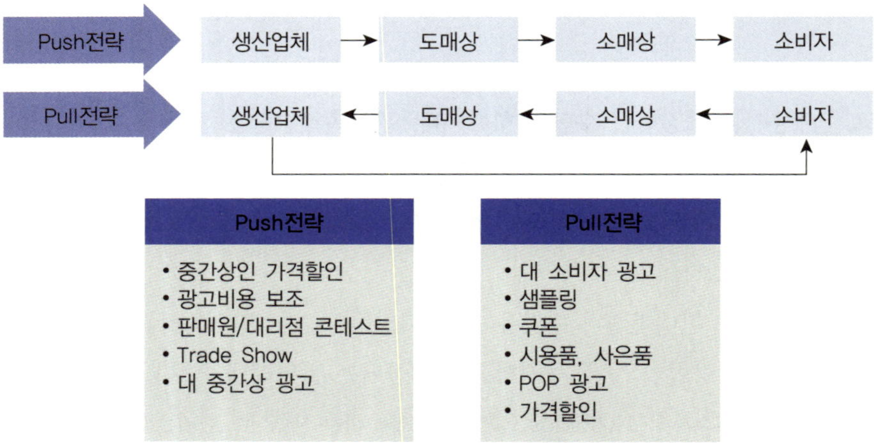

그 밖에 고려할 사항은 비용과 규범이다. 판촉활동은 상대적으로 비용이 적게 드는 것이기는 하지만, 추후 구매고객에게는 구매갈등을 불러올 소지가 있으며, 사회규범에 어긋난 판촉활동은 규제의 대상이 될 뿐 아니라 상도덕에 벗어나고, 결국 부정적 결과만을 초래할 수 있으므로 스스로 자제해야 한다.

13.7 인터넷촉진[6)]

1. 인터넷촉진의 중요성

미국의 모건스탠리(Morgan Stanley) 보고서에 따르면 미국에서 라디오 사용자가 5,000만 명이 되는 데는 38년, 텔레비전은 13년, 케이블 TV는 10년이 걸린 것에 비해, 인터넷은 불과 5년밖에 걸리지 않았다고 한다. 라디오와 비교해 보면 33년, TV보다는 8년이 단축된 것이다. 이러한 확산은 인터넷 자체의 특성이 작용한 것이지만, 인터넷 마케팅의 촉진활동이 가져온 결과이기도 하다.

한국의 인터넷 이용자수는 2014년 3월 기준 총 3,476만 2,000명이며, 총인구 대비 인터넷 이용자의 비율은 81.1%, 인터넷 미경험자는 12.4%이다.[7)] 인터넷 인구의 남녀 구성비는 53:47이며, 인터넷 이용률은 남성 83.9%, 여성 78.3%이다. 연령별 남녀 간 인터넷 이용률 격차는 60대(23.6%)에서 가장 높았고, 40~44세가 1.8%로 가장 낮았다. 인터넷을 가장 많이 이용하는 연령대는 20대로 이용률이 96%를 넘어섰다. 특히 60대는 스마트폰 이용자 증가 영향으로 작년 12월 대비 3.8%나 증가한 35.5%를 기록했다. 또한 국내 스마트폰 이용인구는 전년 동기 대비 3.4% 증가한 3,182만 1천 명으로 조사됐다.

인터넷 및 스마트폰 인구의 증가는 인터넷쇼핑시장 또한 성장시켰다. B2C는 물론이고 B2B의 인터넷거래도 증가하고 있으며, 이에 따라 인터넷을 통한 촉진활동의 중요성도 커지고 있다.

2012년 국내 온라인쇼핑시장 규모는 47조 6,450억 원으로 전년 대비 18.0%의 높은 성장률을 보였다. 주요 매체별로 보면 인터넷쇼핑 거래규모가 전년 대비 14.5% 증가한 37조 2,050억 원을 기록하였으며, 온라인쇼핑시장 총거래규모의 78.1%를 차지하였다. TV 홈쇼핑은 7조 9,200억 원으로 전년 대비 21.3% 증가를 기록하며 꾸준한 증가세를 유지하고 있다. 모바일쇼핑의 경우 전년 대비 1.8배 가까이 성장하여 1조

6) 박재기, e-비즈니스의 핵심: 인터넷 마케팅, 형설출판사. 2004.

7) 닐슨코리안클릭(2014년 6월), '인터넷 이용자 추정조사보고서' 내용 중 일부이며, 보고서는 2월 26일~3월 18일까지 전국의 만 7~69세 남녀 4,000명에게 전화로 면접조사한 결과임.

7,000억 원을 기록하였다.

▌표 13-5▐ 국내 온라인쇼핑시장의 규모 및 전망 (단위: 십억 원)

	2007	2008	2009	2010	2011	2012
카달로그쇼핑	650	650 (0.0%)	730 (12.3%)	770 (5.5%)	770 (0.0%)	820 (6.5%)
TV홈쇼핑	3,900	3,990 (2.3%)	4,700 (17.8%)	5,680 (20.9%)	6,530 (15.0%)	7,920 (21.3%)
인터넷쇼핑	15,380	17,960 (16.8%)	22,030 (22.7%)	27,240 (23.6%)	32,480 (19.2%)	37,205 (14.5%)
모바일쇼핑		2 –	10 (400%)	300 (2,900%)	600 (100%)	1,700 (183%)
총합계	19,930	22,602 (13.4%)	27,470 (21.5%)	33,990 (23.7%)	40,380 (18.8%)	47,645 (18,0%)

*( ) 안은 증가율임
자료: 한국온라인쇼핑협회(2011, 2013)

메트칼프현상(Metcalfe effect)8)과 같이 인터넷시장은 상상을 초월할 만큼 빠르고 급속히 확산되고 있는데, 이에 따라 인터넷이 미래 시장성장을 주도하면서 기존의 거래방식까지 바꿀 것이라는 점에 대해서는 이제 더 이상 아무도 의심하지 않는다. 인터넷 이용자 증가에 따라 인터넷 촉진활동은 없어서는 안 될 만큼 중요성이 더욱 커지고 있다.

사례 "페북 없이 마케팅도 없다"… 기업 홍보 대세로 떠오른 SNS

"함께 '500 얼음땡'을 빛낼 회사를 찾고 있사옵니다. 스폰서로 참여를 원하시는 기업은 메시지 또는 댓글을 달아주시옵소서(한국민속촌)."

"이런 놀이에 시원한 맥주가 빠져서야 쓰겠소~ 우리도 함께하고 싶소(하이트진로)!"

지난 8일부터 이틀간 한국민속촌 공식 페이스북 페이지에는 각 기업 계정이 '총출동'하는 진풍경이 펼쳐졌다. 발단은 '~옵니다', '~하소서' 등 사극 말투로 인기를 얻고 있는 민속촌 페이스북 운영자 '속촌아씨'가 올린 글. 다음달 민속촌 주최로 열리는 행사 '500 얼음땡' 협찬을 요청하자 순식간에 하이트진로, 처음처럼(롯데주류), 도브(유니레버코리아), 광동제약, 동아오츠카 등 각 기업·제품 공식 홍보계정이 앞다퉈 댓글을 달았다.

8) 메트칼프(Metcalfe)현상의 대표적인 예는 World Wide Web인데, 메트칼프(Metcalfe)의 법칙이란 네트워크 이용자가 늘어날수록 네트워크의 가치는 증가한 네트워크 이용자수의 제곱씩 기하급수적으로 크게 증대되는 현상을 말한다.

"아씨~ 비타500과 뜀박질에 지친 백성들의 갈증을 구휼할 옥수수수염차로 잔치를 빛내볼까 하옵니다(광동제약)", "신문물 가전제품업체가 아직 나타나지 않았다니(하이얼코리아)!" 등 조선시대 말투를 흉내낸 각 기업 댓글에 누리꾼의 관심이 폭주했다. 지난 17일 1차로 판매한 200명분의 티켓은 15분 만에 모두 동이 났다.

■ 페이스북 마케팅시대

페이스북 없이 홍보와 마케팅을 논할 수 없는 시대가 됐다. 국내외 대표 소셜네트워크서비스(SNS) 페이스북은 이용자들이 실시간으로 콘텐츠에 공감하고 입소문을 낼 수 있어 효율적인 소통 창구로 자리매김했다.

마케팅수단으로 페이스북이 널리 쓰이면서 창의적인 홍보사례도 나타나고 있다. 육개장, 양파링, 수미칩 등 자사 제품에 특색 있는 이야기를 입혀 '스토리텔링'에 나선 농심이 대표적이다. 프랑스 모델 출신 방송인 파비앙이 소개하는 양파링 요리법, 감자칩 제품인 수미칩 담당자가 알려주는 '감자 껍질 쉽게 까는 방법' 등의 콘텐츠를 통해 눈길을 사로잡는 식이다. 롯데닷컴은 상자를 뒤집어 쓴 엉뚱한 느낌의 '박스녀'를 마스코트로 내세워 친근함을 살렸다는 평가를 얻었다.

입소문에 효율적인 만큼 부정적인 반응도 빠르다. 현대차는 지난해 11월 페이스북을 통해 제네시스 4행시 공모전을 열었다가 망신을 당했다. 누리꾼 선정 최고의 4행시가 '제네시스에서 또 물이 새네요'로 시작하는 등 현대차의 결함을 조롱하는 4행시가 잇따라 등장한 것. 페이스북은 아니지만 한국수력원자력도 지난 6월 블로그를 통해 마스코트 이름을 공모했다가 원자력 발전에 대한 부정적 인식이 담긴 '재앙이', '시한폭탄' 등의 애칭이 후보로 올라 진땀을 뺐다.

■ 팬 늘리기보다 콘텐츠 질 확보해야

효과적인 기업 페이스북 운영 비법은 뭘까? 『100만 방문자와 소통하는 소셜마케팅』을 지은 송동현 스트래티지샐러드 부사장은 5가지 팁으로 △운영목적을 확실히 할 것, △통합마케팅에 신경 쓸 것, △모바일환경을 이해할 것, △재미와 감성을 담은 콘텐츠를 발굴할 것, △이용자와 공감할 것 등을 꼽았다. 송 부사장은 "무분별한 팬 확보와 콘텐츠 확산만을 위해 페이스북을 운영하면 특별한 경쟁력이 없는 또 하나의 마케팅·홍보채널로 전락할 것"이라며 "캐릭터 등을 활용해 기업을 '인간화'하는 방법을 추천한다"고 말했다.

『페이스북 장사의 신』 저자 김철환 적정마케팅연구소장은 "변죽을 울리는 것이 핵심"이라고 했다. 그는 "페이스북 등 SNS 운영을 제대로 못하는 기업은 두 부류로, 재미없게 홍보만 하거나 상품·서비스와 관계없는 개그 게시물만 올리는 부류"라며 "상품·서비스와 연관이 있으면서도 정색하고 광고하는 느낌이 나지 않도록 하는 것이 중요하다"고 했다.

페이스북 전문가들은 무엇보다 중요한 것이 콘텐츠 경쟁력이라는 데 의견을 모았다. 김 소장은 "10만 명의 팬을 확보해도 도달률이 2%에 불과하다는 조사가 있다"며 "단순히 채널유지에만 힘을 쏟을 것이 아니라 누구나 공유하고 싶은 콘텐츠를 생산해야 한다"고 조언했다. 그는 "진보적 성향이 우세한 페이스북 특성상 기업의 사회적 역할도 공론화되기 쉽다"며 "페이스북 운영 노하우도 중요하지만 평소 투명성관리를 철저히 하는 것이 곧 SNS 리스크 대처법"이라고 덧붙였다.

자료: 한국경제신문, 2014년 7월 22일

2. 인터넷매체의 특성

기존 마케팅 촉진수단으로 대표적이었던 텔레비전, 라디오를 통한 대중매체(broadcast media)는 우편(direct mail), 전화, 전자우편(electronic mail), 전자통신을 이용한 매체의 가세로 변화의 모습을 보이고 있다. 인터넷매체와 이들을 비교하면 다음과 같이 정리될 수 있다.

첫째, 인터넷은 비교적 적은 비용으로 목표고객 개개인에게 도달할 수 있게 되었고, 고객들의 반응에 맞는 다양한 정보를 제공함으로써 보다 고객에게 가까이 접근할 수 있게 되었다.

일반적으로 정보가 수신자에게 도달하는 비율(reach)과 목표고객에게 전달할 수 있는 정보의 충분성(richness) 사이에는 상충관계가 있다. 이러한 논리는 촉진수단에도 적용된다. 그렇기 때문에 마케팅 담당자는 소수의 목표시장 고객에게 적합하고 충분한 메시지를 전달할 것인가 아니면 다수의 고객에게 일반적인 정보를 제공할 것인가의 문제로 고민할 수밖에 없다. 그러나 인터넷을 촉진수단으로 이용하게 되면서 이러한 상충적인 문제가 어느 정도는 해결되고 있다. 즉, 많은 정보를 다수의 고객에게 효율적으로 전달될 수 있는 장치로 인터넷매체가 활용되고 있다.

인적판매의 경우 1명의 판매원이 1회에 정보를 고객에게 전달할 수 있는 정보도달률은 고객 1명에 한정될 수밖에 없다. 정보충분성(richness)은 주로 주어진 시간에 전달될 수 있는 정보의 양을 표시하는 대역폭(bandwidth), 특정 고객에게 알맞은 정보가 전달되는가의 고객맞춤(customization), 그리고 쌍방이 어느 정도 의사소통을 할 수 있는가의 쌍방향성(interactivity)으로 측정된다.[9] 정보도달률과 정보충분성에 의하여 촉진수단별 효과를 살펴보면 다음의 표로 정리될 수 있다.

| 표 13-6 | 촉진수단별 정보도달률(reach)과 정보충분성(richness)

	도달률	충분성
신문광고	중간	낮음
잡지광고	중간	중간
라디오광고	높음	낮음
TV광고	높음	낮음
우편판매	낮음	중간
텔레마케팅	중간	낮음
인적판매	낮음	높음
인터넷광고	점차 높아지고 있음	높음

자료: SpecialMasters, January 27, 1998; http://www.ksg.harvard.edu/iip/stp307/group12/4market.html 에서 재인용

9) Philip B. Evans and Thomas S. Wurster, "Strategy and the New Economics of Information," *Harvard Business Review*, September-October, 1997, pp.73-82.

대중매체(신문, 잡지, TV, 라디오 등)는 다수의 고객에게 비교적 저렴한 비용으로 접근할 수 있으나, 광고지면이나 시간적 제한으로 전달하고자 하는 내용을 충분히 전달하기 힘들다. 또한 그 효과를 측정하기 매우 힘들다. 대중매체를 이용하는 경우, 광고비의 50%만 효과를 나타낼 뿐 나머지 50%는 측정하기 힘들다고 한다.

우편판매(direct mail), 텔레마케팅(telemarketing) 또는 판매원에 의한 인적판매는 목표고객에게 직접 메시지를 전달하기 때문에 대중매체에 비하여 상대적으로 낭비부분이 적으나, 개별고객에게 전달하는 데 소요되는 상대적 비용이 크며 전달할 수 있는 정보의 양도 상대적으로 적다는 단점이 있다. 인터넷광고의 대중매체광고에 비한 장점을 살펴보면 다음과 같다.

첫째, 인터넷에 의한 광고는 도달률과 충분성에서 상대적인 장점이 있다. 인터넷 사용자가 급증하고 있는 실정이므로 도달률이 점차 높아지고 있으며, 또한 웹에 충분한 내용을 삽입할 수 있으므로 충분성도 높다.

둘째, 다른 매체에 비해 개별고객에 적합한 고객맞춤(customization)정보를 고객에게 제공할 수 있다.

셋째, 다른 매체에 비해 고객들이 적극적으로 자신의 욕구와 필요를 제시할 수 있는 쌍방향 의사소통이 가능하다.

넷째, 다른 매체에 비해 브랜드 인지도 제고(branding)나 촉진에 대한 고객의 직접 응답률(direct response)이 매우 월등한 편이다.

표 13-7 매체별 인지도 제고효과 및 직접 응답률 비교

매체수단	인지도 제고효과	직접 응답률
신문	낮음	낮음
잡지	중간	중간
라디오	높음	중간
TV	매우 높음	중간
직접우편	높음	높음
인터넷	높음	매우 높음

자료: SpecialMasters, January 27, 1998; http://www.ksg.harvard.edu/iip/stp307/group12/4market.html 에서 재인용

다섯째, 비교적 저렴한 비용으로 광고메시지를 고객이 다시 회상해낼 수 있는 회상효과(recall effect)가 크다.

여섯째, 고객이 직접 클릭하여 필요한 정보를 확인하는 도중에 노출되는 인터넷광고이기 때문에 브랜드 인지도 제고효과가 상대적으로 높으며, 쌍방향성을 이용하기 때문에 직접 응답률이 상대적으로 높다.

일곱째, 점차 인터넷광고비가 저렴해지고 있다는 것도 큰 장점 중의 하나이다. 인터넷광고의 경우 다른 대중매체에 비하여 지면적 제약이나 시간적 제약이 적을 뿐 아니라 특정 고객을 대상으로 한 광고의 효과 측정이 상대적으로 용이하다는 측면이 있다.

표 13-8 매체별 광고 특성과 효과

구분	인터넷	TV	신문(잡지)	라디오
지면적 제약	없음	있음	있음	있음
시간적 제약	없음	있음	있음	있음
광고대상	특정	불특정	불특정	불특정
광고이용방법	쌍방향	단방향	단방향	단방향
광고료	20만원/월 (골드뱅크의 경우)	200만 원(초)/회	50만 원~1억/회	80만 원~ 2천만 원/회
효과 측정	확인 가능	확인 어려움	확인 어려움	확인 어려움

학습과제

1. 글로벌 광고의 표준화와 현지화 사례를 제시해 보시오.

2. 글로벌 촉진이 성공을 거두기 위한 전략방안을 제시해 보시오.

3. 글로벌 촉진수단으로서 인터넷의 활용에 대하여 논의해 보시오.

Harvard Business School 추천사례

1 European Communication Management Ltd.

European Communication Management Ltd.(ECM)가 제출한 TV광고에 대한 제안서를 검토하여야 한다.

2 Heineken N.V.: Global Branding and Advertising

Heineken의 마케팅 담당자는 브랜드와 광고 메시지의 연계성을 제고하기 위하여 고심하고 있다.

3 Nestle S.A.: International Marketing (A)

Nestle의 본사에서 글로벌 촉진프로그램을 입안하고자 하고 있다.

4 Siemens Corp. (A): Corporate Advertising for 1992

독일의 글로벌회사인 Siemens는 목표시장 접근을 위한 새로운 개념의 촉진프로그램을 구상하고 있다.

5

Part

글로벌 마케팅의 이슈

Global Marketing

제14장 글로벌 마케팅의 특수영역

14 Chapter 글로벌 마케팅의 특수영역

학습목표

- 신흥시장의 주요 특성을 이해하고 포스트-브릭스 국가를 선정한 후 그 이유를 제시한다.
- 인터넷마케팅에 해당하는 실제사례를 가장 가까운 곳에서 찾은 후 비교해 본다.
- 국내외 사례를 빌어 일반중소기업과 태생적 글로벌기업의 차이점을 명확히 설명할 수 있다.
- 전 세계적 한류 붐을 맞아 한류마케팅이 갖는 의미와 그 중요성을 말할 수 있다.

도입사례 ◉ 미국이 '차세대 신흥시장'으로 불리는 까닭은?

한국에서 손님이 올 때 종종 코리아타운 식당으로 모신다. 그때마다 엠파이어스테이트 빌딩 앞을 자연스럽게 지나가게 되는데, 요즘 갈수록 전망대 관람객이 줄어들고 있다.

완공 80년이 넘은 엠파이어스테이트 빌딩은 외관이 낡은 데다, 주변에 더 높은 빌딩이 들어서 이제는 관광객들에게 경외감을 불러일으키지 못한다. 반면 9·11테러로 사라진 세계무역센터 자리에 건설 중인 프리덤타워는 어떤가? 12년 전의 악몽을 딛고 전 세계 관광객을 불러모으는 새로운 뉴욕의 상징으로 일찌감치 자리 잡았다. 이렇게 변해 가는 뉴욕을 보면 미국경제의 현재 모습이 연상돼 흥미롭다.

2007년 금융위기와 함께 미국은 세계 최대 경제대국 위상에 큰 상처를 입었다. 글로벌 경제를 '브릭스(브라질, 러시아, 인도, 중국)'로 표현되는 신흥국들이 주도하고 있는 것처럼 보인 지도 벌써 수년이 흘렀다. 그러나 최근 4년간 주요국 주가상승률을 비교해 보면 미국 증시가 가장 높다.

이러한 현상을 설명해 줄 수 있는 흥미로운 주장은 차세대 신흥시장이 바로 미국이라는 것이다. 왜 미국이 차세대 신흥국일까? 그 뒷면에는 미국 노동인구의 높은 증가율과 자국 내 에너지 개발붐, 그리고 빅데이터라는 중요한 정보기술(IT) 분야 신기술이 자리를 잡고 있다.

미국의 노동인구는 올해부터 2037년까지 연평균 0.8%씩 증가해 선진국 평균인 0.3%, 중국의 0.2%에 비해 크게 늘어날 것으로 전망된다. 이민자의 지속적 유입과 베이비부머 자식들인 '에코(Echo)부머(베이비붐 세대가 메아리처럼 다시 출생 붐을 일으켰다는 의미)'의 높은 출산율이 이런 노동인구의 증가세를 이끌 것이다. 신흥국에서 고령화가 빠르게 진행되고 있다는 점을 고려하면, 노동인구가 증가하는 미국은 장기적으로 고령화 문제에 탄력적으로 대응할 수 있다. 사회복지비용에 대한 부담이 상대적으로 적다는 장점도 있다. 또한 양질의 젊은 노동력을 바탕으로 제조업, 서비스업 등에서 지금과 같은 높은 경쟁력을 지속적으로 유지할 수 있다.

2013~2037년 경제활동인구 예상증가율

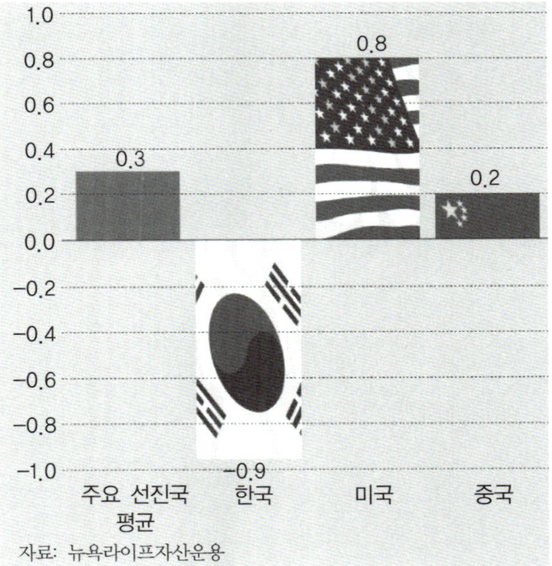

자료: 뉴욕라이프자산운용

셰일가스·오일로 대표되는 미국의 에너지 붐도 미국 성장의 주요 원인이다. 2007년 이후 미국의 셰일가스·오일 생산량은 연평균 50%씩 증가하고 있으며 미국 내 천연가스 가격은 크게 하락했다. 셰일가스·오일의 저장량은 전 세계에 고르게 분포되어 있으나 이를 시추하기 위한 전문기술은 미국기업들이 독점하고 있어 향후에도 미국이 셰일 혁명의 집중적인 수혜를 보게 될 것은 자명하다. 바로 이런 이유로 올해 석유와 천연가스를 합한 생산량을 기준으로 미국은 러시아를 제치고 세계 최대 에너지 생산국으로 등극할 것으로 보인다.

미국은 세계 주요국 중 유일하게 에너지 수입이 줄어들고 있으며 2030년에는 에너지 소비와 에너지 생산이 같아지는 에너지 자립국이 될 것으로 예상된다. 에너지 가격이 안정되면서 미국 내 산업용

전기요금은 세계 최저수준이며 기업들은 생산원가 절감을 향유하고 있다. 미국의 산업 생산경쟁력이 회복되고 있는 것이다.

마지막으로 최근 등장한 이슈가 빅데이터다. 세계 최고수준의 IT, 마케팅, 유통역량을 보유한 미국 기업들은 지난해 기준으로 전 세계 데이터의 3분의 1을 보유하고 있으며 빅데이터 분석기술을 축적해 경쟁력을 한층 강화하고 있다. 대표적인 사례가 구글이다. 검색엔진과 G메일, 유튜브, 구글맵, 안드로이드 등을 통해 쌓인 막대한 빅데이터를 분석해 고객맞춤형 광고를 만들고 기업 마케팅능력을 극대화하고 있다. 구글 주가는 지난달 18일 주당 1,000달러를 돌파했으며 순이익은 작년 동기 대비 36.2% 증가하는 놀라운 실적을 거뒀다. 구글은 빅데이터의 실시간 처리기술을 활용해 무인자동차 등 차세대 상품을 개발했다.

앞으로 5~10년 뒤에도 관광객들은 새로운 뉴욕의 상징인 프리덤타워를 방문할 것이다. 서방에서 가장 높은 이 건물 앞거리에서 미국산 테슬라 전기자동차를 베이스로 한 구글의 무인자동차들이 빠른 속도로 달리고 있는 것을 관광객들이 경이롭게 볼 수 있을지도 모른다. 이것이 바로 '차세대 신흥국'인 미국의 머지않은 미래의 모습일 수 있다.

자료: 동아일보, 2013년 11월 5일

14.1 신흥시장과 글로벌 마케팅

1. 신흥시장의 출현과 부상

(1) 신흥시장의 개념과 본질

1981년 국제금융공사(IFC)가 신흥시장(emerging markets)이란 표현을 사용한 이래 글로벌시장에서 신흥시장의 출현과 역동적 성장이 주목받고 있다. 이들은 신흥경제권(emerging economies), 신흥국(emerging countries), 빅 이머징마켓(big emerging markets), 혹은 신흥경제대국(BRICS)으로 불리기도 한다. 더욱이 브라질, 러시아, 인도, 중국, 동유럽 및 터키(BRICET)는 세계 인구의 85%를 점유하고 있을 뿐만 아니라 세계총생산에서도 선진국을 추월한 지 이미 오래이다. 사실 신흥시장은 개발도상국 중 짧은 시간에 급속한 경제성장을 이룩한 국가라는 공통점을 가지고 있다. 달리 말하면 글로벌시장에서 지속적 성장을 추구하는 기업 입장으로 보면 미래 성장동력의 하나로 신흥시장을 보게 된다. 이런 배경에서 세계적 다국적기업들도 신흥시장으로의 진출과 현지시장에서의 성공에 촉각을 곤두세우고 있다.

한편 신흥시장은 기회요인에도 불구하고 위협요인도 공존하여 양날의 칼에 비유되곤 한다. 달리 말해 세계적 수준의 다국적기업조차도 신흥시장에서 고전하거나, 심지어 시장철수를 단행하기도 한다. 가령 중국 가전시장의 하이얼(Hier)과 LG전자, 필리핀 외식업의 졸리비(Jollibee)와 맥도날드, 멕시코 시멘트업의 세멕스(Cemex)와 라파즈, 독일 유통업의 알디(Aldi)와 월마트 등이 대표적이다. 즉 다국적기업이라 하더라도 현지시장의 강력한 로컬사업자의 존재는 위협요인으로 작용하기에 충분하다. 결국 신흥시장이 지닌 기회요인과 위협요인을 직시하고 균형적 시각으로 접근할 필요가 있다. 따라서 신흥시장의 잠재적 가치를 실현하고자 한다면 사고의 전환 혹은 전략적 혁신이 요구된다.

보통 신흥시장은 중상위 소득국가(한국, 대만), 신흥국(중국, 인도), 개발도상국(인도네시아, 태국) 그리고 산유국(아랍에미리트, 나이지리아)처럼 다양한 표현으로 불리고 있다. 그러나 분명한 점은 지역별 총생산기준으로 1980년 유럽(29.7%), 미국

(22.5%), 아시아(7.1%)에서 2010년 아시아(22.8%), 유럽(21.4%), 미국(19.7%)으로 변화되었다는 사실이다. 세계은행(World Bank)은 2050년경 중국과 인도가 전 세계 GDP 성장률의 40~50%를 점유하며, 양국의 인당 소득도 서방 선진 7개국(G7)의 1/2 또는 1/3 수준이 될 것이라고 전망한다. 그러나 흥미로운 사실은 2013년 구매력기준 인당 소득수준이 러시아 18,100달러, 브라질 12,100달러, 중국 9,800달러, 인도 4,000달러로 상당한 차이를 보인다는 것이다. 앞서 기회요인과 위협요인이 공존하는 시장으로 신흥국의 양면성을 이해할 것을 제기하였다. 마찬가지로 신흥경제대국(BRICS)의 소득수준 격차를 보면서 개별국가의 제품시장을 중심으로 마케팅전략의 수립과 실행이 필요할 것으로 판단된다.

(2) 신흥시장의 주요 특성

표면적으로 역동적 성장을 추구하는 동시에 기회요인으로 충만할 것 같던 신흥국도 다면적 속성을 지닌 시장으로 볼 수 있다. 달리 말해 신흥시장의 특수한 상황을 고려하여 다국적기업도 마케팅전략을 수립해야 할 숙제를 안고 있다. 즉 글로벌 마케팅 시각에서도 신흥시장의 본질을 올바로 이해함으로써 외국인비용(cost of foreignness)을 줄이려는 노력이 선행되어야 할 것이다. 그렇다면 선진국과 신흥시장의 차이는 어디에서 기인하는 것일까? 이에 신흥시장이 지닌 속성을 일반적·보편적 특성, 제도적 특성, 그리고 소비적 특성으로 구분하여 상세히 살펴보고자 한다.

1) 보편적 특성

국제마케팅에서도 선진국과 다른 신흥시장의 고유한 특성에 초점을 맞추고 있다. 예컨대 인당 소득수준은 낮은 수준이나 성장가속화, 경제자유화, 그리고 자본주의 시장경제를 주로 추구하고 있는 국가들이다. 일반적으로 산업의 구조적 변화, 풍부한 잠재력과 변동성, 시장경제의 채택과 경제자유화의 추진, 그리고 정부의 간섭이 완화되는 과도기에 있다는 점을 보편적 특성으로 언급한다. 심지어 발전의 속도가 가속적이며 경제자유화를 목표로 정부 정책이 수립, 실행되는 특성을 보여주고 있다.

비록 풍부한 잠재력을 성장의 발판으로 삼아 경제성장을 급속히 달성하고 있음에도 불구하고 시장의 변동성이 높고 산업구조 변화가 심하며 제도적 불확실성이 존재하기도 한다. 혹은 요소시장과 제품시장의 발전은 더디나, 정치적·경제적 차원에서 근본적 변화를 경험할 정도로 변동성이 높은 시장(high velocity)으로 보기도 한다. 결국 선진국에 비해 신흥시장의 부족한 점(예: 시장개방) 또는 과도한 점(예: 정치적 위험)을 부각시키기도 한다. 따라서 신흥시장은 단기간에 급속한 경제성장을 추구하는 반면, 정치적 불확실성에 직면할 수 있는 점을 보편적 특성으로 꼽을 수 있다.

2) 제도적 특성

최근 들어 제도적 관점을 중심으로 신흥시장의 특성을 이해하려는 시도가 나타나고 있다. 제도 기반 관점(institution-based view)에 따르면 신흥국은 포괄적·근본적 제도변화로 말미암아 제도적 과도기 상태에 있는 시장이다. 혹은 구매자와 판매자를 연결시키는 경제적 토대로서 제도적 효율성을 잣대로 활용하기도 한다. 그런 점에서 제도적 안정화를 달성한 국가를 선진경제권, 제도적 변화가 일상적인 국가를 신흥시장으로 간주할 수 있다. 달리 말해 신흥국은 게임의 룰이 포괄적·근본적으로 바뀔 정도로 공식적·비공식적 제도변화가 발생하는 시장이다. 즉 정보의 불균형, 무분별한 규제 그리고 비효율적인 사법시스템으로 인해 제도적 공백(institutional voids)이 존재하는 시장이다.

보통 제도는 거시제도와 미시제도(예: 제품시장)로 구분되며, 신흥시장마다 거시 또는 미시제도의 차이는 존재한다. 특히 제품시장 차원에서 소비성향, 소비자 기호, 전략적 중요도, 경쟁강도 그리고 시장지배적 현지사업자가 다국적기업에 미치는 영향력이 훨씬 크다. 결국 공식·비공식제도, 거시·미시제도의 변화는 현지시장에서 외국계기업의 전략적 마케팅에도 영향을 미칠 것이다. 결국 개별 신흥국의 제도적 차이를 이해하는 것은 신흥시장에서 마케팅전략의 적응력을 제고하는 데 기여할 것이다.

3) 소비적 특성

지금까지 다국적기업은 투자대상국 관점으로 신흥시장에 접근한 반면, 신흥시장을 소비시장으로 인식하는 데 인색하였다. 사실 세계총생산 중 개인의 소비지출은 1970년 62%에서 2008년 71%로 증가하였고, 2020년경 중국과 인도는 각각 세계에서 3번째, 5번째로 큰 소비시장으로 부상할 전망이다. 그럼에도 불구하고 소비·판매시장 관점으로 보면 소득수준 양극화, 소비자 기호의 다양성으로 말미암아 극도로 파편화(fragmented)된 시장이다. 더욱이 시장구조(market structure)를 비교하면 선진국에 비해 신흥시장의 이질성이 높은 것으로 평가받는다. 일례로 제품시장의 경우 중산층 소비자들이 수요를 창출하지만, 이들 또한 제품·서비스 가격에 민감한 반응을 보인다. 결국 소비성향, 소비자 필요·욕구, 소비자 인식과 행동 등을 중심으로 신흥국 판매시장의 현재와 미래를 살펴야 한다. 따라서 신흥시장을 판매시장으로 바라볼 경우 마케팅전략의 현지화는 소비·소비자의 질적 특성을 이해하는 것에서 출발할 것이다.

2. 포스트 브릭스: VIP시장

최근 신흥경제대국(브라질, 러시아, 중국 및 인도)을 잇는 차세대 경제권을 일컫는 포스트 브릭스(Post-BRICs)에 대한 논의가 활발하다. 이들은 보통 높은 인구증가율(VISTA: 베트남, 인도네시아, 남아공, 터키, 아르헨티나), 풍부한 천연자원(MAVINS: 멕시코, 호주, 베트남, 인도네시아, 나이지리아, 남아공), 젊은 인구비중(CIVETS: 콜롬비아, 인도네시아, 베트남, 이집트, 터키, 남아공), 높은 성장잠재력(MIKT: 멕시코, 인도네시아, 한국, 터키) 그리고 중국, 인도와 인접한 풍부한 내수시장(VIP: 베트남, 인도네시아, 필리핀)으로 표현되고 있다.

특히 2000년 이후 VIP의 연평균성장률은 5.4%로 세계 평균(2.7%)의 배에 가깝다. 아래 [표 14-1]을 보더라도 최근 브릭스 경제성장률은 둔화되는 반면 VIP시장은 별다른 변화가 없다. IMF에 따르면 동남아 VIP시장의 국내총생산(GDP)이 약 1조 2,000억 달러, 연평균성장률 5.3%를 기록하고 있으며, 2018년 GDP 규모를 약 2조 1,730억 달

표 14-1 경제성장률 비교(2009~2012년) (단위: %)

	브라질	러시아	인도	중국	남아공	VIP 평균
2009	-0.3	-7.8	5.9	9.2	-1.5	3.6
2010	7.5	4.3	10.1	10.4	2.9	6.9
2011	2.7	4.3	6.8	9.2	3.1	5.4
2012	1.5	3.7	4.9	7.8	2.6	5.3

자료: IMF, 2012년 10월 기준

러로 예상하면서 세계 GDP에서 2.2% 비중을 차지할 것으로 내다보고 있다. 따라서 지금보다 미래가 더 기대되는 동남아 VIP시장을 중심으로 마케팅상의 기회요인과 위협요인을 살펴보도록 하자.

(1) 베트남

1) 국가 개요

표 14-2 베트남의 국가 개요

	베트남
면적	331,210평방km(한반도의 1.5배)
수도	하노이(670만 명)
인구	9,342만 명(세계 14위)
민족	베트남인(86%)
종교	불교(44%), 가톨릭(37%)
천연자원	인산염, 석탄, 망간, 보크사이트, 희트류, 대륙붕(원유/가스)
정치체제	사회주의 공화제
언어	베트남어
통화단위	베트남 동(Dong; VND)
환율	21,118동/달러
GDP	1,700억 달러(한국의 12%)
인당 GDP	4,000달러(구매력기준)

자료: The World Factbook, CIA Website

2) 베트남의 기회요인

2014년 12월 한국과 베트남 양국은 자유무역협정(FTA) 체결을 위한 협상을 성공리에 타결함으로써 양국의 시장접근성이 훨씬 더 강화될 전망이다. 한국의 교역 상대국으로서 베트남시장이 지닌 잠재적 기회요인을 살펴보면 다음과 같다.

우선 인건비가 저렴한 양질의 숙련노동력이 풍부하다. 사회주의 체제의 평등사상에 따라 초·중·고등학교 및 대학교까지 무상이기 때문에 국민들의 기본교육이 잘되어 있다. 둘째, 동남아지역에서 아직까지 한류 열풍이 지속되고 있는 대표적 국가이다. 한국산 의류, 장신구, 화장품 및 휴대폰 등에 대한 수요가 꾸준히 창출되고 있다. 셋째, 전체 국민 중 젊은 계층 인구비중이 상대적으로 높다. 청년층이 베트남 경제활동에 적극 참여함에 따라 소득창출과 수요창출에 의해 소비를 주도하고 있다. 특히 이들은 브랜드 충성도가 높기 때문에 브랜드마케팅을 활용하여 대응하는 노력이 요구된다. 넷째, 2001년 중국에 이어 2006년 베트남은 WTO 회원국으로 가입하였다. 즉 베트남 국내시장(상품・서비스)의 개방과 더불어 산업화・도시화로 경제성장이 지속됨에 따라 외국계기업에게 매력적인 투자대상국으로 부상하고 있다.

3) 베트남의 위협요인

베트남은 시장 측면의 기회요인에도 불구하고 위협요인에 얼마든지 직면할 수 있는 시장이다. 첫째, 2010년 이후 생산요소 중 인건비의 상승세가 계속되고 있다. 가령 2012년 베트남의 임금상승률은 14.8%이며, 2013년 최저임금은 16~18%가량 상승한 것으로 나타났다. 즉 저렴한 인건비만 보고 진출한 일부 중소기업은 현지에서 낭패를 볼 가능성이 높아졌다. 둘째, 물류 및 통신 등 현지의 상업적 인프라수준은 여전히 낙후되어 있다. 셋째, 1차 협상에서 모든 조건을 수용할 것처럼 행동하다가 세부 협상에서 계약을 없던 일로 하거나 거래를 축소하는 베트남식 협상문화의 단면을 볼 수 있다. 넷째, 베트남 상공회의소에 따르면 현지에 진출한 외국계기업들의 절반 정도는 공무원들에게 뇌물을 제공한 적이 있다고 답변할 정도로 정부 관료의 부정부패가 만연해 있다. 마지막으로 2013년 베트남에서 외국계 다국적기업들이 실제로 부담한 법인세율이 30%에 달하는 수준으로 나타났다. 사회주의 체제가 오래 지속된 역사로 말미암아 정치적 위험에 직면할 가능성을 배제할 수 없다.

4) 유망업종: 섬유 및 신발

베트남 경제의 성장으로 소득수준 향상과 중산층 비중이 늘어나고 있는 상황이다. 이에 따라 섬유 및 신발제품에 대한 수요가 활발히 창출되고 있는 동시에 관련 시장의 성장도 기대되고 있다. 2012년 기준 관련 제품의 매출은 9억 9,200만 달러로 전년대비 13.3% 증가하였으며, 2014년 섬유・신발제품의 수출은 245억 달러에 달할 것으로 예측된다. 일찌감치 베트남으로 진출한 한세실업은 전체 공급물량 중 50%를 현지

생산기지에서 충당하고 있다. 호찌민 인근 4개 생산법인과 2만여 명의 근로자들은 연간 1억 장 이상의 의류를 해외시장으로 수출하고 있다.

사례 **베트남 한인기업: 한세실업**

한세실업(김동녕 회장)은 베트남 현지에서 '삼성전자'로 불리고 있는 기업이다. 1982년 설립 이후 해외시장 대상으로 의류제조 및 수출을 전문으로 하고 있다. 동사의 비전은 21세기 세계적 패션의류기업을 지향하는 글로벌수출기업이다. 2015년 수출 15억 달러, 2017년 매출 2조 원 목표를 달성하고자 고군분투하고 있다. 주요 고객사로 SPA(자라, 유니클로, H&M), Sears, Macy's, JC페니, 월마트 및 타겟 등과 거래하고 있다.

지금 현재 OEM과 ODM 방식을 병행하는 비즈니스모델로 니트 및 우븐 전문 수출기업으로 유명하다. 특히 디자인, 원단·염색, 생산 및 납기에 걸쳐 수직적 통합을 추구하면서 품질에 대한 통제권을 행사한다. 글로벌 네트워크로 니카라과(1998), 베트남(2001), 인도네시아(2005), 과테말라(2005), 뉴욕(2008), 상하이(2012), 미얀마(2013)에 진출해 있다. 베트남의 경우 평균임금 200~300달러 수준에다 숙련노동자가 풍부한 이점을 살려 전체 생산물량의 50% 이상을 공급한다. 생산, 디자인 및 품질관리역량을 바탕으로 납품단가 20% 인하, 불량률 2% 미만을 유지하고 있다. 향후 ODM 리스크에 대비하여 독자브랜드(NYbH) 런칭과 자체 유통망(iSTYLE24) 구축으로 대응하고 있다.

(2) 인도네시아

1) 국가 개요

표 14-3 인도네시아의 국가 개요

	인도네시아
면적	1,904,569평방km(한반도의 8.5배)
수도	자카르타(1,200만 명)
인구	2억 5,361만 명(세계 4위)
민족	자바족(41%), 순다족(16%)
종교	이슬람교(88%), 개신교(7%)
천연자원	원유/가스, 주석, 니켈, 보크사이트, 구리, 석탄, 금은
정치체제	대통령중심제

언어	인도네시아어
통화단위	인도네시안 루피아(Ruphia; IDR)
환율	10,342루피아/달러
GDP	867.5억 달러(한국의 76%)
인당 GDP	5,200달러(구매력기준)

자료: The World Factbook, CIA Website

2) 인도네시아의 기회요인

첫째, 인도네시아는 풍부한 천연자원을 보유하고 있는 자원부국이다. 광물자원에서 농업자원에 이르기까지 세계적 수준의 매장량과 생산량을 자랑하고 있다. 가령 팜오일 1위, 고무 2위, 카카오 2위, 주석 2위, 니켈 5위, 동 8위, 그리고 구리 7위의 산출국이다. 둘째, 경제활동에 참여하는 젊은 인구가 늘어날 정도로 풍부한 노동시장을 갖고 있다. 즉 경제활동에 참여하는 인구는 늘어나지만 부양할 인구는 줄어드는 항아리 모양의 인구구조이다. 세계 4위의 인구 대국으로서 경제활동인구의 비중이 65.2%(한국의 경우 46.4%)에 달한다. 셋째, 인도네시아는 대규모 내수시장을 보유하고 있다. 약 2억 5천만 명에 달하는 인구를 바탕으로 소득증가가 나타남으로써 국내시장의 수요증가를 기대할 수 있다. 가령 2001년 이후 국민들의 소비지출은 연간 14% 이상 증가하고 있는 상황이다. 넷째, 소득이 늘어난 가구가 증가하면서 중산층으로 편입되는 인구도 증가하고 있다. 2000년 이후 인도네시아의 인당 소득수준은 연평균 13.6% 수준으로 증가세에 있다. 지금처럼 경제성장 속도를 유지할 경우 중산층 인구는 현재 약 7,400만 명에서 2020년 1억 4천만 명으로 증가할 것으로 예상된다.

3) 인도네시아의 위협요인

첫째, 인도네시아는 외국인직접투자에 대한 의존도가 상대적으로 높다. 가령 2012년 외국인투자금액은 198억 달러로 투자유치국 중 세계 17위에 해당한다. 달리 말해 자체적으로 축적한 자본과 기술이 부족한 상황에서 외국인직접투자에 크게 의존하는 경제구조를 보인다. 둘째, 열악한 인프라수준이 경제성장의 발목을 잡고 있는 형국이다. 1997년 아시아 외환위기 이후 전력, 도로 등 산업 인프라에 대한 투자가 부진한 실정이다. 중국, 베트남, 태국, 인도 등 주변국들은 GDP 대비 인프라 투자가 7%를 상회하지만 인도네시아의 경우 3~4% 수준에 머물러 있다. 셋째, 국내의 상황이지만 지역 간 경제성장의 불균형이 심각하다. 인도네시아는 13,000개 이상의 섬으로 구성되어 있지만 대부분의 경제 및 산업시설은 자바, 보루네오처럼 일부 섬에 국한되어 있다. 자카르타, 발리 등 일부 대도시지역에 투자가 편중되어 있으며 노동력과 교육수준의 편차도 심한 편이다. 넷째, 문화적 차이로 말미암아 근로자의 의식수준과 노동시장의 경직성이 존재한다. 가령 높은 해고비용과 해고에 따른 보상금 지급으로 말미암아 노동시장의 유연성이 부족하다. 숙련공보다 미숙련, 반숙련노동자가 대부분이며 잦은 노동쟁의 및 분쟁, 지나친 현지인 고용의무 규정, 외국인 노동자에 대한 규제 등이 노동시장의 문제로 대두되고 있다.

4) 유망업종: 팜오일(Palm Oil)

인도네시아와 말레이시아는 전 세계 팜오일 생산량의 90%를 공급하고 있는데, 그중에서도 인도네시아는 세계 최대의 팜오일 생산국으로 알려져 있다. 보통 팜오일은 식용류 원료로 사용되었지만, 최근에는 신재생에너지인 바이오 디젤의 주원료로 사용되고 있다. 지금 현재 선진국의 다국적기업이 현지에서 팜오일 농장을 경영하고 있으며, 한국계 다국적기업들도 팜오일을 생산·수출함으로써 수익창출을 도모하고 있다. 향후 중국과 인도의 식용유 수요증가에 대비하여 인도네시아 정부는 2020년까지 팜오일 4,000만 톤을 목표로 하고 있다. 즉, 팜오일 생산뿐만 아니라 팜오일 가공 분야 역시 유망한 산업으로 부상할 전망이다.

사례 인도네시아 한인기업: 코린도(Korindo)그룹

1969년 승효상 회장은 인도네시아 현지에 단독투자방식으로 코린도그룹을 설립하였다. 동사는 Global, Great 및 Green을 비전으로 인간존중경영, 열린 네트워크 및 현지중시경영을 핵심가치로 기업을 운영하고 있다. 또한 Glocalization, 도전·개척정신, Infrastructure라는 핵심역량을 토대로 목재, 제지, 합판, 조림(forest), 자동차, 컨테이너, 중공업, 화학, 풍력발전, 금융, 부동산 및 물류사업을 전개하고 있다. 지금 현재 연매출 12억 달러, 계열사 30개, 종업원수 25,000명으로 인도네시아 재계 20위의 기업으로 성장하였다.

코린도그룹은 현지의 풍부한 노동력과 저렴한 인건비를 활용하는 제조업중심의 수출기업이다. '변화에 빨리 대처해야 환경적응이 가능하다'라는 승효상 회장의 남다른 철학과 불굴의 도전정신이 현지에서 비즈니스 확장을 가능하게 만들었다. 특히 현지의 문화적 이질성을 극복하는 데 현지밀착경영을 강조한다. 가령 코리아와 인도네시아의 합성어로 회사명(코린도)을 짓고, 사업장 안에 예배당을 지어주며, 코린도 타운을 조성하는 노력을 해왔다. 심지어 사업장 인근 주민을 우선 고용하거나 지역사회의 도로, 학교를 보수함으로써 일자리 창출과 소득증대사업을 조용히 내실 있게 수행하고 있다.

(3) 필리핀

1) 국가 개요

▌표 14-4▐ 필리핀의 국가 개요

	필리핀
면적	300,000평방km(한반도의 1.3배)
수도	마닐라(1,150만 명)
인구	1억 766만 명(세계 12위)
민족	타갈로그족(28%), 세부아노족(13%)
종교	가톨릭(83%), 이슬람(5%)
천연자원	원목, 원유, 니켈, 코발트, 금은, 구리
정치체제	대통령중심제
언어	타갈로그어, 영어
통화단위	필리핀 페소(Pesos; PHP)
환율	42.69페소/달러
GDP	2,722억 달러(한국의 21%)
인당 GDP	4,700달러(구매력기준)

자료: The World Factbook, CIA Website

2) 필리핀의 기회요인

우선 2012년 3분기부터 2013년 2분기까지 필리핀은 4분기 연속 7% 이상의 고성장을 달성하며 아세안(ASEAN) 회원국 중에서 가장 높은 GDP 성장률을 시현하고 있다. 둘째, 최근 들어 필리핀의 물가, 경상수지 등 경제지표들도 전반적으로 안정적 추세를 견지하고 있다. 셋째, 이처럼 실물경제지표들의 호조세로 인해 필리핀의 투자등급도 투자적격등급으로 상향조정되었다.

3) 필리핀의 위협요인

첫째, 실물경제의 안정에도 불구하고 필리핀 정부의 부정부패는 개선되지 않고 있다. 가령 국제투명성기구에 따르면 2012년 기준 필리핀의 부패인식지수(CPI)는 176개국 중 105위에 머물러 있다.

둘째, 필리핀의 경제성장에도 불구하고 절대빈곤과 빈부격차는 오히려 심화되고 있다. 전체 인구 중 절대빈곤층이 27.9%를 차지하고 있으며 저조한 고용창출, 농촌빈곤, 사회적 불평등으로 말미암아 개선될 기미가 보이지 않고 있다.

셋째, 경제성장에도 불구하고 외국인직접투자가 정체되거나 하락하고 있다. 달리 말해 산업 및 상업적 인프라수준이 열악하고 낙후되어 있는 것이 투자의 발목을 잡고 있는 형국이다. 제한적이긴 하지만 성장세를 보이는 전자제품 조립과 BPO 분야에서 투자유인을 찾을 것으로 기대된다.

4) 유망업종: 비즈니스 프로세스 아웃소싱(BPO)

보통 비즈니스 프로세스 아웃소싱(Business Process Outsourcing)은 기업이 수행하는 후선업무들(back-office: 재무, 회계, 인사, 총무, 고객응대 등)을 해외의 서비스기업들에게 위탁하는 사업방식이다. 대표적으로 콜센터를 비롯하여 데이터 입력, 소프트웨어 개발 등을 외부에 맡기는 아웃소싱 전문산업을 의미한다.

특히 필리핀은 콜센터, 정보통신기술(ICT)을 접목한 IT-BPO 분야의 성장이 두드러지고 있다. 예컨대 2011년 기준 매출은 110억 달러, 총 63만 8,000명의 일자리를 창출하면서 전년 대비 각각 24%, 22%로 증가하였다. 과거 말레이시아, 중국, 인도와 달리 최근 필리핀은 국민 대다수가 유창한 영어 구사, 친절하고 온순한 국민성, 저렴하고 안정된 임금수준을 내세우고 있다. 결과적으로 2011년 Voice 부문 세계 1위, Non-voice 부문 세계 2위를 달성하였다.

(4) 마케팅전략 수립 시 고려사항

1) 핵심 이해관계자의 범위 확장

자본주의 시장경제에서 기업의 경영활동에 직접적 영향을 미치는 이해당사자는 주주·투자자로 볼 수 있다. 달리 말해 기업의 존재이유 또는 설립목적을 가치창출로 본다면 주주 부의 극대화라 할 수 있다. 그러나 신흥시장으로 진출할 시 다국적기업은 핵심 이해관계자의 범위를 확대할 필요가 있다. 가령 2005년 인도 오리샤 주에 일관제철소를 건립하려는 포스코 인도 프로젝트가 교착상태에 직면한 지 오래이다. 현지정부와의 원만한 관계에도 불구하고 삶의 터전을 잃는 지역주민의 투쟁과 환경오염을 우려하는 비정부조직(NGO)의 반대로 인한 결과이다.

결국 신흥시장에서 다국적기업은 핵심 이해관계자의 범위를 어디까지 설정할 것인지 고민해야 한다. 즉 주주·투자자뿐만 아니라 정부, 지역사회, 비영리조직 등으로 핵심 이해관계자를 확대함으로써 마케팅과 커뮤니케이션전략에 대한 정당성을 제고할 수 있을 것이다.

2) 목표시장의 마케팅기회 선점

해외직접투자(FDI)의 경우 신흥시장보다 선진국중심으로 이루어진 투자규모가 훨씬 더 크다. 그럼에도 불구하고 최근 들어 중국을 위시한 신흥경제대국(BRICS) 대상으로 직접투자 유입액이 큰 폭의 증가세를 보여주고 있다. 다만 신흥시장으로 진출 시 직면할 수 있는 불확실성에 대응하는 동시에 현지의 사업상 기회요인을 선점하는 것이 중요하다. 가령 1990년대 대우그룹의 세계화경영은 동유럽처럼 체제전환국에 우선 진출하여 시장을 선점하려는 시도를 보여주었다. 최근 '신흥시장의 신흥시장'으로 불리는 신흥국 저소득소비계층(BOP: Bottom of Pyramid)이 주목받는 상황에서 다국적기업의 적극적 대응이 요청된다.

예컨대 네덜란드의 유니레버는 요오드 성분을 캡슐형태로 만든 '안나푸르나소금'을 출시하였고, 스위스의 네슬레는 낱개제품(single serve packaging)을 출시하여 맞춤형 제품전략을 활용한다. 결국 현지의 소비재시장도 선점할 수 있도록 마케팅 기회요인을 과감히 활용하는 현지화전략이 필요할 것이다.

3) 글로벌 틈새시장 공략

보통 선진국은 소비자의 구매력이 높은 반면 경쟁이 치열한 특성을 갖는 시장이다. 달리 말해 직접적 경쟁을 회피하는 방법은 경쟁기업의 관심이 부족한 목표시장을 발굴하거나, 아니면 경쟁자의 주력사업과 중복되지 않는 틈새시장을 공략하는 것이다.

가령 남성용 면도기시장을 살펴보면 다국적기업인 질레트(Gillette)와 쉬크(Shick)가 국내시장을 주도하고 있다. 이에 굴하지 않고 도루코는 1회용 면도기 제품을 벌크 단위로 공급할 수 있는 대중목욕탕이라는 틈새시장을 공략하고 있다. 더욱이 도루코는 유럽 진출의 교두보로 알려져 있는 터키시장에 진입하여 성공적 국제화 사례를 만들고 있다. 즉 부피가 작아서 국내에서 만든 품질 좋은 면도기를 저렴한 가격으로 터키 현지에 수출하고 있다. 1회용 제품의 특성상 자주 반복적으로 구매하는 소비성향을 파악하여 소규모 소매상을 개척한 것이 주효하였다. 결국 경쟁기업의 관심이 덜한 글로벌 세분시장을 발견하여 자사의 역량을 집중시키는 마케팅전략이 필요하다.

4) 제휴방식의 마케팅전략

경쟁열위에 처한 기업이 글로벌시장에서 승리하는 길은 경쟁과 협력을 조화시키는 것이다. 이런 배경에서 1990년대 이후 '협력을 통한 경쟁'의 성격을 갖는 전략적 제휴가 적극 활용되어 왔다. 신흥시장의 특성 중 하나는 경제적 고성장을 향유하는 동시에 정치적 불확실성에 노출될 수 있다는 것이다. 현지에서 불확실성에 직면한다면 정치적 영향력을 행사할 수 있는 기업을 파트너로 삼는 전략적 제휴의 모색이 얼마든지 가능하다. 가령 구매 및 마케팅(판매)처럼 기능별 활동에 따른 비지분 기반의 제휴방식도 선택할 수 있다. 다만 제휴경험과 운영능력이 쌓이고 신뢰할 수 있는 관계라면 진입방식의 고도화를 고려하는 것이다. 예컨대 현지정부로부터 소유권 제한을 적용받을 경우 합작투자와 같은 제휴방식을 활용한다면 투자장벽의 우회가 가능하다.

5) 공유가치창출(CSV)

현지시장에서 다국적기업을 향한 이해관계자들의 요구가 거세지고 있다. 더욱이 신흥시장일수록 다국적기업의 사회공헌활동(윤리경영, 사회책임경영)을 선택이 아닌 필수로 인식하도록 만든다. 즉 사회공헌활동은 선택의 문제라기보다 핵심 이해관계자의 요구에 대한 최소한의 대응으로 받아들여진다. 이제 다국적기업도 투자대상국에서 사회공헌활동을 수행해야 할 유인을 가질 수밖에 없다. 그러나 투자대상국에서 사회공헌활동이 단순한 자선과 기부로 한정되어서는 안 된다. 즉 잡은 물고기를 주는 것이 아니라 물고기 잡는 법을 가르쳐 주어야 한다.

사례 기업사례: 네슬레의 공유가치창출

1866년 네슬레(Nestle)는 앙리 네슬레에 의해 스위스에서 설립되었다. 영양(nutrition), 건강(health) 및 웰빙(wellness) 관련 비즈니스를 전개하고 있는 다국적 식품기업이다. 고객에게 올바른 먹거리(good food), 건강한 삶(good life)을 약속하는 동시에 전사 차원의 공유가치창출(CSV)을 실천하는 기업이다. 즉 네슬레의 공유가치창출은 최고경영층의 전폭적인 지원하에 자사의 전략에 통합시키는 특성을 보여준다. 가령 자사의 원료공급자(생산자)를 가치사슬활동에 참여시켜 현지 직거래방식으로 실질소득창출과 지역사회 발전을 지원하고 있다.

동사의 공유가치창출은 네슬레, 생산자, 금융기관, 비영리조직 및 지역사회가 참여하는 지역 클러스터를 조성하는 혁신을 추구한다. 가령 1962년 인도 모가(Moga)지역의 낙농 클러스터를 시작으로 지금 현재 카카오 및 커피 클러스터를 운영하고 있다. 즉 생산자들을 대상으로 재배기법, 품질교육, 자금조달 및 원료수확에 이르는 각종 지원을 제공한다. 이러한 생산자 클러스터는 고품질 원료 확보, 농가의 실질소득 보장, 그리고 지역사회 공동발전을 모색하는 결과로 나타났다. 2000년 이후 네슬레의 캡슐커피사업(Nespresso)이 연평균 30%를 상회하는 고성장을 달성하는 촉매제로 작용하기도 하였다.

표 14-5 사회공헌활동과 공유가치창출 비교

	사회공헌활동	공유가치창출(CSV)
목표	사회적 목적 추구	경제적+사회적 목적 동시 추구
속성	기업시민, 자선・기부, 지속가능성	기업과 지역사회 모두를 위한 공동의 가치창출
의무	자유재량, 외부압력에 대한 수동적 반응	경쟁우위를 위한 능동적 대응 강조
이윤	이익과 무관(비용의 개념)	이익에 연계(투자의 개념)
지향성	외부보고 및 경영진에 좌우됨	내부지향적, 전사전략에 통합
예산	CSR부서 예산으로 편성	전사 기업예산에 연동
사례	공정무역 커피	현지 생산자 직거래방식

자료: M. E. Porter & K. R. Kramer, "Creating shared value," *Harvard Business Review*, 2011.

포터와 크레이머(Porter & Kramer, 2011)는 다국적기업이 경제적 목적뿐만 아니라 사회적 목적도 동시에 달성하는 공유가치창출(CSV: Creating Shared Value)을 제시한다. 즉 사회공헌활동의 요소들을 자사의 전략에 통합시키는 수준을 의미한다. 예컨대 네슬레는 최고경영층의 전폭적 지원하에 원료산지의 생산자들을 클러스터에 참여시키고 있다. 더욱이 생산자 클러스터를 통해 각종 지원을 제공한 결과 고품질 원료확보, 생산자 소득창출, 그리고 지역사회 공동발전이라는 부수적 효과도 창출한다.

14.2 디지털환경과 인터넷마케팅

1. 인터넷마케팅의 등장

인터넷마케팅은 MS Explorer, Firefox, Chrome 등의 웹 브라우저와 Yahoo, Google, MSN 등의 정보 검색용 포털서비스가 보편화되면서 급속도로 발전하여 21세기 새로운 마케팅의 장을 여는 역할을 하고 있다. 현재 인터넷마케팅은 유통은 물론 금융, 주식거래, 쇼핑, 경매, 오락, 운송 등이 실시간(real time)으로 이루어지면서 여러 분야로 아주 빠르게 확산되고 있다.

(1) 인터넷마케팅의 개념과 함의

인터넷마케팅이라 함은 "인터넷이라는 의사소통도구에 의하여 효과적으로 또한 효율적으로 고객의 필요와 욕구를 충족시킬 수 있는 제품, 촉진, 유통, 가격결정 등의 활동을 통하여 가치를 창출하고 제공하는 활동"이라고 정의할 수 있다.

인터넷마케팅과 전자상거래를 혼용하여 쓰는 경우가 많은데, 이를 분명히 할 필요가 있다. 이러한 혼용은 인터넷산업(e-commerce industry)을 우리말로 번역하는 과정에서 전자상거래라고 번역하여 통용한 것에서 오해가 생긴 것으로 보인다. 한 나라의 경제에 많은 산업이 존재하듯이 인터넷경제를 구성하는 인터넷산업이 있고, 인터넷산업을 구성하는 인터넷기업들의 활동 중 한 가지가 인터넷마케팅이며, 그 마케팅을 수행하는 과정에서 발생하는 거래를 전자상거래 또는 온라인 상거래로 파악하는 것이 올바르다. 달리 말해 개별거래를 분석단위로 보는 전자상거래는 인터넷마케팅의 한 부분에 불과하다. 즉 온라인채널에서 상행위가 이루어지는 전자상거래와 달리 인터넷마케팅은 온라인채널을 어떻게 활용함으로써 고객만족과 같은 가치창출을 도모할 것인지와 같은 경영의 기본자세와 마인드에 관한 문제이다.

그림 14-1 ▌ 인터넷마케팅과 전자상거래의 범주

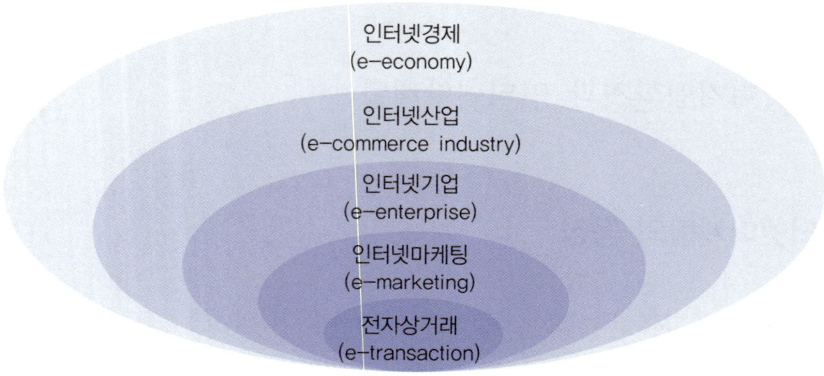

(2) 일반마케팅과 인터넷마케팅의 비교

한편 기존의 오프라인마케팅과 인터넷마케팅은 고객만족과 경쟁력 확보라는 측면에서는 동일하다. 그러나 인터넷이라는 새로운 의사소통도구의 도입으로 인한 여러 환경적 요인이 변화하게 되었다. 다시 말해 오프라인마케팅에 비해 인터넷마케팅은 그 전략의 적용과 운영에 차이가 있다. 즉 인터넷마케팅이나 일반마케팅 모두 전략적으로 추구하는 목표는 고객만족과 경쟁력 확보라는 점에서 공통된 특성이 있으나 다음과 같은 차이점을 보여준다.

첫째, 일반마케팅전략은 고객만족의 목표달성과 자원부족이란 제약조건을 극복하고자 시장세분화(segmentation), 목표시장 선택(target marketing), 그리고 차별적 포지셔닝(positioning)이라는 'STP전략'을 구사한다. 반면 인터넷마케팅의 경우 초기에 고객의 인지(awareness)와 흥미(interests)를 유발시키는 효과가 상대적으로 크며, 개별고객의 정보관리가 용이하기 때문에 고객과의 1:1 관계를 형성하고 고객의 개별욕구와 필요에 맞추어주는 '고객맞춤(customization)전략'을 수행할 수 있어 더욱 효과적이다. 즉 인터넷마케팅의 성공요인은 고객정보관리를 통한 고객맞춤형 서비스를 얼마나 효율적이고 체계적으로 수행하는가에 달려 있다.

둘째, 마케팅 수행에 필요한 중요 투입요소에도 차이가 있다. 인터넷마케팅은 일단 서버와 기본적인 홈페이지, 웹사이트가 있으면 시작할 수 있다. 그 후에 전략적으로 투입되어야 하는 중요한 요소는 지속적인 업그레이드와 새로운 프로그램과 콘텐츠를 첨가할 수 있는 기술과 경쟁적 제품을 창출할 수 있는 지적 아이디어이다. 물론 기존 고객 유지와 신규고객 창출을 위한 촉진활동에 상당한 자금과 인력이 소요되며, 오프라인마케팅에 비해 인터넷마케팅은 상대적으로 더 많은 자금과 인력 등의 물리적 요소의 투입이 지속적으로 요구된다는 점에서 차이가 있다.

셋째, 다루는 제품에 차이가 있다. 일반마케팅의 경우에는 자사에서 생산되는 제품을 중심으로 하거나 제휴관계가 구매된 제품에 한정되어 마케팅을 수행할 수밖에 없으나, 인터넷마케팅의 경우에는 생산업체 및 유통업체와 제휴관계를 형성함으로써 다양한 제품을 다룰 수 있으며 다른 사이트와 가격, 품질, 정보 등에서 차별성이 있는 제품이나 서비스 면에서 더욱더 경쟁력을 갖추는 디지털 제품을 다룰 수 있다.

넷째, 인터넷마케팅의 고객은 지리적으로 한정되어 있지 않다. 전 세계 가상공간에서 활동하는 모든 고객이 대상이 된다. 반면 오프라인마케팅의 경우에는 대중매체를 통한 광고, DM(Direct Mail), 인적판매 등으로 접근가능한 시장, 즉 지리적으로 제한된 고객만을 대상으로 하게 된다.

이처럼 양 개념의 기본적인 차이점을 인식하면서 마케팅계획과 전략 및 전술을 수정・보완하여 수행하는 것이 성공적 인터넷마케팅의 첩경이라 판단된다. 결국 인터넷

표 14-6 일반마케팅과 인터넷마케팅의 특성 비교

구분	인터넷마케팅	일반마케팅
전략목표	고객만족, 경쟁력 확보	고객만족, 경쟁력 확보
전략원리	1:1 관계 형성과 고객맞춤	세분화-목표시장-포지셔닝
전략요소	기술, 고객정보, 아이디어 등의 지적 요소	자본, 인력 등의 물리적 요소
전략제품	다양성과 차별성 있는 제품	한정된 제품에 특화
고객	글로벌 가상공간의 고객	지리적으로 한정된 고객

거래가 꾸준히 급속도로 확대되고 있는 현실을 볼 때 인터넷마케팅전략의 수립과 실행은 더욱 중요하며, 인터넷마케팅이 기업 경쟁력을 강화하는 수단으로 자리매김할 것으로 여겨진다.

2. 인터넷마케팅의 특성

인터넷마케팅은 일반마케팅에서 적용하고 있는 세분화－목표시장－포지셔닝의 STP전략 및 마케팅믹스(4P)전략을 포함하면서 보다 넓은 범위에서 경쟁우위요소를 확보·전개해 나갈 수 있으며, 그 전개방법에서 보다 다양한 형태의 전략을 구사할 수 있다. 다시 말해 일반마케팅의 전략을 그대로 수용하되, 인터넷을 기반으로 고객과의 접점을 강화할 수 있는 다양한 방법의 모색이 가능하다. 즉, 인터넷마케팅의 전략적 특성은 기존의 일반마케팅에서보다 고객과의 접점관리가 더욱 중요하다는 점을 암시한다.

인터넷마케팅의 주요 특징은 고객과의 접점관리를 중심으로 6C가 전략적 수단으로 이용된다는 것이다. 즉, 콘텐츠(Contents), 쌍방향 의사소통(Communication), 고객맞춤서비스(Customization), 공동체 형성(Community), 거래 형성(Commerce), 그리고 네트워크관계 형성(Connection)의 6C라는 인터넷마케팅의 전개수단이 통합적으로 고객에게 제공됨으로써 보다 효율적이고 효과적인 마케팅이 이루어지게 된다.

첫째, 콘텐츠(Contents)는 인터넷마케팅전략을 수립할 수 있는 가장 기본적인 모태가 되는 것으로서 다른 전개수단을 뒷받침하는 것이다. 즉 인터넷마케팅을 통하여 무엇을 할 것인가, 어느 고객을 대상으로 어떠한 포지셔닝을 전개할 것인가를 형성하는 과정이다. 다시 말해 거래시스템과 구체적인 내용을 의미하는 것인데, 오프라인마케팅의 제품과 비교될 수 있으나 인터넷마케팅에서는 보다 광범위한 유형, 무형의 차별적이며 다양한 제품을 포함한다.

둘째, 쌍방향 의사소통(Communication)은 오프라인마케팅의 촉진과 비교될 수 있으며, 전달할 수 있는 정보량의 증대와 쌍방향 매체, 그리고 매체의 다양성으로 인해 고객에게 노출될 수 있는 방법에서 다양한 대안을 가질 수 있다.

셋째, 고객맞춤서비스(Customization)는 최신의 정보 및 서비스 향상 등과 같은 고객과의 지속적인 관계를 유지하고, 고객만족도의 증대를 통해 고객 충성도를 향상할 수 있는 전략 전개가 가능하다.

넷째, 거래 형성(Commerce)은 인터넷을 통하여 직접 거래가 이루어지도록 결제시스템을 갖추어 계약과 거래가 형성되며 반품 및 운송에 대한 정보를 제공함과 동시에 지속적인 거래를 형성하기 위한 관리체제를 제공하는 활동이다.

다섯째, 공동체 형성(Community)은 유사한 관심을 가진 집단이 특정 사이트에 지속적으로 접속하여 상호 간의 정보교류를 할 수 있도록 공동체를 형성하고 이를 유지하는 것이다. 이는 동일제품 및 서비스를 사용하는 세분화된 시장을 형성하는 인터넷 마케팅의 중요한 특성 중 하나이다.

여섯째, 관계 형성(Connection)은 마케팅 분야의 관계마케팅(relation marketing)에서 가장 강조하고 있는 고객과의 관계 설정으로 볼 수 있으며, 인터넷이라는 도구에 의하여 효율적으로 접근할 수 있다. 인터넷마케팅에서도 고객과 지속적인 관계를 형성하는 중개자로서의 역할이 더욱 긴요해지고 있다.

그림 14-2 ▌ 인터넷마케팅의 전개수단: 6C

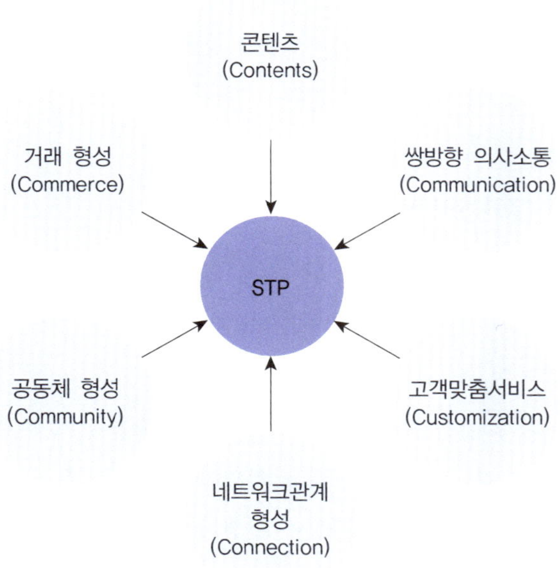

3. 인터넷마케팅의 새로운 패러다임

인터넷마케팅은 정보통신기술(ICT)의 발전에 힘입어 마케팅의 영역으로 자리매김한 분야이다. 인터넷 자체의 특성으로 가장 대표적인 것은 디지털기술을 이용하고 있다는 점이다. 디지털기술은 0과 1의 조합으로 변환 저장하여 압축 전송하고 이를 다시 증폭하는 과정을 거침으로써 빛과 같은 광속도로 방대한 정보를 처리할 수 있으며, 반복 사용하더라도 정보가 손상되지 않고 정보의 가공이 쉽고 다양한 형태로 변형가능하다는 장점을 가지고 있다. 더욱이 정보통신기술을 통한 디지털화(digitalization)로 보다 빠르고 방대한 양의 데이터를 주고받을 수 있게 되었다. 즉 신속하고 활발한 활동으로 대응할 수밖에 없는 디지털환경에서 인간생활 역시 보다 빠른 속도의 과정과 결과(speed-up life)를 초래하게 되었다. 이처럼 디지털기술이 갖는 특성에 의하여 인터넷마케팅 역시 그 특성을 그대로 이어받게 되고 기존의 패러다임과는 차이가 있는 마케팅활동이 요구되었다.

이와 같이 아날로그에서 디지털로 변하는 패러다임의 전환은 우리 인간의 삶에 있어 상당한 변화를 가져오고, 인터넷마케팅을 특징짓는 요소가 되고 있다. 디지털화에 따른 현상을 구체적으로 정리하면 광속 확산성, 무한반복 재현성, 개체성과 다원성, 가상성으로 나누어 볼 수 있다. 이러한 현상적 요인에 의하여 나타난 인터넷마케팅의 변화를 구체적으로 살펴보면 다음과 같다.

(1) 광속 확산성(light-speed diffusion)

아날로그의 디지털화는 광속 확산성이라는 특성이 더해져 기존의 지식과 정보가 시간과 공간을 초월하여 확산하게 되는데, 이러한 확산성이 경영에 주는 현상은 다음의 몇 가지로 집약하여 볼 수 있다.

첫째, 조직의 원리가 변화된다는 점이다. 기업조직의 기본목적은 영리추구인데 이윤의 최초 발생요인인 지식과 정보 그리고 기술이 디지털화 특성 중의 하나인 확산성에 의하여 급격히 외부로 확산되는 현상이 발생하게 된다. 이로써 과거에는 상상하지도 못할 정도의 속도로 경쟁자가 출현하게 되며, 기업이 지속적인 존립을 위하여 끊임없이 새로운 가치가 있는 지식과 정보를 확보하여야만 한다. 또한 확산성에 따른 경쟁의 심화와 더불어 기존 제품수명주기의 급격한 단축현상이 초래될 것이다. 한마디로 디지털화가 이루어지면 질수록 새로운 가치를 창출하고 제공하는 주체로서의 기업조직의 원리는 이른바 '가치경영(value management)'을 강조하는 추세로의 전환을 요구하게 된다. 즉 매출이나 이익중심의 마케팅활동에서 새로운 가치를 창출하고 제공한다는 전략적 인터넷마케팅의 전개가 이루어져야만 경쟁력을 확보할 수 있게 된다.

둘째, 광속 확산성으로 시장구조의 변화가 일어나고 있다. 과거에 정보를 상대적으로 적게 가진 집단도 확산성에 의해 과거보다 더 많은 지식과 정보를 가질 수 있다. 정보가 빛의 속도로 확산되는 광속 확산성 덕분에 공급자 또는 판매자에 비해 수요자 혹은 구매자들이 더 많은 지식과 정보를 가질 수 있게 되었다. 달리 말해 제품·서비스에 대한 가격결정권이 판매자로부터 소비자중심으로 전환되는 현상이 나타나고 있다. 즉 소비자가 제품 및 판매에 관한 마케팅정보를 제공하고 제품의 가격을 결정하게 되면서 소비자중심의 시장으로 전환된다는 것이다. 결국 기업은 소비자를 끌어들이기 위하여 더욱 나은 제품과 서비스를 제공할 수밖에 없고, 단순히 고객만족의 수준을 넘어 고객 개개인의 욕구와 필요를 충족시키는 고객맞춤마케팅(customization marketing)이 이루어지게 되며, 이에 따라 신제품개발은 더욱 가속화될 수밖에 없다.

셋째, 확산성에 의한 또 하나의 경영변화는 시장의 범위가 확대된다는 점이다. 확산성은 지식과 정보가 시간과 공간을 초월하여 확산된다는 것을 의미한다. 이와 같은 확산성으로 인터넷마케팅은 이제 시장의 범위를 확장하여 글로벌시장을 대상으로 하게 되었다. 고객, 경쟁, 시장 모두가 글로벌화하는 현상이 자연스럽게 동반되는 것이 인터넷마케팅의 또 하나의 중요한 특성이라고 하겠다. 가령 중국의 알리바바닷컴(Alibaba.com)도 인터넷 기반의 신속한 정보 확산과 온라인거래의 편의성에 힘입어 단기간에 커다란 성공신화를 만들었다. 결국 인터넷사업을 하는 모든 구성원, 특히 인터넷마케팅 담당자의 사고 역시 글로벌화하여야 함을 의미한다.

(2) 무한반복 재현성(replication)

디지털화로 인하여 그 중요성이 커진 것은 정보와 지식이다. 즉 가치창출의 가장 핵심요소가 자본과 노동 대신 정보와 지식으로 바뀐 것이다. 지식과 정보는 공공재

(public goods)의 성격을 지니고 있는데, 어느 누가 혼자 점유하거나 독점적으로 사용하지 못할 뿐만 아니라 그것을 창출하고 개발하는 데 많은 시간과 노력이 요구된다. 그렇지만 정보와 지식은 일단 개발하고 난 다음에 다시 사용하는 데 드는 비용, 즉 한계 재사용비용(Marginal cost of usage)이 거의 제로에 가깝다는 점이 특징이다. 또한 소멸되거나 파손되지 않고 지속적으로 축적되고 보강된다는 특성을 지니고 있다. 이처럼 무한반복 재현성이 기업경영에 미치는 영향은 새로운 지식과 정보를 개발하여 이를 이용한 제품·서비스를 고객에게 제공할 경우 한계비용이 낮아진다는 것이다. 심지어 경쟁사에 비해 탁월한 지식, 경험 및 노하우 같은 무형자산은 경쟁우위의 원천도 될 수 있다.

앞서의 확산성과 더불어 무한반복 재현성은 인터넷마케팅의 대상이 되는 정보, 아이디어, 제품수명주기를 급속히 단축시키는 효과를 유발하게 되지만, 경쟁자가 신속히 출현할 수 있는 위협이 되기도 한다. 경쟁이 치열해짐에 따라 이를 극복할 수 있는 마케팅능력을 발휘할 수 있어야 하는데, 그 원동력은 아이디어개발과 신제품개발의 신속성, 타 업종과의 제휴를 통한 제품 및 정보의 다양성 등을 확보하는 데 있다.

그림 14-3 ▌ 광속 확산성 및 무한반복 재현성에 의한 인터넷마케팅의 특성

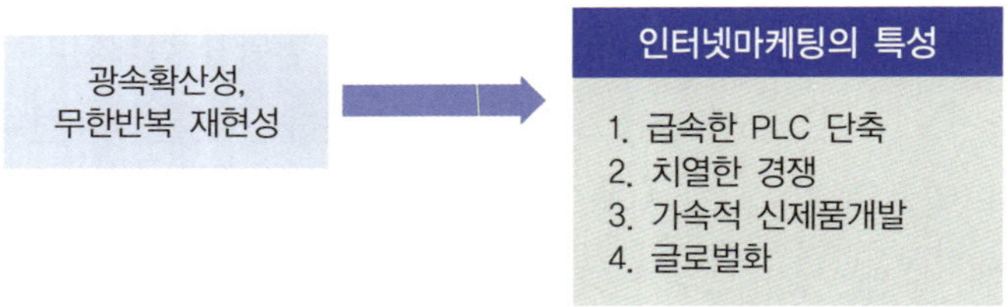

(3) 개체성과 다원성(pluralism)

디지털화에 의한 계층 간 분화는 개인의 개성과 독자성을 강조하는 동시에 개별주체들의 다원성이 존중받는 분위기를 확산시키고 있다. 달리 말해 개인이 조직 속의 부속품으로 존재하는 것이 아니라 개인들의 자아가 모여 조직을 구성하기 때문에 개인의 독창성 혹은 창의성을 인정한다. 또한 자유로운 의사소통을 통해 자기주장을 피력하고 자신의 필요와 욕구를 충족하고자 역량을 끊임없이 개발하게 된다. 이처럼 개별자아의 개체성과 다원성은 인터넷마케팅에도 그대로 적용되어 독창적인 사이트의 새로운 서비스가 등장하여 전 세계로 확산되어진다. 심지어 개인중심의 의사결정과 여러 다양한 커뮤니티가 연계되면서 고객이 시장을 선도하는 고객주도형 시장으로 변모하고 있다.

한편 이러한 개체성과 다원주의는 네트워크효과(network externality)를 배가시키는 요인이 되기도 한다. 네트워크효과란 개별단위가 아닌 네트워크 전체로서 경쟁력을 발휘하여 가치를 창출하는 것을 의미한다. 달리 말해 네트워크를 구성하는 조직이나 구성원수가 많아질수록 더욱 그 가치가 있으며, 그 구성원의 증가는 선형적 증가가 아닌 지수 증가를 따르게 된다. 즉 인터넷 이용자수, 사이트수, 회원수 등은 초기에 서서히 증가하다가 일정한 수준에 도달하면 기하급수적으로 증가하는 승수효과로 인하여 네트워크의 경쟁력이 더욱 강해진다는 것이다. 결국 기업은 지속적인 제휴나 합작투자 등의 방법으로 다른 업체와 네트워크관계를 구축하는 데 주력하는 동시에 인터넷 이용자들도 나름대로 공동체를 구성하여 네트워크효과를 배가시키는 결과로 나타나고 있다.

그림 14-4 개체성과 다원성에 의한 인터넷마케팅의 특성

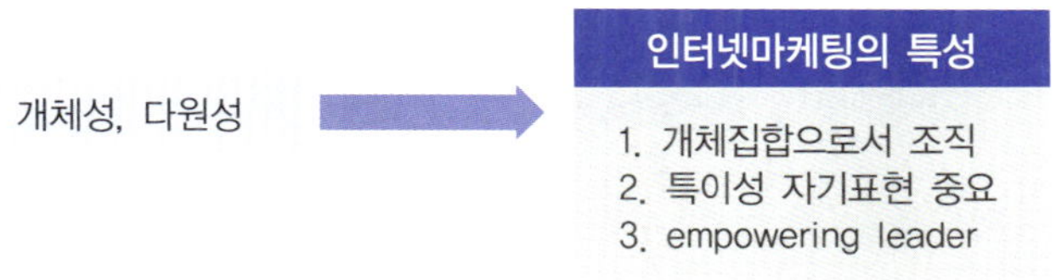

(4) 가상성(virtuality)

아날로그의 경우 모든 거래는 물리적 거리나 공간에 제약을 받았으나, 디지털경제로 넘어오면서 시간적·물리적 제약이 없는 가상공간에서 거래가 활발히 이루어지고 있다. 오프라인에서 필수적이었던 도매점, 소매점, 판매원과 같은 기능과 조직이 점차 가상공간으로 대체되고 있다. 즉 기업과 고객의 관계를 규정하던 영업, 판매 및 마케팅 등의 기능도 온라인 기반의 디지털화된 시스템으로 대체되고 있다. 예를 들면 기업의 영업, 인사, 재무, 회계, 생산 및 운영관리 등의 분야도 전사적 자원계획(ERP: Enterprise Resource Planning)으로 통합되어 시스템으로 관리되고 있다. 또한 관계마

케팅의 핵심이 고객관계관리(CRM: Customer Relationship Management)인 것처럼 유통의 혁신이라는 공급사슬관리(SCM: Supply Chain Management)는 모든 원자재의 조달과 제품의 유통관리를 온라인 기반으로 처리한다. 결국 인터넷, 인트라넷 및 익스트라넷의 등장은 시장거래, 내부거래 및 조직 간 거래방식을 통합, 해체 및 재통합시키는 역할을 수행하고 있다.

한편 가상공간에서의 거래관계는 구매패턴뿐만 아니라 소비자의 라이프스타일에도 변화를 초래한다. 소위 소셜네트워크서비스(SNS)처럼 새로운 가치관과 생활방식을 따르는 집단이 시장을 주도하고 유행을 선도하고 있다. 그렇지만 실체가 없는 가상공간일수록 무형자산(지식・경험・노하우)에 의한 독창, 창의 및 혁신적 제품과 서비스가 가치를 창출할 전망이다. 예를 들어 영화, 음악, 게임 등 디지털제품의 다운로드, 웹 기반으로 자료를 이동・복사・공유하는 서비스(클라우딩), 사이버공간에서 지불가능한 디지털 화폐(비트코인), 파손이나 마모가 되지 않는 무형적 가상제품(사이버인간)이 소비 트렌드를 이끌고 있는 모습을 목도하고 있다.

그림 14-5 ▎ 가상성에 의한 인터넷마케팅의 특성

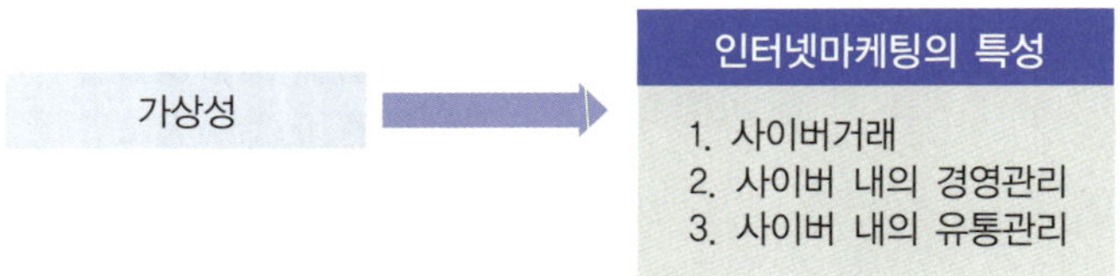

14.3 태생적 글로벌기업(born-global)의 마케팅전략[1]

최근 국제마케팅 분야에서 설립하자마자 국제화를 단행하는 태생적 글로벌기업에 대한 논의가 뜨겁다. 가령 태생적 글로벌기업의 조기국제화에 영향을 미치는 요인, 태생적 글로벌기업의 성과에 영향을 주는 요인, 그리고 태생적 글로벌기업의 성장단계에 따라 국제화 성공요인이 달라지는지 규명하는 것이다. 더욱이 태생적 글로벌기

1) 본고는 충남대 경영학부 양승호 박사과정의 도움으로 작성되었음.

업의 성공적 국제화에 마케팅전략이 어떻게 영향을 미치는지도 국제마케팅에서 주요 현안이다. 본 절에서는 태생적 글로벌기업의 등장배경과 개념 및 특성, 촉진요인, 그리고 이들 기업들을 위한 마케팅전략을 중심으로 살펴보고자 한다.

1. 태생적 글로벌기업의 출현

지금까지 한국경제는 대기업 주도로 국제화를 단행하는 대외지향형 성장모델을 고수해 왔다. 그러나 국내 자본시장 개방과 정보통신기술의 발전 등 시장의 글로벌화가 촉진되는 상황에서는 중소 · 벤처기업의 국제화도 중요한 과제로 대두되고 있다. 더욱이 국제화 초기단계에서도 다양한 형태의 글로벌 활동을 수행하는 벤처기업이 증가하고 있는 상황이다. 김형준 · 정덕화(2007)에 의하면 시장의 글로벌화에 따라 설립 당시에 국제화를 시도하는 벤처기업이 늘고 있으며, 심지어 태생적 글로벌 벤처(born global venture)는 연구개발(R&D)에 대한 높은 투자비중 때문에 경쟁우위가 높은 하이테크산업에서 많이 나타난다는 분석결과를 제시한 바 있다.

그렇다면 태생적 글로벌기업들이 설립과 동시에 해외시장에 적극적으로 진출하는 이유는 무엇일까?

첫째, 시장의 글로벌화로 인해 보편적 소비자 니즈가 출현하는 동시에 물리적 거리를 줄여주는 정보통신기술의 발전이라는 외부요인으로부터 기인한다. 즉 제품수명주기가 점차로 짧아지는 첨단제품일수록 기업의 혁신이 중요해지는 글로벌환경 변화와 무관하지 않다. 더욱이 첨단기술집약적 벤처기업일수록 기술에 대한 불확실한 투자로 말미암아 투자비용을 조기에 회수하려는 목적에서 과감한 국제화를 추진하기도 한다. 결국 첨단산업의 기술집약적 벤처기업은 글로벌시장의 동태적 변화나 기술혁신처럼 산업의 기술동향에 대응할 수밖에 없다. 둘째, 내부적으로 진취적인 기업가정신, 신속하고 유연한 조직운영, 기술주도 핵심역량, 그리고 자원의 제약에도 불구하고 고성장에 대한 욕구 등 태생적 글로벌기업의 조직상 특성에서 국제화 동기를 찾을 수 있다. 즉 제품수명주기가 단축되고 연구개발비용이 과도한 첨단산업의 벤처기업일수록 기술적 역량, 양질의 인력 및 네트워크 접근성을 활용하여 투하자본 회수율을 제고하려는 동기하에 신속한 국제화를 추진한다.

2. 태생적 글로벌기업의 개념

최근 들어 해외시장으로 진출하는 중소기업에 대한 관심이 고조되고 있다. 각국 경제에서 중소기업이 차지하는 비중과 위상에도 불구하고 그동안 중소기업의 국제화에 소홀했던 것도 사실이다. 국가별로 전체 기업 중 중소기업이 차지하는 비중은 미국(99.7%), 유럽(99.8%), 일본(95.6%), 한국(99%)이다. 또한 중소기업이 고용하고 있는 인력이 미국(49.4%), 유럽(67.4%), 일본(71.6%) 및 한국(88%)의 순이다. 심지어 한국계 중소기업의 수출참여율은 42%, 기술협력참여율은 13%에 불과한 점을 고려한다면 중소기업에 거는 기대가 크다. 이에 따라 한국도 수출유망기업, 수출형 중소기업, 작지만 강한 기업, 글로벌 강소기업, 글로벌 히든챔피언을 육성하는 데 주력하고 있다. 가령 수출입은행의 한국형 히든챔피언, KRX의 코스닥 히든챔피언, KOTRA의 월드챔프 및 중소기업청의 월드클래스 300이 대표적이다.

한편 해외시장으로 과감히 진출하여 조기국제화 성과를 토대로 성공사례를 만들고 있는 중소기업이 출현하고 있다. 심지어 설립하자마자 국제화를 시도하는 동시에 글로벌시장을 중심으로 가치를 창출하는 태생적 글로벌(born-global)기업이 등장하고 있다. 원래 태생적 글로벌이란 용어는 호주의 컨설팅기업인 맥킨지(McKinsey)에서 수행한 'The Australian Manufacturing Council' 서베이조사에서 사용되었다. 태생적 글로벌과 유사한 표현으로 국제신생벤처기업(international new venture), 글로벌 신생기업(global start-up), 즉각적 수출기업(instant exporter), 그리고 미시 다국적기업(micro multinational)이 혼재되어 사용되고 있다. 이에 따라 태생적 글로벌기업에 대한 다양한 정의를 살펴본 후 개념을 정립할 필요가 있을 것이다.

첫째, 설립 후 3~6년 이내에 해외시장으로 진출하는 동시에 해외매출비중이 25% 이상을 차지하는 기업이다. 둘째, 설립하자마자 글로벌시장으로 진출하여 사업활동을 수행하는 첨단기술, 지식집약적 중소기업이다. 셋째, 글로벌 잠재력을 구현하는 제품·서비스를 보유하고 있는 창업자 주도의 신생 중소기업이다. 넷째, 설립과 동시에 다수 해외시장으로 진출하는 동시에 자원활용과 제품판매를 병행함으로써 해외에서 높은 성과를 창출하는 비즈니스조직이다. 정리하면 창업한 지 3년 이내에 수출활동 여부가 태생적 글로벌을 구분짓는 중요한 기준임을 알 수 있다. 다만 학자에 따라 매출액 대비 수출액의 비중은 약간씩 차이를 보이고 있다.

본서에서는 태생적 글로벌기업을 설립 후 3년 이내 수출에 의한 국제화를 시도하는 동시에 해외부문 매출비중이 25%가 넘는 창업자 주도의 신생기업(newcomer)으로 정의하고자 한다. 결국 태생적 글로벌기업은 외국인비용과 신생기업의 불리함(liability of newness)을 안고서 조기국제화를 시도함에도 불구하고 높은 성과를 창출하는 기업이다. 따라서 조기국제화에 따른 해외시장의 불확실성을 창업자의 과감한 도전과 불굴의 의지로 극복한 결과 고성과를 창출하는 중소기업으로 볼 수 있다.

표 14-7 태생적 글로벌(born global)기업 관련 주요 정의[2)]

명칭	연구자	개념/정의
태생적 글로벌기업	Mckinsey and Co.(1993)	설립 후 2년 이내에 집약적인 수출활동 수행, 사례들만 75% 제시
태생적 글로벌기업	Rennie(1993)	창업 이후 2년 내 수출 시작, 사례들만 75%로 제시
태생적 글로벌기업	Knight & Cavusgil(1996, 2004)	창업 이후 3~4년 이내에 전체 매출액 중 해외수출 25% 이상 비중 기업
태생적 글로벌기업	Kandasaami & Huang(2000)	창업 후 3년 안에 해외로 수출하며, 총매출액의 10% 이상 수출하는 기업
국제신생벤처기업	McDougall et al.(2003)	설립 후 6년 내에 해외에 진출한 벤처기업
국제신생벤처기업	김정포(2004)	창업 후 2~6년(보통 3년), 전체 매출액 중 해외부문 10~75% (보통 25% 이상)
태생적 글로벌기업	홍성태(2005)	설립 후 2년 내 제품수출, 전체 생산량 25% 수출, 연평균 천억 원 이하 기업
태생적 글로벌기업	Madsen & Servais(2005)	창업한 지 3년 이내에 수출활동을 시작한 기업
태생적 글로벌 벤처기업	조대우(2006)	설립 후 3년 이내 해외진출기업
태생적 글로벌기업	박근호(2007)	창업 후 2~3년 이내 해외시장 진출
태생적 글로벌기업	Zhou et al.(2007)	창업 후 3년 이내에 수출활동 시작, 수출액 비중이 10% 이상인 기업

2) 조치현, "태생적 글로벌기업의 글로벌지향성, 마케팅전략 및 해외시장성과에 관한 연구", 충남대 무역학과 박사학위논문, 2009.

3. 태생적 글로벌기업의 특성

태생적 글로벌기업의 국제화현상을 올바로 이해하는 것에서 글로벌 마케팅도 출발할 것이다. 달리 말해 태생적 글로벌기업과 중소기업의 국제화에 드러나는 몇 가지 차이점에 주목하고자 한다.

첫째, 진입시점으로 볼 때 태생적 글로벌기업은 조기국제화(early internationalization)를 추구하는 기업이다. 즉 설립과 동시에 해외시장 진출을 시도하는 기업인 것이다. 가령 (주)시몬느의 경우 1987년에 설립하고 바로 첫해 미국시장에 400만 달러의 수출실적을 기록하였다.

둘째, 태생적 글로벌기업은 반드시 내수시장을 거쳐 해외시장으로 진출하는 패턴을 보이진 않는다. 달리 말해 설립과 동시에 해외시장으로 수출을 추진하거나, 심지어 직접투자방식으로 국제화를 도모하는 기업이다. 그렇기 때문에 기업의 매출비중을 보면 국내시장보다 글로벌시장에서 대부분의 매출을 창출하고 있다. 예컨대 영원무역, 한세실업과 더불어 세아상역(주)도 연간 18억 달러에 달하는 의류를 수출방식으로 해외시장에 판매하고 있다.

셋째, 태생적 글로벌기업의 진출시장뿐만 아니라 본국시장의 상황요인도 고려대상이 된다. 가령 86%에 달하는 한국의 벤처기업들은 최초 진입방식으로 수출을 선택하고 있다. 달리 말해 시장규모, 경쟁강도처럼 본국의 시장 특성을 고려하는 것도 태생적 글로벌기업의 국제화를 이해하는 데 도움이 될 것이다.

넷째, 태생적 글로벌기업은 제조업뿐만 아니라 첨단기술, 지식집약적 업종에서도 출현한다. 국제신생벤처기업(INV) 시각에 따르면 벤처기업일수록 직접투자를 활용하여 신속한 국제화를 단행하는 것으로 설명한다. 그러나 전통적 제조업에서도 조기국제화뿐만 아니라 신속한 국제화를 추진하는 태생적 글로벌기업은 언제든 출현할 수 있다. 가령 글로벌 소싱의 확산 혹은 본국시장의 입지열위는 제조기업의 국제화를 촉진하기도 한다. 결국 기존과 다른 방식과 패턴으로 국제화를 추구한다면 태생적 글로벌기업은 모든 산업에서 출현할 것이다. 즉 상대적으로 제품수명주기가 짧고, 연구개발비용이 많이 드는 첨단산업 분야일수록 제한된 자원으로 빠른 시간 내에 성공해야만 하는 벤처기업은 방대한 시장, 양질의 자원, 우수한 인재, 기술정보 습득을 위해

보다 적극적으로 해외진출을 도모할 필요가 있다.

마지막으로 태생적 글로벌기업은 가속적 국제화(accelerated internationalization)를 통해 국제화수준을 제고한다. 보통 국제화경험, 국제경영능력이 부족한 중소기업은 처음에 수출방식에 의존하는 점진적 국제화를 추구한다. 하지만 태생적 글로벌기업은 설립하고 얼마 지나지 않거나, 심지어 설립과 동시에 직접투자방식을 선택하기도 한다. 달리 말해 글로벌 가치사슬에 참여할 경우 태생적 글로벌은 해외직접투자를 고려할 것이다. 즉 전략적 구매자를 위해서라면 신속한 국제화를 활용하더라도 구매자와 함께 동반진출을 모색하려 할 것이다.

정리하면 신생기업의 불리함도 존재하지만 신생기업의 학습우위(learning advantage of newness)도 고려할 필요가 있다. 달리 말해 상이한 외국환경에 직면한 태생적 글로벌일수록 불확실성을 상쇄할 수 있는 역량 강화 및 전략 차별화에 매진할 것이다. 결국 태생적 글로벌기업의 국제화를 설명하는 데 조직내부, 외부환경, 그리고 상황적 요인을 아우르는 전체적(holistic) 관점이 타당할 것이다. 따라서 태생적 글로벌기업의 국제화를 지원하는 동시에 어떻게 성과창출에 기여할 수 있을 것인지 글로벌 마케팅의 고민이 필요한 시점이다.

4. 태생적 글로벌기업의 촉진요인

태생적 글로벌기업을 촉진시키는 요인을 내적 요인과 외적 요인으로 구분하여 살펴보고자 한다. 첫째, 외적 촉진요인은 국가 간 무역 및 투자 장벽 축소, 산업의 글로벌화수준, 정보통신기술의 발달 및 글로벌 자본시장에 대한 접근성을 들 수 있다. 가령 벤처캐피탈의 자금지원 여부는 벤처기업의 전략적 방향과 사업 포트폴리오 구축에 중대한 영향을 미친다. 둘째, 창업자·경영자 이력, 글로벌 비전, 국제화 역량 등의 내적 촉진요인은 기업의 해외시장 진출과 운영방식에 상당한 영향을 미친다. 예컨대 내수시장이 협소할수록 창업자·경영자의 국제화 경험과 차별화된 역량수준은 태생적 글로벌기업의 국제화 속도에 긍정적 영향을 미치는 것으로 나타났다.[3] 즉 연구

3) Weerawardena, J., Mort, G. S., Liesch, P. W and G. Knight(2007), "Conceptualizing accelerated internationalization in the born global firm: A dynamic capabilities perspective," *Journal of World Business*, 42, pp.294-306.

개발비 부담이 높아서 투자비의 조속한 회수가 필요할 때, 해외시장에 대한 의존도가 높을 때, 그리고 내수시장의 경쟁상황이 치열할수록 기업의 국제화 시기가 앞당겨지고 해외지향성도 증가하는 것으로 볼 수 있다.

[표 14-8]을 살펴보면 한국의 태생적 글로벌기업에 대한 사례연구에서도 유사한 결과를 확인할 수 있다. 즉 창업자·경영자의 국제화 경험과 높은 해외지향성은 태생적 글로벌기업의 국제화를 가속화시키는 것으로 분석되었다. 또한 내부 조직요인 중 기업의 역량수준은 신속한 국제화 과정에서 부담하는 외국인비용을 상쇄시키는 것으로

표 14-8 태생적 글로벌기업의 촉진요인 정리

요인		A사	B사	C사
경영자 요인	해외 경험	• 미국 유학경험	• 종합상사 근무	• 영국 유학경험
	해외 지향성	• 미국 유학경험을 바탕으로 가장 한국적인 임플란트가 가장 세계적인 임플란트로 성공 확신 • 설립 후 3년 만에 국제화 시도	• 국내의 연구개발 네트워크를 바탕으로 한 뛰어난 품질의 제품 • 설립 후 3년 만에 국제화 시도	• 부친의 동종업계에 대한 경험과 해외 유학 당시 경험에서 나오는 제품의 성공가능성 • 매출에 80%의 수출 비중 차지, 높은 해외지향성 보유
기업 요인	무형 자산	• 업계 최고수준의 국내외 특허 보유	• 국내 주요 대학과의 연구개발을 통한 국내외 특허 및 다양한 수상 경력 보유	• 한국적인 기와문양을 가미한 내구성과 강도가 우수한 금속기와의 국내 특허 및 국내외 상표권 보유
	네트워크 역량	• 현재 13여 개국의 현지 파트너와 함께 제품개발 및 각종 인허가 취득, 판매 네트워크 구축	• 국내 주요 대학과 연구개발 네트워크 구축 • 중국, 일본, 러시아 등의 주요 현지 네트워크와 현지 인허가 취득 및 판매 네트워크 구축	• 타 사례에 비해 연구개발이 아닌 해외판매 네트워크 적극 활용
환경 요인	국내시장 환경	• 국내 대기업 경쟁사 있음	• 국내 글로벌 다국적 기업 경쟁사 있음	• 금속기와 최초 개발한 경쟁사 있음
	해외 시장 매력	• 동종업계 최고의 제품수와 업계 최고수준의 특허로 무장한 우수제품으로 세계시장 공략	• 우수한 제품에 대한 확신과 고령화와 인구에 따른 필연적인 소비제품으로 높은 해외시장성이 존재	• 현대의 금속기와에다 한국적인 기와문양을 접목한 우수제품으로 세계시장 공략

나타났다. 마지막으로 외부환경으로서 해외 네트워크 활용은 대기업에 비해 상대적으로 부족한 경영자원을 보완하는 동시에 해외시장에서 지속가능한 성장을 달성하는 핵심요인으로 작용하였다.

1990년대 말 외환위기 극복과 미래 성장산업 육성을 위해 정부는 IT 분야 벤처기업 활성화를 지원하는 "벤처기업 육성을 위한 특별조치법"을 입안하였다. 이로 인해 IT 기반 벤처기업의 창업 붐과 벤처기업의 활성화로 벤처산업이 성장하는 계기가 마련되었다. 최근에도 벤처생태계를 육성하고자 한국형 벤처모델을 개발하려는 시도와 함께 신시장 개척, 핵심역량 강화 및 연구개발(R&D) 프로젝트의 사업화 등 벤처기업의 국제화를 지원하려는 정부 차원의 노력이 지속되고 있다. 그럼에도 불구하고 2013년에 실시한 벤처기업정밀실태조사[4]에 따르면 국내기업들의 국제화수준은 아직 걸음마 단계에 머물러 있고, 동종업계 최고수준의 글로벌기업과 비교하더라도 생산, 마케팅, 품질, 기술, 브랜드 등 글로벌화수준도 전반적으로 낮은 것으로 조사되었다.

그림 14-6 ▌ 벤처기업의 해외시장 점유율

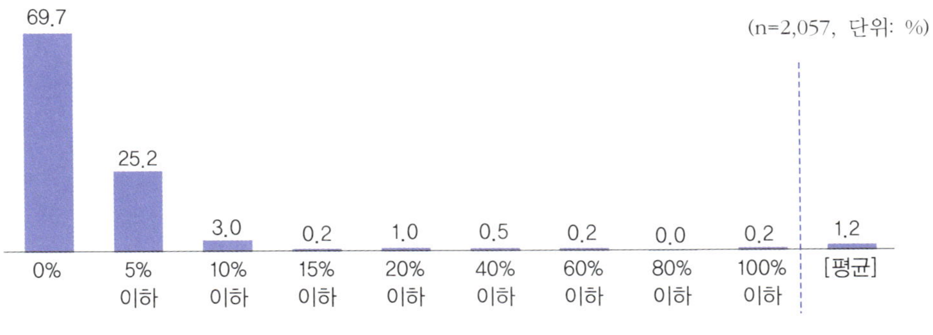

또한 [그림 14-7]에서 알 수 있듯이 벤처기업의 수출 여부에 대한 조사결과에 따르면 2013년 12월 기준 전체 벤처기업 28,135개[5] 중 직·간접적 수출경험이 있는 벤처기업은 33.9%에 불과한 반면, 66.1%에 해당하는 벤처기업은 수출실적이 전혀 없는 것으로 조사되었다.

4) 중소기업청은 매년 실시하는 '벤처기업정밀실태조사'를 통해 한국의 벤처기업 현황과 육성을 위한 정책적 제언을 제공하고 있음.

5) Venturein.or.kr_2013년 12월 기준 벤처기업 수 28,135개

그림 14-7 ▌ 벤처기업의 수출 여부

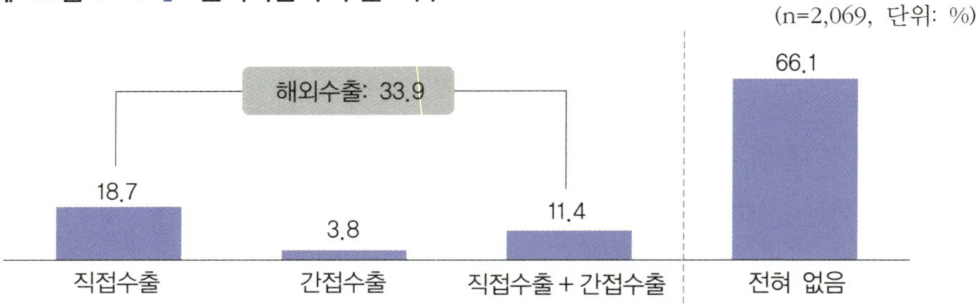

[그림 14-8]을 살펴보면 벤처기업 중 단순수출방식에 기대어 해외로 진출한 벤처기업은 30.7%로 나타났다. 이 중에서 해외수출만 하는 기업은 26.5%, 해외수출과 해외직접투자를 병행하는 벤처기업은 4.2%에 불과하였다. 심지어 해외에서 거래실적이 전무한 벤처기업도 69.3%를 차지하는 것으로 나타났다. 결국 벤처기업의 조기국제화에 관심을 기울이고 이들의 국제화 성공요인을 제시하는 동시에 태생적 글로벌기업의 마케팅전략을 고민해야 할 시점으로 판단된다.

그림 14-8 ▌ 해외수출 및 진출현황

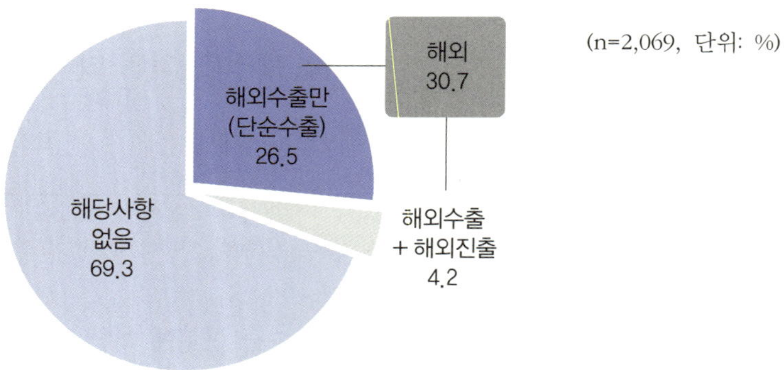

[그림 14-9]는 벤처기업의 수출국과 수출지역을 설명하는 현황자료이다. 주로 단순수출로 진출하는 지역은 동남아시아가 39.3%로 가장 많고 중국, 일본, 미국 및 유럽의 순으로 나타났다. 반면 벤처기업이 직접투자방식으로 적극 진출하는 지역으로는 중국이 48.8%로 가장 많고, 동남아시아, 미국, 일본 및 유럽 등의 순으로 조사되었다.

그림 14-9 ▌ 해외수출 및 진출지역별 현황

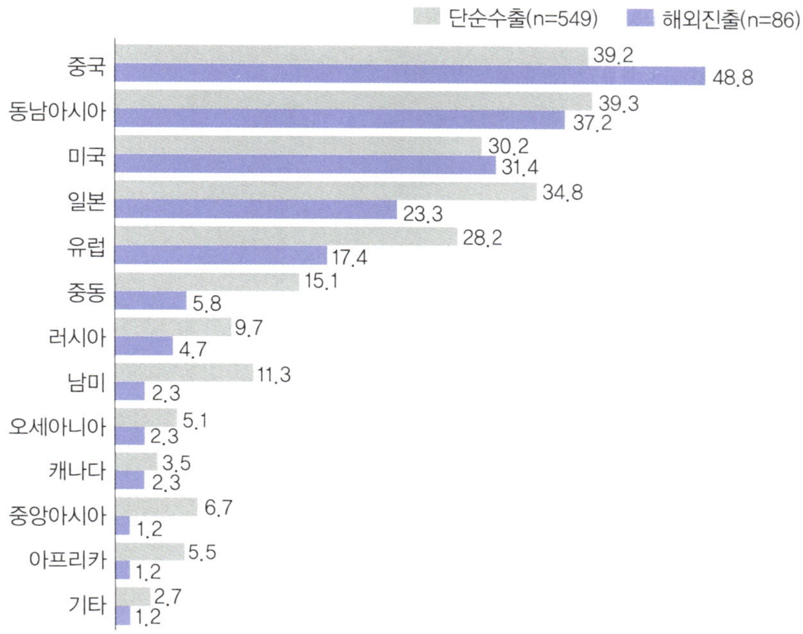

그림 14-10 ▌ 해외시장 진출 시 애로사항

(n=635, 단위: %)

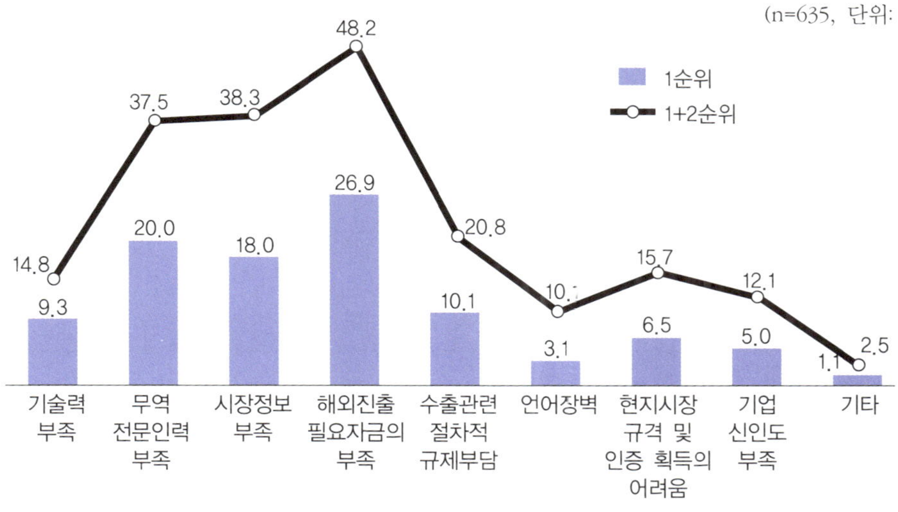

[그림 14-10]에 따르면 벤처기업의 해외시장 진출 시 애로사항으로 '해외진출 필요자금의 부족'이라고 응답한 비율이 가장 높았다. 다음으로 '무역 전문인력 부족', '시

장정보 부족', 그리고 '수출입절차 관련 정부 규제'의 순으로 나타났다. 산업별 특성을 살펴보면 소프트웨어개발과 컴퓨터/반도체/전자부품일수록 '해외진출 필요자금의 부족'으로 응답한 비율이 상대적으로 높은 것으로 나타났다.

정리하면 '2013년 벤처기업정밀실태조사'에 따르면 국제화를 추진하는 벤처기업은 내부 기업요인과 외부 시장요인을 동시에 고려할 것을 주문하고 있다.

우선 내부요인의 경우 사업수행에 필요한 자금, 수출입활동을 전담할 조직, 기술 및 마케팅 역량과 국제화 경험을 고려하여 해외시장 진출을 결정해야 한다. 반면 외부환경요인은 언어적 장벽, 산업별 특성 및 현지시장 환경에 대한 객관적 분석을 전제로 수행되어야 할 것이다. 결국 태생적 글로벌기업도 창업자/경영자 특성, 내부 역량수준을 토대로 시장의 글로벌화에 신속한 국제화로 대응함으로써 성과창출이 가능할 것이다.

5. 태생적 글로벌기업의 성공과 마케팅

대기업에 비해 자본과 기술력이 부족한 중소기업의 국제화는 훨씬 더 험난할 것으로 예상할 수 있다. 그러나 불리한 상황에도 불구하고 중소기업 국제화의 성공사례가 심심찮게 회자되고 있다. 더욱이 중소기업과 벤처기업, 혹은 신생기업일수록 성공적 국제화의 가능성은 그만큼 낮아질 수밖에 없다. 즉 국제화 과정에서 직면하는 외국인 비용(cost of foreignness)과 신생기업의 불리함(liability of newness)을 어떻게 극복하는지가 관건이라 할 수 있겠다.

2012년 한국수출입은행의 '한국형 히든챔피언' 중 유일한 패션기업이던 (주)시몬느는 지금 현재 고성장, 고마진을 창출하며 승승장구하고 있다. 1987년 설립하자마자 미국시장으로 진출하는 동시에 수출을 통해 매출을 신장시키는 대표적인 태생적 글로벌기업이다.

이에 따라 시몬느의 성공사례를 토대로 태생적 글로벌기업의 마케팅전략에 필요한 시사점을 도출하고자 한다.

사례 기업사례: (주)시몬느

1987년 박은관 회장에 의해 시몬느(Simone)가 설립되었다. 창업자 박은관은 (주)청산에서 해외바이어를 상대로 수출업무를 수행해 본 경험이 풍부한 설립자이다. 심지어 서울 가로수길에 백스테이지, 핸드백 박물관을 오픈할 정도로 여성용 핸드백에 올인하고 있다. 결과적으로 시몬느는 설립 첫해 미국시장에 400만 달러의 핸드백을 수출한 이후 2013년 기준 6억 5천만 달러에 달하는 해외매출 실적을 달성한 태생적 글로벌기업이다. 지금 현재 중국 2곳, 인도네시아 1곳, 베트남에 2곳에 공장을 운영하고 있으며 코치, 토리버치, 마크제이콥스, 마이클코어스에 여성용 핸드백을 제조하여 납품하고 있다.

(주)시몬느는 OEM방식 수출로부터 국제화를 시작하였다. DKNY, 캘빈클라인, 랄프로렌에 납품한 핸드백이 호평을 받으면서 유럽의 명품브랜드(버버리, 로에베, 지방시)로부터 러브콜을 받게 되었다. 지금은 OEM방식에서 탈피하여 ODM방식(제조자개발생산방식)의 수출에 주력하고 있다. 즉 해외 명품브랜드를 대신하여 원단, 상품기획, 디자인, 생산 및 납품에 이르는 풀서비스를 제공함으로써 글로벌 공급사슬에 참여하고 있다. 글로벌패션 추세를 예측하여 고객사가 원하는 디자인의 핸드백을 품질수준은 높이고 납품가격은 낮추어 공급하는 사업방식이다. 결국 국내시장에서 독점판매권을 가지고 마이클코어스 핸드백을 유통하고, 자체브랜드(0914) 런칭에 매진하고 있다.

(1) 창업자의 기업가정신

보통 최고경영자의 강력한 의지는 기업의 국제화에 영향을 미치는 푸시요인(push factor) 중 하나이다. 달리 말해 외국인비용과 신생기업의 불리함을 안고서 해외시장으로 중소기업이 진출하는 것은 경영자 의지 없이는 불가능하다. 즉 신생 창업기업 또는 벤처기업과 같은 중소기업일수록 창업자가 국제화를 주도하는 경우가 대부분이다. 외국환경의 불확실성에 직면하더라도 현실을 직시하면서 이를 극복하는 불굴의 리더십과 위험을 부담하는 정신이 필수적이다.

시몬느의 경우 설립 첫해에 창업자이자 경영자의 주도로 가장 규모가 큰 미국시장에 400만 달러를 수출할 수 있었다. 지금도 명품기업의 주문을 받아 만든 제품을 100% 수출방식으로 납품하면서 매출을 달성하고 있다. 결국 불확실한 시장이더라도 창업자의 과감한 도전과 공격적인 실행은 성과창출로 이어진다. 따라서 불확실성하에서도 전략 수립에 치중하기보다 해외의 마케팅기회를 인지하자마자 과감히 도전하는 위험부담정신(entrepreneurship)이 요구된다 하겠다.

(2) 경영자의 과거 이력과 경험

첨단기술, 지식집약적 산업일수록 경영자의 과거 이력과 경험은 기업의 성장과 생존에 필수적 자산이다. 예컨대 미국에서 지속적 성장을 구가하고 있는 아마존닷컴(Amazon.com)의 제프 베조스(Jeff Bezos)는 정보통신기술(ICT)에 대한 기술적, 경영적, 그리고 사업적 이해도가 상당한 경영자로 알려져 있다. 달리 말해 전자상거래방식으로 제품을 판매하는 기업이 아니라 비즈니스모델의 진화가 초래하는 결과로서 가치를 창출한다. 마찬가지로 외국환경의 이질성과 신생기업의 불리함을 극복하려면 태생적 글로벌기업도 최고경영자의 경험과 노하우가 긴요하다.

가령 시몬느의 박은관 회장도 (주)청산에서 근무하면서 이미 해외고객에 대한 실무경험을 쌓고, 명품시장에 대한 이해도를 제고한 후 창업하였다. 결국 해외수출에 대한 프로세스(영업, 납기, 제고 및 바이어관리 등)를 경험한 상태에서 OEM방식의 수출은 그만큼 외국인비용을 낮추는 결과로 나타났다. 따라서 창업자·경영자가 지닌 과거 이력과 경험은 외국인비용뿐만 아니라 신생기업의 불리함을 극복하는 요인으로 작용한다.

(3) 해외시장 진입전략의 점진적 변화

국제화 경험, 국제경영능력이 부족한 기업이더라도 간접수출 혹은 OEM(주문자상표부착)방식 수출로부터 시작하는 것이 보통이다. 다만 OEM방식을 거쳐 ODM(제조자개발생산)방식으로 진화한 후 궁극적으로 OBM(자체브랜드생산)방식으로 수출에 대한 진입방식도 순차적으로 변화한다. 지금 현재 시몬느도 OEM방식을 거쳐 ODM방식의 수출에 주력하는 동시에 자체브랜드 런칭을 준비하고 있다.

마치 제품시장이 도입, 성장 및 성숙기를 맞아 변화를 거듭하듯이 태생적 글로벌기업의 전략과 역량도 진화하고 있다. 즉 도입단계의 경우 기술역량을 토대로 제품을 만든 후 수출을 통해 판매하는 국제화를 추구한다. 그러다 성장단계로 넘어가면 마케팅 역량을 강화함으로써 글로벌 판매시장을 확대할 것이다. 궁극적으로 성숙단계로 진입하게 되면 혁신역량 재점화로 신시장뿐만 아니라 신사업 추진에 매진할 것이다. 결국 제품시장의 성숙도에 따라 태생적 글로벌기업의 전략과 역량이 순차적으로 진화하는 국제화 패턴을 보일 것이다.

(4) 전략적 지향성(strategic orientation)

기존연구를 살펴보면 외부환경 혹은 내부조직의 선행변인을 중심으로 태생적 글로벌기업의 성공을 설명해 왔다. 그러나 글로벌시장에 대한 경영자의 인식과 이에 따른 전략적 의사결정이 조기국제화(early internationalization)에 미치는 핵심요인의 도출이 중요하다.

이런 배경하에서 전략적 지향성은 외부환경을 고려하여 기업의 사업방향과 가치사슬활동을 정하는 기업의 원칙, 관행, 프로세스 및 의사결정스타일을 의미한다. 전략적 지향성의 잠재변인으로서 해외시장지향성, 마케팅지향성, 기업가지향성 학습지향성 그리고 국제성장지향성을 활용하기도 한다. 더욱이 중소기업의 국제화는 높은 수준의 불확실성을 수반하기 때문에 의사결정권자의 정신적 모델(mental model)이 갖는 의미가 각별하다. 결국 태생적 글로벌기업은 세계시장을 목표로 기업가지향성을 가지고 글로벌 사업기회를 추구하며, 국제 네트워크를 통해 부족한 경영자원의 한계를 극복하려 한다. 따라서 국제화 과정에서 태생적 글로벌기업의 성장과 생존은 마케팅전략의 수립·실행에 좌우되지만, 이는 다시 창업자·경영자의 정신적 모델에 영향을 받는 점을 상기할 필요가 있다.

14.4 한류 붐과 한류마케팅[6)]

1. 한류(Korean wave)[7)]

한류(韓流)는 한국의 대중문화인 드라마, 영화, 음악, 패션 등이 해외에서 인기를 얻고 있는 현상을 말한다. 최근에는 이전과는 다른 인기몰이현상으로 신한류(新韓流)라고 구분하기도 한다. 일반적으로는 한류, 즉 한국 대중문화의 해외진출과 인기의 시작은 1997년 중국 CCTV에서 방영된 한국 TV 드라마인 '사랑이 뭐길래'에서 시작되었다. 하지만 이전에도 이미 1980년대에 영화의 홍콩 진출과 대중음악의 일본 진출이

6) 충남대학교 대학원 경영학과 박사과정 제갈성과 석사과정 장서연의 도움으로 작성되었음.
7) 장규수, "한류의 어원과 사용에 관한 연구", 한국콘텐츠학회지, 11(9), 2011.

꽤 활발히 진행되고 있었으며, 1992년 한국과 중국의 수교 이후 1993년 드라마 '질투'가 중국에 수출되어 본격적인 한국 드라마의 중국 방영이 시작되었다. 당시 한국 드라마는 대만과 홍콩에도 수출되어 방영되었는데, '사랑이 뭐길래'가 1996년 중국에 수출되었다가 1997년 재방송되면서 시청률 4.2%를 기록하며 큰 인기를 끌게 되었다. 이후 1998년부터 한국 음반이 중국과 대만에 정식으로 출시되며 전반적인 한국 대중문화의 인기몰이를 하며 한류가 형성되었다.

이러한 특정 문화의 유행은 아시아 국가에서 약 10년 주기로 이루어지는 경향을 보여 왔다. 이러한 현상은 아시아의 대중문화 소비가 가장 컸던 일본을 중심으로 이루어졌는데, 1980년대에는 홍콩 영화의 아시아권에서의 유행으로 '홍콩류', 즉 '항류(港流)'가 진행되었으며, 1990년대에는 일본 TV 드라마, 애니메이션, 게임 등의 유행이 있었으며 이를 '일류(日流)'라고 지칭하였다.

1990년대 말 한국의 대중문화와 특정 스타의 인기가 일본에서 급속히 확산되었으며 이를 일본에서는 '한류(韓流)'라는 용어로 사용하였다. 2010년대 초에는 일본에 대만 TV 드라마와 특정 스타의 인기가 있어 '대류(臺流)'로 부르다가 중국 영화, 방송, 관광 등의 인기를 총칭하여 '화류(華流)'라고 부르고 있다. 이러한 일본식 표현방식에 더하여 1999년 가을 당시 한국의 문화관광부에서 한국 대중음악의 해외홍보를 지원하기 위해 '韓流 – Song from Korea'라는 제목의 음반을 제작하여 해외로 배포하였다.

그러므로 한류의 어원은 항류(港流), 일류(日流)에 이어 한류(韓流)라는 표현이 중국, 대만, 일본 등에서 자연스럽게 사용되기 시작했고, 이를 공식적으로 한국 정부에서 제작, 배포한 음반과 포스터의 제목으로 사용하면서 널리 확산된 것으로 보고 있다.

그림 14-11 ▌ '韓流 – Song from Korea' 홍보 음반

2. 한류의 발전과정

중국과 아시아지역에서 시작된 한류의 발전단계를 1997년부터 시기별로 3단계로 구분하여 제시하고 있는데, 각 단계별 특징은 [표 14-9]와 같다.

표 14-9 한류의 발전단계

	한류 1기	한류 2기	한류 3기
키워드	한류 생성	한류 심화	한류 다양화
기간	1997~2000년대 초	2000~2000년대 중반	2000년 중반 이후
주요 분야	드라마, 음악	드마라, 음악, 영화, 게임	드라마, 음악, 게임, 영화, 만화, 캐릭터, 한식, 한글
주요 지역	중국, 대만, 베트남	중국, 일본, 대만, 동남아	중국, 일본, 대만, 동남아, 미국, 중앙아시아, 아프리카
대표 콘텐츠	사랑이 뭐길래, HOT	겨울연가, 대장금	아이돌 가수

또한 삼성경제연구소(2005)는 한류의 국가별 확산단계를 4단계로 나누고 있으며, 이는 '대중문화 유행', '관심상품 구매', '한국 상품 구매', '한국 선호' 단계이다. 한류의 시작이 다른 국가에 비해 빠른 편인 중국과 베트남은 '한국 상품 구매'단계까지 이르렀으나, 그 외의 국가들은 전 단계인 '관심상품 구매' 및 '대중문화 유행'단계에 머물고 있는 것으로 분석되었다.[8)]

표 14-10 한류의 확산에 따른 발전 단계

대중문화 유행	관심제품 구입	한국산 제품 선호	한국 선호
드라마, 음악, 영화 등 한국의 대중문화와 한국 스타에 매료되어 열광하는 단계	드라마관광, DVD, 캐릭터상품 등 대중문화 및 스타와 직접적으로 연계된 상품을 구매하는 단계	전자제품, 생활용품 등 일반적인 한국 상품을 구매하는 단계	한국의 문화, 생활양식, 한국인 등 '한국' 전반에 대해 선호하고 동경하는 단계
멕시코, 이집트, 러시아	일본, 대만, 홍콩	중국, 베트남	

8) 삼성경제연구소, 한류 지속화를 위한 방안, 2005, p.7.

한편 2000년대 후반부터 IT기술과 스마트미디어의 발전에 따라 한류 콘텐츠의 빠른 전파 등으로 한류의 패러다임 변화가 감지되고 있다.[9] 기존의 한류가 동아시아 중장년 여성층을 주요 대상으로 한 드라마와 음악 위주의 제한적 흐름이었다면, 2000년대 후반 이후 K-Pop을 중심으로 나타난 新한류는 소셜미디어(social media)를 기반으로 미국, 유럽, 남미, 중동 등을 포괄하고 대상도 중장년 여성뿐만 아니라 10대 및 20대의 젊은 여성에게 호응을 얻는 글로벌 붐이 되고 있다. 콘텐츠의 해외진출은 유통망 확보가 결정적인 역할을 하는데, 2000년대 중반까지는 현지 유통망을 주로 이용하는 편이었다. 이에 따라 드라마와 영화가 주 대상이었던 기존 한류단계에서는 해외수출과 진출국의 TV 방영이라는 단순한 유통구조였으나, 新한류단계에서는 K-Pop 장르 특성에 맞게 유튜브, 페이스북, 트위터, 블로그 등과 같은 소셜미디어서비스(SNS)가 주요 유통기반이 되고 있다.[10]

표 14-11 한류 패러다임의 변화

	기존한류	新한류
한류지역	아시아 한류	글로벌 한류
한류 분야	대중문화 한류	한국문화 한류
한류 수용층	중장년 여성층	중장년 여성층+남성+10~20대 젊은층
한류 코드	아날로그 한류	디지털 한류(IT 및 CT기술 결합)

3. K-Pop의 성공사례 및 인기요인

앞서 언급한 한류의 발전단계에서 한국 드라마 중심의 한류 1기, 드라마, 영화 및 기타 문화 콘텐츠로 한류현상이 훨씬 심해진 한류 2기가 정의된다면 2000년 중반에 들어서면서 한류 핵심콘텐츠로 'K-Pop'이 부상하였다고 할 수 있다.

2000년도 후반 K-Pop을 중심으로 한 한류 콘텐츠는 아시아지역의 10대와 20대를 중심으로 급속히 퍼져나가며 새로운 한류 바람이 불기 시작하였다. 즉 일본과 동남아

9) 문효진, "한류 패러다임 변화와 미래를 위한 과제", 국회세미나 발표 자료집, 2011, p.11.
10) 조병철 · 심희철, "K-Pop 한류의 성공요인 분석과 한류 지속화 방안 연구", 한국콘텐츠학회지, 13(5), 2013.

시아를 시작으로 동방신기, 소녀시대, 2PM, 카라, 슈퍼주니어 등의 아이돌 가수들은 열풍적인 지지를 얻었으며 K-Pop 붐을 주도하였다.

최근 한류 콘텐츠에 대한 인식평가에 따르면 해외 한류 팬의 60%가 K-Pop을 한류의 핵심콘텐츠 1순위로 선정할 만큼 K-Pop의 영향력이 점차 커지고 있음을 알 수 있다. 2012년에는 가수 싸이(Psy)의 노래 '강남스타일'이 빌보드 Hot100 차트에서 7주 연속 2위에 머무는 기록을 세우며 전 세계에서 '강남스타일' 열풍이 불었으며 이후 '젠틀맨'과 'Hangover' 두 곡 모두 빌보드 Hot100에서 각각 5위와 26위를 기록하는 등 아시아 가수로는 최초로 빌보드 차트에서 3곡 연속 톱30에 랭크되었다. 이 밖에도 빅뱅, 2NE1 등이 참여한 곡이 빌보드 순위권에 진입하며 아시아-태평양뿐만 아니라 미주, 유럽지역에서의 K-Pop 열풍 또한 가속화되고 있다.

그림 14-12 ▮ 한류 핵심콘텐츠 인식평가[11)]

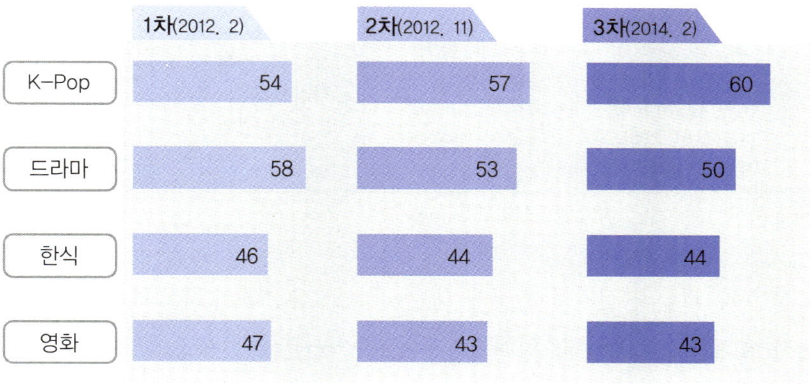

K-Pop의 한류 진출 정도를 보면 일본, 중국, 태국과 같은 아시아지역에서는 이미 성숙기에 접어들었다고 볼 수 있다. 일본에서의 K-Pop은 이미 사회현상으로 정착될 만큼 급속도로 성장하였으며 꾸준히 성장세를 이어가고 있다. 심지어 태국의 K-Pop 음반 판매량은 해외음반부문에서 1위를 차지할 만큼 확고한 지위를 지키고 있다. 즉 태국에서 K-Pop은 현지의 신문화로서 자리매김하고 있다. 또한 프랑스에서 시작된 유럽의 K-Pop 열풍 또한 새롭게 진화하고 있는 현상 중 하나로 2011년 'SM TOWN Live

11) 한국문화산업교류재단, 해외한류실태조사결과보고서, 2014, p.63.

World Tour in Paris'를 통해 유럽으로 확산된 K-Pop의 인기를 실감할 수 있었다.

그렇다면 전 세계 많은 국가들에서 K-Pop 주도의 한류 붐이 일어나는 이유는 무엇일까? 많은 K-Pop 팬들은 한국 가수들, 아이돌들의 외모나 그들의 스타일에 매력을 느끼고 그들을 모방하고 싶은 심리가 크다고 한다. 아울러 중독성이 강한 리듬과 현란한 퍼포먼스와 따라 하기 쉬운 댄스를 가미한 K-Pop에 매력을 느낀다고 하였다. 특히 아태지역 국가에서 한류에 편승하는 분위기와 K-Pop 가수들에 보이는 친밀감이 높은 것으로 나타났다. 또한 한국어와 영어가 혼합된 가사 또한 다양한 국가의 한류 팬들의 귀를 사로잡을 수 있는 요인으로 분석되었다.

표 14-12 K-Pop 인기요인분석

	K-Pop 인기요인			
요인	콘텐츠 우수성	전략적 팬관리	문화혼종성	친밀성
구성 항목	• 가수들의 매력적인 비주얼 (외모, 스타일) • 가수들의 뛰어난 댄스 및 퍼포먼스 • 중독성이 강한 후렴구와 리듬	• 그룹형태의 구성 (다국적 멤버 참여 등) • 아이돌 그룹의 적극적 팬관리	• 한국어와 영어 가사의 결합 • 서양문화와 동양문화의 결합	• 친숙함 • 접근의 용이함 (청취 용이)

자료: 한국문화산업교류재단, 해외한류실태조사결과보고서, 2014. 6.

이와 같은 K-Pop의 인기로 한국에 대한 관심도 상당한 수준으로 증가하였으며 매우 긍정적 효과를 가져다주고 있다. 여전히 K-Pop은 한류시장에서 많은 비중을 차지하며 큰 역할을 하고 있지만 해외에서의 K-Pop 공연은 과거에 비해 생각보다 많이 이루어지지 않고 있다. K-Pop 공연을 위한 예산이 매우 높기 때문에 현지 스태프들과 기획사들은 경제적 타산이 맞지 않는다는 이유로 K-Pop 가수들의 공연을 줄이고 있다고 한다. 이에 꾸준한 진출동력을 만들어 내고 국가 간 원활한 문화교류와 국가에 차별을 두지 않은 전략 등을 내세워 각국에 K-Pop의 파급효과를 극대화시키고 더불어 한국에 대한 이미지를 제고 및 고취시킬 수 있는 하나의 정책으로서 꾸준히 발전시켜 나가야 하겠다.

4. K-Pop의 성공요인과 제약조건

K-Pop의 성공요인은 여러 가지로 분석되고 있으나 다음과 같이 정리할 수 있다.

첫째, 국내 엔터테인먼트회사들이 기존한류로부터 축적한 시행착오를 토대로 실행한 철저한 현지화전략과 체계적 트레이닝시스템을 들 수 있다. 또한 치열한 경쟁에서 생존하려는 연습생들의 혹독한 훈련과 이를 견뎌내려는 강한 의지 역시 그 이유로 작용한다. 2000년 이후 국내시장이 성숙함에 따라 전 세계로 눈을 돌려 최근에는 해외시장을 목표로 처음부터 음반을 준비하거나 대규모 해외공연과 투어를 하는 등 '한국을 넘어 세계로'라는 트렌드가 중요하게 작용하고 있다.

둘째, 한국의 정보통신기술(ICT)수준과 스마트기기 중심의 모바일환경이 한류 콘텐츠를 전 세계로 빠르게 확산시키는 핵심동인으로 작용하였다. 고품질의 3D 뮤직비디오를 제작하여 전파함으로써 콘텐츠 내용 측면에서 획기적인 변화를 가져왔으며, SNS 등을 활용하는 사용자의 자발적인 전파로 인해 실시간 확산이 가능하다는 것도 커다란 요인으로 작용하였다. 예를 들면 싸이의 '강남스타일'은 단순한 춤동작과 쉬운 멜로디, 환상적인 뮤직비디오와 더불어 유튜브 및 SNS를 통한 실시간 공유와 청소년층의 패러디 및 플래시몹 등이 인기를 끌면서 짧은 시간에 글로벌 확산이 가능하였다.

그림 14-13 ▌ '강남스타일'이 언급된 트위터 숫자 추이

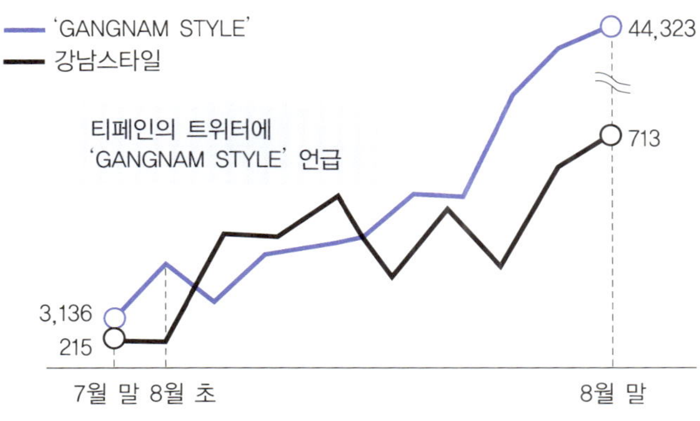

이러한 글로벌 확산에도 불구하고 K-Pop의 지속적인 발전을 가로막는 제약요인들도 산재해 있는 편이다. 우선 디지털 미디어환경으로 변화함에 따라 국내의 음원시장

도 시장지배력을 행사하는 사업자로 말미암아 유통구조의 개혁이 시급하다. 일부 대형 음원 유통사가 우월적인 지위를 남용하여 독점적인 수익구조를 점유하고 있는 것이 그 좋은 예이다.

또한 미국의 i-Tunes나 아마존과 같은 글로벌 유통사의 수익은 30% 수준이지만 한국 유통사는 40~58%의 수익을 가져간다. 예컨대 곡당 다운로드 가격 측면에서도 선진국의 경우 미국은 곡당 791원, 영국은 1,064원, 일본은 2,337원인 반면 한국은 곡당 63원에 불과하다. 또한 스트리밍서비스로 무제한 다운로드를 받을 경우 실질적인 수익이 곡당 10원 정도로 더 낮아지게 된다.

[그림 14-14]처럼 2012년 7월부터 9월까지 '강남스타일'의 다운로드 횟수와 듣기 횟수를 계산할 경우 가수 싸이가 음원시장에서 버는 수익은 고작 3,600만 원에 불과하다.

그림 14-14 ▌ 음원시장 점유율과 수익률: '강남스타일'

5. 한류의 지속적 발전전략

한류의 글로벌 확산에도 불구하고 한류 붐을 제약하는 요인들을 고려할 때 한류의 지속적인 발전을 도모할 수 있는 전략 혹은 대안 마련이 시급하고 중요하다 하겠다.

첫째, 한국문화의 실제와 이를 경험할 수 있는 다양한 3D 콘텐츠를 개발하는 노력이 선행되어야 한다. 둘째, 한류와 관련이 있는 콘텐츠, 제품 등 새로운 아이템을 개발하여 제공함으로써 한류의 전략적 활용에 따른 수익극대화도 가능할 것이다. 셋째, 현지국 시장에 대한 마케팅 확대와 지역적 협력을 도모하는 수단으로 한류현상을 활용하는 것이다. 넷째, 정책적 혁신과 정부의 지원을 통한 합리적인 유통시장의 구조

개편이 필요할 것으로 본다. 마지막으로 기업의 지속적 노력과 국가적인 지원을 통해 경쟁력 있는 문화 콘텐츠를 발굴하고 상품화해야 할 것이다. 결국 전 세계인들이 한국의 문화 콘텐츠를 소비함으로써 글로벌시장에서 대한민국의 위상뿐만 아니라 기업의 국제화에도 이바지할 수 있다.

학습과제

1. 포스트 브릭스에 해당하는 국가를 선정한 후 그 나라의 기회요인과 위협요인을 제시하시오.

2. Amazon.com의 사례를 통해 향후 인터넷마케팅의 미래지향적 모습을 설명해 보시오.

3. 태생적 글로벌기업의 국내외 사례를 찾아본 후 태생적 글로벌기업의 개념적 특성과 성공적인 마케팅전략을 제시하시오.

① 국내외 일반중소기업과 태생적 글로벌기업의 사례를 찾아본 후 그 차이점과 특징 그리고 성공요인을 설명하시오.

② 한국 태생적 글로벌기업의 특징과 성공요인을 사례를 통해 설명하시오.

4. 한류에 해당하는 한국산 아이템을 하나 선정한 후 이 제품의 해외마케팅계획을 수립해 보시오.

Harvard Business School 추천사례

Reading Materials:

1 신흥시장

Anold, D. J. & J. A. Quelch(1998), "New strategies in emerging markets," *Sloan Management Review*, 40(1), pp.7–20.

Bhattacharya, A. K. & Michael, D. C.(2008), "How Local Companies Keep Multinationals at Bay," *Harvard Business Review*, March, pp.85–95.

Dawar, N. & Chattopadhyay, A.(2002), "Rethinking Marketing Programs for Emerging Markets," *Long Range Planning*, 35, pp.457–474.

Douglas, S. P. and C. S. Craig(1989), "Evolution of global marketing strategy: scale, scope, and synergy," *Columbia Journal of World Business*, Autumn, pp.47–58.

Henisz, W. J. and B. A. Zelner(2010), "The hidden risks in emerging markets," *Harvard Business Review*, April, pp.1–8.

Hoskisson, R., Eden, L., Lau, C. and M. Wright(2000), "Strategy in emerging economies," *Academy of Management Journal*, 43(3), pp.249–267.

London, T., and S. L. Hart(2004), "Reinventing strategies for emerging markets: Beyond the transnational model," *Journal of International Business Studies*, pp.1–21.

Shankar, S., Ormiston, C., Bloch, N., Schaus, R. & Vishwanath, V.(2008), "How to Win in Emerging Markets," *Harvard Business Review*, Spring, 49(3), pp.18–23.

2 태생적 글로벌기업

Cavusgil, S. T. and G. Knight, *Born Global Firms: A new international enterprise*, Business Expert Press, New York: NY, 2009.

Chetty, S. and C. Campbell–Hunt(2004), "A strategic approach to internationalization: A traditional versus a 'Born–Global' approach," *Journal of International Marketing*, 12(1), pp.57–81.

Jantunen, A., Nummela, N., Puumalainen, K. and S. Saarenketo(2008), "Strategic orientations of born globals–Do they really matter?," *Journal of World Business*, 43, pp.158–170.

Kalinic, I. and C. Forza(2012), "Rapid internationalisation of traditional SMEs: Between gradualist models and born globals," *International Business Review*, 21, pp.694–707.

Kudina A., Yip, G. and H. Barkema(2008), "Born global," *Business Strategy Review*, Winter, pp.38–44.

Oviatt, B. M. and P. P. McDougall(2005), "Toward a theory of international new ventures," *Journal of International Business Studies*, 36(1), pp.29–41.

Weerawardena, J., Mort, G. S., Liesch, P. W. and G. Knight(2007), "Conceptualizing accelerated internationalization in the born global firm: A dynamic capabilities perspective," *Journal of World Business*, 42, pp.294–306.

찾·아·보·기

| 저자약력 |

박재기(朴在基, JAE KIE PARK)

서울고등학교를 졸업하고, 연세대학교와 미국 뉴욕대학교에서 국제마케팅을 전공, 경영학 석사와 박사학위를 취득하였다. 미국 Transnational Corp.과 Human & Cyber 대표로 실무지식을 쌓았으며 일본 나고야 대학, 미국 Harvard 대학과 Oregon 대학에서 객원교수를 역임하였다. 국내 여러 기업의 자문과 컨설팅 및 강의를 하고 있으며, 경상대학장과 경영대학원장의 임기를 마치고 현재 충남대학교 경영학부 교수로 재직 중이다.

〈주요저서〉

글로벌 마케팅(형설출판사, 2005), 그린마케팅(집문당, 2006), 전자상거래의 이해(학현사, 2002), 인터넷 마케팅(형설출판사, 2004), 중소기업성과관리(두남, 2013) 등을 출간하였다.

김장훈(金章勳, JANGHOON KIM)

포항고등학교 졸업 후 아주대학교 경영학과, 서울대학교 대학원에서 국제경영・전략을 전공, 경영학 석사와 박사학위를 취득하였다. 동부CNI 전략혁신팀 과장, 서울여대 초빙강의교수 및 건국대학교 신흥국글로벌기업연구소에서 연구원을 역임하였다. 국내 여러 기업의 자문, 컨설팅 및 강의를 하고 있으며, 현재 충남대학교 경영학부 교수로 재직 중이다.

신미숙(辛美淑, MEESOOK SEEN)

영산대학교 관광컨벤션연구원 연구원으로 기업과 공공기관의 연구 및 컨설팅을 담당하였으며, 현재 영산대학교 글로벌비지니스대학 초빙교수로 재직 중이다.

글로벌 마케팅

2015년 3월 15일 1판 1쇄 발행
2022년 2월 15일 1판 2쇄 발행

저　자 | 박재기 김장훈 신미숙
발행인 | 이수영
발행처 | 도서출판 청람
서울시 마포구 독막로 288(대흥동, 세양상가 109호)
전　화 | 02)3272-2601~2
팩　스 | 02)3272-2603
이메일 | crbooks@hanmail.net
홈페이지 | http://www.crbooks.co.kr
등　록 | 2000.8.26 제6-0509호

ISBN 978-89-5972-433-8 93320　　[정가 26,000원]